SANGUE E CHAMPANHE

Alex Kershaw

SANGUE E CHAMPANHE
A VIDA DE
ROBERT CAPA

Tradução de
CLÓVIS MARQUES

1ª edição

EDITORA RECORD
RIO DE JANEIRO • SÃO PAULO
2013

CIP-BRASIL. CATALOGAÇÃO NA FONTE
SINDICATO NACIONAL DOS EDITORES DE LIVROS, RJ

K48s
Kershaw, Alex
   Sangue e champanhe: a vida de Robert Capa / Alex Kershaw, 1966-; tradução de Clóvis Marques. – Rio de Janeiro: Record, 2013.

   Tradução de: Blood and champagne : the life and times of Robert Capa
   Inclui bibliografia e índice
   ISBN 978-85-01-09184-0

   1. Capa, Robert, 1913-1954. 2. Fotojornalistas – Estados Unidos – Biografia. 2. Fotografia de guerra. I. Título.

13-0786
CDD: 927.7049
CDU: 929:77.036

Capa: Sérgio Campante
Imagem de capa: Gerda Taro © International Center of Photography/Magnum photos/ Latinstock

Título original em inglês:
BLOOD AND CHAMPAGNE

Copyright © Alex Kershaw, 2002

Todos os direitos reservados. Proibida a reprodução, armazenamento ou transmissão de partes deste livro, através de quaisquer meios, sem prévia autorização por escrito. Proibida a venda desta edição em Portugal e resto da Europa.

Texto revisado segundo o novo Acordo Ortográfico da Língua Portuguesa.

Direitos exclusivos de publicação em língua portuguesa para o Brasil adquiridos pela
EDITORA RECORD LTDA.
Rua Argentina, 171 – 20921-380 – Rio de Janeiro, RJ – Tel.: 2585-2000, que se reserva a propriedade literária desta tradução

Impresso no Brasil

ISBN 978-85-01-09184-0

Seja um leitor preferencial Record.
Cadastre-se e receba informações sobre nossos lançamentos e nossas promoções.

EDITORA AFILIADA

Atendimento direto ao leitor:
mdireto@record.com.br ou (21) 2585-2002.

Para Warren Trabant

Para mim, Capa envergava o traje deslumbrante do toureiro, mas nunca investiu contra o bicho para matar de verdade; grande jogador, ele lutava por si mesmo e pelos outros num turbilhão. Mas o destino tinha decidido que ele fosse abatido no auge da glória.

Henri Cartier-Bresson

Sumário

Agradecimentos 11
A 4.800 quilômetros de Omaha 17

1 Conversa em Budapeste 23
2 Bárbaros no portão 35
3 O homem que se inventou 43
4 A guerra apaixonada 55
5 "O soldado caído" 61
6 "La Paquena Rubena" 73
7 "Os 400 milhões" 93
8 A derrota final 101
9 Esplêndido isolamento 111
10 Se virando 121
11 O deserto 131
12 É uma guerra muito dura 141
13 O dia mais longo 151
14 O *bocage* 169
15 Vitória 183
16 "*Here's looking at you, Kid*" 199
17 Fim de caso 209
18 De volta à URSS 221
19 O *New Look* 237
20 Estrada da morte 247

21 O reino dos sentidos	261
22 Como envelhecer?	273
23 Adiante fica o delta	291
Epílogo: A lenda	303
Notas	309
Bibliografia	329
Índice onomástico	341

Agradecimentos

Ao longo de um período de quatro anos de pesquisas para este livro, muitas pessoas foram de grande ajuda e estímulo. Embora não se tratasse de uma biografia autorizada, quase todos os contemporâneos de Capa aceitaram ser entrevistados. Os que estavam doentes ou consideravam que não teriam nada de novo a pôr na mesa ainda assim ajudaram generosamente. Sou particularmente grato a Henri Cartier-Bresson pela autorização de reprodução integral de seu poema sobre Capa.

Muitas pessoas proporcionaram hospitalidade em vários países. Em Paris, Suzy Marquis e o marido, Jean-Gabriel, mostraram-se particularmente generosos com sua atenção. Bettina Graziani, Warren Trabant e Pierre Gassmann também me receberam em suas casas. O fotógrafo britânico Jimmy Fox, um veterano da Magnum residente em Paris, também foi de inestimável ajuda, fornecendo pistas sutis e muitos números de contato de pessoas há muito retiradas da vida pública. John Morris, colega e amigo de Capa, viria a revelar-se igualmente prestimoso e cuidadoso no empenho de traçar um panorama equilibrado da vida dele. O ilustre cineasta Patrick Jeudy generosamente me mostrou maravilhosas imagens de Capa em ação.

Lara Holman, da Hulton-Getty Picture Collection londrina, localizou fotos cruciais, e Josie Meijer, da Macmillan, deu duro para assegurar as que constam deste livro. Sua tarefa não foi nada fácil, nesta época de busca de lucros corporativos com imagens históricas, e me sinto particularmente grato por isso. A equipe da Colindale Newspaper Library de Londres, da qual fazem parte Jackie Pitcher e Michael Nash, forneceu exemplares de todas as reportagens de Capa em *Illustrated* e *Picture Post*, que constituíam uma amostra mais importante do trabalho de Capa que qualquer outra publicação. Embora a Time-Life limite a seus funcionários o acesso a seus arquivos, pude obter informações cruciais, graças a vários membros da equipe, particularmente Bill Hooper, que localizou, especificamente, uma entrevista radiofônica com Capa que lançou luz decisiva sobre muitas questões controvertidas.

A escritora Jozefa Stuart, que conheceu Capa e no início da década de 1960 efetuou pesquisas para uma biografia inédita dele, conversou demoradamente comigo e chegou a pressionar para que eu tivesse acesso a informações importantes que ela havia obtido e que se encontram atualmente em poder do ICP em Nova York. O executor testamentário do espólio de Robert Capa, Richard Whelan, não poderia deixar de ser mencionado em qualquer trabalho sobre Capa, pois sua pioneira biografia de 1985, baseada em parte no trabalho pioneiro de Stuart, é um relato extraordinariamente detalhado da vida de Capa.

Outros ajudaram a esclarecer acontecimentos e questões fundamentais na vida de Capa. Em Lynchburg, Virginia, ouvindo Glenn Miller, o professor Bill McIntosh, da National D-Day Foundation, traçou um panorama militar do dia mais importante da carreira de Capa, ajudando-me a entender certas complexidades estratégicas da batalha pela Normandia e Overlord.

Meu pai percorreu praias debaixo de chuva e passou vários dias na Normandia e em Paris, reconstituindo os passos de Capa. Minha mãe me mostrou o sul da Espanha. Jay Deutsch, da Leica Gallery, em Nova York, forneceu contatos e proporcionou entendimento técnico da Leica. O professor Wolodymyr Stojko, do *Ukrainian Journal*, fez contato com fontes em Kiev, fornecendo uma perspectiva clara da visita de Capa à União Soviética. O *marchand* de arte e fotografia Howard Greenberg falou abertamente do valor comercial do trabalho de Capa. Susan Shillinglaw, diretora do Steinbeck Center, contribuiu com a identificação de várias fontes importantes. Patty Cottingham, diretora executiva da Scripps Howard Foundation, forneceu vários números de contato de jornalistas e fotógrafos. Rick Bray, do Ernie Pyle Historical Site, desencavou grande quantidade de informações sobre as façanhas de Capa com Ernie Pyle. O lendário George Silk ajudou-me a entender a perspectiva de um outro fotógrafo na cobertura da Segunda Guerra Mundial. Bernard Crystal, da Columbia University, encaminhou-me para a correspondência sobre a relação comercial de Capa com John Steinbeck. Michael Edwards, do Eisenhower Center, localizou várias transcrições importantes de veteranos do Dia D. Steven Plotkin, da JFK Library, em Boston, ajudou a localizar maravilhosas imagens de Capa com Hemingway e Martha Gellhorn.

Em Budapeste, Éva Keleti e Katya Steiner se desdobraram para tornar minha estada o mais agradável e esclarecedora possível. Sem elas, eu jamais teria entendido o contexto húngaro de Capa. Na Espanha, Maria Paz passou vários meses perseguindo pistas esquivas, perscrutando documentos e providenciando entrevistas. Chris Littleford traduziu importantes artigos de jornal e correu atrás de fontes relutantes. Também me sinto devedor de sua mulher, Amor, pela hospitalidade. Miguel Angel Jaramillo Guerreira, diretor do Archivo General de la Guerra Civil Española, em Salamanca, suportou um verdadeiro bombardeio de perguntas. Manuel Melgar, dos Arquivos Militares de Madri, também foi de grande ajuda.

Na Alemanha, o professor Hans Puttnies contribuiu para contextualizar minha pesquisa sobre a Alemanha de Weimar. A biógrafa Irme Schaber generosamente me ajudou a localizar vários contemporâneos de Capa, entre eles Ruth Cerf Berg e Irene Spiegel. Irme Schaber também me falou generosamente de seu trabalho pioneiro sobre Gerda Taro. Sou profundamente grato a ela pela disponibilidade e ajuda — quem dera todos os biógrafos fossem tão positivos e de mente aberta! Na Suíça, a filha de Ruth Cerf Berg, Kathrin Berg Müller, foi de particular ajuda com respostas a muitas perguntas que fiz a sua mãe, mulher realmente notável. Em Amsterdã, Eva Besnÿo proporcionou-me um entendimento crucial da infância de Capa. Em Washington, Ben Bradlee contribuiu com um relato crucial de seu período em Paris e em Klosters. John Fox, do departamento de informação do FBI, explicou vários detalhes do arquivo Capa no FBI. John Kelso, chefe de seção do Freedom of Information Privacy Acts Section Office of Public and Congressional Affairs, forneceu-me todos os documentos que está autorizado a liberar. Em Nova York, David Wallis forneceu muitos artigos importantes de vários bancos de dados.

Leslie Calmes, do Center for Creative Photography, de Tucson, proporcionou-me um verdadeiro tesouro de materiais incríveis, particularmente muitas seções de memórias e várias cartas escritas por Hansel Mieth, por mim citadas extensamente. Fiquei extremamente grato à velha amiga de Mieth, Georgia Brown, pela autorização nesse sentido. O Dr. Norman Allan, de Toronto, também forneceu generosamente o manuscrito de uma biografia inédita de seu pai, autorizando a citação de trechos. Sinto-me igualmente em débito com Jinx Rodger, na Grã-Bretanha, pela autorização de citar trechos dos líricos diários de seu falecido marido. Georgia de Chamberet, de Londres, enviou-me as reveladoras memórias de sua mãe, além de fotografias de Gael Elton Mayo com Capa. Em Vermont, Patti Stratton, Lucy Steele e Amanda Hoag trabalharam incansavelmente na transcrição de mais de cem horas de entrevistas. Sou particularmente grato a Amanda pelas muitas horas que passou organizando velhos exemplares de *Life* e *Picture Post*.

Jonathan Drubner, Tom Garagis, Paul e Amanda Armstrong, David Boyle, Tessa Souter, David McBeth, Serge Glansberg, Paul Spike, George Waud, Michael Watts, Michael e Cynthia Perry, Kevin e Maria Smith e a inimitável Bettina Viviano também me deram amizade e amparo nos cinco últimos anos. Em particular, Dave Bernath e sua família em Venice, Califórnia, toleraram minha presença em seu sofá várias vezes. No caso de Dave, também desfrutei de incontáveis horas de conversa, e a certa altura ele chegou a providenciar uma tradução alemã.

Serei sempre grato a Lindsay Stirling por sua ajuda incrivelmente profissional e os conselhos a respeito do manuscrito. Também gostaria de agradecer, no Irish Dreamtime, a Pierce Brosnan, Beau St. Clair e Angelique Higgins, e, no CAA, a Robert Bookman e John Levin, assim como a Nigel Sinclair, da Intermedia, por seu entusiástico interesse por este projeto.

Redatores e editores do *Guardian*, do *Observer* e do *Sunday Times Magazine* há muito vêm apoiando minhas viagens como *freelance*, proporcionando-me uma renda quando mais precisava dela.

Nos Estados Unidos e no exterior, também recebi apoio das equipes de muitas instituições e bibliotecas, desde a Lanesboro Public Library de Minnesota à New York Public Library. A equipe da Sawyer Library do Williams College tolerou minha presença até horas avançadas da madrugada durante um inverno particularmente longo. Beneficiei-me também dos recursos da Park-McCullogh Free Library de Bennington, Bennington College, da British Library, do Imperial War Museum de Londres, dos arquivos do escritório da Magnum em Nova York, dos Arquivos da Guerra Civil Espanhola em Salamanca, dos National Archives de Washington DC, do US Military History Institute, do Eisenhower Center em Nova Orleans, da National D-Day Foundation em Virgínia, da British Film Institute Library, da Foreign Press Association em Washington, da Columbia University, dos arquivos do *New York Times*, da Academy of Motion Pictures Arts and Sciences, do Getty Museum em Los Angeles, da Eastman Kodak House em Nova York, das embaixadas da Rússia e da Hungria em Washington, da Colindale Newspaper Library, da Westminster Public Library, da Biblioteca do Congresso e dos Arquivos *Paris-Match* em Paris.

As seguintes pessoas generosamente se dispuseram a responder a perguntas e fornecer informações — muitas delas suportando várias horas de entrevista: Dr. Alexander Matthews, Alfred Gellhorn, John Hammond Jr., Hart Preston, Jim Nachtwey, Ray Nance, Betty Hooper, Earl Wilson, Elizabeth Teas, Lucille Hoback Boggess, Roy e Helen Stevens, Eva Besnÿo, Karoly Kincses, Nina Beskow, Robert Brau, Alan Goodrich, Jim Lager, Steven Burstin, Andrew Mauldin, John Morris, Inge Morath, Dirck Halstead, Elliot Erwitt, Jean-Gabriel e Suzy Marquis, Flury Clavadetscher, Ruth Guler, o falecido Larry Adler, Ruth Hartmann, Larry Collins, Bettina Graziani, John Loengard, Peter Viertel, Russell Miller, Donald Spoto, Harry Benson, Anjelica Huston, Eve Arnold, Myron Davis, Jimmy Fox, Thomas Gunther, Marc Riboud, Pierre Gassmann, Ruth Cerf Berg, Russell Burrows, Anthony Saua, Irme Schaber, Hans Puttnies, Patrick Jeudy, Michel Descamps, Marie-Claude Cogny, David Douglas Duncan, Judy Freiburg, Yvonne Halsmann, Patricia Wheatley, Ben Bradlee, Jean-Jacques Naudet, Georgia Brown, Marie-Monique Robin, Jinx Rodger, Rosemarie

Scherman, Frank Zachary, Slim Aarons, Dr. Norman Allan, George Silk, Inge Bondi, Liesl Steiner, Irene Spiegel, Carl e Shelley Mydans, Milton Wolff, Audrey Jarreau, Henri Cartier-Bresson, Burt Glinn, Lois Mercier e Maria Borrel Garcia.

Este livro teve origem em conversas com minha mulher e vários excepcionais fotojornalistas com os quais trabalhei estreitamente na última década. Simon Norfolk, Charles Ommanney, John Snowdon e Greg Williams compartilharam comigo muitas ideias, indo muito além de sua mera obrigação em diversas missões difíceis. Graças a eles, pude descobrir em primeira mão o grau de resistência necessário hoje em dia para trabalhar como fotojornalista e ainda assim pagar o aluguel.

O resultado mais positivo da redação deste livro foi uma nova amizade com outro jornalista de longa experiência. Serei eternamente grato a Warren Trabant, ex-editor de *Heute*, sujeito extraordinariamente dotado de humor, percepção e gentileza, que compartilhou da mesa com Capa e passou muitas noites maravilhosas fazendo o mesmo comigo.

Tive a sorte de contar, na Macmillan, com uma editora tão eficiente e capaz de dar apoio — Georgina Morley, que se manteve firme nos altos e baixos e esperou além do que seria razoável que o livro fosse concluído. Nicholas Blake fez um magnífico trabalho de editoração do manuscrito. Meu agente, Derek Johns, revelou-se invariavelmente um modelo de diplomacia e paciência, e muitos outros na AP Watt, especificamente Linda Shaughnessy, foram de inestimável ajuda.

Finalmente, este livro não teria sido concluído sem a infinita tolerância e paciência de minha mulher, Robin. Ela e meu filho Felix deram-me tempo e espaço para levar até o fim esta obsessão de cinco anos. Gostaria de agradecer também à família dela, e especialmente à minha família, que me tem apoiado por tanto tempo.

A 4.800 quilômetros de Omaha

> "Realmente me parece que Capa demonstrou sem sombra de dúvida que a câmera não precisa ser um instrumento mecânico frio. Como a pena, ela tem as qualidades daquele que a usa. Pode ser uma extensão da mente e do coração."
>
> JOHN STEINBECK, *Popular Photography*[1]

Numa tarde do fim do outono, atravessei a Virgínia em direção norte, vendo as montanhas Blue Ridge crescerem à medida que eu me aproximava de Bedford, onde fica o primeiro memorial ao Dia D erguido nos Estados Unidos. Enquanto o sol se punha, visitei o memorial com o sargento Roy Stevens, de 85 anos, veterano da Companhia A do 116º Regimento de Infantaria da 29ª Divisão. Várias vezes o Sr. Stevens foi abordado por homens idosos para partilhar lembranças, às vezes com lágrimas nos olhos — veteranos das Ardenas, da praia de Anzio e da batalha da Normandia.

Mais tarde, Stevens contou-me detalhadamente sua história. Nas primeiras horas do dia 6 de junho de 1944, ele se preparava para subir a bordo de uma barcaça de desembarque que rumaria para a praia de Omaha. Quando estava prestes a subir, deu com seu irmão gêmeo, Ray. "Ele estendeu a mão para me cumprimentar", contou-me Roy. "Mas eu não a apertei. Preferi dizer: 'Veja bem, vou apertar sua mão na encruzilhada de Vierville-sur-Mer, ainda esta manhã.'"

Ray curvou a cabeça e disse que ele não conseguiria. Não estaria mais vivo. Ele estava convencido disso. Roy Stevens realmente não chegou a Vierville-sur-Mer naquela manhã. Sua embarcação afundou a algumas centenas de metros da praia, minutos antes da chegada da primeira leva de tropas americanas. Stevens foi salvo do afogamento por um companheiro da Companhia A, e quatro dias depois finalmente chegou à praia de Omaha, onde encontrou um túmulo improvisado para o irmão e vários outros amigos.

Seu irmão e 18 outros rapazes de Bedford tinham sido mortos minutos depois de chegar à "Sangrenta Omaha", cenário do maior massacre do Dia D. Dos 35 soldados de Bedford que integravam a Companhia A, 21 estavam mortos ao cair da noite. Os historiadores da guerra consideram que Bedford foi a cidade americana com maior número de baixas *per capita*.

Na modesta casa de estilo rancho do Sr. Stevens, conversamos até tarde da noite sobre seu irmão, Bedford e a guerra. Finalmente, entreguei-lhe um livro surrado que havia encontrado numa loja de livros raros de Nova York: *Imagens da guerra*.

— Quem escreveu isto? — perguntou Stevens ao dar, na página 105, com o capítulo "A invasão".

— Robert Capa — respondi. — Ele foi o único fotógrafo a desembarcar com a primeira leva em Omaha, acompanhando o 116º no Easy Red.

— Easy Red? — perguntou Stevens. — Na primeira leva? Ele era soldado ou estava na guarda costeira?

— Nenhum dos dois. Era jornalista. Um judeu húngaro. Apresentou-se como voluntário.

— Eram alguns dos melhores... os voluntários. Mas não duravam muito.

Stevens leu uma citação de Capa: "Eu diria que o correspondente de guerra consegue mais drinques, mais garotas, um salário melhor e mais liberdade para escolher onde ficar e poder ser um covarde e não ser executado, pois isso é sua tortura. O correspondente de guerra tem suas apostas — sua vida — nas próprias mãos, e pode preferir esse ou aquele cavalo, ou então resolver ficar na sua no último minuto. Eu sou um jogador. E decidi partir com (...) a primeira leva."[2]

Stevens voltou-se para uma imagem de vários soldados lutando para chegar em terra sob fogo pesado.

— Qual era mesmo o nome dele?
— Robert Capa.
— Ele parece que queria muito essas fotos.

Em silêncio, Stevens percorreu mais oitenta páginas, finalmente chegando a uma das últimas fotografias de Capa, tirada dias antes de morrer, aos 40 anos, na Indochina, em 1954. Fechou o livro e se recostou na cadeira reclinável. De repente, parecia cansado.

— O senhor voltou a Omaha? — perguntei.
— Sim — respondeu ele, orgulhoso. — Ah, sim.

Apontou então para uma parede cheia de fotografias emolduradas. Entre elas havia duas Purple Hearts* enquadradas, a sua e a do seu irmão. Via-se também uma pequena foto dele caminhando pela praia de Omaha em 1994, com o rosto carregado de emoção.

— Já esteve lá? — perguntou então.
— Sim, na última primavera.
— E visitou o cemitério?

Assenti. Naquele domingo de Páscoa, eu estacionara o carro ao lado das fileiras de ônibus que despejavam americanos octogenários e suas famílias no cemitério onde milhares de seus pares estão enterrados debaixo de lápides de mármore, no alto de um penhasco que domina uma praia de 6,5 quilômetros de extensão.

Inicialmente, fiquei encantado com a dignidade simples dos monumentos e o fato de todos os túmulos estarem voltados na mesma direção, para oeste, onde fica a pátria. Até que vi uma mulher de meia-idade sozinha, soluçando de pé diante de um túmulo. Seu pai, que ela não conhecera, havia morrido a 180 metros dali, juntamente com centenas de outros americanos que chegaram à praia naquele terrível dia de junho.

Na praia propriamente dita, um trecho de 180 metros ficara praticamente intocado por quase sessenta anos. As minas, as bombas que não explodiram

---

*Condecoração militar outorgada em nome do presidente dos Estados Unidos aos mortos ou feridos em combate. [N. do T.]

e todos os outros mecanismos letais de defesa tinham sido retirados, mas não os fantasmas. Chovia forte enquanto eu caminhava por Easy Green e logo também pelos cerca de 800 metros de Easy Red, onde Robert Capa fotografou aqueles que podem ter sido os momentos mais importantes do século XX, e certamente a maior experiência de sua carreira breve, mas tão dramática.

Havia um silêncio impressionante em Easy Red, apesar do vento uivante e do barulho da arrebentação. Para muitos dos que desembarcaram naquele dia e continuam retornando, esse silêncio é ensurdecedor. Só no interior do carro rumando em direção a Bayeux ou num ônibus voltando para Paris é que essa cacofonia da morte se reduz a um sussurro perturbador.

Ao longo de vários meses, entrevistei Stevens e outros veteranos da Segunda Guerra Mundial, soldados mas também fotógrafos. Toda vez que encontrava um veterano, eu lhe mostrava *Imagens da guerra*. Muitos nunca tinham visto as imagens obtidas por Capa na praia de Omaha, muito menos sua cobertura de momentos cruciais de cinco guerras diferentes. Um deles, de 80 anos, mordeu o lábio e fechou o livro de imagens: mais que qualquer outra coisa, uma fotografia é capaz de evocar lembranças vividas. Um oficial, um dos 500 mil americanos que em 1945 já sofriam de fadiga de combate (colapso mental nervoso), sentou-se para contemplar por vários minutos as imagens do Dia D, sacudindo a cabeça de vez em quando. Outro veterano riu ao deparar com a imagem de um francês oferecendo uma garrafa de vinho a soldados exaustos, rememorando um momento semelhante de sua longa jornada da praia de Omaha até Berlim.

O tenente Ray Nance, o oficial superior de Roy Stevens, teve de se esforçar para conter a emoção ao ver as fotos da praia de Omaha tiradas por Capa. Ele perdeu todos os homens de sua barcaça de desembarque na primeira leva — rapazes que conhecia desde sempre, trucidados antes mesmo de chegar à areia. De início, Nance falava lentamente, como se não quisesse se lembrar, mas depois de várias horas disse-me que Omaha fora a sua redenção: deve haver um Deus, pois, caso contrário, como teria sobrevivido? Só Deus podia tê-lo poupado do atirador alemão que brincou de "gato e rato"³ com ele enquanto se arrastava, ferido, por 180 metros de areia cheia de minas.

Outros comentaram não ter encontrado no trabalho de Capa uma única imagem de violência, apenas momentos de beleza e tristeza. Todos eles queriam saber mais sobre esse homem que havia capturado em preto e branco os momentos mais inesquecíveis de suas vidas. Quem era aquele jogador que havia deixado um legado sobre a pureza do espírito humano?

1
Conversa em Budapeste

"Não basta ter talento. É preciso ser húngaro."

ROBERT CAPA, citado em *Life*, 19 de abril de 1997

Outono de 1948: uma estrela vermelha fora pintada sobre as antigas cores húngaras na cauda do Dakota americano do Programa Lend-Lease.* Robert Capa contemplava do alto a colcha de retalhos das propriedades rurais, muito pouco alteradas desde a época feudal. Viu então o rio da sua juventude, o Danúbio. Minutos depois, seu avião descia na pista em direção a um prédio crivado de balas, onde o esperavam funcionários comunistas de ar sombrio.

Capa retornava à cidade natal após uma ausência de 17 anos. Emocionalmente, era um momento confuso: uma mistura de saudades e intensa curiosidade, mas também uma certa ansiedade quanto ao que poderia encontrar no novo Estado comunista. Por toda parte ele haveria de encontrar lembranças do passado, daquele menino judeu que havia aberto caminho para a fama com muito esforço, luta e determinação.

Durante muitos anos, o passado de Capa foi em grande parte um mistério, até mesmo para aqueles que julgavam conhecê-lo bem. Até que, em 1947, um velho amigo, John Hersey, o brilhante autor de Hiroshima *(1946), arrancou sua máscara de despreocupação, revelando o rosto marcado de um refugiado da dor e do horror. "Capa, o fotógrafo considerado pelos colegas e concorrentes*

---
*Programa de fornecimento de equipamentos militares americanos aos países aliados entre 1941 e 1945, durante a Segunda Guerra Mundial. [*N. do T.*]

o autor das maiores fotos da Segunda Guerra Mundial, não existe", escreveu Hersey numa obscura revista literária, 47. "Capa é uma invenção. Existe algo com a forma de um homem — baixo, moreno e com a atitude de quem está tensionado para alguma coisa, com olhos de spaniel, lábios de cauteloso cinismo e um rosto atraente; e isso anda por aí se identificando como Capa, e é famoso. Mas na verdade não existe. Trata-se de uma invenção o tempo todo e sob todos os aspectos."[1]

O "homem que se inventou", como Hersey passou a chamar Capa, caminhava agora pelo saguão do aeroporto. Os funcionários do Partido Comunista que o esperavam sabiam que se encontrava na Hungria para mandar reportagens para a revista Holiday, *a luxuosa bíblia americana do novo jet set. Não demorou, e ele estava nas imediações de Buda, a aristocrática cidade do outro lado do Danúbio, em frente à afluente Pest. Uma cidade outrora magnífica, agora em ruínas, em consequência do duro cerco montado por dois meses pelos russos, no inverno de 1944-45. "À vista da fileira de hotéis bombardeados e pontes destruídas", escreveria Capa, "Budapeste parecia uma linda mulher desdentada."*

A certa altura rivalizando com Paris na arquitetura e na sofisticação, Budapeste sofrera inicialmente as feridas do nazismo, para afinal ser privada pelo stalinismo de seu outrora fenomenal poder de sedução. A cidade estava sendo reconstruída, mas num ritmo terrivelmente lento, e manualmente: no telhado do velho Hotel Ritz, figurinhas minúsculas investiam contra as paredes com picaretas. Capa chegou então ao Danúbio. Também ali faltava algo na paisagem conhecida. Capa deu-se conta de repente de que a Ponte Elizabeth, que na sua juventude era a mais longa ponte suspensa da Europa, desaparecera, assim como três outras. Em 1945, fora explodida pelos nazistas em retirada. Muitos dos cafés à beira do rio também tinham desaparecido. O Café Moderne, onde seu pai jogava cartas madrugada adentro, era um dos poucos que haviam escapado dos bombardeios alemães e soviéticos.

O motorista de Capa começou a percorrer as ruelas estreitas de Pest, passando pelos extravagantes prédios construídos antes da guerra por uma burguesia judaica outrora exuberante. Abóbadas, agulhas, torres e cúpulas disputavam a atenção. As varandas ostentavam estranhas figuras mitológicas.

Certos prédios preservavam uma pompa espalhafatosa, com suas imitações de mármore, os bronzes falsos, os vitrais art déco e, nas paredes de estuque, a pintura descascada de todas as cores pastel possíveis e imagináveis.

As ruas estavam cheias de detritos. Quarteirões inteiros haviam desaparecido. O bairro judeu onde Capa tinha crescido mergulhara num silêncio de dar calafrios, pois muitos dos moradores haviam perecido nas câmaras de gás de Auschwitz. Aqui e ali pendiam dos postes de ferro forjado estandartes de apoio ao novo regime comunista da Hungria.

Estranhas lembranças começaram a perseguir Capa, arrastando-se como fantasmas por ruelas conhecidas. Havia o filhote de elefante que fazia acrobacias na pista de dança da boate Arizona. E aquela noite inesquecível em que seu sangue gotejara no piso de pedra do quartel de polícia do ditador húngaro, o almirante Horthy. Capa retornava a Budapeste, segundo escreveria, "para ouvir uma outra música".[2] Mas estava se lembrando de uma antiga e aterrorizante melodia: o chefe de polícia de Horthy, Peter Heim, assobiava a Quinta *de Beethoven ao espancar revolucionários cabeludos como Capa.*

Capa hospedou-se no Hotel Bristol, único sobrevivente da célebre esplanada de hotéis elegantes do pré-guerra. O empregado por trás do balcão examinou seu passaporte e perguntou se já estivera em Hollywood. Tinha boas relações lá? As perguntas lhe lembravam sua chegada aos Estados Unidos pela primeira vez, em Ellis Island, assim como um funcionário não menos inquisitivo, que lhe perguntara se já estivera em Moscou.

Capa recebeu desconto pelo quarto e o endereço de um bar onde encontraria os últimos vestígios da decadência burguesa em Budapeste. Para lá se dirigiu naquela mesma noite, conversando com a proprietária, Anna, bela mulher de 25 anos, que se queixou de que os comunistas eram terrivelmente tediosos e ruins nos negócios. Capa a fotografou fumando um cigarro, usando joias falsas e um sexy top *negro. Ela tinha lábios carnudos e lustrosos cabelos negros, mas um olhar estranho. Vinha de uma família aristocrática e fora uma excelente amazona, até que viu seus cavalos serem roubados pelos nazistas. Mais tarde, os comunistas tomaram suas terras. Ela tentara fugir da Hungria, contou a Capa, mas fora apanhada pela polícia e agora esperava por um passaporte.*

Às 2h da madrugada, Capa já estava se achando sentimental. Decidiu convidar Anna para dar uma caminhada às margens do Danúbio. Ali, debaixo das lamparinas vacilantes, ele fizera suas primeiras conquistas, e logo faria o mesmo com Anna. Meses depois, jactava-se com amigos em Paris de ter levado para a cama uma autêntica sangue-azul húngara. Antes da guerra, sua turma tirava o chapéu para se dirigir a Anna como condessa Fehervary.

Na manhã seguinte, Capa deixou o Hotel Bristol com as Leicas penduradas no pescoço. Técnicos em demolição removiam as ruínas dos hotéis próximos. Após cada explosão, uma chuva de estilhaços de tijolos. Ele rumou para a Rua Vaczi, outrora a zona comercial mais elegante de Budapeste, senão da Europa. Em sua juventude, ele conhecera um menino judeu, Sandor, que trabalhava ali numa loja de peles. Como só um vigésimo dos judeus da Hungria sobreviveu ao Holocausto, ele ficou surpreso por encontrá-lo vivo e chocado com seu aspecto envelhecido: o cabelo caíra, e o horror cavara sulcos profundos em seu rosto. Sandor fora internado em campos de morte e feito prisioneiro pelos russos. Agora, consertava as peles rasgadas de senhoras outrora ricas.

Depois de vários dias em Budapeste, Capa encontrou outro velho amigo, um escritor chamado György Markos. Capa desempenhou seu habitual papel de grande raconteur, sedutor lacônico com uma história divertida atrás da outra. Disse a Markos que certa vez fora parar na copa de uma árvore porque seu paraquedas prendera em vários galhos. Sem saber se estava ou não por trás das linhas inimigas, ficara ali mesmo, tranquilamente bebericando de uma garrafa de uísque, até ser retirado. E houve também a vez em que ninguém menos que o presidente Roosevelt perguntara se poderia ajudá-lo. "Sim, arranje-me um passaporte", respondera ele.[3]

Ao se encerrar a noite, Capa confessou a Markos que desde 1931 era um deslocado de guerra. Continuava viajando com passaporte de refugiado. Na verdade, desde os 17 anos pulava de um hotel para outro, de uma zona de guerra para outra.

— E o que vai fazer agora? — perguntou Markos.

— Que pode fazer um repórter de guerra desempregado? — Capa encolheu os ombros. — Vou viajar para onde puder.

— *Então continua em busca de aventura? Reconhece bem lá no fundo que é um aventureiro e precisa das emoções da guerra?*
— *Está louco?* — retrucou Capa. — *Detesto violência, e o que mais odeio na vida é a guerra.*[4]

No dia 22 de outubro de 1913, André Friedmann nasceu com um tufo de espessos cabelos negros e um dedo a mais numa das mãos. A deformidade corroborava a convicção de sua mãe, Julia, de que se tratava de um bebê especial, um dos eleitos de Jeová.[5] Uma guerra mundial e os constantes conflitos entre os pais foram as primeiras experiências de André. Ele ainda não completara um ano quando a Hungria entrou para a Grande Guerra de 1914-18, ao lado dos alemães. Até deixar o seu país como refugiado político em 1931, dificilmente se passava uma semana sem que os pais tivessem brigas terríveis, geralmente causadas pela compulsão do pai para o jogo e suas subsequentes mentiras.[6]

Os pais de André pouco tinham em comum, à parte o fato de serem judeus não praticantes de origem muito pobre. Nascido em junho de 1880, seu pai, Dezsö Friedmann, crescera numa remota aldeia da Transilvânia, num terreno fértil de antigas superstições, cultura medieval e sensibilidade romântica. Na juventude, Dezsö deixou aquele interior perdido para percorrer a Europa durante vários meses, seguindo de Budapeste para Londres e depois Paris. Pelo resto da vida, ele romantizaria esse período de viagens: o jovem André ouvia durante horas o pai, um homem baixo de fala rápida, contar histórias sobre esses tempos em que tentava sobreviver dos próprios encantos e habilidades, buscando dinheiro e emoções de uma cidade hostil a outra.

Dezsö casou-se com Julianna Henrietta Berkovitz, a mãe de André, em 1910, e os dois montaram um pequeno salão na região de Belvaros, em Pest, ainda hoje o coração do bairro comercial da cidade. Os dois moraram inicialmente num recém-construído prédio de apartamentos em forma de U em Városház Utca, a poucos metros do Café Pilvax, onde líderes revolucionários se haviam reunido em 1848.

Dezsö apresentava-se como mestre alfaiate, mas logo haveria de se revelar um candidato a *bon vivant*, muito mais interessado em usar ternos elegantes do que em fazê-los. O fracasso ou o sucesso eram explicados pela sorte. As regras da vida eram tão simples quanto as do *pinochle,* seu jogo de cartas favorito. Os melhores jogadores agiam como vencedores, e a convicção com que o papel era desempenhado é que podia levar ao jogo certo na mesa certa. Esta era a parte mais difícil. Depois, a sorte entraria em cena. Seu jovem filho jamais esqueceria essa filosofia de vida.

A mãe de André acreditava no oposto. Filha de um atormentado camponês, ela crescera num recanto feudal do Império Austro-Húngaro, numa família de dez filhos, e labutara a vida inteira. Aprendiz de costureira aos 12 anos, Julia estava absolutamente decidida a impedir que os filhos tivessem o mesmo destino, e não raro podia ser vista na mesa de costura desde a manhã até as primeiras horas da madrugada, imaginando que seu filho especial seria capaz de fazer melhor que distribuir uniformes de esperança à burguesia judaica.

Enquanto não estava trabalhando, Julia muitas vezes mimava André, vestindo-o com lindos uniformes de marinheiro e conjuntos rendados. Numa fotografia de 1917, vemos um pensativo André usando um dos elaborados trajes da mãe, sentado ao lado da sorridente família. Os Friedmanns nunca mais pareceriam tão felizes. Em outubro de 1918, semanas antes do fim da guerra, Budapeste foi sacudida por uma revolução, e a família viu as ruas serem tomadas por multidões brandindo crisântemos, símbolo da revolta comunista liderada pelo leninista Béla Kun. Mas a experiência húngara de ditadura soviética chegaria ao fim a 1º de agosto de 1919, depois de apenas 133 dias, com um golpe de Estado apoiado pelo exército romeno.

No fim do outono, o almirante Horthy, verdadeiro protótipo do fascista, estava em pleno controle da Hungria. Em questão de apenas dois meses, Horthy ordenou a execução de 5 mil esquerdistas. Mais de 70 mil pessoas foram encarceradas ou internadas em campos. Numa dinâmica que logo ficaria conhecida como Terror Branco, a Hungria foi varrida por *pogroms* organizados, insuflados em parte pelo fato de Horthy denunciar Béla Kun e outros como traidores judeus. Os Friedmanns conseguiram manter os filhos seguros em casa, embora numa alameda próxima vários estudantes judeus tivessem sido espancados por hordas de direitistas, estimuladas por leis antissemitas que estabeleciam cotas para a entrada de judeus nas universidades e faculdades de direito.*

O maior golpe psicológico para a pátria de André, todavia, não foi a derrota na Grande Guerra nem a ditadura de Horthy, mas um pedaço de papel — o Tratado de Paz do Trianon, parte dos acordos de paz de Versalhes. No dia 4 de junho de 1920, a Hungria foi forçada a ceder 70% de seu território e 60% de sua população. Com as novas fronteiras, o país era reduzido em dois terços. De todas as potências derrotadas, a Hungria foi a que mais perdeu. O amargo protesto patriótico dos húngaros, "*Nem, nem, solia!* (Não, não, nunca!), ecoou por toda a juventude de André.[7]

Em 1923, André entrou para o Ginásio Imre Madách, em Barcsay Utca. Aluno abaixo da média, com atenção pouco focada, ele muitas vezes não concluía o dever de casa, passando para os colegas uma imagem de sonhador perdido. "[Suas] calças estavam sempre rasgadas", segundo sua mãe, "Julita". "Volta e meia ele dava de cara com um poste, tão concentrado estava no que dizia. Era uma criança de boa índole, sem nada de grosseiro. Estava sempre com um sorriso no rosto. Às vezes era meio sem jeito, e essa falta de jeito o tornava tímido. E já adorava as meninas — mesmo quando ainda era bebê."[8]

Quando André chegou à adolescência, Julia estava por demais ocupada em manter em bom funcionamento os negócios da família para dar muita atenção ao filho que costumava mimar. Depois da escola, ele percorria o bairro judeu de Pest com um bando de crianças safas.** "André aparentemente fazia o que bem entendia", recorda-se a amiga de infância Eva Besnyö, na época uma menina um tanto sombria de cabelo escuro e olhos tão negros que certa vez um homem gritou de um bonde que ela fosse para casa lavá-los.

---

*A proporção de estudantes judeus na Hungria caiu de 34% em 1917-18 a apenas 8% em 1935-36.
**Durante a pesquisa sobre sua infância para uma biografia que ficou inédita, a escritora Jozefa Stuart formou do jovem André Friedmann uma imagem de "safadinho de grande encanto, que estava sempre correndo. Ele nunca parou de correr, a vida inteira. Nunca teve uma casa de verdade, um lugar onde houvesse refeições regulares, onde a família se sentasse unida para o jantar (...) foi uma infância caótica".

Quando não estava percorrendo as vielas de Pest, André brincava com Eva e suas duas irmãs adolescentes, Panna e Magda. "André contou-me mais tarde, grande romântico que era, que estava apaixonado pelas minhas irmãs e por mim. E não conseguia decidir qual de nós amava mais", relata Eva, cuja mãe, da classe média alta, decididamente desaprovava o rude André. "Ele esperava que algum dia alguém nos raptasse, para que ele pudesse nos resgatar e bancar o herói. Aí, então, meus pais finalmente o aprovariam. Ele era um sujeito realmente muito, muito romântico."

Hoje com 91 anos, sobrevivente judia de um século de horrores, Eva vive sozinha em Amsterdã, sua cidade de adoção desde que fugiu de Hitler em 1933. Apesar de fisicamente frágil, ela continua lúcida, e suas recordações são amargas, românticas e vívidas. Fotógrafa reputada na Holanda, ela pensou a vida inteira em imagens. "Eu costumava chamar Capa de 'Bandi' nessa época", comenta (Bandi é abreviação de André). "Era o seu apelido. Nós também o chamávamos de 'Capa', que quer dizer tubarão. O apelido de [seu irmão] Cornel era crocodilo."*

Nas recordações de Besnÿo, Bandi costumava se queixar de tédio, saindo em busca de conflito e perigo. Foi ao seu lado que ele descobriu sua paixão pelo esqui — não obstante os irados protestos de Julia.** Aos 15 anos, ele tomou emprestado um par de esquis e rumou com Besnÿo para a colina de Svabhegy, que domina Budapeste. Nenhum dos dois tinha sequer experimentado algum dia esquiar, o que, no entanto, não os impediu de subir num teleférico e rumar para o topo.

---

*O passatempo favorito de Besnÿo era a fotografia. Orgulhosa proprietária de uma câmara Kodak Brownie, ela passava boa parte do seu tempo livre tirando fotografias em Budapeste. Em certas ocasiões, André se juntava a ela, mas ela insiste: "Ele não se interessava por fotografia quando estávamos juntos em Budapeste. Nós nunca falávamos de fotografia."
**Na véspera de nosso encontro, ela escorregara, sofrendo um corte na cabeça, que envolveu num cachecol de seda florida. Servindo chá verde com mãos trêmulas, recusava teimosamente qualquer ajuda. Lá fora, os canais de Amsterdã guardavam silêncio, tranquilos como espelhos-d'água. No interior, ela estava cercada de fotografias, livros e móveis de estilo Bauhaus — relíquias dos últimos dias inebriantes da Alemanha de Weimar. Lembrava-se com vividez dos meninos da família Friedmann. O mais velho, László, nascido em 1911, começou a trabalhar no negócio da família aos 15, mas morreu ainda jovem, em 1936, de febre reumática. O mais jovem era Cornell, nascido em 1918, o ano em que a Hungria mergulhou no caos, depois da derrota na Primeira Guerra Mundial.

— Vou conseguir — anunciou André, com determinação, à medida que Budapeste ia se afastando, com o gelado Danúbio formando uma gigantesca curva lá embaixo.

— Mas você nem sabe como fazer — retrucou Besnÿo.

André deu de ombros:

— Mas vou fazer de qualquer jeito.

"Ele nunca tinha medo de tentar coisas novas, especialmente qualquer aventura que envolvesse algum perigo", conta ela hoje. "Eu só podia esperar que não quebrasse uma perna, e ele não quebrou. Ele desceu, e depois voltou a subir. Queria sempre descobrir tudo por si mesmo."

Rapaz moreno de sobrancelhas espessas, lábios carnudos e mãos delicadas, André tornava-se cada vez mais popular com os colegas de turma e as meninas do bairro. Muitas vezes, podia ser encontrado trocando beijos debaixo da Ponte Elizabeth, local de encontros muito procurado pelos jovens namorados de Pest. Mas não parece ter perdido a virgindade com alguma garota eslava de olhos de corça de Pest. Mais tarde, diria ter feito sexo pela primeira vez com uma rica cliente de meia-idade de sua mãe, que o seduziu quando ele foi fazer a entrega de um novo vestido.[9]

Não muito tempo depois, envolveu-se com revolucionários de esquerda. A situação exigiria uma intervenção audaciosa: sangrentos conflitos sociais irromperam na Hungria do fim da década de 1920 entre elementos de esquerda e de direita. Nas ruas da capital, praticamente toda semana se podia assistir a verdadeiras batalhas entre facções rivais, e ao completar 16 anos André já era um veterano desses confrontos, muitas vezes se juntando a milhares de outros jovens radicais em marcha pelos bairros operários de Pest. "André entrou para a militância política por várias razões", explica Besnÿo. "Ele era discriminado, como judeu. Mas também se interessava pelo perigo."

Durante a caça às bruxas do macarthismo na década de 1950, André, temendo ser traído pelo passado, negou reiteradas vezes ter entrado para o Partido Comunista na Hungria, ou mesmo em qualquer outro país. Ele explicaria seu posicionamento político nessa época numa declaração juramentada de 1953: "Nos meus dois últimos anos de colegial, passei a me interessar pela literatura e a política, decidindo fazer carreira como jornalista. Na época, eu tinha uma atitude altamente crítica em relação à ditadura antissemita do almirante Horthy. Estudei o socialismo, mas logo passei a discordar dos objetivos e métodos do Partido Comunista."[10]

Nessa declaração, André não disse ao FBI que um belo dia, tarde da noite, se encontrou com um recrutador do Partido Comunista em Budapeste. Segundo seu irmão Cornell, esse recrutador disse a André que "o partido não estava interessado em jovens intelectuais burgueses.* Em sentido inverso, [André] decidiu que não estava interessado no partido".[11] Esse flerte noturno com o comunismo custaria caro a André, a dar crédito a seu irmão: "O mal já fora feito", escreveria ele mais tarde. "A caminhada dos dois fora observada pela polícia secreta."[12] Ao chegar em casa, André foi detido por dois agentes. Julia implorou que não levassem seu filho: muitos subversivos nunca tinham retornado das celas da polícia de Horthy. Mas seus pedidos foram ignorados, e André foi jogado num camburão e conduzido a interrogatório. Numa pequena cela, em cujas paredes outros presos políticos haviam rabiscado seus nomes, ele seria esmurrado e espancado por brutamontes contratados por Peter Heim.

"Era comum espancarem jovens agitadores como André para servir de exemplo", conta Besnÿo. "Mas André não podia ser intimidado. Ria na cara deles ao ser esmurrado, pois eles só podiam insinuar que ele era um esquerdista. Não tinham como provar que fosse comunista." André aparentemente riu dos seus interrogadores até cair inconsciente.

As condições em que ele viria a ser libertado são ainda hoje um mistério. A mulher de Imre Hetényi, subchefe da polícia, era, segundo Cornell, "uma boa cliente" do salão de seus pais. "Graças a esse contato, nosso pai conseguiu a libertação [do meu irmão], com a condição de que ele deixasse imediatamente a Hungria."[13]

Será que um simples alfaiate judeu poderia realmente influenciar o homem forte de um Estado policial? Teria Hiem talvez perdido para Deszö

---

*É altamente improvável que o Partido Comunista tivesse rejeitado André, quando estava precisando de todo militante jovem e safo que pudesse encontrar. Além do mais, ele não era nenhum intelectual burguês.

no *pinochle*? Eva Besnyö dá a entender que foi por uma razão muito menos dramática que André finalmente deixou a Hungria: ele simplesmente seguiu seu exemplo.* Jovem judia, ela ansiava por libertar-se do crescente antissemitismo na Hungria. Em 1930, seu pai concordou em mandá-la estudar fotografia em Berlim, o epicentro de toda experimentação fotográfica. Quando Besnyö disse a André que estava de partida para Berlim, ele respondeu, distraidamente: "Talvez eu também vá."

"Como é que você vai conseguir chegar lá?", perguntou ela. Ela sabia que os Friedmanns mal tinham dinheiro para mandá-lo para o colégio em Budapeste, quanto mais para pagar despesas em Berlim. "Não se preocupe com isso", retrucou André. "Eu chegarei lá."

---

*O pai dela a havia mandado para uma cara academia de artes em Budapeste depois do colegial. Com o tempo, ela foi se familiarizando com as tendências documentais da fotografia na Hungria e com as ideias do escritor e artista de esquerda Lajos Kassák, que considerava a fotografia uma forma artística de potencialidade social ainda inexplorada. As fotografias podiam ser um veículo para que o artista socialmente consciente mostrasse a verdade ao mundo, com isso contribuindo para mudá-lo. Enquanto André atirava pedras nos fascistas, Besnyö usava uma câmera Rolleiflex para documentar estivadores e camponesas em pequenas aldeias.

2
Bárbaros no portão

"Eu sou uma câmera."

CHRISTOPHER ISHERWOOD, *Goodbye to Berlin*

Em julho de 1931, André deixou Budapeste de trem. Depois de uma viagem cheia de desvios, chegou a Berlim no início de setembro. Sozinho e subitamente se sentindo vulnerável, sem ter ainda completado 18 anos, ele saiu em busca de Eva Besnyö e acabou por encontrá-la, morando num pequeno estúdio.*

"Como você conseguiu chegar aqui?", perguntou-lhe Besnyö.

André não tinha pegado carona nem recorrido a algum outro meio romântico. Valera-se de astúcia, isso sim, tirando partido de sua identidade judaica para cumprir a promessa de segui-la até Berlim. "André sempre foi muito safo", lembra-se Besnyö. "Ele descobrira que a comunidade judaica de Budapeste mandava os alunos mais brilhantes estudar no exterior. De modo que apresentou sua candidatura, e ela foi aceita." Mas a bolsa não lhe permitia viajar diretamente de Budapeste para Berlim: ele tivera de ser acolhido por uma família judia após outra, chegando a Berlim somente depois de passar pelas etapas intermediárias de Praga, Viena e Dresden.

---

*Desde que deixara a Hungria, ela se sentia realmente viva: "Em Berlim, as portas se abriram e a luz entrou. Luz na escuridão. Tornei-me uma outra pessoa." Ela já tirara fotos maravilhosamente detalhadas da arquitetura da cidade e de suas amplas avenidas. Pelas suas lentes, Berlim era uma metrópole futurista de "poderosas linhas diagonais, perspectivas aéreas e tomadas do solo, imagens inclinadas e *close-ups* extremos". (Eva Besnyö, *Eva Besnyö* [Amsterdã: Focus Publishing, 2000].)

Quando Besnyö perguntou o que faria em Berlim, ele respondeu que estudaria ciência política na famosa Deutsche Hochshule für Politik, e no dia 27 de outubro matriculou-se no curso de inverno. Mas ele se sentia por demais inquieto e curioso em relação à capital alemã — muito faminto de experiências — para suportar as intermináveis conferências teóricas, e não demorou para que começasse a faltar às aulas.

Esses primeiros meses em Berlim não foram difíceis. Os parentes mandavam pequenas quantias em dinheiro e os pais enviavam uma mesada. Mas a economia mundial mergulhava na depressão, depois do *crash* de 1929 em Wall Street: o salão dos Friedmanns começou a perder clientes, e Julia deixou de enviar os poucos marcos de que ele tanto precisava a cada mês. À medida que o outono dava lugar a um rigoroso inverno, ele começou a saber o que era o desespero. Segundo sua prima Suzy Marquis, ele encarou uma fome tão grande que teve de roubar costeletas de vitela do cachorro de sua senhoria, Frau Bohen.[1] Passadas várias semanas sem o pagamento do aluguel, André tratou de escapulir assim que Frau Bohen começou a desconfiar do paradeiro dos jantares de seu querido dachshund.

No início de 1932, André precisava ganhar algum dinheiro para continuar estudando sem passar fome. Depois de contemplar brevemente o jornalismo como carreira em Budapeste, ele agora começava a levar a sério a possibilidade da fotografia. "Enquanto dava prosseguimento aos meus estudos", declararia ele em 1953, "os recursos de meus pais chegaram ao fim e decidi tornar-me fotógrafo, a melhor possibilidade jornalística para alguém que não tivesse o domínio da língua."[2] (Nessa época, seu alemão ainda era limitado.)

Ele perguntou a Eva Besnyö se poderia ajudá-lo a encontrar trabalho numa agência ou num estúdio.

— Essa história de fotografia dá para ganhar a vida? — perguntava-se ele.

— Não é essa a questão — respondeu ela. — Não se trata de uma profissão. É um chamado.

— Deixa isso para lá. É divertido?

— Sim. É muito agradável.

Eva Besnyö conhecia várias pessoas que poderiam ajudar André a encontrar trabalho. Talvez o melhor caminho fosse entrar em contato com um fotógrafo chamado Otto Umbehrs, antigo mineiro que estudara *design* na escola de artes Bauhaus e atualmente era diretor de retratos e publicidade numa importante agência chamada Dephot.* Besnyö telefonou a Umbo (como ele era mais conhecido) e perguntou se teria colocação para "um rapaz muito inteligente". Umbo disse a Besnyö que mandasse André procurá-lo. Quando ela voltou a ter notícias de André, ele estava trabalhando como assistente na câmara escura da Dephot, enchendo garrafas de fixador e revelador, pendurando cópias para secar e aprendendo os rudimentos de revelação e impressão.

André ficou encantado com o ambiente ágil e emocionante da agência. Prazos a cumprir, temperamentos em atrito e a incansável busca de imagens e histórias. Embora tivesse sido contratado por uma mixaria para mourejar na câmara escura, não demorou para que ele também começasse a ajudar na busca de missões fotográficas e no trabalho administrativo do escritório central da agência. Seus dias eram frenéticos e longos — a Dephot abastecia muitos dos 2.500 jornais e periódicos da Alemanha, assim como pelo menos uma dúzia dos diários de Berlim que publicavam um suplemento semanal ilustrado.

Quem mandava na Dephot era Simon Guttmann, sujeito baixinho e de óculos com energia para dar e vender e um talento particular para ideias de reportagens. Em 1928, ele fundou a Dephot para tirar proveito do rápido crescimento das revistas ilustradas na Alemanha. Quando André entrou para a agência, estavam entre seus fotógrafos vários fotojornalistas de prestígio, como Felix Man, que desde 1929 trabalhara para a *Müncher Illustrierte Presse*, com salário mensal de 1.000 marcos. É possível que

---

*Entusiasta do movimento dadaísta, homem de intensa vida boêmia, Umbo fazia a ponte entre o mundo da fotografia experimental, que era o de Besnyö, influenciado pelas ideias de Moholy-Nagy e György Kepes, e a primeira era de ouro do fotojornalismo. Excelente *"flash-bulber"*, que era como André se referia aos grandes especialistas na fotografia com flashes, Umbo não tinha igual quando se tratava de capturar a perplexidade dos decadentes de Berlim: mulheres elegantes surpreendidas num momento de iluminação numa boate subterrânea, lésbicas entre risadinhas num cabaré abafado, libertinas cobertas de pele desfrutando da *Süssen Liebe*, a *dolce vita* berlinense.

André já trabalhasse na Dephot quando Man tirou sua mais famosa série de fotos, "Um dia na vida de Mussolini". Hoje, ela é considerada um dos primeiros clássicos da história da reportagem, uma fotorreportagem que capturava de maneira brilhante e sutil a vaidade e o absurdo do Duce.³

No verão de 1932, André já desistira dos estudos (a desculpa que encontrara para ir para Berlim) e atuava como assistente de Man e outros em missões de registro da vida cotidiana na cidade. Muitas vezes ele era encarregado de recarregar uma pequena câmera — um dos primeiros modelos da hoje famosa Leica.* A Leica tornava viável o impossível, com suas lentes de alta velocidade e obturadores de cortina que reduziam o tempo de exposição a 1/1.000 de segundo. Ela permitia aos fotojornalistas da Dephot tirar fotografias de ação e trabalhar em condições de pouca luz sem precisar recorrer a equipamentos de iluminação complicados e caros.⁴

André tomou emprestada uma Leica no escritório da Dephot e rapidamente aprendeu a tirar o máximo proveito de suas vantagens técnicas. Não poderia haver um momento nem um lugar melhor para praticar a reportagem: Berlim era uma fascinante mistura de extremos políticos e culturais. A fotógrafa alemã Gisèle Freund estudava em Berlim nessa época; viria mais tarde a fazer amizade com André, depois de fugir da Alemanha, levando consigo assustadoras fotografias que tirara de vítimas políticas de Hitler. "A capital da jovem república", recordaria ela, era "o centro dos movimentos artísticos e culturais alemães. Seu teatro tornou-se famoso pelas peças de Bertolt Brecht, Ernst Toller e Karl Zuckmayer e pela atuação de diretores como Max Reinhardt e Erwin Piscator. Os filmes mudos da U.F.A., dirigidos por Fritz Lang, Ernst Lubitsch e outros, eram conhecidos internacionalmente."**

Em 1932, Berlim também se havia transformado num campo de batalha em que esquerda e direita lutavam nas ruas pelo futuro da Alemanha. No

---

*Até hoje se podem ver modelos posteriores da marca pendurados no pescoço de praticamente qualquer fotojornalista que se respeite.
**Mas os nazistas já haviam deixado claras suas intenções no terreno cultural. Na estreia, em 1931, do filme pacifista *Nada de novo no front*, baseado em Erich Maria Remarque, eles promoveram protestos, chegando a invadir um cinema em Berlim, lançando gases de mau cheiro e soltando camundongos, acabando por conseguir a proibição do filme.

dia 4 de junho de 1932, o Reichstag foi dissolvido, tendo sido marcadas eleições nacionais para 31 de julho. A 15 de junho, foi levantada a proibição contra o SA (o *Sturmabteilung*, ou Batalhão de Choque), uma organização paramilitar nazista, e a Alemanha mergulhou na violência política. Em Berlim, centenas de pessoas morreram em batalhas de rua nos bairros operários. Em meados de julho, o país se via ameaçado pela perspectiva de uma guerra civil. À exceção de nazistas e comunistas em confronto, todos os partidos políticos exigiam o restabelecimento da ordem pública. A lei marcial foi decretada em Berlim.

No dia 31 de julho, o Partido Nacional-Socialista conquistou mais assentos no parlamento que qualquer outro, recebendo 13.745.000 votos. As classes média e alta da Alemanha apoiavam Hitler maciçamente, em parte por causa de um generalizado medo de uma sublevação comunista. Embora os comunistas parecessem estar rapidamente ganhando apoio da classe trabalhadora — conquistaram 12 assentos, transformando-se no terceiro maior partido do Reichstag, com 89 representantes —, não podiam realmente fazer frente aos 320 assentos dos nazistas.

Foi nesse outono, mergulhada a Alemanha na desordem política, que André deu seu primeiro grande passo na Dephot. Certo dia, ele viu imagens incrivelmente exóticas ganharem forma na câmara escura de luz vermelha da agência. Eram imagens de uma Índia fascinante, tal como vista por Harald Lechenperg, um dos mais ousados repórteres da Dephot. Fascinado, André correu ao escritório de Guttmann e lhe disse como eram extraordinárias aquelas imagens. Reconhecendo sua paixão, Guttmann decidiu dar uma chance a André, e várias semanas depois o incumbiu de sua primeira missão importante.[5]

No dia 27 de novembro, André entrou no Estádio Copenhague — o Sportpalast — e começou a esperar que seu primeiro objeto fotográfico aparecesse, diante de uma multidão. Guttmann pedira-lhe que fotografasse Leon Trotski, que falaria sobre "o significado da Revolução Russa". Enquanto Trotski falava, André foi fotografando-o, capturando imagens granulosas do arqui-inimigo de Stalin, em seus últimos momentos diante de um grande público. Quando Trotski se calou, o Sportpalast levantou-se em ruidosos aplausos. André observava Trotski de pé, sozinho, de repente parecendo exausto. Aquela ovação não fora provocada pelo discurso. Os estudantes homenageavam um homem caçado pelos assassinos de Stalin e que já fora rechaçado por diferentes países, em sua desesperada busca de refúgio. Ao deixar o palco, Trotski parecia debaixo das asas da morte.

André não era, naquele domingo, o único fotógrafo com uma Leica no Sportpalast, mas suas fotos eram de longe as mais dramáticas. Decisivo para isso, foi o fato de se ter posicionado a poucos metros do fotografado. Embora estivessem longe de ser perfeitas, do ponto de vista técnico, suas imagens já ostentavam uma espécie de intimidade e intensidade que haveriam de se transformar em sua marca registrada. Ao retornar a Berlim, André constatou que a revista *Der Welt Spiegel* espraiara suas imagens numa página inteira. Em letras minúsculas, no pé da página, as palavras inebriantes: *"Aufnahmen: Friedmann — Dephot."*[6]

Mas o primeiro crédito de André muito pouco contribuiu para melhorar sua precária situação financeira. Quase sempre duro, ele começou a frequentar o Romanisches Café, ponto de encontro da comunidade de imigrantes, onde podia muitas vezes filar algo para comer ou uma xícara de café de seus compatriotas húngaros. Mas o número de húngaros em Berlim diminuía a cada dia. Sua amiga Besnyö já deixara a cidade naquele verão. "As ruas haviam sido tomadas pelos camisas-pardas [os SA]", explicaria ela. "Por toda a cidade eram vistos nazistas com porretes pendurados na cintura. Comecei a me sentir terrivelmente insegura."[7]

André ficou, sem a menor vontade de voltar para a Hungria, onde o regime fascista do almirante Horthy intensificara a perseguição aos judeus e aos democratas. Assim, à medida que intelectuais e artistas fugiam de Berlim, André, sem ter onde morar, vagava pela cidade, não raro dormindo em parques ou debaixo de pórticos, assistindo da sarjeta à ascensão de Hitler ao poder.

No dia 30 de janeiro de 1933, o presidente Hindenburg foi convencido por seus assessores a nomear Hitler chanceler. Ao cair a noite sobre uma Berlim mergulhada no caos, o ruído das botas aumentava cada vez mais. André viu tropas de choque nazistas percorrerem as ruas em formação impecável, carregando tochas para comemorar a chegada do cabo austríaco ao poder. Milhares de representantes da nova elite alemã surgiram do bosque de Tiergarten, atravessaram o Portão de Brandemburgo e desceram a Wilhelmstrasse. A letra de sua marcha favorita, "*Horst Wessel*", ecoava por toda a Alemanha. Na Chancelaria, Hitler desfrutava desse momento de impressionante glória.

A revolução nazista hipnotizou o povo alemão. Hitler prometia um renascimento nacional, empregos, a recuperação do orgulho alemão e a destruição das forças decadentes que haviam originado as abominações da República de Weimar: homossexuais, comunistas e judeus. Depois da noite de triunfo de Hitler, ficou claro para André que seus dias em Berlim estavam contados. Mais cedo ou mais tarde ele seria detido e talvez enviado para um campo de internamento. Se desse o azar de dormir na calçada errada ou de deparar com um grupo de bêbados da Juventude Hitlerista, podia ser apunhalado ou até espancado até a morte.

Em 27 de fevereiro, o Reichstag foi consumido pelas chamas, desaparecendo com ele toda esperança de um futuro democrático para a Alemanha. No dia seguinte, Hitler pôs o Partido Comunista na ilegalidade, acusando-o de ter provocado o incêndio, e decretou estado de emergência. Nascia o Terceiro Reich. Ainda fumegantes as cinzas do Reichstag, mais de 4 mil funcionários comunistas e muitos dirigentes social-democratas e liberais foram detidos. Os capangas do SA de Ernst Röhm invadiram residências, atirando à queima-roupa em suspeitos de subversão. Os de mais sorte eram torturados e espancados. Outros seriam mandados para os primeiros campos de concentração.

André finalmente decidiu deixar Berlim e entrou em contato com a organização judaica que o havia ajudado a chegar à cidade.[8] Assim que recebeu dinheiro para comprar uma passagem, tomou um trem para Viena. Entre as dezenas de milhares de pessoas que também fugiam da Alemanha nazista estavam muitas das maiores personalidades artísticas e científicas do século: Albert Einstein, Thomas Mann, Bertolt Brecht e Wassily Kandinsky.

Em Viena, André hospedou-se durante várias semanas com o fotógrafo Harald Lechenperg, da Dephot. Mas a história continuava nos seus calcanhares. Uma semana depois do incêndio do Reichstag, o chanceler da Áustria, Engelbert Dollfuss, instituiu um regime totalitário. Em junho de 1933, André retornara a Budapeste, onde encontrou Julia, Dezsö e seu irmão mais velho László ainda fazendo vestidos, mas com dificuldade de chegar ao fim do mês.

Durante várias semanas, conseguiu trabalho na agência de viagens Veres, tirando fotos de pontos turísticos locais. No fim do verão, contudo, estava novamente desesperado por deixar a Hungria. A esquerda húngara tinha sido implacavelmente esmagada durante sua ausência, e pareciam escassas as perspectivas de se tornar fotógrafo profissional em seu país. O lugar mais óbvio para onde poderia ir era Paris, onde milhares de outros judeus húngaros já se haviam refugiado do fascismo.[9]

3
O homem que se inventou

> "Existem pessoas que nasceram para ser parisienses, e Capa era uma delas. Mundano, bem-apessoado, lânguido e dândi quando lhe convinha (...) [Capa] podia ter nascido perto da Bastilha ou numa daquelas enormes casas do 16º *Arrondissement*."
>
> Irwin Shaw, *Vogue*, abril de 1982

Paris revelou-se tão cruel quanto Berlim. Inicialmente, André precisou lutar até para comer. Durante vários meses, vagou de um hotel decrépito a outro, tratando de ir embora antes que o gerente o forçasse a pagar as contas. Conseguindo trabalhos os mais exóticos, bebendo muito quando conseguia alguns francos, ele se tornou, no inverno de 1934, frequentador assíduo de uma casa de penhor do Quartier Latin. Para simplesmente sobreviver, negociava seu bem mais valioso: uma Leica. "Basicamente [André] carregava esse instrumento — uma Leica, com uma lente e um botão para pressionar — em suas idas e vindas à casa de penhor", rememoraria John Hersey. "A câmera passava três semanas penhorada para cada semana que ficava nas mãos de Friedmann."[1]

Quando já não restava a André nada para penhorar nem havia como comprar comida, ele tentou pescar seu almoço no Sena, mas sem muito resultado. Eventualmente, ele visitava uma prima de sua mãe, Szeren Fischer, que morava num modesto apartamento perto da Madeleine com o marido, Béla, e a filha de seis anos, Suzy. Sempre havia um prato de sopa, e ele podia até usar um velho ampliador que o pai de Suzy, experiente fotógrafo amador, guardava num armário sem aberturas.² Até hoje Suzy se lembra das visitas de André, pois ele sempre lhe levava algum presentinho e brincava com ela. Com o tempo, ela viria a se tornar uma de suas poucas confidentes. "Bandi tinha uma espécie de aura — um carisma", diz ela. "Desde a primeira vez em que me lembro de tê-lo visto, quando tinha 3 anos, numa visita a Budapeste, Bandi era o tipo do sujeito que você não podia ignorar. Era possível odiá-lo, amá-lo, adorá-lo, mas não se podia ficar indiferente."

Vivendo em quartos não muito maiores que uma cama, André e seus companheiros refugiados moravam na verdade nos cafés da Rive Gauche. Um dos favoritos de André era o Café du Dôme, em Montparnasse, onde Anaïs Nin sussurrara seu amor a Henry Miller. Foi no Dôme, no início de 1934, que André fez amizade com um judeu polonês chamado David "Chim" Seymour. Tranquilo, com seus óculos de fundo de garrafa e o olhar de coruja, Chim era um sagaz intelectual que trabalhava para o semanário comunista *Regards* e viria a se tornar talvez o amigo mais próximo de André. Nascido em 20 de novembro de 1911 em Varsóvia, filho de um respeitado editor iídiche, Chim sonhava tornar-se pianista de concerto, até que descobriu as artes gráficas no colegial, em Leipzig, passando a experimentar com a fotografia durante seus estudos de física na Sorbonne.

Certo dia, no Dôme, Chim apresentou André a outro fotógrafo profissional: Henri Cartier-Bresson, um normando *haut-bourgeois* cuja família era proprietária de uma das mais bem-sucedidas empresas do ramo têxtil da França.* Cartier-Bresson crescera em Chanteloup, perto de Paris, filho de um empresário de inclinações artísticas e de uma descendente de Charlotte Corday, a mulher executada pelo assassinato do famoso revolucionário Jean-Paul Marat. Depois de frequentar uma exclusiva escola particular e de passar um ano em Cambridge, ele viajara por toda a Europa, o México e a África. Já tinha feito exposições de seu trabalho na Espanha e no México.

---

*"De um só golpe", escreveu o fotógrafo francês Jean Lacouture, "o pequeno refugiado polonês forjou uma aliança entre os dois mais autênticos geradores de imagens da década — o movimento e a estrutura a natureza e a cultura —, parceria tão improvável quanto a da torrente com a rocha." (Jean Lacouture *Introduction to Robert Capa*. [Paris: Pantheon Photo Library, 1988.])

Aos olhos de Cartier-Bresson, André seria sempre um anarquista que tratava todo mundo do mesmo jeito e um "jogador"[3] maravilhosamente romântico, mas não um fotógrafo de estatura intelectual. "Antes de conhecer [André] e Chim", recordaria Cartier-Bresson, "eu vivia com escritores e pintores, mais do que com fotógrafos (...) [André] não era basicamente um homem de visão, mas um aventureiro com um incrível senso da vida. Mas a fotografia não era o principal, e sim o que ele tinha a dizer, sua personalidade como um todo. Chim era um filósofo, um jogador de xadrez, um sujeito que, apesar de não ser religioso, carregava como uma espécie de tristeza o fardo de ser judeu."[4]

Dos três, André e Chim eram os autênticos *copains* — amigos íntimos, estreitamente ligados pela sensibilidade típica do Leste Europeu e pela vivência do antissemitismo. O destino dos judeus europeus já era anunciado nos muros de Paris, tal como havia ocorrido em Berlim e Budapeste: cartazes eleitorais antissemitas, afixados pelos fascistas, desfiguravam as estações do metrô e outros lugares públicos. Como fotógrafos, os três documentaram brilhantemente os conflitos sociais e industriais na França, à medida que o país passava de uma crise política a outra em meados da década de 1930. No magistral livro *The Hollow Years: France in the 1930's* [Os anos perdidos: a França na década de 1930], de Eugen Weber, publicado em 1994, as fotografias dos três configuram um impressionante retrato da malfadada Terceira República.

Outro refugiado que logo se juntaria a esse grupo de fotógrafos ambiciosos e politizados foi Pierre Gassmann, fotógrafo e tipógrafo alemão.* "Desde o momento em que o conheci até sua morte, [André] foi sempre um homem muito divertido, sempre aquele sujeito que vivia no momento, absolutamente apaixonado pela vida — especialmente quando se tratava de comida, vinho e mulheres. Ele era muito instintivo, um fotógrafo muito natural. Queria mostrar às pessoas coisas que nunca tivessem visto. Queria

---

*Embora ele tenha trabalhado com muitos dos grandes fotógrafos do século, Gassmann tem uma única fotografia emoldurada em sua sala de estar. Ela mostra André com um sorriso vitorioso aos 38 anos, em 1952, dois anos antes de morrer. Hoje, Gassmann é o proprietário do famoso laboratório gráfico parisiense Picto.

chocar e surpreender."⁵ Logo ele estaria fazendo cópias para Chim, André e Cartier-Bresson num bidê em seu apartamento.

Não muito tempo depois de André fazer esses novos amigos, Simon Guttmann visitou Paris, conseguiu localizá-lo através de contatos na comunidade húngara e lhe ofereceu um emprego: fazer fotos de publicidade para a brochura de uma companhia de seguros suíça.⁶ Para uma das fotos, ele precisaria encontrar uma bela jovem loura e levá-la para posar numa praça.

André sabia onde encontrar possíveis candidatas: nos cafés do Quartier Latin onde passara os últimos meses caçando centavos para uma taça de vinho e tentando descobrir como conseguir dinheiro para tirar sua Leica do prego. Certa tarde, conheceu Ruth Cerf, uma espetacular refugiada suíça. Ela se lembra de que os dois começaram a conversar e André a convidou a posar numa praça em Montparnasse. "[Ele] parecia um mendigo. Disse que estava buscando um modelo. Eu concordei em fazer as fotos, mas não estava gostando da ideia de ficar sozinha com ele, e levei uma amiga."

Ela chegou à praça com a amiga com quem dividia um apartamento, Gerda Pohorylles: uma fogosa ruiva de pouco mais de metro e meio de altura, com seu corte de cabelo *à lagarçonne* e brilhantes olhos verdes, que logo mudaria completamente o curso da vida de André.⁷ Tal como Cerf, ela achou André meio rude, mas também muito carismático e bem-apessoado. Nascida numa família de amantes dos livros a 1º de agosto de 1911, em Stuttgart, Gerda também era uma refugiada do fascismo. Nos últimos anos da República de Weimar, ela frequentou uma escola de comércio, aprendeu secretariado, comparecendo às aulas de salto alto, e ficou noiva, para fúria de sua rica tia, de um tranquilo comerciante de algodão de 35 anos, Hans Bote. O noivado durou apenas algumas semanas, pois Gerda se apaixonou por um estudante de medicina russo, Georg Kavitkes, que a introduziu ao bolchevismo.

Quando Hitler chegou ao poder em 1933, Gerda já era membro ativo de organizações comunistas, tendo distribuído panfletos antinazistas e espalhado manifestos esquerdistas pelos muros à noite. Em carta a um amigo, chegara inclusive a especular sobre a possibilidade de ser espancada até morrer pelos nazistas. No dia 19 de março de 1933, os nazistas a detiveram por suspeita de envolvimento numa conspiração bolchevista contra Hitler. Dando busca em seu quarto, encontraram uma carta ao namorado, Georg, fazendo menção ao comunismo. Ela conseguiu convencer seus interrogadores de que não passava de uma tolinha sem convicções políticas, e em agosto atravessou a fronteira para a França com passaporte polonês, chegando a Paris, onde foi ajudada por várias organizações comunistas que forneciam alimentos e abrigo a refugiados políticos. Ruth Cerf trabalhava para uma dessas organizações, e as duas dividiam um apartamento tão mal aquecido que elas passavam as tardes de inverno aconchegadas para se aquecer.[8]

Pouco depois de conhecer Gerda, André lançou mão de uma folha de papel timbrado do Café du Dôme e rabiscou uma breve carta para a mãe. Explicava que Simon Guttmann mais uma vez viera em seu socorro, conseguindo-lhe suas primeiras missões no exterior — ele estava de partida para a Espanha.[9] Cheio de entusiasmo, ele não sabia que Guttmann vendera antecipadamente as reportagens para a *Berliner Illustrierte Zeitung*, revista com o péssimo hábito de estampar belas imagens de nazistas na capa.[10]

André ficou encantado com a Espanha desde o momento em que chegou a San Sebastián, do outro lado da fronteira francesa. O país tinha muito em comum com a Hungria, da influência islâmica à comida, passando pela prevalência do folclore cigano e a expressividade cultural. Na verdade, a Espanha era como estar em casa fora de casa, um país cuja alma André imediatamente entendeu, e que o deixava emocionado com sua vibração.

Sua primeira missão foi uma reportagem sobre o boxeador Paolino Uzcudun, que devia enfrentar o campeão peso-pesado alemão Max Schmeling em Berlim no dia 7 de julho de 1935: suas fotografias mostravam um esporte muito mais digno, apesar de duro, que o pugilismo corrompido que vemos hoje em dia na televisão.[11] A parada seguinte foi Madri, onde ele fotografou o temerário tenente-coronel Emilio Herrera ao lado de um balão de ar quente especialmente concebido. Segundo a revista *Vu*, Herrera pretendia quebrar o recorde mundial de subida em balão.[12] No dia 14 de abril, André assistiu a um desfile assinalando o quarto aniversário da República espanhola — uma frágil experiência democrática. Viajou em seguida para Sevilha a fim de assistir à Semana Santa, a festa mais exótica e animada do calendário religioso espanhol.

O cigano que havia em André exultou com as imagens que logo começariam a desfilar diante da sua lente. Sessenta e quatro imensas estátuas de bronze eram carregadas numa procissão de quilômetros de extensão ao longo da cidade.[13] Entre os participantes havia *señoritas* de olhos azuis, dançarinos de flamenco vestidos de seda, toureiros empoados e outras figuras em trajes reminiscentes da Inquisição e da Ku Klux Klan. Rojões e fogos de artifício espocavam até o raiar do dia, enquanto as espetaculares procissões religiosas deslocavam-se pelas ruas estreitas da velha cidade. Em carta enviada a Gerda em Paris, André descrevia as cenas com riqueza de detalhes, relatando suas noites de bebedeira com a gente da cidade. Concluía a carta dizendo, em alemão nada ortodoxo, que ela estava frequentemente em seus pensamentos.[14]

Com a renda obtida com as duas reportagens, André pôde enfim tirar férias mais que necessárias. Nesse verão, ele se juntou a Gerda, Willi Chardack, um estudante de medicina, e um outro amigo, Raymond Gorin, na ilha de Sainte Marguerite, ao largo do litoral da Côte d'Azur. André e Gerda logo se tornariam inseparáveis. "Eles se apaixonaram no sul da França", lembra-se Ruth Cerf.

Gerda começou a sonhar. André tinha um enorme potencial, mas era por demais indisciplinado, muito boêmio, não raro arrogante e irresponsável. Também via nele "um vagabundo e mulherengo", segundo Ruth Cerf. Mas quem sabe seu charme e sua ousadia, sendo combinados a uma atitude realmente profissional em relação ao trabalho, pudessem salvar ambos da pobreza. Ela constatou, encantada, que André não protestou quando ela o repreendeu por beber demais, dizendo-lhe que se mostrasse mais moderado. Ela parecia uma mulher que não sufocava com sua afeição, tão sem problemas em relação à sexualidade quanto complicada no que dizia respeito a sua situação de judia alemã exilada em Paris.* Ele começou a

---

*Certa vez, ela tomou banho nua na frente de amigos de André, e segundo Ruth Cerf nunca conseguiu ser monógama em sua breve vida. "Para Gerda, os homens eram de certa forma descartáveis", diz Cerf. "Ela não era nenhuma feminista. Os homens ricos sempre foram seus preferidos."

chamá-la de "patroa",[15] ensinou-a em questão de dias a usar uma Leica e chegou a revelar algumas de suas primeiras fotos. Logo os dois estariam vivendo juntos num estúdio perto da Torre Eiffel.

"Sem Gerda, talvez André não tivesse conseguido", diz Eva Besnyö. "Ela cuidou dele, deu-lhe rumo (...) Ele nunca quis uma vida normal, e assim, quando as coisas não iam bem, começava a beber e jogar. Estava no mau caminho quando se conheceram, e talvez sem ela tivesse sido o fim para ele."

Em carta enviada à mãe naquele outono,[16] André dizia ter conseguido trabalho para Gerda vendendo fotos para uma nova agência, Alliance, dirigida por uma mulher extraordinariamente bela e eficiente chamada Maria Eisner. E ele também estava trabalhando como editor de imagens em tempo parcial para um mensário japonês de propriedade da Mainichi Press.*

Mais ou menos nessa época, Julia comunicou a André que visitaria as irmãs que se haviam mudado para Nova York. O que talvez não lhe tenha dito foi que chegara ao fim seu casamento com o pai dele. Segundo um dos parentes de André que sobreviveram, a inclinação de Dezsö para o jogo acabara por levar à falência o negócio da família, e, com ele, o casamento dos Friedmanns. Em questão de um ano, de acordo com esse parente e com Ruth Cerf, Dezsö daria uma última cartada, "tirando a própria vida", nas palavras de Cerf.

Antes do suposto suicídio de Dezsö, seu filho menor, Cornell, juntou-se a André em Paris, esperando formar-se em medicina. Quando não estava estudando francês, ele começou a revelar as fotografias de André, e não demorou para que também estivesse fazendo o mesmo para Chim

---

*Em outras cartas à mãe datadas dessa época, ele se dizia mais interessado no cinema que na fotografia. Muitos outros fotógrafos do seu círculo, entre eles Cartier-Bresson, trabalhavam eventualmente com cinema, e desde que deixara Budapeste ele se tornara um admirador entusiástico do cinema francês. E não era o único. A França toda não se mostrava menos apaixonada pela nova linguagem. A participação do cinema nas rendas de entretenimento em Paris aumentou de 40% em 1929 para nada menos que 72% em 1939. Em maio de 1940, enquanto os Panzers alemães avançavam pelos campos de milho do norte da França, os cinemas de Paris contabilizavam mais de três milhões de entradas vendidas. (Eugen Weber, *The Hollow Years: France in the 1930s*. Nova York, Norton, 1994.)

e Cartier-Bresson. No fim das contas, transformou o banheiro do outro lado do corredor, em frente a seu quarto no hotel, numa câmara escura. "Era na rue Vavin, num pequeno hotel em frente ao Café Dôme. Eu tinha um quarto no andar de cima, e ao botar a cabeça para fora da janela do telhado via lá embaixo o Dôme, onde se encontravam e tomavam café todos os fotógrafos, pintores, estrangeiros, filósofos e parisienses."[17]

Em abril de 1936, mais uma vez em papel timbrado do Café Dôme, André disse à mãe que sua transição de perdulário para burguês respeitável tinha dado uma nova e surpreendente virada. Graças a Gerda, ele nascera de novo. Mas não se tratava de uma conversão religiosa nem de uma reconsagração ao judaísmo — longe disso. Ele adotara um novo nome, de acordo com sua nova persona.[18]

Em 1947, John Hersey explicaria de que maneira André Friedmann "renasceu" como Robert Capa.[19] "André e Gerda decidiram criar uma associação de três pessoas. Gerda, que trabalhava numa agência de imagens, atuaria como secretária e representante de vendas; André prestaria serviço na câmara escura; e os dois seriam empregados por um rico, famoso e talentoso (além de imaginário) fotógrafo americano chamado Robert Capa, que na época supostamente visitava a França."*

Robert Capa explicou numa entrevista radiofônica em 1947 como foi que mudou seu nome: "Eu tinha um nome ligeiramente diferente de Bob Capa. Mas esse meu nome verdadeiro não era muito bom. Eu era tão tolo quanto agora, só que mais jovem. Não conseguia trabalho. Precisava muito de um novo nome."

— Bem, e qual era o seu nome? — perguntou o entrevistador.

— Ah, fico muito sem graça de dizer. Começava com André, o sobrenome era Friedmann, e os dois grudavam um no outro, e vamos agora esquecer isso...

— Tudo bem.

---

*Mais ou menos na mesma época, Gerda também se reinventou, mudando seu sobrenome do impronunciável Pohorylles para o mais ágil Taro. Inspirado por uma conhecida artista japonesa de Paris, chamada Taro Okamoto, "Taro" era curto e forte, como Capa.

— Eu estava então tentando encontrar um outro (...). Robert parecia bem americano, e era como devia soar um nome. Capa também soava americano, e é fácil de pronunciar. De modo que Bob Capa parece um ótimo nome. E então inventei que Bob Capa era um famoso fotógrafo americano que veio para a Europa e não queria incomodar os editores franceses por não pagarem o suficiente (...). Simplesmente fui chegando com a minha pequena Leica, tirei algumas fotos e escrevi em cima Bob Capa, conseguindo vender pelo dobro do preço."[20]

Houve quem especulasse que Capa se inspirou no nome de Frank Capra, que já era na época um conhecido diretor de filmes como *Loira e sedutora* (*Platinum Blonde*, 1931) e *Loucura americana* (*American Madness*, 1932). Mas por que Robert? A veterana fotojornalista húngara Éva Keleti, que organizou em 1976 a primeira exposição de fotografias de Capa em sua terra natal, acha que pode ter a resposta. Num de seus restaurantes favoritos de Budapeste, ela rabisca num bloco de anotações: "André — Bandi — Bob." "Ele era chamado de Bandi quando garoto, em Budapeste", conta-me ela. "Não é muito difícil passar de Bandi a Bob e a Robert."

Segundo Hersey, Capa já estava no verão de 1936 no pleno domínio do novo disfarce. Por recomendação de Gerda, ele adotou um novo corte de cabelo (curtinho atrás e dos lados) e passou até a usar um elegante sobretudo com chapéu. Ironicamente, contudo, não era esse tipo de traje burguês, mas os macacões e aventais azuis dos *ouvriers* (operários) que naquele verão causavam sensação entre os jovens radicais. No domingo, 3 de maio de 1936, a coalizão de esquerda conhecida como Front Populaire (Frente Popular) venceu as eleições.*

Através de outro refugiado húngaro, André Kertész, Capa foi informado de oportunidades na revista *Vu*, influente publicação que apoiava a Frente Popular. A *Vu* não pagava bem, mas precisava muito de colaboradores.**

---

*Embora Capa ficasse encantado com a vitória, ela não aplacou propriamente os atormentados operários franceses: em junho de 1936, estando no poder um governo antifascista, quase 2 milhões de pessoas participaram de 12.142 greves.
**Vu era uma das revistas mais influentes da época. A edição de abril de 1932, sobre *O enigma alemão*, reproduzira nada menos que 438 fotografias ao longo de 125 páginas, em muitos casos por cortesia da Dephot de Guttmann.

Impressionado com as fotos de Trotski tiradas por André, o editor, Lucien Vogel, o contratou para a cobertura de acontecimentos políticos em Paris. Muitas das fotos posteriores de André sairiam mal enquadradas e fora de foco, mas capturavam o clima de uma época intensa.[21]

Na tentativa de acalmar os operários, o primeiro-ministro Léon Blum anunciou um "*new deal*": aumento salarial de 12%, semana de quarenta horas, duas semanas de férias pagas por ano e dissídio coletivo. A França operária exultou. As mulheres dançavam nas linhas de montagem das fábricas, bandeiras vermelhas tremulavam sobre os ministérios em Paris e as forças internacionais do fascismo finalmente pareciam ter encontrado um adversário à altura: uma frente unida de progressistas que certamente seria capaz de deter Hitler e Mussolini.

Capa fotografava a Frente Popular com um faro cada vez mais apurado. Como bem percebeu Hersey, as greves e os distúrbios associados ao novo partido que crescia "deram ao americano irreal e sua ajudante na câmara escura [Gerda] oportunidades de tirar fotos incríveis".[22] Durante várias semanas, segundo também alegaria Hersey, houve "uma espécie de frenesi Capa". André e Gerda começaram a ganhar a vida. Parecia uma situação ideal, pois "Capa amava Gerda, Gerda amava André, André amava Capa e Capa amava Capa".[23] Quando André não conseguia em algum protesto ou greve uma imagem conseguida pelos outros, Gerda lhe dava cobertura. "Aquele cretino fugiu de novo para a Côte d'Azur", reclamava, "com uma atriz." "Friedmann tirava as fotos", prossegue Hersey. "Gerda as vendia e quem recebia o crédito era o inexistente Capa. Como esse Capa devia ser muito rico, Gerda recusava suas fotografias a qualquer jornal francês por menos de 150 francos a unidade — três vezes mais que o preço de mercado."

No fim de junho de 1936, Capa cobriu em Genebra uma reunião da Liga das Nações, na qual o ex-imperador abissínio Hailé Selassié pronunciou um exaltado discurso contra Mussolini. Enquanto ele falava, vários correspondentes italianos leais a Mussolini vaiavam, e acabaram irrompendo confrontos entre jornalistas de esquerda, um deles espanhol, e os escribas fascistas do Duce. Quando os italianos foram retirados e o espanhol jogado na rua pelos policiais suíços, André esperava do lado de fora e conseguiu fotografar vários policiais amordaçando o espanhol que tentava protestar.[24]

Segundo John Hersey, quando as fotografias tiradas por André — com a assinatura "Robert Capa" — chegaram à mesa de Lucien Vogel, ele telefonou para o agente do famoso fotógrafo americano. Gerda atendeu. "O Sr. Capa informa que a fotografia tirada em Genebra custará 300 francos", disse ela a Vogel. "Muito interessante essa história de Robert Capa", retrucou Vogel, "mas por favor diga a esse garoto ridículo, Friedmann, que anda por aí tirando fotos com uma jaqueta de couro suja, que amanhã compareça ao meu escritório às 9 horas da manhã."[25] Ao que tudo indica, ele vira Capa em frente ao local da reunião de Genebra.

Thomas Gunther, o maior especialista sobre a agência Alliance, afirma que André também foi apanhado em flagrante em outra ocasião. Gerda dissera a Maria Eisner que havia deparado com imagens incríveis de um fotógrafo chamado Capa — profissional extraordinário, mas muito caro. Por coincidência, André estava visitando a agência quando Eisner examinava amostras do trabalho desse caríssimo fotógrafo americano. Ela tinha "um olho tão bom para fotos", segundo Gunther, que imediatamente soube que se tratava de fotos de André Friedmann. Sem hesitar, convocou-o a seu escritório e, diante de uma Gerda constrangida, declarou que as fotos eram dele. Mas Eisner ficou suficientemente impressionada com seu trabalho, qualquer que fosse o crédito nas fotos, para contratá-lo para sua agência por 1.100 francos por mês, em troca de três reportagens por semana: ele estava ganhando menos que Gerda, mas finalmente podia fazer refeições regularmente.[26]

No início de julho de 1936, Eisner mandou Capa a Verdun para fotografar o vigésimo aniversário de uma das mais sangrentas batalhas da Primeira Guerra Mundial. A paisagem encontrada era um marcante lembrete de uma guerra que matou 1,4 milhão de franceses e deixou mais 1,1 milhão de aleijados, os chamados *mutilés*. Mesmo passados vinte anos, amplas regiões continuavam como uma terra de ninguém de árvores calcinadas e crateras cheias de água estagnada.

As fotografias de Capa mostram o cemitério militar de Verdun, iluminado por centenas de refletores. Os veteranos se perfilam solenemente por trás dos túmulos dos camaradas mortos. Como de hábito entre os veteranos franceses, eles ainda consideravam seus antigos oficiais como *idiots* e a guerra de atrito como uma experiência absurda para sangrar a França. Colunas inteiras de sobreviventes se recusavam a marchar em sincronia, em protesto contra o que sua geração havia sofrido. Muitos eram a essa altura ardorosos pacifistas. Nenhum deles queria uma outra guerra.

Mas uma guerra parecia cada vez mais provável. No dia 3 de outubro de 1935, Mussolini dera uma bofetada na cara da Liga das Nações, criada depois da Primeira Guerra Mundial para preservar a paz, invadindo a Abissínia. Em março de 1936, tropas alemãs marchando com o passo do ganso haviam entrado na Renânia, em desafio aos termos do tratado de paz de Versalhes e provocando calafrios em toda a França.

Capa retornou de Verdun para a cobertura das comemorações do Dia da Bastilha, em Paris, a 14 de julho. Uma semana depois, leu num dos jornais para os quais trabalhava uma nota sobre uma revolta contra um governo de Frente Popular no exterior. Um sujeito baixinho e gorducho chamado Generalíssimo Franco, que logo passaria a contar com o apoio ao mesmo tempo de Hitler e Mussolini, chegara a Cádiz, no dia 19 de julho, à frente de legionários estrangeiros espanhóis conhecidos como "mouros". Com o apoio dos chamados insurgentes marroquinos, ele pretendia derrubar a democracia na Espanha. "A energia a que recorreremos", advertia Franco ao governo eleito da Espanha, "será proporcional à resistência que acaso ofereçam. Nós os exortamos particularmente a evitar um inútil derramamento de sangue."

4
A guerra apaixonada

"A Guerra Civil Espanhola foi a época mais feliz de nossas vidas. Éramos então realmente felizes, pois, quando morria alguém, parecia que sua morte era justificada e importante. Pois eles estavam morrendo por algo em que acreditavam e que teria de acontecer."[1]

ERNEST HEMINGWAY, 1940

A Guerra Civil Espanhola representou para Capa a primeira chance de combater o totalitarismo nas trincheiras com uma arma poderosa: a Leica. Nas palavras da jornalista Martha Gellhorn, "a Espanha era o país onde todos os homens livres podiam lutar contra Hitler, os nazistas e as ideias corrompidas que também eram praticadas pelos imitadores de Hitler. [Capa] não esperava entrar em combate, pois nunca tivera um fuzil nas mãos; pretendia tirar fotos que obrigassem todos a ver o que havia para combater."[2]

Assim que tomaram conhecimento da revolta liderada por Franco, Capa e Gerda decidiram ir juntos para a Espanha. A cobertura da Frente Popular fizera o nome de Capa nas publicações simpáticas à causa dos republicanos, como *Ce Soir, Vu* e *Regards*. Ele ponderava, assim, que não deveria ser difícil conseguir uma missão na Espanha, e logo tratou de entrar em contato com seus editores.

Na *Vu*, Lucien Vogel aceitou enviar os dois à Espanha. Ele fretaria um pequeno avião para levá-los a Barcelona, acompanhando-os pessoalmente, pois pretendia organizar a cobertura para uma edição especial de sua revista sobre a guerra civil. Ignorando os protestos da mãe, Capa, acompanhado de Gerda, Vogel e vários outros jornalistas, voou para a Espanha no início de agosto. Não foi um bom começo. Na travessia dos Pirineus, o avião subitamente perdeu altitude, aterrissou aos trancos e barrancos num campo perto de Barcelona e se partiu.³ Surpreendentemente, não houve baixas; Capa e Gerda saíram dos destroços muito abalados, mas intactos. Ao mesmo tempo, a quase 100 quilômetros ao sul do porto de Cádiz, era desembarcado em solo espanhol o primeiro carregamento nazista de aviões e soldados.

Capa e Gerda chegaram às imediações de Barcelona no fim do dia 5 de agosto. O acidente com o avião logo seria esquecido em meio ao clima frenético da capital catalã, então mergulhada numa revolução anarquista. Numa das ruas, Capa e Gerda encontraram vários casais anarquistas usando macacões azuis e desfrutando da tarde de sol, esfuziantes com a repentina entrega dos majestosos prédios e instituições de Barcelona às massas. A maior parte dos donos de fábricas da cidade tinha fugido ou encontrado o mesmo destino que os milhares de monges, freiras e padres trucidados pelos republicanos nos primeiros meses da guerra.

Em 1959, o escritor alemão Gustav Regler rememoraria com vividez aqueles primeiros dias emocionantes da revolta anarquista contra Franco: "As pessoas estavam tomadas de uma embriaguez, de uma vontade contagiante de se sacrificar, de uma fé exaltada na liberdade (...). A julgar por sua aparência, os milicianos podiam ter sido jogados nas ruas pela Revolução Francesa, e não resta dúvida de que muitos dos atos de violência dos primeiros dias da guerra tinham sido provocados pela imitação inconsciente dos *sans-culottes*."⁴

É possível que o primeiro contato de Capa em Barcelona tenha sido Jaume Miravitlles, secretário-geral, aos 28 anos, do partido de esquerda Esquerra. Miravitlles lembrava-se de ter ajudado Capa e Gerda a conseguir autorização para fotografar em Barcelona e credenciais de jornalistas franceses. Também se recordava claramente de como Capa estava entusiasmado com a causa anarquista. A antiautoritária e decadente negação de toda tradição, das regras burguesas, das leis e dos códigos morais por parte do movimento deixou uma impressão indelével no jovem fotógrafo.*

Capa e Gerda percorreram então bancos e grandes hotéis confiscados por um desconcertante contingente de militantes antifranquistas. O sindicato anarquista, CNT FAI, montara um caótico acampamento na enorme Calle Layetana, que logo viria a ser rebatizada de Via Durriti. O Partido Obrero de Unificación Marxista (POUM), de linha trotskista, montara base no Hotel Falcon, perto da Plaza Catalunya. Numa das praças, Capa e Gerda depararam com uma unidade integralmente feminina. Gerda encontrava ali verdadeiros modelos a seguir; Capa, a primeira reportagem que os dois poderiam vender. Ele pressentia, justificadamente, que as revistas francesas e britânicas disputariam as imagens daquelas mulheres combativas, com seus rostos de marfim, os longos cabelos encaracolados e suas calças de estilo *jodhpur*. Os dois fotografaram uma soldado particularmente bela, sentada na varanda de um café, absorta na leitura de uma revista feminina, com um revólver preso entre os joelhos.

Na estação central de Barcelona, Capa e Gerda viram milhares de soldados esfuziantes partindo para combater os insurgentes marroquinos na frente de Aragon. Em nenhuma de suas fotos se via a habitual despedida lancinante dos amantes que se separavam, e sim o otimismo incontido da classe operária de Barcelona rumando decidida para esmagar os famigerados mouros de Franco. Na lateral de um dos vagões, alguém rabiscara com tinta branca: "Jurad sobre estas letras hermanos antes morir que consentir tirano" (Jurem sobre estas letras, irmãos, antes morrer que tolerar um tirano). Muitos daqueles jovens que se debruçavam das janelas, brandindo os punhos cheios de entusiasmo, nunca mais voltariam a Barcelona.

---

*Capa foi apenas um dos muitos jovens idealistas, ao lado de George Orwell e André Malraux, para os quais a Guerra Civil Espanhola viria a representar a experiência mais marcante de toda uma vida. Para milhares de outros jovens de todo o mundo que se apresentaram como voluntários para combater Franco, a guerra também constituía a linha de frente de uma batalha ideológica contra o totalitarismo. Se se permitisse que Franco derrotasse a democracia na Espanha, restaria pouca esperança de conter o fascismo em outros países.

No fim de agosto, Capa e Gerda percorreram de carro 240 quilômetros até as linhas de frente mais próximas, nas proximidades de Huesca, cidade abrigada no recôncavo dos Pirineus, a meio caminho entre o Mediterrâneo e o litoral atlântico. Mas não havia combates, e, assim, ansiosos por registrar imagens de uma primeira vitória republicana, eles prosseguiram em direção sul, ao serem informados da presença de centenas de comunistas alemães servindo nas milícias do POUM a alguns quilômetros de distância. Em Leciñena, a nordeste de Saragoza, Capa e Gerda juntaram-se por breve momento à mesma unidade na qual George Orwell passaria o inverno, sendo ferido e deixando a Espanha desencantado e amargurado na primavera de 1937.[5]

Novamente eles ficaram decepcionados: o heterogêneo contingente da unidade, formado por soldados em sua maioria com gorros disparatados e carregando armas antiquadas, estava simplesmente acampado. Mas logo ficaram sabendo que o governo republicano de Madri ordenara o primeiro grande ataque contra as forças de Franco, em Córdoba.* No início de setembro, eles entraram em campo, dessa vez decididos a registrar combates de verdade, e de preferência uma primeira derrota do fascismo.

A caminho, pararam em Toledo. Durante várias semanas, os republicanos tinham assediado o famoso Alcazar, no centro da cidade. O coronel insurgente Moscardo e centenas de seguidores tinham conseguido rechaçar repetidos ataques. Ao chegarem, Capa e Gerda ficaram sabendo que os republicanos pretendiam explodir a fortaleza com dinamite, mas demoraria pelo menos mais uma quinzena até que uma quantidade suficiente de explosivos fosse instalada por baixo das muralhas, e assim o casal rapidamente desceu mais em direção sul, a caminho de Córdoba. Finalmente, nas proximidades de um vilarejo chamado Cerro Muriano, os dois fotógrafos encontraram a ação que buscavam.[6]

Na manhã do dia 5 de setembro, os fascistas tinham bombardeado Cerro Muriano. Naquela tarde, Capa e Gerda tiraram várias fotos de

---

*Os seguidores de Franco empreendiam a essa altura uma guerra fratricida de terror. Praticamente toda vez que uma cidade caía em poder de tropas dos insurgentes, eram levadas a efeito dezenas de execuções públicas.

aldeões fugindo aterrorizados. Pelo rádio, o general insurgente Queipo de Llano avisava que seus homens logo estariam chegando para estuprar as "vermelhas" da aldeia.[7] Também se encontrava na região nesse dia o escritor alemão Franz Borkenau, que mais tarde recordaria em seu livro *The Spanish Cockpit* (O cockpit espanhol, 1937) que, à sua chegada, "a aldeia inteira estava fugindo; homens, mulheres e crianças; a pé, de burro, de carro e caminhão". Borkenau ficou arrasado ao ver muitos integrantes da milícia anarquista, a CNT, fugindo igualmente "como covardes". "Fuzis não adiantam nada contra bombas e minas", gritavam alguns deles.

Ao entrar em Cerro Muriano, Borkenau encontrou as casas abandonadas, as portas trancadas e o gado abandonado vagando pelas ruas. Nas linhas de frente, constatou que "três ou quatro" homens tinham morrido. Mais tarde, naquele mesmo dia, viu muitos outros homens desertando, à parte um "pequeno grupo de milicianos de Alcoy, velho centro revolucionário da província de Múrcia (...) eles enfrentaram o bombardeio (...) com a mais orgulhosa bravura e indiferença (...). Mas a disciplina era algo que faltava em grau quase inacreditável".[8]

Naquela tarde, segundo se acredita, Capa juntou-se à milícia de Alcoy numa trincheira, conseguindo milagrosamente tirar a mais famosa fotografia de toda a Guerra Civil Espanhola, "O soldado caído". Nela se via um miliciano de Alcoy uma fração de segundo antes de aparentemente ter sido mortalmente alvejado.

5
"O soldado caído"

> "Não é necessário nenhum truque para tirar fotos na Espanha. Não é preciso pousar a câmera. As imagens estão lá, basta capturá-las. A verdade é a melhor imagem, a melhor propaganda."
>
> ROBERT CAPA, em entrevista ao *New York World-Telegram*, 2 de setembro de 1937

"O soldado caído" é a foto mais polêmica da história do fotojornalismo. Questionar a sua autenticidade significa incorrer na eterna ira de Cornell Capa, 83 anos, que controla o espólio do irmão e dedicou grande parte de sua vida à feroz defesa da lenda de Robert Capa. Richard Whelan, o biógrafo de Capa escolhido por Cornell, considera "O soldado caído" "talvez a maior fotografia de guerra jamais tirada".[1] Quando era ministra da Educação e Cultura da Espanha em meados da década de 1990, Esperanza Aguirre Gil de Biedma referia-se a ela como "um ícone universal (...) de tal força visual que se compara a *Guernica* de Picasso".[2]

E no entanto, a mais famosa foto de Capa pode ser apenas aquilo que diz seu título: uma fotografia de um soldado caindo.* O ilustre documentarista francês Patrick Jeudy considera que pode ser exatamente esse o caso. Em seu escritório parisiense, ele me mostrou imagens inéditas de Capa, além de uma sequência, tomada durante a Guerra Civil Espanhola, de um homem

---

*Capa seria perseguido pelo "Soldado caído" exatamente como Eddie Adams por sua famosa fotografia de um homem sendo executado no Vietnã em 1968.

perdendo o equilíbrio ao descer correndo uma colina. Congelando-se a imagem do filme, um dos fotogramas se parece com a famosa fotografia de Capa. Como argumenta Jeudy, não temos como saber, a partir da foto tirada por Capa, se o homem escorregou acidentalmente, se está sendo morto ou se foi convidado a simular o momento da morte.

Jeudy é apenas um dos muitos cineastas, historiadores e fotógrafos, todos ardorosos admiradores do trabalho de Capa, que têm lá suas dúvidas sobre a foto. Segundo o fotógrafo Jimmy Fox, ex-arquivista da Magnum, tais dúvidas não devem desviar nossa atenção do trabalho de Capa como um todo, que inquestionavelmente continua sendo o registro fotográfico mais evocativo dos anos mais turbulentos do século XX. Mas ele próprio tem questionado aspectos que considera estranhos do único relato contemporâneo da maneira como Capa teria tirado a foto:

> Lembro-me de ter evocado com Cornell a saga do soldado morrendo durante a Guerra Civil Espanhola, pois há vários anos Cornell me pedira que fosse à Espanha encontrar a recém-descoberta família [do homem supostamente retratado na fotografia de Capa]. O que me parecia estranho era [que] Capa voltasse a [Nova York] de navio cerca de seis meses depois da publicação da foto na *Life* e desse a um jornalista uma entrevista na qual explicava que tinha passado vários dias com aquele homem, além do fato de o sujeito ter sido alvejado perto dele e de ele ter ficado junto ao corpo até escurecer, esquivando-se ao fogo inimigo.[3]

O jornalista em questão era do *New York World-Telegram* e entrevistou Capa no dia 1º de setembro de 1937, em Nova York. Capa contou-lhe como tinha tirado aquela fotografia sensacional. Informava o jornal:

> [Capa e o fotografado, o soldado] estavam na frente de batalha de Córdoba, sem ter como sair dali, Capa com sua preciosa câmera e o soldado com seu fuzil. O soldado estava impaciente. Queria voltar para as linhas legalistas. Volta e meia, escalava a trincheira para espiar por cima dos sacos de areia. A cada vez, recuava ante a advertência do fogo de metralhadora. Finalmente, o soldado murmurou algo no sentido de que ia se arriscar.

Escalou, então, a trincheira, tendo Capa por trás. As metralhadoras falaram e Capa automaticamente disparou a câmera, caindo de costas junto ao corpo do companheiro. Duas horas depois, tendo escurecido e já calada a artilharia, o fotógrafo se arrastou pelo terreno até estar em segurança. Mais tarde, descobriria ter tirado uma das melhores fotos da guerra espanhola.[4]

Capa ficou famoso em sua carreira por não incluir nas legendas informações decisivas, como nomes próprios. Ainda assim, Fox fica intrigado com o fato de ele ter passado vários dias com o soldado e sua unidade e não saber seu nome. Por que não buscou a identidade do homem ao vê-lo morto? E não teria sido possível identificá-lo com a ajuda de alguém mais de sua unidade?*

Em 1982, uma amiga de Capa, Hansel Mieth, escreveu sobre "O soldado caído". Numa carta, ela relatava que, no fim da década de 1940, retornando a seu apartamento em Nova York de uma missão profissional, encontrou o marido, Otto, e Capa discutindo exaltados sobre a foto.

"Otto estava com raiva e Bob, muito desanimado, mas na defensiva. Otto se mostrava crítico, falando com dureza, e Bob reagia como um animalzinho agredido. Eu estava cansada, depois de dias de trabalho, e não entrei na briga. Mas achei que Otto assumia uma atitude desnecessariamente didática."

Depois que Capa deixou o apartamento, Otto ficou calado, mas furioso.

— Do que você está acusando Bob? — perguntou Mieth. — Acha que ele falsificou a foto?

— Quisera Deus que sim.

— Então por que surgiu toda a polêmica?

---

*Capa não foi o único fotógrafo a ter aparentemente capturado um momento fatal na Guerra Civil Espanhola. No dia 15 de outubro de 1936, o diário de esquerda *London Daily Herald* mostra homens se afogando no mar, e *The Illustrated London News* reproduziu uma foto mostrando sete homens correndo por uma clareira, com a legenda: "Dois homens abatidos num ataque dos rebeldes, um deles no momento em que cai." (Citado por Caroline Brothers, *War and Photography, A Cultural History*. Londres: Routledge, 1997.) Mas a foto de Capa era singular pela proximidade em relação à vítima — não mais que 18 metros — e seu dramático simbolismo.

— Não quero falar disso. Espero estar errado naquilo que não posso deixar de pensar.

Otto Mieth discutira acerbamente com Capa sobre as circunstâncias em que a foto tinha sido tirada.

— Eu o conheci [o soldado caído] quando estava vivo — contou-lhe Capa. — Eles estavam ciscando por ali. Todos estávamos ciscando. Sentíamo-nos bem. Não havia tiros. Eles vieram correndo colina abaixo. Eu também corri.

— Você disse a eles que encenassem um ataque? — perguntou Otto.

— Claro que não! Estávamos felizes. Talvez meio pirados.

— E depois? — perguntou Otto.

— De repente, a coisa começou para valer. Eu não ouvi os tiros... levei algum tempo.

— Onde estava?

— Um pouco à frente e ao lado deles.[5]

A se dar crédito a esse relato, Capa se sentia culpado por ter pedido aos companheiros que descessem correndo uma encosta exposta, pedido que custara a vida a um homem. Segundo o professor Hans Puttnies, biógrafo de Gisèle Freund, Capa contou a ela uma história semelhante, reconhecendo que tinha "matado" o homem da foto.

Como fica evidente pelos relatos acima, nenhum deles feito pelo interessado, a versão dos acontecimentos dada por Capa mudava significativamente. Mas o fato é que existe, sim, um relato do próprio Capa, numa entrevista radiofônica concedida em 1947 para promover seu livro de memórias, *Slightly Out of Focus* (Ligeiramente fora de foco).

Às 8h30 do dia 20 de outubro, Capa contou aos nova-iorquinos que sintonizavam a rádio WNBC o que acontecera naquele fatídico dia de 1936. Ele abordou a questão do "Soldado caído" sem que lhe fosse perguntado, frisando que "a foto rara nasce da imaginação dos editores e do público que a vê".

Ele tirara certa vez uma foto assim, "que viria a ser muito mais apreciada que outras". Ao tirá-la, ele "certamente não sabia" que seria uma foto especial. "A coisa aconteceu na Espanha", explicou. "Foi bem no início da minha carreira de fotógrafo e no início da Guerra Civil Espanhola. E a guerra era algo meio romântico, se se pode falar assim (...)."

Capa disse aos ouvintes que a havia tirado na Andaluzia, quando acompanhava um grupo de inexperientes recrutas republicanos. "Eles não eram soldados", acrescentou, "e morriam a cada minuto com grandes gestos, achando que realmente era pela liberdade e o bom combate. Eram uns entusiastas."

Capa disse que estava numa trincheira com cerca de vinte homens armados de fuzis velhos — em flagrante contradição com sua declaração ao *New York World-Telegram*. Numa colina em frente, acrescentou, os insurgentes tinham uma metralhadora. Os homens atiraram na direção da metralhadora durante cinco minutos. Em seguida, levantaram-se, dizendo "*Vamos!*", e se arrastaram para fora da trincheira, avançando em direção à metralhadora. "Como se poderia esperar", prosseguiu Capa, "voltaram os tiros de metralhadora e, dim dom! E assim os que restaram retornaram e começaram a atirar de novo na direção da metralhadora [que] naturalmente foi inteligente o bastante para não responder. E passados mais cinco minutos eles disseram '*Vamos*' e voltaram a ser triturados. Essa mesma cena se repetiu umas três ou quatro vezes, e, na quarta vez, sem mesmo olhar, eu tirei uma foto quando eles passavam por cima da trincheira."

Capa explicou que não revelou ele próprio o filme usado naquele dia. Mandou-o de volta a Paris, com muitos outros rolos, e ainda permaneceu na Espanha durante três meses. Ao voltar à França, descobriu que "era um fotógrafo muito famoso, pois a câmera que eu tinha segurado acima da cabeça simplesmente capturou um homem no momento em que era alvejado".

"O soldado caído" foi publicado inicialmente na revista *Vu* em 23 de setembro de 1936, aparecendo novamente em *Paris-Soir* e *Regards* no ano seguinte. Segundo o professor Puttnies, os patrocinadores suíços de *Vu* demitiram Lucien Vogel após a publicação da fotografia de Capa. "A publicação da edição especial [de Vogel] sobre a Guerra Civil Espanhola no outono de 1936", confirmou Gisèle Freund, "apoiando o ponto de vista republicano, deixou indignados os patrocinadores de *Vu*, e Vogel foi obrigado a se demitir."[6]

A foto foi reproduzida na página 19 da edição de 12 de julho de 1937 da revista *Life*, com a seguinte legenda: "Um soldado espanhol no instante em que é abatido por uma bala na cabeça." Tal como acontecera na Europa, a publicação causou sensação. Vários leitores escreveram indignados ao editor, queixando-se de uma representação tão explícita de violência. Nenhuma imagem assim jamais entrara nos lares da classe média americana.

Só em 1974 a autenticidade do "Soldado caído" seria questionada publicamente, no livro *The First Casualty* (A primeira baixa), de Phillip Knightley.[7] Knightley entrevistara O. D. Gallagher, correspondente do *Daily Express* durante a guerra civil, que lhe disse ser "O soldado caído" parte de uma série de fotos de ação encenadas num intervalo dos combates. Segundo ele, Capa e outros fotógrafos queixaram-se a um oficial republicano que não tinham o que fotografar. O oficial respondeu que arregimentaria então alguns homens para manobras. Ao ser publicada a foto, Gallagher comentou que parecia autêntica, por causa da imagem ligeiramente turva. Disse então a Knightley que Capa "deu uma boa risada e disse: 'Para se obter boas imagens de ação, elas não podem ser muito focadas. Se a mão tremer um pouco é que se vai obter uma bela foto de ação.'" Mas esse depoimento ficou em certa medida comprometido quando ele declarou numa entrevista ao historiador Jorge Lewinski, em 1978, que Capa tirara a foto em território espanhol controlado pelos insurgentes. Não existem provas de que Capa tenha algum dia visitado a Espanha nacionalista. Na verdade, uma tal visita teria sido altamente improvável, considerando-se seu entusiástico apoio à causa republicana.

Outra fonte importante no livro de Knightley era Ted Allan, veterano canadense da guerra civil que se apaixonou por Gerda quando tinha 19 anos e se tornou um bom amigo de Capa no fim da década de 1930. Ele escreveu a Knightley, dizendo-lhe que certa vez comentou a foto com David "Chim" Seymour, que também cobriu a guerra civil, assim como Cartier-Bresson. "Chim me disse que a foto não tinha sido batida por Capa. Mas não me lembro se ele me disse na ocasião se ele próprio, Chim, a tinha tirado, ou se ela fora batida por Gerda."[8] A biógrafa de Gerda Taro, Irme Schaber, afirma ter optado por não tratar extensamente do "Soldado caído" em seu livro por não considerar que a questão fosse crucial para o seu tema. Ela considera altamente improvável que a foto tenha sido tirada por Gerda. Mas é possível. O historiador da cultura espanhol Carlos Serrano, que examinou fotos tiradas por Capa e Gerda nessa época, escreveu que muitas vezes é impossível distinguir a autoria. Até 1937, quase todas as fotografias de Gerda eram publicadas sem crédito ou creditadas a Capa.

Examinando atentamente os negativos de Capa, seria possível tirar a limpo se se tratou efetivamente de um feliz acaso ou se a foto fazia parte de uma sequência encenada envolvendo vários homens, ou apenas um deles, fingindo ser alvejado. Mas aparentemente muitos dos negativos da sequência a que pertence essa imagem não existem mais. Nem dispomos do negativo ou do contato original da foto.

Se a foto realmente foi encenada, Capa provavelmente teria tirado várias fotos de milicianos tombando, fingido terem sido alvejados, e provavelmente teria usado um tripé, para evitar imagens turvas. Ironicamente, alguma prova nesse sentido talvez possa ser encontrada na própria revista *Vu*. Sob manchete em página dupla, "A guerra civil na Espanha", *Vu* reproduziu a famosa foto acima da imagem de um outro miliciano morrendo. Sob a manchete, um subtítulo: "Como eles caíram." A legenda com toda evidência se refere a dois homens diferentes: "Pernas tensas, peito aberto, fuzil na mão, eles abrem caminho no matagal da encosta (...). De repente, a fuga é interrompida, zune uma bala — uma bala fratricida — e seu sangue é bebido pelo solo nativo."[9]

Na primeira imagem, a mais conhecida, o soldado traja camisa branca e calças escuras. O segundo soldado veste um macacão escuro. O homem da primeira foto calça sapatos escuros. O da segunda, alpercatas brancas. O primeiro traz três bolsas de munição numa faixa de couro presa ao ombro. O segundo, duas bolsas no cinturão. O movimento da queda é completamente diferente nas duas fotografias. É evidente a alta improbabilidade de que as duas fotos fossem do mesmo homem. Mas será possível que Capa tivesse inicialmente tirado a foto de um homem morrendo, num feliz acaso, como afirmava ele próprio, para em seguida prevalecer-se de um outro acaso propício, obtendo a imagem de um homem sendo alvejado na mesmíssima colina? Ou será que estamos vendo o mesmo momento encenado com dois atores diferentes?

Para cada observador que duvida podemos encontrar um defensor muito mais exaltado do "Soldado caído". Ruth Cerf, a amiga de Capa e Gerda, não foi consultada publicamente sobre essa foto, mas o fato é que conhecia os dois fotógrafos muito mais intimamente nesse período que qualquer outra pessoa ainda viva. Ela insiste, hoje, em que a foto "é autêntica": "Eu vi as [fotografias] que se seguiam, com o soldado morto no solo." Mas não dá detalhes sobre como viu as chapas subsequentes e o que aconteceu com elas.

Após as revelações de Knightley, o veterano da Guerra Civil Espanhola Georges Soria declarou veementemente que a foto era autêntica. "A honestidade profissional de Capa era de tal ordem que não dá para acreditar por um só momento que ele fosse capaz de inventar uma farsa tão medíocre e desprezível."[10] Ele escreveu que em agosto de 1936 viajou com Capa para a Sierra de Guadarrama, ao norte de Madri. Depois de um contra-ataque dos republicanos, Soria lembra-se de que Capa não se atirou ao chão para se proteger quando começaram a ser disparados tiros, mas ficou de pé, "tirando fotos, como se nada estivesse acontecendo",[11] enquanto tanta gente ao seu redor era derrubada.

Soria não viu Capa tirar a foto do "Soldado caído", reconhecendo que se atirou ao chão "à primeira rajada da metralhadora inimiga". Mas sustenta que a imagem foi capturada em agosto, numa região montanhosa, à distância de um dia de carro de Madri. Mas o fato é que em 1936 Cerro Muriano ficava a pelo menos três dias de carro de Madri, e de qualquer maneira a foto foi tirada em setembro, e não em agosto.

Nos últimos anos, outros defensores se têm mostrado ainda mais enfáticos quanto à autenticidade da imagem. As declarações mais recentes basearam-se nas descobertas de um historiador amador espanhol desconhecido chamado Mario Brotons, igualmente veterano da guerra.[12] Ele afirma que o homem na foto de Capa é Federico Borrell, que morreu aos 24 anos em 5 de setembro de 1936, o dia em que a foto teria sido batida. Borrell era um laminador da aldeia de Alcoy, também terra natal de Brotons. Fazendo pesquisas no início da década de 1990 para um livro sobre a Guerra Civil Espanhola, Brotons deve ter vasculhado arquivos militares em Madri e Salamanca. Para sua estupefação, segundo diria mais tarde, encontrou em ambos provas de que só um homem morrera a 5 de setembro na frente de Cerro Muriano: Federico Borrell. Ao mostrar a parentes de Borrell, em 1996, a foto de Capa, eles aparentemente reconheceram Federico sem serem induzidos.

Federico tinha um irmão menor chamado Everisto, que também combateu perto de Cerro Muriano. Em 1996, a jornalista inglesa Rita Grosvenor entrevistou a viúva de Everisto, Maria, para o *Observer*. "Everisto nos disse que Federico tinha sido morto. Ele não vira o que aconteceu porque estava numa outra posição. Mas seus amigos lhe contaram que viram Federico atirar os braços para o alto e imediatamente tombar no solo depois de receber um tiro na cabeça. Morreu instantaneamente, segundo diziam."[13]

A foto de Capa é uma das mais famosas fotografias da história da Espanha. Cabe perguntar por que nenhum dos parentes de Borrell o reconheceu ao longo dos sessenta anos anteriores, quando a imagem era reproduzida incontáveis vezes em revistas, jornais e na televisão. Infelizmente, Maria morreu semanas antes de uma entrevista pretendida pelo autor deste livro. Mario Brotons morreu em 1997.

Do livro de Brotons não constam notas sobre fontes. Que documento terá ele encontrado, então, para comprovar sua afirmação de que só um soldado morreu naquele dia, alegação que vai de encontro ao depoimento de uma testemunha ocular, Franz Borkenau, e a todos os relatos de Capa? Ele escreveu ter encontrado provas nos arquivos sobre a Guerra Civil Espanhola em Salamanca e em arquivos militares de Ávila, perto de Madri. Mas uma cuidadosa busca nesses arquivos nada permitiu encontrar que corroborasse a tese de Brotons. O diretor do arquivo de Salamanca, Miguel Angel Jaramillo, afirma não haver menção a Federico Borrell na instituição, e Manuel Melgar, curador em Ávila, declara que tampouco há qualquer traço de Federico Borrell em seus arquivos.

Angel Jaramillo trabalha há dez anos no arquivo de Salamanca, e nunca foi sequer contatado por Brotons:

> De acordo com nossos registros, o Sr. Brotons não esteve aqui. Nossos arquivos têm muitos documentos relacionando mortos e desaparecidos. São informações cruciais para pessoas que reivindicam pensões (...). E posso dizer-lhe que nada encontrei com o nome de Borrell em qualquer lista de homens mortos ou desaparecidos na guerra (...). Se Brotons encontrou provas aqui, por que não as reproduziu em seu livro? Tratando-se de uma questão tão importante, qualquer historiador profissional teria extremo cuidado na atribuição de um crédito, tratando de mostrá-lo. É estranho que ele não o tenha feito.

Ainda que aceitemos que o homem na foto efetivamente seja Federico, poderíamos acaso afirmar que morreu no exato momento em que a foto era tirada? Ele poderia ter morrido algumas horas depois. E que dizer do segundo homem na reportagem da revista *Vu*? Por que não foi identificado? Por que Capa nunca fez referência a ele? E, sobretudo, por que nunca foi encontrado o corpo de Federico?

A acadêmica britânica Caroline Brothers deteve-se recentemente com exaustivos detalhes na polêmica em torno do "Soldado caído", e concluiu: "A fama dessa fotografia reflete uma imaginação coletiva que queria e ainda quer acreditar em determinadas coisas no que diz respeito à natureza da morte numa guerra. O que essa imagem afirmava era que a morte na guerra é algo heroico, trágico, e que o indivíduo é importante e sua morte não pode ser ignorada."[14]

Caberia perguntar se existe no "Soldado caído" de Capa algo mais que a representação de uma morte simbólica. Capa não era um repórter imparcial. Ignorou atrocidades cometidas pelos republicanos e pouco depois encenaria pelo menos um ataque documentado, além de servir de propagandista ideológico da causa comunista na Espanha.

Autêntico ou falso, "O soldado caído" é em última análise um registro da parcialidade e do idealismo político de Capa. As duas coisas seriam submetidas a duros testes nas outras batalhas da "guerra apaixonada". Logo ele estaria vivenciando a brutal loucura e a morte das ilusões com que se defronta inevitavelmente toda testemunha que se aproxima o suficiente do "romance" da guerra.

O que nunca esteve em dúvida é o fato de que a publicação do "Soldado caído" assinalou um ponto sem possibilidade de retorno. A foto significava que André Friedmann passaria a ser lembrado sempre como Robert Capa, o fotógrafo americano tão audacioso, tão decidido a se aproximar o máximo possível da intensidade da guerra que foi capaz de registrar o exato instante da morte de um homem.

6
"La Paquena Rubena"

"Pensando nas pessoas boas que conhecemos e foram mortas (...) ficamos com essa sensação absurda de que de certa maneira é injusto estar vivo."

GERDA TARO, 9 de julho de 1937¹

Alvorecer, 18 de setembro de 1936: Capa e Gerda esperavam em meio a uma multidão de fotógrafos e repórteres reunidos em frente ao Alcazar, em Toledo. Precisamente às 6h31, uma enorme explosão abriu uma brecha na fortaleza e sacudiu a cidade, mas sem desalojar os insurgentes assediados. Hans Namuth, um fotógrafo alemão, estava ao lado de Capa e Gerda quando tropas republicanas atacaram o Alcazar, sendo no entanto rapidamente rechaçadas. "Nós [os vemos] subindo a encosta íngreme", recordaria Namuth. "[Vemos] alguns deles sendo abatidos, os feridos sendo trazidos de volta para perto de nós, tão perto que o sangue pinga em nossos sapatos, e nós [olhamos] nos olhos parados dos mortos, quase surdos com o barulho das granadas e as explosões de dinamite."²

Capa e Gerda deixaram Toledo abalados e arrasados com aquela carnificina. No dia 30 de setembro, os dois meses de cerco chegaram ao fim, quando Franco aniquilou os republicanos, ocupando a cidade. A queda de Toledo teve enorme valor de propaganda para os insurgentes, abrindo caminho para Madri, cerca de 60 quilômetros ao norte. Franco, que fora nomeado comandante em chefe dos exércitos insurgentes, divulgou uma declaração no dia da rendição do Alcazar: "Os planos de resistência de

Madri me fazem sorrir. Lá chegaremos a passo de marcha, esmagando a resistência ridícula que acaso seja tentada."

Capa e Gerda já estavam na capital, esperando, com o resto dos assustados habitantes da cidade, o ataque das forças de Franco. Mais ou menos por essa época, bem ao norte de Madri, Capa conheceu o intenso jovem escritor alemão Gustav Regler, a essa altura comissário político da 12ª Brigada Internacional, comandada pelo exuberante e bem-apessoado Mate Zalka, escritor húngaro também conhecido como general Lukacz.*

Regler achava que Capa parecia um cigano e imaginava que fosse mais jovem do que efetivamente era, algumas semanas antes de completar 23 anos. Segundo ele, Capa juntou-se à 12ª Brigada, que marchava na direção do rio Manzanares, onde outras forças republicanas se estariam preparando para defender Madri do primeiro grande ataque de Franco. Em completa escuridão, eles tentavam abrir caminho por uma terra de ninguém coberta por vegetação áspera queimada pela geada, mas ao chegar ao rio deram apenas com trincheiras abandonadas. Regler ficou chocado: "Madri estava entregue ao ataque, como uma corça nas garras de cães de caça."[3]

Ao retornarem ao quartel-general de Lukacz, Capa teve sua primeira experiência assustadoramente próxima do terror da guerra. "O rapaz [Capa]", recordaria Regler, "não estava gostando nada do barulho das bombas que logo começaram a zunir sobre nossas cabeças, embora explodissem bem longe, no campo. Mais tarde, ele pediu licença para mudar as calças, dizendo, bem-humorado, que era sua primeira batalha e que seus intestinos se tinham mostrado mais fracos que seus pés."

Capa provavelmente descobriu várias coisas em sua primeira experiência de combate. Com 1,72 m, ele era baixo, mas ainda assim alguns centímetros acima de uma altura que lhe permitisse sobreviver a um bombardeio pesado — a melhor maneira de manter a cabeça intacta era deitar-se com ela pressionada contra o solo ou, melhor ainda, no fundo de uma trincheira. Perto das linhas de frente, o silêncio era de ouro — uma bala de atirador furtivo podia às vezes responder ao mais sussurrado dos "*hola*".

---

*Até Franco respeitava, ainda que de má vontade, a capacidade e a tenacidade militar de Lukacz.

Numa guerra, só o agora — o momento presente — ocupava a cabeça de um homem. O instinto e os cuidados mais viscerais alijavam quaisquer emoções e pensamentos subjetivos. E, como poderiam testemunhar muitos fotógrafos de guerra posteriormente, a adrenalina gerada em combate pode ser uma experiência causadora de forte dependência.

No fim de setembro, chovendo bombas sobre Madri dia e noite, Capa e Gerda voltaram a Paris via Barcelona, tendo concluído seu projeto para Vogel. Exaustos, em dúvida sobre a possibilidade de voltar a ver Madri, eles ainda não tinham conseguido mostrar de que maneira o povo espanhol poderia derrotar o fascismo. A vida em Paris era insuportavelmente letárgica, em comparação com a intensidade de cada momento na Espanha. Depois de distribuir suas fotos em revistas de propaganda comunista, eles fizeram planos de retornar à Espanha assim que possível, precisando sentir novamente o estímulo de combater o fascismo com suas câmeras.

Capa foi o primeiro a receber nova encomenda, retornando a Madri sozinho em novembro. Em sua ausência, o medo da tortura e do estupro nas mãos das tropas de Franco estimulara muitos madrilenhos a defender ferozmente a cidade. O epicentro da nova resistência era a Casa de Campo, um parque na região oeste da cidade, onde os republicanos tinham acampado e erguido complicadas barricadas com portas, malas e o que quer que encontrassem pelo caminho. Por baixo de carvalhos esqueléticos, nas ruas íngremes, muitas vezes um fuzil era compartilhado por três homens, aguardando o momento ideal para atirar contra o inimigo. Meninas adolescentes, tendo guardado suas correntes e cruzes de ouro, estofavam os ombros para não se machucar com os fuzis Mauser que davam verdadeiros coices ao ser disparados.

Durante várias semanas, abatendo-se sobre Madri um duro inverno, Capa fotografou os combates de proximidade na Casa de Campo e nas imediações dos vários cenários de matança a noroeste da cidade, juntando-se a diferentes unidades republicanas envolvidas numa guerra de posições no casario bombardeado. As fotos que tirou nesse inverno também mostravam atiradores barbudos se aconchegando para se aquecerem em dormitórios universitários danificados pelas bombas. Mães choravam com os filhos em plataformas de estações de metrô — à passagem dos trens, quem estivesse deitado dormindo parecia instintivamente afastar os pés da beira da plataforma. No prédio da Telefônica, no centro, outros correspondentes mandavam por telegrama reportagens censuradas, abaixando-se para se esquivar das balas. A cerca de 100 metros da linha de frente, os cafés da Gran Via continuavam servindo café com creme em copos compridos e a pastelaria enjoativamente doce dos *pasteles*.

A revista *World Illustrated* elogiava a cobertura em suas páginas, mostrando também homens atirando granadas contra seus irmãos e observando que "são raras as imagens boas de Madri. Nenhum dos dois lados gosta de fotógrafos. É perigoso aproximar-se dos pontos onde podem ser tiradas boas fotografias".[4] Mas Capa conseguia se movimentar com incrível facilidade entre um e outro ponto de combate. Bastava subir num bonde. Pelo preço de um expresso em Montparnasse, podia deslocar-se quantas vezes quisesse para uma batalha. "Você pode tomar o bonde para a linha de frente", diziam-lhe os madrilenhos, "mas não pegue o metrô, pois pode sair do lado errado."[5]

Capa também registrou os rostos mais tristes da guerra, focalizando mães petrificadas com os filhos. Ao fazê-lo, tornou-se o primeiro fotógrafo a levar todo o horror de uma guerra aos lares de leitores de toda a Europa e de outros continentes. Em suas imagens, a batalha pela Espanha era impiedosa, não poupando ninguém. Os bombardeios aéreos da guerra moderna massacravam mais inocentes que combatentes. As imagens mais comoventes de Capa mostravam mulheres traumatizadas pelos bombardeios no subúrbio operário de Valleca, uma das áreas mais pesadamente atingidas. Ele posicionou sua Leica a poucos centímetros do rosto de algumas dessas mulheres, minutos depois de elas terem retornado, dando com suas casas destruídas e encontrando vizinhos ensanguentados debaixo dos escombros. Ao voltar a Paris em dezembro, Capa descobriu que essas fotos tinham sido vendidas a revistas de vários países através da Alliance. No dia 28 de dezembro, elas lhe valeram suas primeiras páginas na *Life*, uma nova revista americana lançada a 23 de novembro e que rapidamente vendeu 466 mil exemplares de sua primeira edição.

No início de 1937, Capa voltou à Espanha e novamente se uniu a Gerda na cobertura da situação dos refugiados no litoral da Andaluzia, onde milhares fugiam do avanço dos insurgentes sobre o porto de Málaga. A partir de Málaga, eram vários dias a pé pela rodovia litorânea até o refúgio republicano mais próximo: Almería. Pais desesperados imploravam aos motoristas que acomodassem os filhos em caminhões e vagões já superlotados, sabendo que tinham poucas chances de voltar a vê-los. Centenas de pessoas desmaiavam e morriam de exaustão e fome à beira da estrada. Certa tarde, os aviões dos insurgentes atacaram. Apanhadas de surpresa, famílias inteiras foram trucidadas. Um médico canadense, Norman Bethune, viu aviões alemães e italianos voltarem para bombardear as colunas de refugiados repetidas vezes, com as "balas de suas metralhadoras traçando desenhos intrincados entre os fugitivos".[6]

Capa e Gerda voltaram a Paris com as fotos dessa tragédia no início de março. Talvez consciente da própria mortalidade, Capa pediu Gerda em casamento. Para sua surpresa, ela não aceitou. Estava tão envolvida quanto ele com o destino da república, e "um casamento estava fora de questão", diz Ruth Cerf, enquanto os fascistas não tivessem sido derrotados na Espanha. Além disso, se algum dia ela deixasse de ser "polígama", seria apenas por motivos financeiros — um possível marido teria de ser rico, e não um fotógrafo tentando abrir caminho como *freelance*.

Gerda tinha outros motivos para não criar laços com sua criação. Tirara muitas fotos extraordinárias durante a visita à Espanha, mas até então nenhuma tinha sido publicada com identificação da autoria, e, quando ela conseguia crédito, seu nome vinha depois do de Capa: "Fotos: Capa e Taro." Cansada de ver quase todas as suas fotos atribuídas a "Capa" apenas ou publicadas sem nenhum crédito, ela estava decidida a fazer nome. Já era tempo de sair da sombra do seu mestre. "Ela sentia-se insultada porque seu nome não era mencionado", diz Ruth Cerf. "Não via mais seu futuro ao lado de Capa."

Seja como for, os dois voltaram juntos para Madri ainda naquele mês, hospedando-se no Hotel Florida. Entre os hóspedes, encontraram o escritor americano Ernest Hemingway, de 37 anos, já famoso por seu primeiro romance, *O sol também se levanta* (1926), e seu épico sobre a Primeira Guerra Mundial, *Adeus às armas* (1930). Os caminhos de Capa e Hemingway voltariam a se cruzar muitas vezes nos anos seguintes. Desde o primeiro encontro, Hemingway admirou a coragem e o humor autodepreciativo de Capa. Aquele intenso jovem húngaro tinha um talento especial para ajudar os outros a sorrir na pior de todas as épocas. Por sua vez, Capa respeitava "Papa" pelo entusiástico apoio aos republicanos e a disposição de mandar notícias diretamente de uma trincheira, na linha de frente, e não de um confortável bar de hotel ou de um conveniente abrigo antiaéreo. Ali estava um homem a ser imitado, se não na fala e na prosa, pelo menos na intenção de apresentar a própria vida como um gigantesco painel de romance e heroísmo. "Nossa amizade vem dos bons tempos", recordaria Capa em *Slightly Out of Focus*. "Nos conhecemos em 1937, na Espanha legalista, onde eu era um jovem fotógrafo *freelance* e ele era um escritor muito famoso. Tinha o apelido de 'Papa' (...) e logo eu o adotei como pai."[7]

No dia 21 de abril, as forças de Franco bombardearam Madri, no mais pesado bombardeio da guerra até então. Em 27 — dia de mercado em Guernica —, os pilotos da Legião Condor de Hitler massacraram os habitantes do principal centro cultural e espiritual do País Basco. Dias depois, Capa rumou para norte, em direção ao porto basco de Bilbao, onde os insurgentes tinham começado a fazer avanços cruciais. Ao chegar, os bombardeiros de Hitler atacavam Bilbao várias vezes por dia. Capa fotografou mães fugindo com as filhas em busca de abrigo e outros tentando apagar os incêndios que se prolongaram durante dias na cidade.

O jornalista americano Vincent Sheean recordaria um desses bombardeios: "Capa estava tirando fotos quando surgiu ruidosamente no ar um Stuka ou um JU-88. Ele pulou numa trincheira e duas outras pessoas fizeram o mesmo na mesma hora. Ele achou que seria indicado apresentar-se, e disse: 'Eu sou fotógrafo.' O homem ao lado disse: 'Eu sou um católico basco.' E o terceiro homem: 'Duas profissões absolutamente inúteis no momento.'"[8]

Por volta dessa época, outro correspondente americano, o lacônico Jay Allen, encontrou Capa no aeroporto de Bilbao, de onde Capa acabava de despachar filmes para a *Regards* em Paris, voltando junto com ele para a cidade num velho caminhão Packard. Capa olhou para ele revoltado. "Eu não trazia nenhuma comida comigo", lembraria Allen. "'Mais um para alimentar, e não dos menores', disse [Capa] ao motorista, em péssimo espanhol."

Dias depois, Allen e Capa tiraram uma folga na cobertura da guerra para ir a um cabaré no centro da cidade. De repente, as sirenes antiaéreas voltaram a soar, soltando quatro alarmes de parar o coração. Em frente ao teatro, Capa voltou ao trabalho. "Eu o vi calmamente capturar os rostos até que a rua ficasse completamente vazia, exceto por um *guardia* com um fuzil", recordaria Allen no prefácio de *Death in the Making* (A morte ao vivo), coleção de fotografias de Gerda e Capa publicada nos Estados Unidos em 1938. "[O *guardia*] nos conduziu ao refúgio. Eu vi [Capa] na frente de guerra, o olhar grave, sem qualquer expressão diante do sofrimento. Mas não o olho [de sua câmera]."

Em 7 de maio de 1937, as tropas de Franco atacaram o Monte Sollube, um estratégico contraforte ao redor de Bilbao. Uma semana depois, os republicanos começaram a fugir da cidade. Capa voltou a Paris, onde tinha um encontro importante com o arrogante mas encantador Richard de Rochemont, chefe da sucursal da *Time-Life*. Conhecendo sua impressionante cobertura da guerra na *Life*, De Rochemont convidou Capa a trabalhar para ele numa série de seus documentários, "A marcha do tempo". Capa aceitou.

Ele passaria, assim, a trabalhar indiretamente para Henry Luce, patrão de De Rochemont e fundador da *Life*. Ironicamente, Luce estava convencido de que Franco era um "grande cavaleiro branco que salvaria a Espanha daqueles canalhas comunistas".[9] Mas o filme que De Rochemont pretendia fazer, *Rehearsal for War* (Ensaio de guerra), era declaradamente antifascista; não deixa de depor a favor de Luce o fato de que não raro discordasse do conteúdo editorial de seus filmes e revistas.* Mas Capa

---

*John Morris, ex-editor de fotografia de *Life*, afirma que as fotos de Capa ajudaram a contrabalançar a cobertura pró-Franco nas páginas da revista.

não agradou a De Rochemont e outros produtores como *cameraman*. "Eu gostava muito de Capa, mas ele era muito indisciplinado", recordaria De Rochemont. "Mandei-o para a guerra espanhola com uma câmera Eyemo em missão como *freelance* (...) [mas] ele entregou a câmera para ser operada pela namorada."[10] Tom Orchard, produtor associado de *Rehearsal for War*, tampouco ficou bem impressionado. "Como era fotógrafo, Bob não sabia usar uma câmera cinematográfica. Em consequência, tínhamos imagens maravilhosas, só que eram maravilhosas imagens de foto parada. Ele faria Zzzzzt! E você teria 1,5 metro de filme."[11]

No fim de maio, Capa reencontrou Gerda na passagem de Navacerrada, perto de Segovia, para a cobertura de um ataque republicano. Dessa vez, esperava ele, os dois finalmente poderiam registrar uma vitória dos republicanos — em fotografia e filme cinematográfico.* Trabalharam furiosamente, registrando cenas vívidas de tanques e homens avançados, mas o ataque republicano fracassou. Mais uma vez, retornaram a Madri sem as imagens que tanto desejavam.

Em meados de junho, Capa e Gerda rumaram para Madri, mais ao sul, cada vez mais desesperados por cenas de vitória, chegando às primeiras horas do dia 24 ao quartel-general do Batalhão Chapaiev, de forças comunistas, perto de Peñarroya. Nesse mesmo dia, o comissário político do batalhão, Alfred Kantorowicz, corajoso e inteligente intelectual alemão, encontrou-se com Capa e Gerda no momento em que subiam a Sierra Mulva. Em seu diário, Kantorowicz observou que Capa tentava se haver com uma enorme câmera cinematográfica e que Gerda era muito atraente, usando calças, uma boina sobre belos cabelos louros meio ruivos e um elegante revólver na cintura.[12]

O diário também relatava detalhadamente a utilização dos homens de Kanto por Gerda e Capa, no final daquela mesma tarde, para montar vários ataques. "Capa armou um verdadeiro cenário de ataque: uma posição fascista imaginária foi atacada enquanto os homens, com rugidos terríveis e

---

*Hemingway viria a registrar momentos-chave desse ataque em *Por quem os sinos dobram*, publicado em 1940 com enorme sucesso, de público e financeiro.

uma incrível gana de combate, corriam em marcha acelerada para a vitória (...) [Capa] ficou muito feliz com o resultado."[13]

Incapaz de registrar batalhas de verdade, eles recorriam a falsificações. Capa ficara impressionado com "o arrebatado espírito de luta" de seus homens, e disse a Kanto que esses ataques encenados ficariam parecendo "mais reais" que se realmente tivessem ocorrido.* Dois dias depois, Capa e Gerda rumaram com Kanto para a linha de frente da batalha de La Granjuela. Kanto escreveria em seu diário: "Nada podia segurá-la [a Gerda] quando ela jogava a câmera no ombro e, esbanjando imprudência, corria 180 metros até alguma posição, em plena luz do dia, sem qualquer cobertura. Alguns poucos mais ousados a seguiam. Era a hora da sesta; os fascistas aparentemente dormiam. Tudo correu bem. Gerda Taro filmou longamente a posição e os camaradas de segunda companhia. Os homens quase tiveram de insistir para que ela e Capa ficassem até o anoitecer."[14]

Tendo conseguido registrar ataques aparentemente vitoriosos dos republicanos, Capa partiu para Paris, para entregar o resultado de seu trabalho e de Gerda a Richard de Rochemont. Enquanto isso, Gerda permanecia em Madri para a 2ª Conferência Internacional de Escritores. Já agora praticamente conhecida de todos como *la Paquena Rubena* (a raposinha ruiva), Gerda cobriu a pomposa reunião de escritores de esquerda para o diário comunista *Ce Soir*. Suas fotos teriam o crédito "Photo Taro". Agora ela era uma fotojornalista de pleno direito.

Antes de partir para Paris, Capa pediu ao jovem voluntário canadense Ted Allan que ficasse de olho em Gerda. "Deixo Gerda aos seus cuidados, Teddie", disse-lhe Capa. "Tome conta dela direitinho."[15] Candidato a escritor, Allan trabalhava como comissário político para a unidade de transfusão de sangue do médico canadense Norman Bethune. Passara várias noites bebendo com Gerda e Capa no bar do Hotel Gran Via em Madri, e às vezes com Hemingway e John Dos Passos: ao encontrar

---

*A montagem de cenas não era incomum entre os documentaristas da série "Marcha do tempo". Era público e notório que Luce dizia aos diretores que se valessem de "falsificações a bem da verdade". Não raro, chegava-se a utilizar atores para interpretar figuras como Hailé Selassié, quando não era possível conseguir uma entrevista.

Gerda pela primeira vez, na companhia de Capa, Allan olhou para ela e ficou encantado.[16]

Enquanto esperava que seus editores em *Ce Soir* lhe confiassem outra missão, Gerda mudou-se para uma suíte do Hotel Casa de Alianze, muito popular entre os mais glamourosos antifascistas que se encontravam na Espanha pelo troca-troca de camas a noite inteira e a presença entre os hóspedes de artistas como o poeta chileno Pablo Neruda. Gerda logo viria a se transformar na estrela entre as atrações do Alianze, promovendo várias festas em que correspondentes socialistas convictos como Claud Cockburn e o russo Ilya Ehrenburg ouviam jovens e bem-apessoados poetas recitar versos floreados.

Vários correspondentes estrangeiros em Madri, entre eles o "cadavérico" Cockburn, que escrevia reportagens excessivamente otimistas para o *London Worker*, rapidamente ficariam caidinhos por Gerda.[17] Duas fotos tiradas por Capa antes de voltar a Paris captam algo de sua aura nesse período: na primeira, Gerda, de uniforme militar, se agacha ao lado de uma pedra por trás de um soldado, com uma expressão de êxtase no rosto, cheia da adrenalina da excitação da guerra. Na outra, ela aparece com os braços dramaticamente estendidos sobre uma lápide com a inscrição PC (Partido Comunista).*

Durante boa parte do mês de julho de 1937, Allan e Gerda saíam em busca de reportagens até tarde da noite. Era emocionalmente exaustivo: ver órfãos histéricos, mulheres e crianças morrendo de fome e incontáveis cadáveres. Gerda mantinha-se animada, contudo, e passava de uma reportagem a outra cantando marchas militares republicanas. Sua favorita era "Los Quatro Generales", zombando dos "quatro generais insurgentes" e louvando o espírito de resistência de Madri.[18]

Certa tarde, em seu quarto no hotel, Allan mostrou a Gerda alguns contos que havia escrito — mais tarde, viria a usá-los num romance, *This*

---

*A foto evidenciava a simpatia de Capa e Gerda pelo comunismo. "Ambos [Capa e Gerda] eram comunistas", afirma Ruth Cerf, que no início da década de 1930 compareceu com Capa e Gerda a muitas reuniões políticas de emigrados comunistas.

Time A New Earth (Dessa vez uma nova Terra) — e ficou exultante quando ela disse ter gostado. Ela foi ao banheiro e retornou escovando os dentes, usando apenas a roupa de baixo. E deitou-se na cama.

— Não quer tirar uma soneca antes de irmos jantar? — perguntou então.

Allan deitou-se ao seu lado, certificando-se de que os corpos não se tocassem. Ele sabia o quanto Capa a adorava, não se esquecera da seriedade com que havia confiado a ele a vida da amada. Gerda decidiu testar sua resolução, tocando-lhe a pálpebra delicadamente com a ponta do dedo.

— Não vou me apaixonar de novo! — disse ela. — É muito doloroso.

Allan perguntou se ainda amava Capa.

— Capa é meu amigo — frisou ela —, meu *copain*.

Segundo Allan, Gerda perguntou-lhe então se gostava de ser tocado perto da virilha. Ele assentiu. Gerda tomou-lhe a mão, levou-a à sua virilha e disse que também gostava. Allan acariciou-a suavemente e se deteve, sentindo-se culpado.

— Você vai se casar com o Capa? — perguntou.

— Já lhe disse, ele é meu *copain*, e não meu amante. Ainda quer que nos casemos, mas eu não quero.

— Mas ele se comporta como se vocês fossem amantes — disse Allan. — Deixou-a aos meus cuidados. Pediu-me que tomasse conta de você.

— Sim. Ele foi esperto. Viu como eu olhava para você.[19]

Enquanto Gerda flertava com outros homens, a oeste de Madri mais de 100 mil espanhóis se trucidavam reciprocamente na batalha de Brunete. Gerda finalmente chegou à cidade no dia 12 de julho, quando atiradores furtivos dos insurgentes alvejavam livremente soldados republicanos. Durante várias horas, ela fotografou um bem-sucedido ataque republicano contra os últimos redutos insurgentes. Uma de suas imagens era de um republicano pintando uma foice e martelo num muro caiado, ao lado do slogan fascista "Arriba España", que havia sido riscado.

Vários dias depois, Gerda acompanhou o pálido e cínico correspondente do *Daily Worker* londrino, Claud Cockburn, de volta à linha de frente.

Mais tarde, ele recordaria que no meio de um campo eles ficaram debaixo de pesado fogo de aviões alemães. "Chegamos à conclusão de que dessa vez tínhamos muito poucas chances de sair vivos", escreveu Cockburn. "[Gerda] então se levantou e começou a tirar fotos dos aviões."

"Em caso de conseguirmos sair vivos desta", disse-lhe ela, "teremos o que mostrar ao Comitê de Não Intervenção."[20]

Gerda já não via alguma diferença entre ela e os combatentes republicanos. Perdera qualquer noção de objetividade. Passara a usar seu elegante revólver na cintura, dia e noite. Disse a um colega fotógrafo alemão, Walter Reuter, que também usava meias compridas e sapatos de salto alto na linha de frente porque elevava o moral dos homens.[21] Para outros, como Alfred Kantorowicz e o escritor soviético Michail Koltsov, ela se tornara uma combatente antifascista: cega às lutas políticas internas que dividiam os republicanos, mas cada vez mais sensível ao sofrimento dos civis espanhóis. A ideologia era irrelevante. Importava apenas a vitória sobre o fascismo. "Quando penso nas excelentes pessoas do nosso conhecimento que foram mortas nessa ofensiva", disse ela a Cockburn, "fico com essa sensação absurda de que de certa forma é injusto continuar vivo."[22]

Gerda devia retornar a Paris na segunda-feira, 26 de julho. Na sexta-feira, 23, os republicanos tinham reconquistado algum terreno, e ela decidiu voltar a Brunete uma última vez. Pouco depois do alvorecer no domingo, ela telefonou a Ted Allan e pediu-lhe que a acompanhasse — já conseguira um carro para ambos. "Preciso tirar algumas boas fotos para levar para Paris", disse-lhe. "Se ainda há combates perto de Brunete, será a minha oportunidade de conseguir algumas fotos de ação."[23]

Ao chegarem às proximidades de Brunete, o motorista francês recusou-se a prosseguir por um palmo que fosse, e Gerda e Allan prosseguiram a pé por uma plantação de milho. Na cidade propriamente, encontraram o general Walters, comandante das forças republicanas na região. As pesadas baixas o haviam deixado perplexo, assim como a outros oficiais, e ele lhes ordenou que partissem imediatamente. Gerda tentou argumentar com Walters, que voltou a lhe ordenar que partisse, dessa vez gritando com ela. Mas ela não lhe dava ouvidos. Prevendo um violento ataque dos insurgentes, ela e Allan trataram de se proteger numa trincheira rasa. As assustadas tropas republicanas estavam entrincheiradas ali perto.

Ouviu-se então o ameaçador ruído dos aviões de Franco. Doze bombardeiros Heinkel tomaram o céu. Segundos depois, bombas explodiam ao redor deles. Gerda entrou em ação, tirando uma foto atrás da outra enquanto chovia terra sobre a trincheira. Um piloto da Legião Condor alemã, Werner Beumelburg, viu tanta destruição do seu avião que lhe pareceu estar testemunhando "o último dia da Terra".[24]

Por volta das 16h, Gerda e Allan divisaram bimotores equipados de poderosas metralhadoras. Um deles vinha direto na sua direção. Allan deu-se conta de que os pilotos deviam ter visto o brilho metálico da câmera de Gerda ao sol. Ela manteve a calma no momento em que um dos aviões fez um voo rasante, abrindo fogo contra a trincheira onde se encontravam. À medida que aumentava o número de aviões mergulhando em direção a sua posição, ela deitou-se de costas e simplesmente recarregou sua câmera Leica. A câmera Eyemo de Capa estava a poucos centímetros da trincheira, e Allan apanhou-a e tentou usá-la como escudo contra as balas, estilhaços e pedras voando. Por volta das 17h30, Allan e Gerda viram de repente homens correndo em retirada na sua direção. Vários deles foram estraçalhados a poucos metros do local onde se encontravam. Instalou-se o caos, à medida que aumentava o número de homens voltando-se para correr. Até que vários soldados republicanos ali nas proximidades apontaram seus fuzis contra os camaradas que batiam em retirada. Foi o suficiente para pôr fim à fuga, e logo as linhas republicanas voltavam a se constituir. Allan tentou convencer Gerda a partirem, e finalmente ela concordou.

Eles acompanharam um médico escocês em direção a novas linhas que haviam sido formadas entre Brunete e a aldeia próxima de Villanueva. A estrada era ladeada por mortos e moribundos. Gerda não os fotografou. Ficara sem filme. Em Villanueva, dois homens imploraram ao médico que ajudasse um amigo ferido. Levantaram um cobertor que cobria o companheiro: suas pernas estavam horrivelmente mutiladas. Passou por eles um tanque republicano. Eles instalaram nele o ferido e pegaram uma carona. Aviões inimigos voltaram a atacar. O tanque deteve-se em frente à casa caiada de uma fazenda, cheia de mortos e moribundos.

Um automóvel negro aproximou-se, transportando três feridos. Gerda e Allan o detiveram, pedindo carona. Gerda pulou no estribo. "Hoje daremos uma festa de despedida em Madri", anunciou ela. "Comprei champanhe."[25]

De repente, aproximou-se um outro tanque republicano, arremetendo contra eles: o motorista perdera o controle e o tanque se chocou contra a lateral do carro, esmagando Gerda e atirando Allan numa vala próxima. Ao recobrar consciência, Allan estava deitado na estrada. Suas calças estavam rasgadas e ensanguentadas, mas ele não sentia dor. Chamou então por Gerda, no momento em que dois soldados corriam na sua direção, arrastando-o para uma vala. Foi então que ele viu o rosto de Gerda. Ela estava gritando, os olhos implorando-lhe que a ajudasse, mas ele não conseguia movimentar as pernas.

Os aviões dos insurgentes voltavam a fazer seus mergulhos. Os soldados corriam para se proteger. Allan chamou por Gerda. Foi informado de que ela fora levada numa ambulância. Perguntou então onde estava sua câmera. Ninguém sabia. Até que alguém lhe entregou o cinturão de Gerda, cuja fivela de madeira tinha sido estraçalhada. Minutos depois, ele desmaiou. Voltaria a si num hospital na aldeia de El Escorial.

O hospital era uma antiga escola jesuíta, com grandes dormitórios e quartos separados para os feridos graves. Allan ficou sabendo que Gerda também fora internada. Acabara de ser submetida a uma delicada cirurgia. Uma enfermeira inglesa disse-lhe que ela estava em estado de choque, mas conseguiria recuperar-se. Ao que parecia, ela estava consciente ao chegar numa maca, tendo pedido a um médico que enviasse telegramas ao seu editor em *Ce Soir* e a Capa.

Tarde naquela noite, Irene Spiegel, uma enfermeira americana, tentou deixá-la "confortável".

O tanque tinha aberto sua barriga. Ela estava com graves ferimentos no abdômen — os intestinos tinham saltado para fora. Lembro-me de que Ted Allan estava lá, e pedia para vê-la. Mas eu não podia permitir, pois fora instruída a deixá-la se sentindo bem, sem dores. Se soubesse que ela iria morrer, eu o teria deixado vê-la. Mas ela não perguntou por ele. A única coisa que disse foi: "Minhas câmeras estão bem? Elas são novas. Estão bem?" Ao morrer, ela simplesmente fechou os olhos. Eu lhe havia dado morfina — nós não tínhamos penicilina nem antibióticos, e no fim ela não sentia dores. Lembro-me perfeitamente de que ela era muito bonita, podia ter sido uma estrela de cinema, e não estava com medo.[26]

Pouco depois das 6 horas da manhã da segunda-feira, 26 de julho, Allan foi informado de que Gerda tinha morrido. Seu filho, o Dr. Norman Allan, diz que quando o pai morreu em Montreal em 1995 continuava obcecado com a morte de Gerda.[27]

No dia 27 de julho, Capa comprou um exemplar de *L'Humanité* em Paris. Nele, encontrou uma breve notícia da Espanha: "Informa-se que uma jornalista francesa, Mlle. Taro, foi morta em combate perto de Brunete." Capa ficou perplexo. Seria verdade? Mais tarde, nesse mesmo dia, recebeu um telefonema de Louis Aragon, editor-chefe de *Ce Soir*. Gerda realmente estava morta.

Enquanto Capa esperava em Paris que o corpo da amante voltasse da Espanha, a imprensa de esquerda de toda a Europa canonizava Gerda, transformado a repórter temerária em santa antifascista. *Ce Soir* publicou centenas de homenagens e dedicou páginas e páginas à sua vida. *Life* considerou-a "provavelmente a primeira fotógrafa a ser morta em combate".[28] Finalmente, na sexta-feira, 30 de julho de 1937, o caixão de Gerda chegou a Paris, onde centenas de amigos e companheiros comunistas, entre eles Capa e a família dela, se reuniram na Gare d'Austerlitz para recebê-la. Ruth Cerf estava presente e se recorda vividamente da multidão de dezenas de milhares de pessoas, essencialmente membros do Partido Comunista que também participaram do funeral no dia seguinte — quando Gerda completaria 26 anos —, seguindo em procissão da Maison de la Culture para o Cemitério Père-Lachaise.

Segundo várias testemunhas, Capa estava inconsolável ao seguir atrás do caixão, e, no momento em que o pai de Gerda começou a recitar um trecho da Torá, ele prorrompeu em lágrimas. Tentando consolar-se na solidão e na bebida, ele se fechou em seu estúdio e curtiu seu luto durante 15 dias, mal comendo, arrasado pela culpa daqueles que sobrevivem. Capa é que tinha ensinado a Gerda como usar uma Leica. Ele a introduziu na fotografia de combates. Vira suas extraordinárias fotos serem publicadas com o nome dele. Ele tinha se tornado um fotógrafo mundialmente famoso, conforme os planos, mas sua inventora tinha morrido. Por que ela? Por que não ele?

Aos olhos de Henri Cartier-Bresson, foi como se um véu tivesse caído sobre Capa. O homem que afinal saiu lá de baixo seria, na visão dos outros, completamente diferente: cínico, mais oportunista que nunca, às vezes profundamente niilista, com medo de vínculos afetivos, permanentemente de coração partido.

Velho amigo de Capa, Pierre Gassmann tentou consolá-lo: fora um acidente, ele não tinha culpa nenhuma. Gassmann diz lembrar-se de Capa dizendo-lhe que se sentia responsável pela morte dela. "Foi a única vez em que ele se mostrou realmente sério comigo. Capa me disse: 'Eu a deixei correndo perigo — ela jamais teria morrido se eu estivesse lá. Enquanto estivesse comigo, ela estaria segura. Enquanto eu estivesse lá, ela faria o que eu fizesse. Eu jamais a teria deixado pular no estribo. Foi muito imprudente fazer isso. Eu jamais teria permitido.'"

É possível que a família de Gerda tenha responsabilizado Capa pela perda da filha. Seus irmãos ficaram tão furiosos com ele, segundo Hansel Mieth, que partiram para cima dele depois do enterro: "Eles tiveram uma briga terrível (...) Bob foi espancado."[29] Ruth Cerf acrescenta: "Todo mundo de alguma forma culpava Capa — responsabilizando-o pela morte de Gerda — por tê-la levado para a Espanha com ele."

Um amigo húngaro, György Markos, também tentou consolá-lo. Ele lembraria que Capa, que continuou bebendo muito pelo resto da vida, "ficou devastado e bebendo" durante vários dias depois do funeral.

— Capa, você não pode continuar assim — disse-lhe György. — Vai enlouquecer e se destruir; você não tem o direito de fazê-lo. Você é necessário, tem muitas coisas a realizar.

— Sim, sim — fez Capa —, você está certo. Preciso fazer alguma coisa.[30]

Mas o quê? Segundo um colega fotógrafo húngaro, Willy Ronis, a morte de Gerda levou Capa a contemplar a possibilidade de desistir do fotojornalismo para trabalhar na indústria cinematográfica. Ele também pensou em aceitar emprego como fotógrafo num cruzeiro ao redor do mundo.[31] Não mais podendo percorrer os *quartiers* que tinha explorado com Gerda nem sentar nos cafés onde eles haviam sonhado e feito planos, Capa acabou escapulindo para as ruas úmidas de Amsterdã. "Talvez seja pensar muito romanticamente", comenta Eva Besnyö, que na época vivia na cidade. "Mas de certa forma acho que uma parte de Capa morreu com Gerda. Na verdade, ela era a sua alma gêmea."

Em anos posteriores, Capa muitas vezes se referia a Gerda como sua mulher, e não faltavam colegas e amigos para reproduzir a ficção de que ele efetivamente se tinha casado com ela. Como se sua palavra não bastasse, durante vários meses após a morte de Gerda ele carregou retratos seus na carteira, distribuindo-os em bares ou à luz vacilante das fogueiras de acampamento, relatando seus gloriosos dias na Espanha. "Após a morte de Gerda, ele estava sempre falando dela comigo, sempre, sempre", diz Ruth Cerf. "Ela foi o grande amor da sua vida."

Em novembro de 1937, Capa já estava suficientemente recuperado da perda de Gerda para voltar a trabalhar, e mais uma vez retornou à Espanha. A guerra civil chegara a um ponto crítico. Cada vez mais as forças republicanas e as Brigadas Internacionais fraquejavam diante dos exércitos de Franco e das dezenas de milhares de soldados profissionais e bem armados, dos navios de guerra e, acima de tudo, das centenas de aviões modernos fornecidos por Hitler e Mussolini. Franco vencia batalhas decisivas em toda a Espanha, e no dia 21 de outubro Gijón, o último baluarte das forças republicanas no norte da Espanha, caiu nas mãos dos insurgentes.

No início de dezembro, Capa formou uma dupla com Herbert Matthews, do *New York Times*, um dos mais objetivos correspondentes cobrindo a guerra. Como George Orwell e outros formados nas duras condições da Espanha, Matthews não via a guerra como uma cruzada simplista do "bem contra o mal". A seus olhos, ambos os lados cometiam atrocidades, e a guerra já não era uma questão fratricida — a essa altura, republicanos e insurgentes eram apoiados por potências estrangeiras que cada vez mais encaravam a Espanha como um ensaio geral para uma guerra mais ampla na Europa e além dela. Ele se mostrava particularmente cético em relação às iniciativas soviéticas na Espanha. Os emissários de Stalin pareciam interessados em transformar a República num Estado comunista, rigidamente disciplinado por um serviço secreto homicida.*

No dia 15 de dezembro de 1937, os insurgentes atacaram Teruel, uma gélida fortaleza natural cercada de montanhas, a 1.000 metros de altura, que impedia seu avanço em direção a Valência, no litoral do Mediterrâneo. Capa e o ascético e escrupuloso Matthews lá chegaram a 21 de dezembro. A cidade tinha sido praticamente cercada. Se caísse, Franco finalmente teria a oportunidade de cortar as comunicações entre Barcelona e Madri, com isso dividindo fatalmente as forças republicanas.

Durante vários dias, Capa e Matthews juntaram-se a Ernest Hemingway e Sefton Delmer, o rubicundo correspondente de meia-idade do *Daily Mail*, na cobertura da batalha de Teruel, retirando-se toda noite para um confortável hotel a cerca de 100 quilômetros, em Valência. Na véspera do Natal, Hemingway despediu-se e retornou aos Estados Unidos, para concluir um documentário, *Spanish Earth* (Terra espanhola), e levantar dinheiro para a causa republicana. No dia de Ano-Novo de 1938, chegou a notícia de que Teruel aparentemente caíra.

No dia seguinte, Matthews e Capa partiram pela manhã. Fazia um frio terrível, e era difícil avançar pelas estradas cobertas de neve. Naquela tarde,

---

*Podemos apenas especular sobre o sentimento pessoal de Capa em relação às violentas divisões que cindiam a resistência da Frente Popular espanhola a Franco. Não existem indícios de que se manifestasse nele a amargura sentida por Orwell diante da lenta traição da República pelos extremistas impedidos pelo dogmatismo de enxergar a luta mais ampla contra o fascismo.

eles depararam com um grupo de republicanos congelados, quebrando com picaretas o gelo que cobria seus veículos, e outros homens conduzindo tratores com guindastes, para levantar os veículos no trecho mais íngreme da última rodovia aberta conduzindo à cidade na montanha. Cansados e famintos, eles finalmente atravessaram para Puerto Ragudo, a última montanha antes de Teruel, por volta das 19h30.

Ao chegarem à aldeia de Baracas, do outro lado da montanha, eles rapidamente esqueceram as provações do dia, passando a noite com vários oficiais carabineiros diante de uma alegre fogueira e se banqueteando com bacalhau, pão, vinho e café. Conseguiram até dormir algumas horas enrolados numa manta empoeirada. Na manhã seguinte, mais uma vez puseram o pé na estrada. Os detritos da guerra começavam a cobrir a estrada esburacada: carcaças apodrecendo, móveis triturados e veículos calcinados. Nos esqueléticos ramos de uma árvore repousava o cadáver enrijecido de um soldado republicano. O rosto do homem berrava morte: ele tentava passar uma linha telefônica pelos galhos quando fora surpreendido pela bala de um atirador furtivo.

Fora dos limites de Teruel, eles ficaram sabendo que as linhas republicanas tinham resistido, mas por pouco. Os combates mais ferozes estavam concentrados ao redor do prédio do governador civil, no centro da cidade. Matthews e Capa seguiram um grupo de soldados republicanos até o prédio, tropeçando em escombros e reboco caído, e subiram um lance de escada.

Haviam entrado numa zona mortífera capaz de moer os nervos de qualquer homem e deixá-lo ensandecido de terror e choque: ecoavam pelo prédio disparos de fuzil, interrompidos por tiros suicidas de pistola, gritos de misericórdia de reféns republicanos e explosões de granadas. Sem se deixar intimidar, Capa e Matthews, esgueirando-se de costas por paredes esburacadas pelas bombas, arrastaram-se mais para o interior. Passados vários minutos, a dupla chegou ao terceiro andar.

"*Viva Franco!*", gritaram vários insurgentes. "*Viva España!*"

Os homens de Franco estavam no andar abaixo, e de repente atiraram através do piso na direção de Capa e Matthews. Vários republicanos responderam ao fogo, abrindo buracos no chão, para em seguida atirar granadas nos compartimentos abaixo.

Com o batimento cardíaco acelerado, Capa e Matthews subiram vários degraus e desceram um corredor, checando um quarto após o outro onde os espanhóis se matavam. Num deles, deram com um republicano pronto para matar.

"Aqui vai um para vocês e outro para Franco!", gritou o soldado, atirando duas vezes com um revólver. Ouviu-se um grito. Em seguida, choro e gemidos de dor. Tentando descobrir de onde vinham, Matthews olhou por um buraco no chão e viu um insurgente segurando uma granada, e prestes a puxar o pino. O republicano voltou a atirar, acertando mais três balas no compatriota.

"Terrível, não?", disse Matthews.

Uma vez neutralizada a resistência dos insurgentes no prédio, Capa juntou-se à busca de civis que se sabia estarem escondidos no porão. No fim das contas, mais de cinquenta pessoas, em sua maioria mulheres e crianças, tiveram de ser ajudadas para sair dos escombros. Em comovente reportagem publicada em *Ce Soir*, Capa relatava que haviam sobrevivido por mais de duas semanas com migalhas das refeições dos defensores e algumas sardinhas estragadas. Pareciam cadáveres, observava ele, sem sequer a energia para se arrastar dos esconderijos. Profundamente tocado pelo sofrimento deles, Capa dizia que lhe faltavam palavras para descrever "essa cena patética".[32]

Em meados de fevereiro de 1938, Franco tomou a cidade e avançou em direção ao Mediterrâneo. Tudo indicava que a Espanha republicana estava condenada.[33] Em outras partes da Europa, o totalitarismo também avançava, cada vez mais triunfante. No dia 14 de março, multidões em delírio saudaram Hitler em sua entrada na capital de sua pátria, a Áustria. Em 19 de abril, Franco tomou Vinaròs e outras cidades costeiras entre Valência e Barcelona, finalmente dividindo a Espanha em duas.

Capa não cobriu nenhum desses acontecimentos deprimentes. Em 21 de janeiro, ele deixara a Europa, rumando para uma guerra diferente contra o totalitarismo, ainda mais selvagem que a guerra da Espanha, do outro lado do mundo.

7
"Os 400 milhões"

> "Era o mesmo tipo de combate: a guerra popular na Espanha contra um agressor e a guerra popular na China contra o Japão."
>
> JORIS IVENS, *The Camera and I*

Em janeiro de 1938, Capa aceitou trabalhar num documentário, *Os 400 milhões*, a ser rodado na China. Sua tarefa seria tirar fotos de cena e trabalhar como assistente do operador de câmera. Trabalharia num extremo calor e em condições brutais, no auge da Guerra Sino-Japonesa, que já ceifara mais de um milhão de vidas. Da equipe do filme também fariam parte Joris Ivens, o diretor, e John Fernhout, o operador de câmera, com os quais Capa fizera amizade na Espanha. Ivens tinha um motivo pessoal para levar Capa à China para trabalhar no seu filme: acreditando que ele se havia casado com Gerda, considerava que era sua "responsabilidade conseguir trabalho [para Capa], para distraí-lo" de sua dor.[1]

Os 400 milhões era um projeto ainda mais ambicioso que o propagandístico *Terra de Espanha*: Ivens queria mostrar de que maneira a Frente Unida, uma aliança entre os comunistas e os nacionalistas de Chiang Kai-shek, estava obtendo êxito no combate ao brutal imperialismo japonês. Seria também muito mais perigoso. A título de precaução, Ivens instruiu uma coprodutora sobre a maneira de interpretar mensagens codificadas de pedido de socorro. As palavras "John muito doente", por exemplo, deviam ser interpretadas como "Tire-nos deste país o mais rápido possível".

Capa e Fernhout deviam encontrar-se com Ivens em Hong Kong antes de viajar para o interior da China, e os dois partiram de Marselha em 21 de janeiro de 1938. A bordo do seu vapor, o *Aramis*, também estavam dois jovens escritores britânicos a caminho da frente oriental na luta internacional contra o fascismo: W. H. Auden e Christopher Isherwood.

Isherwood recordaria mais tarde que Capa e Fernhout eram "vida e alma" da segunda classe da embarcação, constantemente beliscando traseiros, fazendo brincadeiras, xingando um ao outro em francês e contando piadas de galinhas. "Capa é húngaro, porém mais francês que os franceses; baixo e moreno, com seus olhos negros caídos de ator (...) Fernhout é um jovem holandês alto e louro — tão extravagante quanto Capa, porém um pouco menos ruidoso."[2]

O *Aramis* ancorou em Hong Kong em 16 de fevereiro. Ivens e seu operador de câmera pegaram um avião para a cidade de Hankow, onde o governo de Chiang Kai-shek se instalara provisoriamente. Através de outros correspondentes em Hankow, Capa ficou sabendo que as tropas invasoras japonesas tinham acumulado notáveis vitórias nos últimos meses, mas estavam terrivelmente esgotadas. Embora no Ocidente muitos tivessem previsto que a China seria uma segunda Abissínia, os japoneses haviam sido contidos, graças em grande parte aos comunistas de Mao Tsé-tung.

Dias depois de chegar a Hankow, Ivens deu-se conta de que estavam tentando carregar areia demais para o seu caminhão. A mulher de Chiang Kai-shek, a terrível "madame Chiang", educada nos Estados Unidos, uma bela e incrivelmente charmosa favorita do magnata da imprensa Henry Luce, decidira patrocinar *Os 400 milhões*. Só com sua autorização Ivens e sua equipe poderiam filmar a guerra contra o Japão. Durante seis semanas, após terem chegado, ela confinou os cineastas em Hankow, destacando espiões para segui-los.

Em suas memórias, *The Camera and I*, Ivens lembrava que queria cobrir as forças comunistas de Mao Tsé-tung, mas "Madame" não permitia. Os nacionalistas eram os verdadeiros e heroicos defensores da China, e não Mao e seu exército de revolucionários camponeses, que tinham sequestrado seu marido, libertando-o apenas para combater mais eficazmente a invasão japonesa de 1936.

Para melhor financiar sua estada na China, Capa aceitara mandar reportagens esporádicas para a *Life*. Para a revista sinófila de Luce, que não escondia seu apoio ao "heroico" Chiang Kai-shek, ele logo estaria fornecendo imagens lisonjeiras do casal de ouro da China. Uma reportagem publicada em 5 de novembro de 1938 em *Picture Post*, a revista britânica de Stefan Lorant, era ainda mais descaradamente propagandística. "Fantástica havia sido a carreira do comandante em chefe da China", proclamava a revista, "aos 50 anos o homem mais visado por atentados no mundo, e de sua encantadora mulher — formando a espinha dorsal da resistência chinesa ao Japão." Capa ao que parece encontrou-se várias vezes com madame Chiang. Em certa ocasião, conforme contaria mais tarde a um amigo, teve de jogar em vasos de plantas vários dos coquetéis oferecidos por ela, para se manter sóbrio. Madame Chiang Kai-shek, "fanática em seu puritanismo metodista", supostamente preparava um martíni letal.

Às 4 horas da tarde do dia 16 de março, Capa pegou as câmeras e saiu em campo para uma reportagem para a *Life*, intitulada "Crianças chinesas se apresentam para recrutas". Num palco montado numa praça pública, crianças imitando um soldado chinês e camponeses fingiam estar dormindo. De repente, outra criança, interpretando um patrão cruel, chicoteava um camponês. A apresentação terminava com os soldados chineses conduzindo à força os invasores japoneses e os proprietários fundiários ricos — os dois inimigos das massas chinesas. A peça de propaganda — tão sutil quanto as reportagens fotográficas da *Life* — era montada especialmente para um público de jovens soldados agachados na poeira, usando uniformes tão leves que tremiam de frio à noite.

Na altura da primavera, *Os 400 milhões* tornara-se uma experiência infeliz para todos os envolvidos. "As coisas não foram nada bem", lembra-se Eva Besnyö, na época casada com Fernhout. "John [Fernhout] me contou que havia brigas homéricas. Capa não funcionou realmente para eles." Capa, que nesse mesmo ano ainda seria chamado pelo *Picture Post* de "o maior fotógrafo de guerra do mundo",[3] não gostou de ser relegado à posição de mero assistente. E, quando se concentrava em seu trabalho como fotógrafo de cena, constatou que estava competindo diretamente com o muito talentoso Walter Bosshard, antigo fotógrafo da Dephot que também estava em missão para a revista *Life* e conseguia as melhores reportagens, em detrimento dele.

No início de abril, a equipe finalmente deixou Hankow de trem, acompanhada de um grupo de assessores militares e mais espiões, em direção à frente de Suchow, a nordeste. Foi uma viagem estressante: os japoneses haviam chegado à conclusão de que a única maneira de tomar e manter vastas extensões do território chinês era controlar as ferrovias, o que significava a constante vigilância e o bombardeio aéreo dos trens.[4]

Capa e seus colegas chegaram à estação de Suchow às 6 horas da manhã do dia 3. Deram com quatro civis morrendo na plataforma. "Um deles ainda está se mexendo", observou Ivens. "Chegamos a tempo. O exército chinês está cercando os japoneses perto de Taierchwang (...). Enquanto Capa fotografa o nosso grupo, fico pensando nessa situação ímpar, nessa guerra pela independência. Pela primeira vez na história da China, todos os seus exércitos estão unidos (...)."[5]

Em 4 de abril, Capa examinou as linhas japonesas a seis quilômetros e meio de distância, através das lentes de um canhão chinês. De repente, os japoneses começaram a bombardear o posto de observação. Capa abrigou-se num velho celeiro. Naquela noite, na companhia de Ivens e Fernhout, ele cantou as planícies húngaras numa "voz rouca e melancólica". No dia seguinte, recebeu sua primeira aula como assistente de câmera. "O censor, o general Tu, se faz de importante, proibindo um primeiro plano de um canhão", registrou Ivens, "o que é um absurdo, pois se trata de um canhão alemão, fabricado em 1933, e bem conhecido." Capa rapidamente aprendeu suas primeiras palavras chinesas: *Bu yao kan* — "Não olhe para a câmera."

Às 6 horas da manhã de 7 de abril, Capa ficou sabendo, ao acordar, que os chineses tinham tomado Taierchwang. Ficou furioso. O general Tu o havia impedido de se aproximar para tirar fotos, fazendo-o perder a primeira derrota japonesa em muito tempo e a primeira vitória chinesa da guerra. Por volta do meio-dia, ele se juntou aos não menos indignados

Ivens e Fernhout num caminhão que rumava para a cidade. Ao chegarem às imediações, um avião japonês apareceu no horizonte, mergulhando na direção deles. Eles se protegeram por trás de um "pequeno monte de areia de um túmulo". "Ficamos deitados no chão", recordaria Ivens, "com o rosto para baixo, para que o piloto japonês não pudesse ver a pele do rosto, tão fácil de detectar."

Um trem blindado que estava nas proximidades abriu fogo, o avião fez um círculo e se foi. Naquela tarde, Capa deparou com uma total desolação ao entrar na cidade. Numa das ruas, quando ele e Fernhout começaram a filmar, uma velha começou a gritar, pensando que a câmera era uma arma. Outra velha estava sentada sozinha "entre fragmentos de argila e tábua". "É a minha casa", disse.

Publicada em 23 de maio, a reportagem de Capa para a *Life* refletia a enorme alegria de Luce por terem os chineses, por uma vez, infligido uma derrota aos japoneses. "Uma vitória transforma Taierchwang na aldeia mais famosa da China", proclamava o título, sobre fotos de soldados depois da queda da cidade. "Aos nomes de pequenas cidades famosas por terem representado viradas decisivas na história — Waterloo, Gettysburg, Verdun — devemos acrescentar mais um (...). No dia seguinte toda a China comemorava uma grande vitória. Também no dia seguinte, o fotógrafo de guerra Robert Capa, testemunha ocular da batalha, revelou seu filme, mandando-o de avião para a *Life*." Embora a *Life* afirmasse que Capa tinha coberto os combates na noite de 6 de abril, ele estivera na verdade dormindo profundamente.

No dia 11 de abril, a equipe deixou a cidade em montaria para filmar um fazendeiro chinês ferido e sua família. Voltaram a galope ao cair da noite, com os estojos das câmeras sacudindo em suas costas. "Estamos cavalgando os pôneis selvagens com os quais o exército de Gengis Khan conquistou a Ásia e parte da Europa. Às vezes nos perdemos uns dos outros no escuro. Galopando a toda velocidade, Capa de repente pensa que é o próprio Gengis Khan e lança gritos de guerra na nossa direção. Por trás, mais se parece com Sancho Pança. Sua silhueta atarracada pula na sela — ele está cavalgando apenas pela segunda vez na vida."

Na noite seguinte, um Capa frustrado e um Ivens exasperado sentaram-se para tentar entender onde as linhas de frente tinham mudado de posição. "No meio da noite, ouvimos um tiroteio pesado nas colinas baixas", escreveu Ivens. "É como a batida regular de um cobertor pesado, algo que podemos ouvir num acesso de febre. Ouve-se um som de gongo, misturado com metralhadoras (...). Segue-se um longo silêncio. Através dos campos de milho ainda verdejantes perto de nós, uma fila ininterrupta de soldados vacilantes trota rapidamente na direção do canhão pesado. Mas não temos autorização para acompanhá-los."

Capa e seus colegas retornaram a Hankow na Páscoa, a essa altura profundamente irritados com madame Chiang Kai-shek e sua coorte de censores e espiões. A 29 de abril, Ivens e Fernhout rumaram para o noroeste chinês, com a promessa de que Capa os seguiria dois dias depois. Horas depois da partida do trem, os japoneses lançaram um pesado bombardeio para assinalar o aniversário do imperador Hiroíto. O ataque causou mais de mil baixas civis, e em meio às ruas em chamas e aos prédios destruídos Capa deparou com imagens tão dolorosas quanto as de Madri. Mais uma vez, concentrou sua atenção no horror e no terror da população civil: um pai agarrando o filho pequeno, na corrida em direção a um abrigo antiaéreo; uma mulher escondendo da câmera o rosto em pranto; um homem tentando em vão combater um incêndio enorme com uma caçarola.

O bombardeio também destruiu qualquer resíduo de entusiasmo que ele tivesse por toda aquela aventura chinesa. Logo ele estaria frequentando regularmente o "Botequim", onde um grupo muito unido de correspondentes ocidentais, entre eles os escritores americanos Edgard Snow e Agnes Smedley, se encharcava de gim e uísque barato. "Nossos velhos valores pareciam estar desaparecendo, e nós perdíamos o interesse pelas coisas materiais", rememoraria Smedley, "pois ninguém sabia se haveria um amanhã. Éramos como passageiros de um navio afundando em mar tempestuoso, que finalmente deparavam com a própria humanidade (...). No clima tenso da guerra, até a poesia, a canção e a graça floresciam entre nós, e um halo mágico envolvia nossa amizade."[6]

No início de julho, Capa deixou para trás as maratonas de jogo de dados no Botequim para cobrir as inundações do rio Amarelo, provocadas deliberadamente para impedir o avanço japonês. A espetacular liberação das comportas deteve os japoneses durante algumas semanas, mas deixou dois milhões de pessoas sem casa. As fotos de Capa mostravam camponeses desgrenhados tentando desesperadamente alcançar terra seca, enquanto suas casas eram engolfadas pelas torrentes lamacentas do rio. Capa voltou a Hankow no dia 4, e algumas horas depois de chegar juntou-se a Ivens e Fernhout numa reunião do Supremo Conselho de Guerra de Chiang Kai-shek. Essas reuniões nunca tinham sido abertas à imprensa, e as fotos do "Generalíssimo" tiradas por Capa correram mundo.

No dia 19 de julho, os japoneses pela primeira vez alvejaram deliberadamente as áreas civis de Hankow. Enquanto Capa perambulava pela devastação debaixo do inclemente sol de meio-dia, a cidade era engolfada pelas chamas. Em certas áreas, o calor era tão forte que as pessoas pareciam ter os rostos inchados. Cinzas boiavam no ar. As casas estavam reduzidas a esqueletos fuliginosos.

No início de agosto, Ivens e Fernhout partiram para Nova York. Não muito tempo depois, com o mercúrio ainda acima de 38 graus ao meio-dia, Capa conheceu um personagem notável nas relações sino-americanas, "Joe Vinagre" Stilwell, o adido militar americano na China. Seu apelido era merecido: ele era sabidamente cáustico em relação aos ingênuos pressupostos ocidentais a respeito dos chineses. Capa o encontrou num acampamento militar nas proximidades de Nanchang, a cerca de 240 quilômetros de Hankow, onde assessores americanos e de outras procedências tentavam avaliar a força relativa dos exércitos em confronto. Para Stilwell e Capa, a situação parecia feia: os japoneses se encontravam a poucos dias de marcha da própria Hankow.

Na manhã de 7 de setembro, Capa juntou-se a Stilwell e um grupo de adidos militares britânicos e franceses que rumavam para a linha de frente. Stilwell registrou em seu diário que Capa era "um sujeito e tanto". Em outra entrada, comentava: "Mudança à noite, com dificuldade, um guarda se perdeu. Transportes superlotados, *coolies*, homens exaustos enroscados para morrer (...). Avião japa a 60 metros metralhando a estrada (...). Pão e queijo no desjejum, preparados por Capa. Mofado, mas tudo bem (...). Um calor dos infernos."[7]

De volta a Paris, György Markos e Suzy Marquis viram as fotos que Capa estava mandando. Marquis só ficou sabendo que ele ainda estava vivo quando apareceu uma outra foto. Markos deduziu que ele decidira mostrar ao mundo os horrores que lhe haviam tirado Gerda. As fotos eram as mais perturbadoras que ele já vira: "Crianças de barriga inchada, grávidas sujas e ensanguentadas; chineses cavando os próprios túmulos sob a supervisão de soldados japoneses; soldados japoneses praticando ataques de baioneta em chineses vivos." Capa fora em busca da morte, concluiu ele, mas não a havia encontrado: "Pelo menos não por enquanto."[8]

Enquanto esperava a queda de Hankow com os outros correspondentes, apelidados de "os desesperados", Capa começou a se perguntar se queria mesmo passar o resto da vida como fotógrafo *freelance*, e numa carta a um amigo comunista, Peter Koester, que havia conhecido quando trabalhava para a Dephot, lançou a ideia da formação de uma agência de jovens fotógrafos que pudessem assim exercer controle sobre o próprio trabalho.[9]

No fim de setembro, não tendo sido Hankow capturada ainda, ele partiu para Paris. Dias antes de deixar a China definitivamente, tirou as primeiras fotografias de guerra jamais publicadas em cores, usando um filme Kodachrome de 35 mm. Em sua edição de 17 de outubro, *Life* dedicava duas páginas a imagens das consequências de mais um bombardeio aéreo. "As favelas de Hankow, capital do governo chinês em retirada", dizia uma legenda, "estão vermelhas de fogo e negras de fumaça, após o bombardeio japonês (...) uma *coolie* de camisa azul contempla desolada seus pertences domésticos enquanto Hankow arde no calor do meio-dia."

Hankow finalmente caiu nas mãos dos japoneses em 25 de outubro de 1938. A essa altura, Capa estava de volta à Espanha, cobrindo a mais comovente história de sua carreira: a derrota final da República.

8
A derrota final

"Os países não vivem só de vitórias, mas dos exemplos que seu povo soube dar, em épocas trágicas."

JUAN NEGRÍN, 1939[1]

Dias depois de Capa deixar a China, a Grã-Bretanha e a França assinaram o acordo de Munique: uma vergonhosa capitulação ante um Hitler cada vez mais belicoso. No dia 30 de setembro, Neville Chamberlain fez a famosa declaração, acenando com o acordo assinado: "Acredito que é a paz em nossa época." Stalin logo começaria também a baixar a cabeça para Hitler, ordenando a retirada de 6 mil soviéticos das Brigadas Internacionais. Abandonada, a República teria de combater sozinha Franco e seus aliados, Hitler e Mussolini.

Capa chegou a Barcelona no início de outubro, sabendo que a "guerra apaixonada" estava praticamente perdida. Em meio a um novo grupo de "desesperados" no bar do Hotel Majestic, encontrou Ernest Hemingway. Nos braços de Papa estava uma estonteante correspondente loura do *Collier's*, de sotaque galês e mente ferina: Martha Gellhorn. Elegante, divertida e profundamente compassiva, Gellhorn não era nenhum peso-leve. Já publicara um romance e uma coletânea de contos, tendo passado tempo suficiente na Alemanha para compartilhar o ódio de Capa aos nazistas.

Gellhorn veria Capa mais tarde como uma espécie de irmão, um dos poucos homens que realmente entendiam suas paixões e contradições.

Naquele outono, eles discutiram por questões políticas — apontando ele sem dó nem piedade a ingenuidade dela a respeito da *causa* — e zombaram um do outro, mas sempre afetuosamente. Certo dia, ele chegou ao hotel usando um sobretudo novo de pele de camelo, com lapelas enormes e botões de pérola. Ela considerou o casaco "absolutamente fora de propósito em Barcelona". "Se eu for morto", disse-lhe ele, com sinceridade, "quero morrer com o meu casaco polo."[2] A novela *Till Death Do Us Part* [Até que a morte nos separe], de Gellhorn, o retratava com muito mais percepção que muitos dos escritores do sexo masculino que ele conheceu. Ela o fez encarnar na pele de Bara — "tão alinhado com seu jeito cigano, amado pelas mulheres, bem recebido pelos homens, doador de vida, o tipo de sujeito que todo mundo dizia conhecer, mesmo não conhecendo, sobre o qual se inventavam histórias, que todo mundo citava, tinha orgulho de ter ao lado e apreciava servir" — e se meteu na pele de Marushka, que, segundo Bara, "devia ser russa, pois tinha uma alma russa pré-soviética, tão ardorosa, tão ilógica, tão elevada, tão absurda".

No dia 25 de outubro, Capa chegou a Montblanc, onde o primeiro-ministro espanhol, Juan Negrín, devia falar às Brigadas Internacionais que partiam. As fotos de Capa mostram centenas de homens reduzidos a lágrimas, mas erguendo desafiadoramente os punhos no ar, depois de ouvir seu discurso. Tinham sobrevivido com uma dieta asquerosa de carne-seca de mula e cabra durante dois invernos terrivelmente frios. E agora sua luta praticamente terminara.

Quatro dias depois, Capa acordou cedo. Durante toda a manhã, mostrou-se irritadiço, preocupado com algum problema em suas Leicas. Finalmente, chegou a notícia de que haveria uma parada de despedida das Brigadas Internacionais às 4h30 da tarde — a hora exata do desfile final tinha sido mantida em segredo, para o caso de um ataque aéreo maciço. Ao chegar à famosa "Diagonal" no centro de Barcelona, Capa encontrou dezenas de milhares de catalães emocionados à espera do momento de se despedir, com os braços cheios de buquês de flores.

Lágrimas começaram a correr quando o primeiro grupo de voluntários chegou: uma guarda de honra dos soldados e marinheiros republicanos, cantando a plenos pulmões. Surgiram então os primeiros internacionais — alemães da XI Brigada, marchando em formação de oito. Mulheres correram na sua direção, cobrindo-os de flores. Logo as pétalas formavam um tapete debaixo de suas botas castigadas. Em seguida, o céu se encheu de tiras de papel, chovendo das janelas dos prédios. Meninos pequenos se juntaram às fileiras, sendo levados aos ombros daqueles homens cansados.

Finalmente, chegaram 200 homens da Brigada Abraham Lincoln americana. As flores, em alguns casos chegando ao tornozelo, tornavam mais lento o seu avanço cheio de orgulho. À frente da coluna vinha seu comandante, Milton Wolff, alto e bonitão, esperando que seus companheiros "antifascistas prematuros" pudessem se equiparar aos outros estrangeiros.

Capa conhecera Wolff ao tirar uma foto sua e de Hemingway pouco antes de os dois entrarem em ação na frente de abril, no início de 1938, e Wolff ainda hoje o admira por sua capacidade de sorrir ante a adversidade, de levantar o ânimo dos que o cercavam. "Capa estava sempre de bom humor", diz ele. "Aquele húngaro maluco nunca estava de cara fechada. Todos nós admirávamos suas fotografias, sua coragem. Por suas fotos na Espanha, dá para ver como estava quase sempre muito perto da frente de batalha. Ele adulava os oficiais para cair nas suas boas graças e se aproximar da ação."

Uma vez reunidos os voluntários internacionais na Diagonal, La Pasionaria, o símbolo da resistência a Franco, ocupou o lugar dela na tribuna para falar à multidão. Mulher sombria, de meia-idade, com olhos de uma intensa inteligência, ficara famosa sua declaração de que era "melhor morrer de pé que viver de joelhos". Ela se dirigiu inicialmente às mulheres. "Quando os anos tiverem passado e as feridas da guerra forem fechadas", ensinou, "falem aos seus filhos. Contem-lhes das Brigadas Internacionais. Contem-lhes que esses homens abriram mão de tudo, de seus amores, de seu país, de casa e fortuna, e vieram nos dizer: 'Estamos aqui porque a causa da Espanha também é nossa.' (...). Milhares deles ficarão aqui na terra espanhola."

Em seguida, ela falou aos homens. "Podem ir orgulhosos. Vocês são a história. Vocês são a lenda. São o exemplo heroico da solidariedade e universalidade da democracia. Não os esqueceremos, e, quando a oliveira da paz voltar a dar folhas, misturadas aos loureiros da vitória da República espanhola, voltem!"³

Gerda devia estar ali ao lado de Capa, trabalhando como sua parceira ideal, senão sua mulher. Tantos deveriam estar ali. Mas não estavam. Milhares de voluntários, assim como a inocência de toda uma geração, se haviam perdido.

Embora representasse um trágico golpe para a República, a retirada das Brigadas Internacionais não punha fim a toda esperança de resistência — pelo menos na Catalunha — ao avanço dos insurgentes. Desde julho de 1938, o exército republicano enfrentava Franco em dura batalha às margens do rio Ebro. Com feroz determinação, unidades do V Exército republicano sustiveram durante todo o outono uma pequena cabeça de ponte. No fim de outubro, mostrando-se Mussolini e Hitler cada vez mais impacientes para que Franco acabasse com os "vermelhos" na Espanha, os insurgentes lançaram um ataque maciço contra a cabeça de ponte.

No início de novembro, Capa acompanhou Hemingway e o correspondente do *New York Herald Tribune*, Vincent Sheean, à frente do Ebro. Na manhã do dia 5, Capa e Sheean ficaram sob fogo pesado ao tentar encontrar-se com Hemingway, que prometera providenciar transporte até a cabeça de ponte, e trataram de se proteger num estábulo. Sempre que ouviam mais uma bomba assobiar no ar, eles se jogavam no chão. "Não é um bom dia para fotógrafos", disse Sheean a Capa. "Pois é o único tipo de dia bom para fotógrafos", retrucou ele, retirando a palha do casaco polo ridicularizado por Gellhorn.⁴

Quando as bombas cederam, eles se juntaram a Hemingway e Herbert Matthews, do *New York Times*, às margens do Ebro. Hemingway estava de pé, altivo, ao lado de uma chata, tripulada por quatro camponeses por ele remunerados com cigarros. Adiante estrugia o Ebro, exposto à artilharia e aos atiradores furtivos dos insurgentes. Todas as pontes da região há muito tinham sido destruídas, e os diques haviam sido abertos para impedir que o rio fosse usado para transportar reforços republicanos. A única maneira de chegar à cabeça de ponte era enfrentar as correntes e corredeiras do Ebro.

O grupo conseguiu atravessar a forte correnteza e caminhou até o último reduto do general Enrique Lister, uma cabana caiada numa colina da aldeia destruída de Mora de Ebro. Embora conhecesse bem Hemingway, mostrando-se normalmente hospitaleiro para os jornalistas, o general Lister não gostou de ver o grupo chegar. Estava para ordenar a retirada de seus homens e disse aos repórteres que imediatamente retornassem ao rio. Ao voltarem na direção do Ebro, eles passaram por alguns tanques republicanos. Matthews lançou mão da câmera e tirou algumas fotos, mas Capa nem se deu ao trabalho de tocar na Leica. Matthews ficou perplexo. "Esse tipo de coisa não me interessa", disse Capa. "Não são fotos de ação."[5]

Ao alcançar o Ebro ainda naquela tarde, o grupo descobriu que dois dos barqueiros haviam desertado. A força das águas era tamanha que os homens restantes não tinham força suficiente para manter a barca carregada no rumo. A meio caminho, um camponês esquálido perdeu o controle do remo e a embarcação de repente desandou águas abaixo, na direção da carcaça restante da ponte de Mora. Hemingway reagiu instintivamente, agarrando um remo e remando com vontade para readquirir o controle do barco. Foram necessários vários minutos para que todos ficassem novamente em segurança. O tempo todo, Capa tirava "fotos de ação".[6] Nessa noite, os homens de Lister se retiraram de sua cabeça de ponte. A batalha do Ebro fora perdida. Pelo menos 16.500 homens tinham sido massacrados na derradeira batalha da República, que durou quatro meses.

Na noite seguinte, um grupo de republicanos desesperadamente determinados atravessou o rio Segre, tributário do poderoso Ebro, decidido a conter uma última vez o avanço de Franco. Capa juntou-se a eles na cidadezinha de Fraga, a sudoeste de Lérida. Estavam armados de antigos fuzis russos de 1901, usando uniformes heterogêneos; seus capacetes foram cobertos de argila, para ajudar a disfarçá-los no terreno ressequido e pedregoso. De repente, o chão foi sacudido por uma explosão ensurdecedora. Um dos soldados saiu cambaleando à frente, aturdido pela explosão. Com uma única liberação do obturador, Capa capturou então a Guerra Civil Espanhola de maneira muito mais impactante que fizera com "O soldado caído": dessa vez, a imagem era inegavelmente real — um jovem espanhol cambaleando, aterrorizado, em meio a uma chuva de terra e pedras. "O foco e a exposição dessa foto estavam corretos", informaria mais tarde a *Picture Post* a seus leitores. "No momento em que nosso fotógrafo disparou o obturador, uma bomba explodiu a cerca de 18 metros, e a terra foi sacudida pela explosão (...) quase dá para sentir na foto o cheiro da pólvora."[7] A fotografia mais comovente tirada por Capa mostra um homem envolto em bandagens, deitado numa maca, murmurando suas últimas palavras a um companheiro que rabisca sua derradeira mensagem a um ente querido. "Um companheiro ouve, tenta entender o significado e rabisca suas palavras."[8]

A *Picture Post* providenciaria a legenda de outra foto notável: "O ataque tem início: Um homem é alvejado e cai."[9] É incrível que essa foto nunca tenha sido debatida, considerando-se toda a atenção voltada para o polêmico "Soldado caído", pois de fato mostra um homem que acaba de ser atingido no momento em que cai no chão. "Apesar do cigarro na boca, este homem acaba de ser alvejado", informava a *Picture Post*. "A bala o atingiu no estômago e o derrubou. Ele cai, ainda segurando o fuzil. É uma das baixas mais terríveis."

A reportagem de Capa para a *Picture Post*, esplendidamente paginada por Stefan Lorant, confirmava sua condição de fotógrafo mais corajoso na cobertura da Guerra Civil Espanhola. Na verdade, Lorant lhe prestava a mais bela homenagem de sua carreira. "Nas próximas páginas, vocês verão uma série de fotos da guerra espanhola", anunciava a revista. "Os leitores assíduos da *Picture Post* sabem que não costumamos louvar levianamente os trabalhos que publicamos. Apresentamos estas fotografias simplesmente como as melhores jamais tiradas numa linha de frente." Ao abrir a edição de 3 de dezembro de 1988 da revista, Capa viu uma foto de página inteira (reproduzida na capa deste livro) na qual aparecia ele próprio segurando uma câmera Eyemo, com a seguinte legenda: "O maior fotógrafo de guerra do mundo: Robert Capa."

Sua cobertura dos combates à beira do rio Segre foi o que de mais próximo do caos e da carnificina de uma guerra havia jamais sido conseguido por um fotógrafo, com tal poder de evocação que muitos leitores da *Picture Post* devem ter-se perguntado se ele desejava morrer.

Em seu avanço pelos últimos redutos da República da Catalunha e ao longo do litoral mediterrâneo, as forças de Franco assassinavam e torturavam dezenas de milhares de compatriotas espanhóis. No início de janeiro de 1939, Capa voltou a Barcelona para cobrir a fuga desesperada de centenas de milhares de republicanos aterrorizados. No dia 15 de janeiro, voltou a testemunhar um horrendo ataque a colunas de refugiados, dessa vez rumando para Barcelona. Milhares morreram nos ataques dos aviões de Hitler e Mussolini, já agora com total controle do céu, contra mulheres e crianças, essencialmente. Capa encontrou uma velha completamente perdida ao lado de uma carroça tombada. "Ela não entendia o que havia acontecido", disse ele à *Picture Post*. "Ficava simplesmente andando sem parar ao redor de sua carroça." Toda a sua família havia sido dizimada.[10]

Ao retornar a Barcelona, Capa encontrou uma cidade mergulhada no caos. A lei marcial havia sido decretada, para impedir o pânico total. As ruas estavam tomadas por mais de um milhão de refugiados, vivendo com uma ração diária de um pedaço de pão. O tabaco fora substituído por casca de batata. A cidade de uma revolução popular outrora romântica fora reduzida à exaustão, sem qualquer resistência.

Durante várias noites infernais, os "desesperados" do Hotel Majestic, entre eles Herbert Matthews, Martha Gellhorn e O'Dowd Gallagher, viveram nos limites dos próprios nervos, tentando datilografar reportagens comoventes enquanto choviam Heinkels, em nada menos que 47 investidas em quatro dias. Em meio às explosões, ouviam-se os tiros de pistola de diferentes facções marxistas e anarquistas, a certa altura unidas na luta contra o fascismo, mas agora assassinando umas às outras. Tendo vários outros correspondentes abandonado a cidade, Capa e Gellhorn se aconchegaram no quarto de hotel dela, tremendo de frio enquanto as bombas não paravam de cair por perto.

À 1 hora da manhã do dia 25 de janeiro, o repórter Georges Soria, de *L'Humanité*, chegou correndo ao Majestic com a notícia de que as tropas de Franco não encontravam resistência na travessia do rio Llobregat, a poucos quilômetros de distância. Por volta das 2h30, Herbert Matthews encontrou Capa dormindo como um bebê em seu quarto, apesar do constante bombardeio. Acordou-o e o meteu num automóvel Minerva belga nada confiável, a "Velha Minnie". Ao alvorecer, os dois se viram numa estrada tomada por cerca de 400 mil refugiados que acabariam deixando a Espanha. Meninas órfãs se agarravam a bonecas de pano. Velhos em prantos amassavam nas mãos lenços cheios de terra das cidades que nunca mais voltariam a ver. Foram necessárias 13 horas para percorrer no carro os 160 quilômetros até Figueres, a 32 quilômetros da fronteira francesa.[11]

Figueres estava mergulhada no clima de histeria de um êxodo de famintos. Nas calçadas, irrompiam brigas entre refugiados esquálidos disputando portais para dormir. Crianças choravam pelas famílias perdidas e por pedaços de pão dormido. Caminhões contendo 600 obras-primas — de Goya, El Greco e Velázquez — eram guardados por homens armados, à espera de serem evacuados para a França. "Isto aqui parece um túmulo", disse um correspondente do *Times* a Ilya Ehrenburg, do diário soviético *Izvestia*, que respondeu: "É o túmulo não só da República espanhola, mas da democracia europeia."[12] Numa das ruas, Capa encontrou uma menina deitada sobre alguns sacos. "É uma menina linda", relataria ele, "mas deve estar muito cansada, pois não brinca com as outras crianças. Mal consegue mover-se; apenas segue todos os meus movimentos com seus enormes olhos negros. Não é fácil estar sempre por perto e não poder fazer nada, a não ser registrar o sofrimento ao meu redor."[13]

Ao entrarem em Barcelona no dia 26 de janeiro, as tropas de Franco encontraram apenas resistência esporádica. Enquanto os mouros de Franco marchavam pelas Ramblas, os transeuntes faziam nervosamente a saudação fascista ao deixar as estações do metrô, alguns carregando fotos de Franco compradas às pressas. Em questão de dias, 10 mil suspeitos políticos foram trucidados, numa limpa que até um comandante fascista italiano reconheceu ser "um expurgo dos mais drásticos".[14]

Em Figueres, enquanto isso, Vincent Sheean buscava freneticamente por toda parte seu amigo Capa — homem marcado pelos insurgentes, por causa de sua nova fama. Sheean finalmente o encontrou num escritório de imprensa improvisado, onde fizera uma cama com caixas de panfletos de propaganda já agora inúteis; em sua cama de papel, ele roncava mais alto que qualquer um até então ouvido por Sheean.

No dia 28 de janeiro, Capa cruzou a fronteira para a França, exausto e deprimido. Uma de suas últimas imagens é uma das mais comoventes: uma longa fila de republicanos derrotados entrando na França, guiados por um solitário policial francês, carregando alguns pertences e tremendo de frio no cortante vento de inverno. Ao chegar a Paris, Capa mal conseguia fazer alguma coisa, tão devastado estava pelo sentimento da derrota. Nem mesmo os arrebatados elogios de Wilson Hicks em *Life* foram suficientes para aliviar sua profunda depressão. "Estávamos aqui muito preocupados com você à medida que as tropas de Franco se aproximavam de Barcelona e durante a tomada da cidade", escreveu ele em 31 de janeiro. "*Life* ficou muito satisfeita com suas fotos da China e da Espanha. Sei que sua modéstia não ficará comprometida se lhe disser que você é atualmente o fotógrafo de guerra nº 1."[15]

Várias semanas depois, acumulando-se nuvens de guerra sobre a Europa, Capa voltou à fronteira espanhola, dessa vez para cobrir a situação inacreditável em muitos campos de refugiados. (Agora que a guerra praticamente chegava ao fim, esses refugiados eram fonte de embaraço político para os franceses e também representavam um custo considerável.) Em Argèles-sur-Mer, ele encontrou 60 mil espanhóis, muitos dormindo em buracos no chão, alguns protegidos apenas por barracas precárias de um frio cortante e de temperaturas de congelar. Não havia uma cozinha nem condições sanitárias básicas, "apenas arame farpado para impedi-los de sair", escreveu ele, "e tropas senegalesas brutais para mantê-los em ordem".[16] Por esporte, muitos guardas franceses montados e armados espancavam moribundos que haviam combatido Franco durante três anos. Certa noite, em fevereiro, 17 tinham morrido ao relento, tendo sido enterrados onde estavam.

Em outros campos, mais 175 mil espanhóis, todos homens, soldados e civis, viviam em condições igualmente deploráveis, abandonados pelas outras potências ocidentais nas mãos das insensíveis autoridades francesas. Na aldeia de Bram, perto de Carcasonne, Capa fotografou um antigo professor de direito internacional, deitado, doente, numa cama de palha num hospital gelado. "Ele está velho e não se envolveu em política", dizia a legenda do *Picture Post*. "Mas escrevia artigos sobre justiça e os direitos das nações para uma publicação estrangeira, e não há lugar para alguém como ele na Espanha de Franco." Lá fora, à luz esmaecida do fim do inverno, Capa caminhava ao longo de fileiras de cruzes. "Nas cruzes brancas podem ser lidos nomes outrora festejados nas artes e na literatura espanholas", informava a *Picture Post*. "E a fileira de cruzes aumenta cada vez mais."[17]

Em 28 de março de 1939, os insurgentes tomaram Madri. A "guerra apaixonada" finalmente chegava ao fim. Pelo menos 300 mil pessoas tinham morrido, mais da metade civis. Nos anos subsequentes, 300 mil derrotados vegetariam nas prisões de Franco. É possível que tenha chegado a 100 mil o número de executados.

À derrota seguiu-se a traição, quando, em 23 de agosto de 1939, a Alemanha e a União Soviética assinaram um pacto de não agressão. Em todo o mundo, os antifascistas sentiram-se apunhalados pelas costas; as democracias europeias que restavam, especialmente a França, temiam que agora a guerra fosse inevitável. Na qualidade de emigrado judeu conhecido, colaborador regular de *Ce Soir*, uma publicação comunista, Capa talvez tenha começado a se preocupar com a possibilidade de estar entre os primeiros a serem detidos se o governo direitista da França decidisse vingar-se maciçamente dos traiçoeiros "vermelhos".

Às 6 da manhã do dia 1º de setembro de 1939, um contingente de 1,5 milhão de homens da Wehrmacht invadiu a Polônia, pondo em prática um tipo de guerra que havia aperfeiçoado na Espanha: a *Blitzkrieg*, ou "guerra-relâmpago". Dois dias depois, França e Grã-Bretanha declaravam guerra à Alemanha. Em outubro, Robert Capa estava novamente fugindo, dessa vez a bordo de um navio rumando para os Estados Unidos.

9
Esplêndido isolamento

"Jamais, no terreno do conflito humano, tantos deveram tanto a tão poucos."

WINSTON CHURCHILL, 1940

Dias depois de chegar a Nova York, Capa já desfrutava da vida noturna da cidade, jogando pôquer com amigos que fizera na Espanha e juntando-se a Julia e seu irmão Cornell, que haviam emigrado em 1938, em jantares húngaros tradicionais no apartamento por eles mantido no Upper West Side. Se quisesse ficar em Manhattan, teria de conseguir trabalho, e rápido, e assim foi que, semanas depois de chegar, ele tomou o elevador para o 31º andar do Rockefeller Center, onde se encontrou com o editor de fotografia de *Life*, Edward Thompson, profissional direto e seco.

"Entendi só um pouco do que [Capa] disse", recordaria Thompson mais tarde. "Tentei — nem sempre com êxito — encontrar missões para ele."[1] Mas logo ficaria evidente que ele não se encaixava muito bem na corporação de Henry Luce, voltada para o lucro como era, ou mesmo na América, que logo estaria encarando como um refúgio temporário, além do mais destituído de alma. Sua posição isolacionista e seus valores puritanos começaram a irritá-lo em questão de meses. Em comparação com os europeus, os americanos não sabiam a sorte que tinham. E nada entendiam de comida e vinho. Não muito tempo depois de começar a trabalhar para a *Life*, recordaria Thompson, Capa "deixou assombrado um repórter que o acompanhava, Don Burke, ao fazer uma cena num vagão-restaurante de trem porque não havia vinho de qualidade."²

No fim daquele outono, Capa conheceu o jovem escritor Irwin Shaw, um bem-apessoado e atlético judeu criado no Brooklyn que viria a tornar-se um amigo muito próximo. "Encontrei Bob Capa pela primeira vez com uma garota linda num bar de Greenwich Village. Não seria a última vez em que eu viria a encontrá-lo num bar ou com uma mulher bonita. Recém-retornado da Espanha, ele já era famoso, e eu imediatamente o reconheci: os olhos de cílios espessos, poéticos e manhosos, como os olhos de um bebê napolitano, a boca torneada e sardônica, com o eterno cigarro pendurado no lábio inferior."³

Shaw ficou impressionado com o fato de Capa "já ser famoso" mas sem um tostão — "situação que, em virtude dos riscos de sua profissão e de seu gosto pelo jogo, era quase crônica em seu caso. Ele também corria o risco de ser deportado para a Hungria, país que trazia impregnado em seu sotaque, uma deformação musical da fala em todas as línguas, à qual os amigos se referiam como 'capanês'".⁴

Mais ou menos nessa época, Capa também conheceu um jovem de Chicago, John Morris, que trabalhava como assistente na editoria de fotografia da *Life*. Morris lembra-se de ter levado Capa para patinar no gelo no rinque do Rockefeller Center, certo dia daquele inverno, na hora do almoço. "Capa se agarrou a Bobby Rock, secretária da *Life*, e logo ficou evidente que ele não sabia patinar. Ela o arrastou consigo, e eles levaram um tombo espetacular bem em frente à vitrine de um restaurante. Eu estava bem atrás deles e vi três importantes editores da *Life*, que ali estavam almoçando, caírem na gargalhada."

Já a situação de Capa como imigrante não era tão divertida assim. "Capa tinha um passaporte 'Nansen', do nome de Fridtjof Nansen, da Liga das Nações", recordaria, Edward Thompson, "documento fornecido a pessoas 'sem estado'. A cota de imigração para cidadãos húngaros nos Estados Unidos fora diminuída havia uns 24 anos, de modo que seu direito de estar no país se baseava num duvidoso documento sujo e remendado — 'Se fosse limpo, pareceria falso', dizia Capa".

Capa viu-se forçado a tomar medidas drásticas antes que o seu visto expirasse em 1940. Só havia uma saída: ele teria de se casar. No dia 27 de março, ele foi a uma festa com John Fernhout, que se havia divorciado de Eva Besnyö, casando-se novamente com Polly Korchein, uma destemida dançarina americana. Polly o apresentou a Toni Sorel, uma bela nova-iorquina de cabelos negros. Em outra festa, vários dias depois, Capa, embriagado, e Sorel decidiram se amarrar no dia seguinte, numa "cerimônia rapidinha", em Maryland, o lugar mais próximo a autorizar esse tipo de união — a várias horas de carro ao sul de Manhattan.[5]

Ao cair em si na manhã seguinte, Capa deu-se conta de que não tinha dinheiro nem um carro para ir a Maryland. Mas na redação de *Life* ele ouvira dizer que dois fotógrafos também pretendiam se casar: Otto e Hansel Mieth. O casal havia deixado a Alemanha na década de 1920, abrindo caminho de Budapeste a Viena, para finalmente chegar aos Estados Unidos, onde Hansel obteve a cidadania americana, passando a trabalhar como fotógrafa na equipe da *Life* em 1937. Em 1940, os dois precisavam casar-se, para que Otto, que havia entrado ilegalmente nos EUA, não fosse deportado para a Alemanha nazista. Hansel viria mais tarde a lembrar-se muito bem desse dia.

Entrando na redação da *Life*, Capa deu com Otto sentado perto dela. "E se nós e vocês nos casarmos juntos?", perguntou-lhes. "Vamos fazer um casamento duplo (...). Tenho de deixar o país amanhã. Eles não renovaram o meu visto. Eu sou húngaro, judeu. Os hitleristas estão na Hungria (...). Fiz um trato com essa garota. Ela se casa comigo por um ano de aulas de dança."

Naquela tarde, eles apanharam Toni Sorel, e Otto levou todos eles de carro para Maryland debaixo de uma chuva pesada. Chegaram a Elkton 15 minutos antes de fechar o cartório matrimonial. À entrada esbaforida de Capa e Otto, o tabelião deu a má notícia: a lei havia sido alterada. Agora, era necessário esperar três dias para a emissão de uma certidão. Eles imploraram que fizesse uma exceção, mas ele se recusou. Deprimidos, retornaram todos ao carro, tomando o caminho de volta para Nova York.

Ao chegar aos subúrbios de Elkton, Otto viu um carro pelo retrovisor. Dois homens faziam sinal freneticamente para que ele parasse. Ele desacelerou. Os dois explicaram que havia uma brecha na lei, pedindo então para falar em particular com Otto e Capa. Do carro, Hansel e Sorel viram Otto sacudir a cabeça enfaticamente e virar-se, sendo no entanto puxado de volta por Capa. Otto então tirou da calça a carteira e entregou várias cédulas. Quando os dois voltaram ao carro, Otto explicou que, se conseguissem um atestado médico certificando que elas estavam grávidas, poderiam casar-se imediatamente. Hansel e Sorel rejeitaram a proposta. Capa implorou que reconsiderassem, enquanto os dois sujeitos esperavam impacientes que os casais os acompanhassem.

Finalmente, as mulheres se convenceram. Um médico local sequer olhou para elas enquanto datilografava um atestado oficial de gravidez. Otto sacou mais algumas cédulas. Os quatro se viram então diante de um velho, o "ministro" matrimonial. Os dois casais foram oficialmente unidos, mas, ao chegar o momento de remunerar o ministro, Otto já não tinha mais dinheiro suficiente, de modo que Hansel e Sorel reviraram suas bolsas atrás do montante necessário. De posse dos documentos, os quatro recém-casados deixaram o escritório matrimonial debaixo de chuva.

"Isso pede um drinque", disse Capa.

Mas estavam todos sem dinheiro, e assim entraram novamente no carro para voltar para casa. Otto e Hansel acomodaram-se na frente, Sorel e Capa, no assento traseiro. Passados alguns quilômetros, Hansel ouviu Sorel dar uma bofetada no rosto de Capa — ele tinha tentado agarrá-la. Sorel estava encolhida num canto, aos prantos. Ao se aproximarem do túnel Lincoln, entre Newark e Manhattan, ela pediu para saltar. E então se despediu, com a voz carregada de emoção. Capa pediu para ser deixado no Bedford Hotel. Saltou do carro e, sem dizer uma palavra, desapareceu na noite.[6]

"Capa era um sujeito estranho", escreveria Hansel Mieth. "Comportava-se como se a vida fosse uma piada e ao mesmo tempo levava a vida muito a sério. Era uma mistura de muitas pessoas, algumas muito boas, outras nem tanto. Era nosso amigo, mas apesar disso nos contava histórias que não se sustentavam. Tinha um temperamento aventureiro, mas muitas vezes chorou no meu ombro. Era uma pessoa inventada, em grande parte por ele próprio."[7]

Sorel alegaria mais tarde que estava fazendo um favor a Capa ao casar-se com ele.[8] No entanto, de acordo com Georgia Brown, amiga íntima dos Mieth, ela se apaixonara por ele. Ed Thompson também acreditava que o casamento significara mais para ela do que para Capa. "Capa considerava o casamento temporário", recordaria. "Toni, infelizmente, não, e sempre perguntava por Bob, saudosa, quando nos encontrávamos por acaso."[9]

Para regularizar sua situação legal depois do casamento, Capa e Otto tinham de deixar o país durante seis meses para em seguida retornar. *A Life* levou o fato em consideração, e em questão de poucas semanas encontrou um conveniente trabalho para Capa no México, enquanto Otto ia para Cuba.

Capa chegou à Cidade do México no fim de abril, hospedou-se no Hotel Montejo e entrou em contato com o veterano especialista em América Latina Holland McCombs, chefe da sucursal da *Time-Life* no México, que lhe explicou a explosiva situação política local enquanto tomavam drinques em diferentes casas noturnas da cidade.[10] Como informaria a *Life* num dos primeiros ensaios fotográficos mandados por Capa do México, "agentes nazistas estão trabalhando intensamente em toda a América Latina, insuflando o ódio à Grã-Bretanha, à França e particularmente aos Estados Unidos. No México, trabalham em estreita colaboração com os comunistas, prevalecendo-se da aproximação da eleição presidencial mexicana, no próximo dia 7 de julho".[11]

Quando não estava se embriagando com fortes runs amanteigados no bar Montejo, Capa vagava pelas ruas, cobrindo as campanhas eleitorais do general esquerdista Manuel Ávila Camacho e do general mais direitista de classe média Juan Andreu Almazán. No dia da eleição, ele chegou ao alvorecer à seção eleitoral onde Ávila Camacho votaria. O ar parecia pesado com a promessa de violência: uma estranha norma eleitoral mexicana estabelecia que os primeiros homens a chegar às seções eleitorais se incumbissem da votação pelo resto do dia, e os tiros começaram assim que as cabines foram abertas.

Durante várias horas, Capa trabalhou sem descanso, esquivando-se das balas enquanto policiais e correligionários rivais atiravam indiscriminadamente na multidão. Ele fotografou o primeiro homem a ser morto naquela manhã, os feridos carregados para ambulâncias, a desnudada vítima de uma bomba e um "menino jornaleiro moribundo", chamado Felix Rodriguez, coberto de sangue, a ponto de morrer tendo ainda nas mãos uma pedra que se preparava para atirar.[12] Segundo informava a *Life* na edição de 22 de julho, essas eleições "livres" para a presidência, as primeiras em trinta anos, revelavam-se muito menos violentas que o esperado, tendo-se registrado apenas cem assassinatos até o fim da votação.

No dia 8 de julho, ambos os candidatos declararam vitória. Funcionários eleitorais anunciaram que o resultado oficial só seria divulgado em 1º de setembro, quando o parlamento mexicano voltaria a se reunir. Na capital, a tensão e a temperatura política continuaram a subir ao longo do mês de agosto, enquanto corriam entre os adeptos dos dois candidatos boatos de insurreição e fraude eleitoral.

Ao se apresentar na sucursal da *Life*, Capa encontrou nas páginas da revista informações cada vez mais perturbadoras provenientes da Europa. A França e a Bélgica tinham caído diante da *Blitzkrieg* de Hitler em questão de semanas. A Batalha da Grã-Bretanha era travada sobre os campos da Inglaterra no verão, e só os jovens pilotos da RAF separavam Hitler do total domínio da Europa. Em Londres, em 20 de agosto, Churchill falou ao resistente povo britânico, prestando homenagem aos aviadores que estavam vencendo a primeira grande batalha contra Hitler.

No mesmo dia em que Churchill fez seu famoso discurso, Capa encontrava-se com muitos outros repórteres em frente a um hospital da Cidade do México onde estava morrendo o protagonista de sua primeira reportagem: Leon Trotski. Nessa tarde, Trotski fora golpeado na cabeça com um furador de gelo. Antes de perder consciência na ambulância que o levava para o hospital, ele sussurrara: "Estou certo da vitória (...). Sigam em frente."[13] Condenado à morte por um "tribunal da traição" em Moscou,

Trotski morreu no dia seguinte. Em 27 de agosto, seu corpo desapareceu nas chamas de um crematório. Lá fora, Capa fotografava sua viúva, que havia desmaiado e era carregada para um carro próximo.

Em 10 de outubro de 1940, Capa voltou para os Estados Unidos via Laredo, Texas, tendo recebido visto de residente. A temporada eleitoral chegava ao auge, e ele chegou de volta a Nova York a tempo de cobrir vários discursos dos candidatos, Wendell Wilkie e o presidente Franklin D. Roosevelt. Pressionado pelos isolacionistas, Roosevelt teve de se empenhar duramente numa campanha escorada na promessa de manter os Estados Unidos fora da guerra.* Quando o país foi às urnas, Capa passava dez dias em Sun Valley, Idaho, cobrindo o casal literário mais intrigante do país: Hemingway e Martha Gellhorn. Durante vários dias, Capa fotografou "o grande americano trabalhando e se divertindo" com Gellhorn: abatendo faisões, caçando e dançando juntos em Trail Creek Cabin, a cerca de 3 quilômetros do rancho de Hemingway.[14]

Hemingway estava no auge do sucesso. Seu romance sobre a Guerra Civil Espanhola, *Por quem os sinos dobram*, alcançava vendas fenomenais de 50 mil exemplares por semana, e os direitos para o cinema tinham sido comprados pela Paramount pelo valor recorde de 100 mil dólares: logo a *Life* publicaria uma reportagem especial usando muitas das fotos espanholas de Capa para promover o filme.

Numa das fotos do "casal feliz" tiradas por Capa, Hemingway segura orgulhosamente um faisão que acabara de abater. "Ele traz no ombro", explicava a legenda, "uma sacola de caça de couro comprada para ele na Finlândia pela Srta. Gellhorn, quando ela cobria a guerra fino-russa." Para tirar outra foto de Hemingway em pose de macho, Capa enveredou por um pântano e capturou o escritor bebendo uísque no gargalo. A imagem não foi reproduzida na revista de Luce, um presbiteriano, mas numa rara foto tirada por um segundo fotógrafo presente no momento podemos ver Capa focando a sua câmera chafurdado até a cintura na lama gelada.

---

*Roosevelt obteve em 5 de novembro um inédito terceiro mandato.

Uma outra missão seria ainda mais agradável: fotografar Calumet City, Illinois, uma "cidade do pecado" para dezenas de milhares de operários das fábricas locais. A *Life* informava que a cidade não tinha "estação ferroviária, igreja protestante, sinais de trânsito nem um sistema telefônico central, mas contava 308 boates e sete policiais. A proporção de um bar para cada grupo de 46 pessoas é a mais elevada dos EUA".[15] Capa entrava pela noite para registrar *strippers* abrindo o zíper das saias e velhos casais bêbados se amparando nos botequins.

Foi mais ou menos nessa época, no trem para Chicago, que Capa puxou conversa com um porteiro negro de 28 anos, que disse que um dia adoraria ser fotógrafo. O porteiro chamava-se Gordon Parks e faria longa carreira em *Life*, vindo na década de 1970 a dirigir o clássico do cinema *Shaft*. "Bob Capa subiu a bordo", recordaria ele, "louco para dormir os seiscentos e tantos quilômetros de volta até Chicago, mas seria mantido bem desperto por minha metralha de perguntas (...) [Capa] disse 'Nos vemos na Europa algum dia' ao deixar o vagão exausto, várias horas depois."[16]

Capa estava pensando muito na Europa em 1941. Já conhecera bem os Estados Unidos, mas achava frustrante seu trabalho na *Life*. Sempre que dava com os olhos na primeira página do *New York Times*, suas reportagens ficavam parecendo triviais e irrelevantes. Também se havia indisposto com a direção da revista: em 1941, só uma fotógrafa — Margaret Bourke-White — não era tratada como "biscateiro", pouco acima dos tipógrafos, mas vários escalões abaixo daqueles que mandavam realmente, os publicitários.

Ao ser informado de que a mulher de Vincent Sheean, Dinah, estava procurando fotógrafos para um livro sobre a campanha alemã de bombardeio de Londres, ele agarrou a oportunidade de voltar à Europa. Mas ao chegar a Londres em julho descobriu que os bombardeios em massa tinham acabado. Sem desanimar, concentrou-se em mostrar a resistência de uma família operária, os Gibbs, em sua vida cotidiana. O livro de Sheean, *The Battle of Waterloo Road*, recebeu críticas medíocres ao ser publicado no fim de 1941. Capa dera o melhor de si, mas o tema a essa altura havia caducado. Como registro dos bombardeios, o livro ficava parecendo uma distante evocação dos acontecimentos reais. E fracassou sobretudo por não conter um único trecho ou foto remetendo a algum drama concreto.

Em outubro de 1941, Capa estava de volta a Nova York, louco para conseguir uma missão de maior fôlego cobrindo a guerra propriamente dita, e não as ruas desoladas onde os nazistas deixavam tantos danos e corações partidos, mas nada que merecesse uma manchete. Moscou era então ameaçada por quatro divisões Panzer, cada uma reunindo 5 mil tanques, e Capa solicitou visto de entrada na Rússia. Mas seu pedido foi negado.[17] Em 6 de dezembro de 1941, a história finalmente pôs fim à "guerra de mentirinha" de Capa, assim como ao isolamento dos Estados Unidos. Nessa manhã, os japoneses bombardearam Pearl Harbor. No Ano-Novo de 1942, Tio Sam finalmente estava em guerra com as potências do Eixo: Itália, Alemanha e Japão.

10
Se virando

"Ele se referia aos ingleses com afeição, como iguais; e contava piadas sobre seu jeito calmo de se virar."

MARTHA GELLHORN, *Till Death Do Us Part*

Certa manhã, no início de 1942, Capa acordou num estúdio sem mobília no último andar de um prédio de arenito pardo no número 60 da West Ninth Street, em Nova York. Dando uma olhada na correspondência, encontrou uma estimulante carta da revista *Collier's*: queriam que ele fosse para a Inglaterra e se preparasse para cobrir um desembarque dos Aliados na França ou no Norte da África. Melhor ainda, chegava um cheque de 1.500 dólares de adiantamento, ou pelo menos era o que ele alegaria mais tarde. Mas uma carta do Departamento de Justiça também dava conta de um desastre anunciado: ele passara a ser considerado possível inimigo estrangeiro. Poderia até ser detido. Na melhor das hipóteses, seria impedido de tirar fotos em público; caso simplesmente lançasse mão de uma Leica no Central Park, poderia ser preso.[1]

Em suas memórias, *Slightly Out of Focus*, publicadas em 1947, Capa também explica como pôde cobrir a Segunda Guerra Mundial como "possível inimigo estrangeiro", tendo sido o único fotógrafo que o conseguiu. Depois de pedir ao editor de *Collier's* que mexesse alguns pauzinhos, ele visitou a embaixada britânica em Washington. Capa levou para almoçar um funcionário que se mostrava simpático, e mandou vir dezenas de ostras e uma garrafa de Montrachet de 1921. O funcionário deu a entender que algo poderia ser feito para ajudá-lo.* Enquanto aguardava uma resposta da embaixada, Capa hospedou-se em Washington com Myron Davis, fotógrafo da *Life*, de 23 anos, e sua jovem mulher. Davis lembra-se de que Capa simplesmente ocupava o banheiro e "mergulhava na banheira durante uma hora ou duas, lendo seus livros". Certa manhã, Capa esqueceu de trancar a porta. Como se recusasse a sair da banheira, Davis apanhou sua Rolleiflex e começou a fotografá-lo nu. Capa não achou graça nenhuma. "Era o único jeito de tirá-lo da banheira", diz Davis, em cujas fotos Capa aparece lendo um romance de Simenon, com os olhos devidamente arregalados. Até hoje, ele está convencido de que aquele ritual matinal era necessário para "transformá-lo de Friedmann em Capa".

Finalmente, Capa recebeu uma carta da embaixada britânica que podia ser usada temporariamente como documento de viagem. Voltou a Nova York, fez as malas e se entregou a uma última noitada na cidade. Alegaria mais tarde que perdeu o adiantamento de *Collier's* no pôquer e precisou arranjar cinco dólares emprestados para tomar um táxi até o navio no Brooklyn. Julia esperou no táxi enquanto ele recolhia em diferentes pontos os documentos de autorização para deixar os Estados Unidos. Do navio, despediu-se, com um aceno, da mãe, banhada em lágrimas no cais. Desceu então para acomodar as bagagens e tomou um drinque para comemorar: finalmente era de novo um correspondente de guerra.

O navio de Capa fazia parte de um comboio, e a própria travessia do Atlântico prometia dar assunto para uma bela reportagem. Em 1942, a Batalha do Atlântico estava em fase crucial, sofrendo as companhias de frete perdas colossais, causadas pelos ataques dos submarinos. Entre Capa e a segurança em terra firme havia 4.800 quilômetros de mares cruéis,

---

*Capa pode efetivamente ter comprado sua entrada para a guerra com sedução, como alegaria mais tarde. Mas certas passagens de *Slightly Out of Focus* não merecem crédito, e algumas são completamente inventadas. Capa pretendia que suas memórias fossem filmadas e nunca disse que se tratava de um relato fidedigno de suas experiências entre 1942 e 1945. Ao ser publicado em 1947, *Slightly Out of Focus* trazia inclusive, nos textos de apresentação da sobrecapa, uma breve advertência do autor: "Por ser evidentemente tão difícil escrever a verdade, eu às vezes me permiti, a bem dela, ir um pouco além ou ficar um pouco de lado. Todos os fatos e pessoas incluídos neste livro são acidentais e têm alguma coisa a ver com a verdade."

infestados por mais de 140 submarinos inimigos. Não poderia haver momento mais perigoso para atravessar o Atlântico até a Grã-Bretanha.

No dia seguinte, Capa apresentou-se ao comodoro Magee, comandante do comboio. Magee servira na famosa Patrulha Dover durante a Grande Guerra e já estava na reserva havia oito anos ao decidir voltar à ativa em 1939. "Não fique pensando que vai encontrar algum furo para sua maldita câmera nesta viagem!", advertiu ele. "Nossa missão não é combater, mas correr e nos esquivar. Preferimos cem cargueiros a salvo no porto do que cem Victoria Crosses."*[2]

Vários dias depois de iniciada a travessia, um alarme soou. Um submarino inimigo fora detectado a 48 quilômetros. Capa lançou mão das câmeras e teve tempo de fotografar marinheiros saindo de uma casa de máquinas e correndo para suas posições. No convés, viu um contratorpedeiro projetando uma cortina protetora de fumaça; nuvens negras eram expelidas pelo navio à medida que passava pelo comboio. Logo ele estaria impedido de enxergar os oficiais a poucos metros de distância, muito menos alguma outra das vinte e tantas embarcações do comboio. Ao cair a noite, o mar foi sacudido pela explosão de cargas profundas. Horas de muita tensão se passaram até que contratorpedeiros britânicos muito bem-vindos viessem ao encontro do comboio, passando a escoltá-lo.

Capa chegou a Londres em meados de maio. Quentin Reynolds, o correspondente da *Collier's* incumbido de fazer as coberturas com ele, chegou uma semana depois. Extrovertido, esse beberrão de 90 quilos nascido no Brooklyn rapidamente fez amizade com Capa enquanto os dois percorriam os pubs de Londres. "O espírito londrino", escreveria Capa, "pouco depois dos bombardeios aéreos, mas antes ainda da total invasão americana da Inglaterra, era aberto e acolhedor."[3] Certa noite, eles conheceram o tenente Richard Llewellyn, autor de *Como era verde o meu vale*, livro de memórias sobre sua infância e adolescência numa comunidade de mineradores do País de Gales. O filme baseado em seu livro ganhara o Oscar de melhor filme em 1941. "E o seu vale era verde mesmo?",

---

*Condecoração militar britânica. [*N. do T.*]

perguntou-lhe Reynolds. "Vá tirar a limpo por si mesmo", respondeu o autor. "Veja se eu exagerei nas tintas. Veja como vivem esses homens e mulheres — os trabalhadores do carvão — uma gente mobilizada numa das mais vitais indústrias de guerra."[4]

Capa e Reynolds aceitaram o conselho de Llewellyn. No início de junho, tomaram um trem para o País de Gales e seguiram de carro para a aldeia de Gilfach Goch, numa região conhecida como "Vale Perdido", entre Cardiff e os faróis de Brecon Beacons.[5] As ruas e colinas eram cobertas por uma fina camada de ferrugem, que também envenenava a relva. A Grande Depressão dos anos 1930 ainda rondava. Muitas lojas estavam fechadas, e a maioria das famílias lutava para botar comida na mesa. Capa fotografou crianças correndo por uma ladeira vazia e tendo por trás as varandas penduradas das cabanas dos mineiros, abrindo para um horizonte cinzento — visão que pouco mudou hoje em dia. Uma de suas fotos, mostrando um mineiro de volta à superfície depois de um longo dia de trabalho, foi considerada uma das melhores de 1942 pela revista *US Camera*. Em outras imagens, viam-se homens saindo de um poço, apertando os olhos ao sol forte no dia do pagamento, com os dentes reluzindo, brancos, no contraste com os rostos escurecidos.

A missão seguinte de Capa foi fotografar técnicas pioneiras de cirurgia plástica, um ramo da medicina que se desenvolvia rapidamente, em virtude dos ferimentos de guerra. Num dia quente de julho, numa sala de cirurgia londrina, Capa acompanhou o Dr. Thomas Pomfret Kilner enquanto se preparava para operar um jovem polonês. No outono de 1939, seu rosto tinha sido esmagado pela coronha de um fuzil alemão, o que destruíra seu nariz, e a missão de Capa consistia em fotografar Kilner durante a reconstrução. Com o estômago embrulhado, ele viu Kilner lançar mão do bisturi, abrir o nariz e começar a remover pedaços de cartilagem e osso esmagado. Sob o efeito do gás e do éter, o polonês dormia como um bebê. Nem um único músculo do rosto se movia. Até que um dos assistentes de Kilner cutucou Reynolds, deu uma risada e apontou para Capa, "cujo rosto, habitualmente corado, estava cinza pálido". Reynolds e Kilner conduziram Capa até uma antessala. Capa murmurou: "Vou apagar."

Kilner mandou buscar um copo de *brandy*. Na época, era muito difícil conseguir *brandy* de boa qualidade em Londres, recordaria Reynolds, e parecia ridículo desperdiçá-lo com "um sujeito inconsciente", de modo que ele mesmo tratou de bebê-lo. Quando Capa voltou a si, Reynolds disse-lhe que o havia feito engolir uma boa talagada de conhaque da melhor qualidade, para reanimá-lo. "Devia ser muito bom!", respondeu Capa. "Nem senti descer."[6]

Foi mais ou menos nessa época que Capa conheceu certa tarde, na câmara escura da *Life*, em Dean Street, Soho, o atirado sargento Slim Aarons, fotógrafo da revista *Yank*. Ele acabara de fotografar Winston Churchill em Downing Street, o endereço oficial do primeiro-ministro britânico. Ele se lembra de que Churchill "estava bêbado, completamente bêbado", e ele tratara de cumprir seu dever, capturando o grande líder britânico bem longe de sua melhor forma. "Foi um grande furo. Mas, quando cheguei ao laboratório da *Life*, eles revelaram, e a foto foi inutilizada. Que é que eu podia fazer? Eu não podia matar ninguém. Capa estava presente, e disse: 'Ora, vamos, vou ajudá-lo a se sentir melhor.' Levou-me então para um clube em Mayfair. Em questão de cinco minutos, ele estava cercado de sete garotas. Nos divertimos muito, e naquela noite percorremos a cidade toda. Onde quer que fôssemos, Capa conhecia alguém."

Numa festa no verão anterior, Capa conhecera vários outros correspondentes estrangeiros em Londres, entre eles Mary Welsh, da *Life*, uma loura mignon que pouco depois começaria um caso com Ernest Hemingway. No outono de 1942, Capa restabeleceu laços com Welsh e outros, frequentando festas dadas pela americana Pamela Churchill, da sociedade londrina. Ruiva, voluptuosa e sexualmente onívora, Pamela estava casada na época com Randolph Churchill, o filho único do primeiro-ministro. Quando ele se ausentava, Pamela se divertia a não poder mais, dando festas de arromba e se deitando com generais, fossem americanos ou britânicos, e o famoso radialista americano Edward R. Murrow. Também encontrava tempo para beber e se divertir com Capa num bar do Soho chamado White Tower. Várias décadas depois, ela ainda acharia graça da lembrança do Capa que havia conhecido na Londres da época da guerra. Achava que ele tinha mudado de nome para evitar manifestações de antissemitismo e porque levava pessoas importantes a confundi-lo com o diretor Frank Capra.

Quando não estava de conversa com garotas da sociedade londrina ou bebendo com a nora de Churchill, Capa passava a noite com prostitutas que frequentavam as sombras ao redor do Shepherd's Market, a poucos passos do Dorchester Hotel. Certa vez, recorda-se Pamela Churchill, Capa foi delicadamente convidado a se retirar porque o gerente estava "farto do constante desfile de jovens" por ele levadas para o seu quarto.[7] Tal como Bara, sua versão fictícia concebida por Martha Gellhorn, ele "andava com prostitutas porque gostava delas (...) elas tinham o mesmo desapego que ele."[8]

No início de agosto, várias semanas depois de chegar à Grã-Bretanha, Capa ainda não recebera credenciais para cobrir operações militares fora do país. Impedido de deixar a Grã-Bretanha, ele acabou perdendo aquela que poderia ter sido sua primeira grande reportagem na guerra — a tentativa dos Aliados de lançar uma cabeça de ponte na Europa Ocidental. A 19 de agosto, Reynolds apresentou-se sem Capa para um desembarque anfíbio no porto francês de Dieppe, no canal da Mancha. A operação rapidamente se transformou num sangrento desastre. Seis mil homens, em sua maioria canadenses, desembarcaram debaixo de uma feroz fuzilaria dos alemães. Em poucas horas, mais da metade havia sido morta, ferida ou feita prisioneira.

No dia 8 de setembro de 1942, os altos-comandos de Washington e Londres decidiram dar início a bombardeios americanos diurnos das cidades alemãs, coordenados com maciços ataques noturnos da RAF. Enquanto Reynolds escrevia relatos censurados sobre Dieppe, Capa visitava uma base aérea americana em Chelveston, nas imediações de Londres. A base já abrigava as tripulações de 48 Fortalezas Voadoras, os famosos bombardeiros B-17, equipados com pares de metralhadoras Browning de 0,5 polegada montadas em torres motorizadas, que permitiam às formações cerradas expelir quantidades inéditas de fogo antiaéreo. Um armamento dessa ferocidade era vital: no outono de 1942, os B-17 precisavam de toda proteção possível e imaginável diante das ondas de Messerschmitts Bf-109 que vinham saudá-los a cada missão sobre o Terceiro Reich.

Mas a sorte de Capa ainda não tinha virado. As tripulações foram mantidas em terra durante vários dias por causa do mau tempo. Enquanto esperava para entrar em ação, ele praticou vários novos tipos de pôquer, "a forma viril de autodestruição". "Minha ajuda de custo estava indo embora rapidamente", recordaria ele. "A jogatina durava até as primeiras horas da manhã."[9] Finalmente, depois de muitas mãos de "*spit-in-the-ocean*" e "*red dog*", ele compareceu a uma tensa sessão de informações às 5h30 da manhã. Um jovem coronel levantou-se e apontou para um grande mapa na parede. "Os senhores naturalmente já ouviram falar deste alvo", foi dizendo. "Trata-se de St. Nazaire. A RAF já o bombardeou muitas vezes, mas hoje ele é mais importante que nunca, pois é de St. Nazaire que os submarinos nazistas partem para atacar os comboios."[10]

As tripulações retornaram para os refeitórios, à espera da convocação final. De repente, o ambiente foi tomado de agitação. Ouvia-se o querido comediante americano Bob Hope contando piadas. Por alguns momentos, a missão foi esquecida, enquanto os aviadores americanos se juntavam em torno de um pequeno aparelho de rádio. Até que veio o anúncio há tanto esperado: "Aos aviões." Enquanto as tripulações se precipitavam, Capa correu para uma torre de controle, de onde fotografou as Fortalezas carregadas de bombas ganhando o espaço. Ele contou 24 aviões levantando voo. Seis horas depois, só 17 retornariam. Um deles teve de aterrissar acidentadamente: o equipamento de aterrissagem tinha sido arrancado pelos tiros durante o ataque, tendo vários membros da tripulação morrido ou ficado feridos.

Capa saiu correndo em direção ao avião no momento em que ele estava para se deter na pista. E viu quando o convés se abria. Um jovem soldado mutilado rapidamente foi confiado à equipe médica que aguardava. Seguiram-se dois cadáveres. O último homem a deixar a Fortaleza danificada foi o piloto, com um corte sangrando na testa. Instintivamente, Capa aproximou-se para tirar uma foto. Traumatizado, o piloto partiu furioso para cima dele. Então era por isso que ele estava esperando? Imagens de seus companheiros mortos e ensanguentados?

Capa escreveu em *Slightly Out of Focus* que guardou a câmera, deixou o campo de pouso sem dizer mais uma palavra e no trem de volta a Londres jurou que não mais seria um "coveiro". Se tivesse de comparecer a enterros, também teria de participar da "procissão". A partir de então, teria de se juntar a esses homens em missões possivelmente fatais. Os combatentes só tolerariam sua presença se vivenciasse a guerra junto com eles. Capa acrescentava que o rolo de filme no qual estavam registrados os pilotos mortos e feridos serviria para "mostrar às pessoas o lado real da guerra". Mas suas fotos dos aviadores feridos eram sanguinolentas demais para qualquer revista.

Mas não era o fim da malfadada história de Capa. Segundo contaria mais tarde a um entrevistador radiofônico, suas fotos tinham "de alguma maneira passado pelos censores sem qualquer censura. [*Illustrated*] queria botar na capa um aviador no nariz de um bombardeiro. Infelizmente, havia uma manchinha negra, que se revelou ser uma mira de bombardeio secreta".

A "manchinha negra" era o *top-secret* visor de bombardeio Norden, tão preciso, segundo se dizia, que permitia aos artilheiros "lançar uma bomba num barril de salmoura".[11] Quando a foto chegou ao conhecimento dos censores, a *Illustrated* já imprimira 400 mil exemplares. Len Spooner, o editor, foi obrigado a substituir a imagem da capa à última hora, a um grande custo.[12] Felizmente, não guardou ressentimento, e se tornaria nos anos subsequentes um bom amigo de Capa. Admirava-o muito como fotojornalista, e logo viria a estampar o talento de Capa, abrindo-lhe generosamente as páginas da revista. No início de 1943, quando Capa finalmente recebeu suas credenciais para cobrir a guerra no Norte da África, Spooner rapidamente concordou em avaliar quaisquer reportagens que ele pudesse mandar.

Antes de partir para a África, Capa jantou com Vincent Sheean e sua mulher Dinah, acompanhando-os numa visita à irmã de Dinah, Blossom, que morava perto de Reading. Blossom era casada com um bem-sucedido fabricante de aviões, Frederick Miles. Capa gostou do jeito inteligente e despretensioso dos Miles e decidiu voltar a visitá-los num fim de semana. Para seu deleite, foi apresentado dessa vez a uma outra hóspede: uma loura arruivada chamada Elaine Justin.[13]

Elaine tinha um senso de humor contagiante e uma esplêndida estampa; aos 25 anos, estava em busca de um romance. Seu casamento com John Justin, um bem-apessoado piloto da RAF, tinha acabado, ou pelo menos é o que ela diria mais tarde. Impressionado com sua linda cabeleira, Capa logo a estaria chamando de "Pinky" e derramando charme. Em dado momento do fim de semana, ele foi despertado de uma soneca com "Pinky" de pé ao lado de um gramofone, na sala de estar, trajando um vestido negro justo. Dançando rumba com ele e bebendo champanhe, ela rapidamente sucumbiu aos seus encantos; mais tarde, diria que se apaixonou por ele naquele fim de semana. Até o fim da guerra, sempre que voltava a Londres, ela esperava por ele, muitas vezes com uma garrafa gelada de champanhe e as chaves de um apartamento londrino onde faziam amor intensamente.

Uma noite da primavera de 1943, usando um uniforme de correspondente especialmente concebido, Capa tomou uma última garrafa de champanhe e se despediu da chorosa Pinky com um beijo na estação de Euston. Pinky cantou alguns versos de sua canção favorita, *J'Attendrai*, e Capa embarcou no trem das 19h30 para Glasgow, onde o esperava um navio de tropas com destino ao Norte da África. Finalmente ele estaria de volta à linha de frente.

11
O deserto

"Existem apenas quatro coisas essenciais: roupas, comida, cigarros e a quantidade de segurança que se conseguir providenciar (...). Nada de cartas, obrigações nem preocupações — que mais poderia querer um homem?"

ERNIE PYLE, Norte da África, 1943[1]

A divisão escocesa a bordo do navio de tropas em que Capa viajava sabia que a guerra na África entrava numa etapa decisiva. Mobilizados como reforço, eles substituiriam na linha de frente homens que combatiam nas infernais temperaturas do deserto mês após mês. Comentava-se que seria iminente uma grande ofensiva.

Quando a embarcação ancorou em Argel, os escoceses já se tinham acostumado ao exótico húngaro que os acompanhava, usando seu uniforme de encomenda e mastigando o inglês com um sotaque pesado como o de qualquer soldado raso dos Gorbals. De sua parte, Capa já se resignara a enfrentar, ao desembarcar, mais rotinas burocráticas impostas pelos funcionários de relações-públicas. Provavelmente haveriam de se passar semanas até que ele fosse autorizado a registrar a guerra, que já se arrastava havia três anos e meio.

Surpreendeu-o, contudo, constatar que ninguém se preocupava em examinar seus documentos, questionar seu sotaque ou separá-lo de suas câmeras — muito pelo contrário. Um encarregado das relações-públicas encaminhou-o rispidamente para um jipe e foi logo dizendo que era melhor se apressar se quisesse chegar a tempo para a guerra, a centenas de quilômetros de distância, no interior montanhoso da Tunísia.

No dia e na noite seguintes, ele percorreu terras que lhe lembravam fortemente o interior árido da Espanha, embora as temperaturas fossem muito mais altas que as que havia suportado até mesmo na China: longe do litoral, elas podiam chegar a mais de 60 graus à sombra. Enquanto seu jipe se sacudia por rodovias tomadas por tanques, ele se bronzeava ao sol, admirando as colinas irregulares cobertas de árvores cítricas e vales verdejantes.

Capa finalmente chegou à cidade tunisiana de Gafsa, sendo alojado numa escola árabe abandonada. Nessa noite, sonhou que seria o único fotógrafo a registrar a captura do marechal de campo Irwin Rommel. Mas, ao acordar, mal conseguia abrir os olhos: sua testa estava coberta de mordidas de insetos. Mais tarde nessa manhã, ele recebeu as informações necessárias sobre a guerra na África, num acampamento improvisado para a imprensa em Gafsa.

Em novembro de 1942, enquanto ele vagabundeava por Londres, tropas britânicas, francesas e americanas tinham desembarcado no Norte da África, rapidamente garantindo a primeira grande vitória dos Aliados contra Hitler. Agora, a guerra no deserto estava em sua etapa final. A 2ª Unidade do general americano George Patton oferecia combate aos italianos e alemães, avançando a partir do oeste, enquanto Montgomery perseguia Rommel pelo sul da Tunísia.*

Entre os colegas correspondentes de Capa estava o notável americano Ernie Pyle, um magricela baixinho muito estimado por suas reportagens simples mas elegantes sobre a labuta e os horrores do cotidiano dos soldados na guerra. Por manso que parecesse, Pyle não media palavras ao escrever. Uma de suas primeiras reportagens na África fora uma feroz condenação da recusa dos Estados Unidos de afastar funcionários colaboracionistas na

---

*A maré também se voltava contra o Eixo na frente oriental. Em 31 de janeiro de 1943, em Stalingrado, o Exército Vermelho do general Chuikov forçara o marechal de campo von Paulus a se render com o que restava do VI Exército de Hitler, depois de um cerco terrível que custou à Wehrmacht 300 mil homens, pondo fim ao avanço de Hitler na direção leste.

África francesa de Vichy. "Deixamos em seus cargos a maioria dos pequenos funcionários lá instalados pelos alemães antes que chegássemos", escreveu ele. "Estamos permitindo que sociedades fascistas continuem a existir."²

No fim de março de 1943, Capa deslocou-se para a cidade tunisiana de El Guetar. Várias semanas antes, o Eixo havia contra-atacado, forçando as tropas americanas a recuar por um desfiladeiro na montanha chamado Passagem de Kasserine, na fronteira da Tunísia com a Argélia. A essa altura, a 2ª Unidade de Patton estava imobilizada perto de El Guetar, enfrentando uma resistência inesperadamente acirrada da infantaria italiana. A caminho, Capa disse ao motorista que parasse o jipe e foi se aliviar perto de um cacto. Horrorizado, deparou com uma tabuleta de madeira com o aviso: *"Achtung! Minen!"*³ — acabara de entrar num campo minado alemão. Disse então ao motorista que fosse buscar ajuda. Algumas horas depois, chegava uma equipe de desmontagem de minas, acompanhada de um fotógrafo da *Life*, Eliot Elisofon, que tirou várias fotos de Capa imobilizado.

O incidente provocou muita risada no acampamento da imprensa, porém mais tarde, naquela noite, segundo escreveria Capa, a graça transformou-se em terror: os alemães bombardearam o acampamento. Várias tendas foram dizimadas e todo o corpo jornalístico foi violentamente sacudido, à parte Capa, que alegaria ter dormido durante todo o ataque. Na manhã seguinte, ele foi informado de que a situação em El Guetar ficava cada vez mais precária. Os americanos vacilavam de tal maneira que o general Eisenhower ordenou ao general de exército Omar Bradley, seu colega em West Point, que acorresse à cidade para elevar o moral dos americanos.

Ao chegar, Capa deu com os americanos enfiados numa cadeia de montanhas dominando um estreito de importância estratégica. Certa manhã, ele se juntou aos pracinhas cozinhando suas rações em trincheiras da linha de frente. Em dado momento, com a cara enfiada numa lata de feijão, uma bomba passou assobiando por cima, e ele mergulhou para se proteger, derramando feijões e carne pelo uniforme de corte impecável. Enquanto os americanos enfrentavam cinquenta tanques e dois regimentos da infantaria alemã, ele observava de uma vala na linha de frente. Horas depois, naquela tarde, três generais americanos chegaram para "uma visita solene para animar a turma": o próprio Patton, o general de divisão texano Terry Allen e Teddy Roosevelt, que comandava a 1ª Divisão. "Após cada golpe contra um tanque alemão", escreveria Capa, "Patton exultava de prazer debaixo de seu capacete de três estrelas."[4]

Durante três dias, Capa fotografou a batalha de El Guetar, mal conseguindo dormir e suportando constantes bombardeios. "Todas [as fotos de Capa] são imagens da linha de frente", anunciava a *Collier's* em 19 de junho de 1943. "Muitas foram tiradas correndo considerável risco; num dos três dias, o Sr. Capa teve de se abrigar 13 vezes para se proteger dos bombardeiros de mergulho alemães, passando várias horas agachado com suas câmeras em fendas e trincheiras."[5]

"Peguei muita sujeira nas minhas lentes nesse dia", contaria Capa à *Collier's*, "e fiquei com o estômago apertado de medo."[6]

Toda noite, depois de cobrir a batalha, Capa derrubava garrafas de vinho argelino com os colegas correspondentes. Quando eles começavam a se vangloriar de suas esplêndidas namoradas e mulheres nos Estados Unidos, Capa falava de Pinky, mas, quando se referia à cor dos seus cabelos, os colegas riam, descrentes. "Eles diziam que não existiam mulheres cor-de-rosa", recordaria ele, "e que eu devia ter a honestidade de mentir honrosamente sobre louras, morenas e ruivas, como qualquer um. E eu não tinha fotos para provar o que dizia."[7]

A batalha de El Guetar se arrastou por mais três semanas. Segundo a *Collier's*, as tropas italianas fugiam com tanta rapidez que os pracinhas americanos encontravam pelo caminho pratos de espaguete e almôndegas, ainda quentes, nas mesas usadas pelos oficiais. Enquanto os Aliados acabavam com o que restava do Afrika Korps e do exército italiano, empurrando-os para os portos mediterrâneos de Túnis e Bizerta, Capa decidiu juntar-se ao 301º Grupo de Bombardeiros, com o qual aprendera a jogar *red-dog poker* na Inglaterra.

O 301º estava a essa altura baseado em Constantine, no norte da Argélia. No início de maio, Capa estava novamente jogando pôquer e perdendo feio durante vários dias, enquanto as tripulações eram mantidas em terra pelo mau tempo. Finalmente, ele se juntou à tripulação do tenente Jay, que vencera espetacularmente numa longa partida de pôquer na noite anterior; ele raciocinou que Jay, desejando preservar seus ganhos, trataria de trazê-lo de volta em segurança, num bombardeiro B-17 apelidado de "Valentão".*

Durante vários dias, Capa acompanhou a tripulação do Valentão em ataques aéreos sobre o porto de Bizerta, ainda em poder dos alemães. O oxigênio bombeado pela máscara que portava curava suas ressacas, e a temperatura fria a 20 mil pés de altura não podia ser mais agradável, depois do calor fatigante em terra. Em várias oportunidades, segundo alegaria Capa, o Valentão foi atacado por canhões antiaéreos. De outra feita, os caças alemães, pontinhos prateados mergulhando no infinito céu azul, se aproximaram cuspindo balas de metralhadora na fuselagem do Valentão. O avião perdeu tanta altitude numa das outras investidas que ele conseguiu fotografar sua sombra ondulante no Mediterrâneo 30 metros abaixo.

Quando o Valentão aterrissou de volta em Constantine depois de uma das missões, Capa ficou sabendo que o I Exército britânico tinha liberado Túnis em 7 de maio e que os americanos acabavam de tomar Bizerta. A mais ambiciosa operação militar da história das guerras, abrangendo desde o Nilo ao Atlântico, através de milhares de quilômetros de um deserto inóspito, era concluída em tumultuosa vitória.**

Capa e vários outros correspondentes comemoraram farreando a noite inteira em Túnis; a bebida era oferta de um depósito capturado num dos ataques. Cada nova vitória dos Aliados era invariavelmente seguida de

---

*Acompanhar a tripulação de um bombardeiro era arriscado, pois os aviadores americanos é que sofriam as mais pesadas baixas dos Aliados durante a guerra. De acordo com certas estimativas, não chegava a um quarto a proporção dos que sobreviviam ao número necessário de missões efetuadas para voltar para casa, geralmente entre trinta e 35 bombardeios.
**Os alemães e os italianos tinham perdido 349.206 homens, entre mortos e prisioneiros. O sonho de um novo Império Romano alimentado pelo Duce acabava em fragorosa derrota nos mesmos desertos onde Cipião o Africano derrotara os cartagineses de Aníbal, em Zema. Os americanos, depois de um início hesitante, haviam provado seu valor. Os britânicos, depois de enfrentarem Rommel por três anos na França e no Norte da África, comemoravam merecidamente, e Montgomery se transformava em herói nacional.

ressacas homéricas da classe jornalística, que, ao contrário das tropas, podia cair de quatro de tanto beber sempre que surgia a oportunidade.

Sabendo que talvez não tivesse chance de relaxar de novo por vários meses, Capa conseguiu uma licença de quatro meses no consulado britânico em Argel, permitindo-lhe retornar à Inglaterra. Chegou a Londres no início de junho de 1943 e se hospedou no Savoy, que seria seu hotel favorito na cidade até o fim da vida. Certa noite, foi beber com o correspondente do *Chicago Tribune* no bar do hotel, superlotado. Sem que ele soubesse, John Steinbeck, o autor de *As vinhas da ira* (1939), estava bem ao lado. Acabara de chegar a Londres como correspondente do *New York Herald Tribune*.[8]

"Capa, você não tem integridade alguma!", resmungou o colega do *Chicago Tribune*. O comentário intrigou Steinbeck. "Fiquei fascinado com o fato de alguém ter caído tão baixo que um jornalista do *Chicago Tribune* pudesse dizer semelhante coisa. Fui investigar Capa e descobri que era absolutamente verdade."*

A revista *Life* dispunha agora de uma sucursal ampliada em Dean Street, e, quando não estava no pub ao lado, o Bath House, Capa ficava flertando com as mulheres da equipe. Uma das correspondentes, Mary Welsh, estava presente uma tarde, quando ele fez uma de suas visitas, já meio *mamado*: "Quase dava para ouvir o batimento cardíaco das mulheres na sucursal."[9] Trabalhar para *Life* tinha suas vantagens: secretárias atraentes que não se importavam de levar beliscões no traseiro, polpudas ajudas de custo e tratamento preferencial por parte da cada vez mais onipresente Organização de Relações-Públicas dos Aliados, que a essa altura contava centenas de funcionários, com ordens estritas de garantir uma cobertura da guerra que elevasse o moral da população. E, para os que quisessem variar um pouco da Londres em guerra, a revista oferecia um retiro de fim de semana, que logo ficaria conhecido como "Time Out", numa propriedade campestre perto de High Wycombe, em Buckinghamshire.

Muitas vezes era difícil conseguir leito em "Time Out". Mary Welsh recordaria um fim de semana em que a propriedade estava tão cheia que

---

*Steinbeck nunca explicaria por que considerava que Capa não tinha integridade, mas a anedota era boa.

ela acabou dividindo a cama com Capa e Pinky, "uma lourinha meio ruiva, bonita, muito doce (...) de quem todo mundo gostava e que frequentemente passava o fim de semana em Time Out". Embora ficassem no melhor quarto, os três passaram uma noite terrível, "a pequenina Pinky à direita, Capa respirando suavemente, mas furioso, no meio, [Welsh] espremida do lado esquerdo até ficar com o lado direito atrofiado".[10]

As férias de Capa terminaram no início de julho com um telegrama da *Collier's*: "LAMENTAMOS TER DE CONVOCÁ-LO A NOVA YORK".[11] Para seu horror, ele era informado de que seu contrato terminaria em 19 de julho. Dispunha, assim, de 15 dias para encontrar outro patrão ou deixar a guerra, mas imediatamente entrou em contato com o escritório da *Life* em Nova York, pedindo que fosse contratado novamente.[12] No início de julho, ele tomou um avião para o Norte da África, na esperança de que a *Life* lhe conseguisse uma credencial. A essa altura apaixonado por Pinky — levava uma foto sua na carteira —, Capa contemplava um futuro incerto no barulhento avião voando em direção a Argel.

Em Argel, ficou sabendo que os Aliados estavam para invadir a Sicília, prenúncio de um ataque mais amplo ao território continental italiano. Ali estava sua chance de conseguir algo exclusivo. Se desse um jeito de se juntar às primeiras tropas americanas a desembarcar em solo italiano, a *Life* provavelmente lhe ofereceria outro contrato. Finalmente, sua sorte começou a mudar: no acampamento de imprensa em Argel, ele conheceu um fotógrafo que deveria saltar com a 82ª Divisão Aerotransportada na região a leste de Ponte Olivo. O fotógrafo estava às voltas com uma terrível "diarreia de ração", e, quando Capa se ofereceu para tomar o seu lugar, ele prontamente aceitou.[13]

Capa correu a um campo de pouso improvisado perto de Kairouan, no deserto tunisiano, onde conseguiu localizar um contato de Londres, um funcionário de relações-públicas que o apresentou ao general de exército Matthew Ridgway, comandante da 82ª Divisão Aerotransportada. Ridgway conhecia o trabalho de Capa e admirava sua audácia. Sem saber que suas credenciais estavam para vencer, ele concordou com que o atrevido húngaro se juntasse à 82ª Divisão na invasão da Sicília.[14]

No fim das contas, contudo, Capa não participou da primeira leva de tropas a desembarcar na Sicília, e só depois de terem os americanos estabelecido uma cabeça de ponte é que ele se viu ao lado de 18 jovens paraquedistas num avião sacolejante. Ele não conseguira acompanhar os invasores, mas foi autorizado a fotografar o lançamento de reforços por trás das linhas inimigas. Na travessia do Mediterrâneo, vários homens vomitaram, com os nervos abalados ou o estômago revirado. Ele fotografou aqueles rostos de expressão sombria e decidida. "Eu não queria ter o seu emprego por nada neste mundo", disse-lhe um deles. "Perigoso demais."[15] Capa não fizera qualquer treinamento para saltar de paraquedas e por isso foi impedido de fazê-lo. Depois que o sinal de salto mudou de verde para vermelho, Capa sentiu-se terrivelmente só, decidido a fazer com que, da próxima vez, também pudesse saltar para a escuridão em território inimigo.

"A partir dali", recordaria o general James M. Gavin, da 82ª Divisão, "[Capa] ficaria resmungando em *capanês* sobre seu desejo de saltar. Finalmente conseguimos tratar do assunto na Inglaterra, quando ele deu os cinco saltos de treinamento de praxe. Aí ele passou a nos perseguir para dar um salto de combate. Como não podíamos prever a data exata de nosso próximo salto de combate, ele tinha de esperar, exatamente como nós. O que não lhe agradou. Vagabundeando em Leicestershire ou frequentando as casas de *strippers* do Soho, ele compreensivelmente mostrava uma certa preferência por estas (...). Era uma boa companhia. Sua conversa não se limitava a determinado tema nem à fotografia. Ele tivera muita experiência de combate e sabia mais que muitos supostos especialistas avaliar tropas de combate e táticas de luta."[16]

Capa ainda não tivera notícias da *Life* ao se aproximar o fim do prazo em julho. No dia 19, como se poderia esperar, a *Collier's* enviou ordens de que deixasse a linha de frente, voltando imediatamente a Nova York. Na maior aposta de sua carreira, ele ignorou as ordens. Se conseguisse manter-se sempre um passo à frente dos funcionários de relações-públicas do exército, ele tinha chances de permanecer na guerra — caso a *Life* decidisse contratá-lo antes que a *Collier's* alertasse o escritório de relações-públicas em Argel. Tendo embarcado num navio de suprimentos rumando para a Sicília, Capa desembarcou no pequeno porto de Licata e entrou em contato com a 1ª Divisão americana, que combatia na ilha. Muitos dos oficiais graduados o haviam encontrado na África e não tinham motivos para supor que ele fosse o único correspondente americano atuando na linha de frente sem credenciais — delito passível de corte marcial.

Da cobertura da 1ª Divisão então feita por Capa sairiam as imagens definitivas da conquista americana da Sicília: foram 21 dias de perseguição, com o inimigo, observaria Capa, sempre alguns quilômetros à frente. Numa rodovia isolada, ele fotografou o general de divisão Theodore Roosevelt, da 1ª Divisão, recostado numa bengala a sorrir ao lado de um andrajoso siciliano apontando na direção dos alemães em retirada. Em outra foto, vemos um exultante membro do corpo médico do VII Exército americano com as botas sendo engraxadas na recém-liberada Palermo, sob o olhar afetuoso de uma bela italiana.

A batalha que mais custou aos americanos na Sicília começou no início de agosto de 1943 nas cercanias da cidade de Troina, fortemente defendida no topo de uma colina. Os alemães haviam cavado tão fundo e formado um anel de defesa tão impenetrável que os Aliados tiveram de recorrer à artilharia e a bombardeios aéreos para desalojá-los. Certo dia, Capa acompanhou de uma trincheira enquanto as explosões alemãs subiam a colina em sua direção. Dias depois, voou num pequeno Piper Cub — um "jipe voador" — para fotografar a cidade devastada.

Em 6 de agosto de 1943, dia em que Troina foi tomada, Capa entrou na cidade com seu velho colega da Espanha, Herbert Matthews, ainda trabalhando para o *New York Times*. "Bob Capa, o melhor e mais corajoso dos fotógrafos de guerra", recordaria Matthews, "estava presente para me lembrar da Espanha." Eles acompanharam vários esquadrões de detecção de minas e encontraram "uma cidade mergulhada no horror, cheia de homens, mulheres e crianças histéricos chorando, que lá haviam permanecido durante dois terríveis dias de bombardeios, vendo seus entes queridos serem mortos ou feridos, suas casas, destruídas, e o que quer que restasse, saqueado implacavelmente pelos nazistas em fuga".[17]

No centro da cidade, Capa encontrou Roosevelt, que trazia boas notícias. Ouvira dizer que Capa agora estava trabalhando oficialmente para a *Life*.[18] Capa ficou exultante, e comemorou noite adentro. Estava de volta à guerra, trabalhando sob contrato para a principal revista dos Estados Unidos, com todo o acesso às unidades de qualquer linha de frente dos Aliados.[19]

Depois de se livrar de uma febre malárica, ele retornou a Argel. Só o estreito de Messina se interpunha, agora, entre os Aliados e a ponta do dedão da Itália. Circulavam pela cidade milhares de militares e centenas de correspondentes à espera da invasão do território continental do país.

No hotel reservado à imprensa, o Aletti, todos os quartos estavam tomados. Capa acabou encontrando espaço no piso do quarto 140, em meio ao mais ilustre grupo de correspondentes que jamais dormiu lado a lado: A. J. Liebling, do *New Yorker*, John Steinbeck e Jack Belden, da *Time and Life*, e o correspondente de *Scripps-Howard*, Ernie Pyle. Steinbeck referiu-se ao grupo como "um bando de desordeiros, galanteadores e alegres".[20] O quarto mais parecia "o cenário de uma peça de máximo Gorki", faltando apenas "água pingando das paredes para ficar perfeito, além dos gritos dos torturados em algum porão".[21] O papel de parede se tinha desprendido com as explosões das bombas. Não havia vidraças nem espelhos.

Passados dois dias, Capa recebeu ordens de se apresentar ao general Ridgway, da 82ª Divisão Aerotransportada, que aparentemente lhe disse que naquela noite jantaria em Roma. O plano consistia na ocupação da cidade por paraquedistas americanos. Capa ficou empolgado: seria o primeiro a conseguir fotos dos americanos vitoriosos liberando Roma, cidade dos ídolos de Patton — os grandes generais romanos. Seria um dos maiores furos jornalísticos da guerra. Enquanto seus colegas estivessem tirando fotos sem grande interesse, ele estaria hospedado no melhor hotel da Itália, "chamando o barman pelo nome".[22]

Alguns dias depois, contudo, Capa foi informado de que a invasão fora cancelada. Depois de um exame mais criterioso, o plano italiano para desarmar as defesas antiaéreas alemãs em Roma e entregar a cidade era irrealista. Capa ficou profundamente decepcionado. No fim das contas, não poderia liberar os melhores hotéis e bares da Cidade Eterna.

12
É uma guerra muito dura

"A guerra é como uma atriz que envelhece. Cada vez menos fotogênica e cada vez mais perigosa."

ROBERT CAPA, revista *Life*, 1944

Depois de cinco anos de ausência, Capa pôs os pés no continente europeu no pequeno porto de Paestum, em setembro de 1943, duas semanas depois das primeiras tropas americanas. Rumou então para o setor norte da cabeça de ponte americana, nas proximidades do estreito de Chiunzi, a última grande barreira geográfica antes de Nápoles. Não pudera participar da invasão propriamente dita, mas agora tinha a oportunidade de ser o primeiro fotógrafo a registrar a liberação da primeira grande cidade europeia.

Os homens com maior probabilidade de chegar à cidade antes dos demais eram os de um destemido esquadrão conhecido como o dos *rangers*. Capa foi encontrá-los debaixo de fogo pesado dos alemães bem entrincheirados na planície do Vesúvio. Acompanhado do elegante correspondente da *Life*, Will Lang, um americano alto de Chicago, com seu bigodinho fino, Capa chegou a uma fazenda transformada em posto de observação e conhecida como "Forte Schuster", do nome do médico à frente de sua emergência. Ao entrar, a primeira coisa que Capa viu foi uma grande mesa no centro da sala, usada para operações de emergência de feridos. Vários médicos preparavam soldados para a viagem através do estreito até o hospital militar de Maiori. Segundo Lang, os nervos dos soldados eram controlados com uísque. E logo eles ficariam sabendo por quê. Dia e noite, choviam bombas sobre a posição, cercada, nas palavras de Lang, de "enormes agulhas de rocha negra envoltas em névoa".

"É este o lugar bom para combater", disse Capa a Lang enquanto examinavam o local. "Me lembra a Espanha."[1]

Certa manhã, Capa viu o capitão O'Brien, de 21 anos, tentar localizar morteiros alemães próximos. O'Brien trazia reluzente no peito a condecoração militar da Estrela de Prata, e ao sair em campo aberto certamente os alemães abriram fogo, revelando suas posições; Capa usou suas lentes de maior alcance e conseguiu 36 fotos da ação militar. No dia seguinte, acompanhou as tropas americanas em missão de reconhecimento numa aldeia próxima sob suspeita de abrigar unidades da artilharia alemã. De repente, as unidades estavam debaixo de fogo. E o chão começou a tremer. Morteiros voavam em todas as direções. Capa ousava levantar a cabeça apenas alguns centímetros do chão para fotografar. Ele tinha duas opções: ficar apavorado deitado de costas ou de bruços. Finalmente, o bombardeio terminou e Capa se arrastou de volta para Forte Schuster.

Depois de vários dias de tensão, Capa acompanhou a 82ª Divisão em sua investida final sobre Nápoles. Pouco antes de entrar na cidade, em 1º de outubro, ele fotografou as tripulações dos tanques britânicos se banhando e barbeando à sombra de um prédio bombardeado, antes de rumarem para a Piazza de Torre Annunziata, onde, segundo a *Life*, os alemães tinham empreendido uma "feroz ação de retardamento".[2] "A entrada numa cidade tomada dá inicialmente uma sensação de euforia", disse Capa à *Illustrated*. "Mas logo o coração fica apertado de compaixão."[3] Ele via corpos caídos a cada rua e praça. Em sua retirada, os alemães tinham aterrorizado Nápoles durante cinco dias de uma orgia de saques e matança indiscriminada, em vingança pela rendição da Itália aos Aliados no dia 8 de setembro. Os hospitais tinham sido alvejados para destruir os estoques de alimentos. Esgotos e canalizações d'água tinham sido dinamitados.

No dia 2 de outubro, Capa sentiu, ao entrar numa escola, o que mais tarde descreveria como "o cheiro adocicado e enjoativo de flores e mortos". Diante dele havia vinte caixões, "insuficientemente cobertos de flores e pequenos demais para ocultar os pezinhos sujos das crianças — de idade suficiente para combater os alemães e serem mortas, mas um pouco crescidas demais para caber em caixões infantis". Vestidas de negro, as mães gritavam seu luto a poucos centímetros da lente. "Foram minhas mais autênticas fotos de vitória", escreveria ele, "aquelas que eu tirei no modesto funeral da escola."[4]

Nos dias que se seguiram à liberação, também se encontrava em Nápoles o diretor de cinema John Huston, que conhecera Capa antes da guerra, numa festa de Ano-Novo em Nova York. Preparava-se para rodar ali um documentário, *A batalha de San Pietro*, que seria afinal o mais belo retrato dos combates americanos na Segunda Guerra Mundial. Certa tarde, ele e Capa caminhavam por uma rua quando soou uma sirene de ataque aéreo. Eles se abrigaram na entrada de um prédio, para escapar aos estilhaços de bombas da artilharia antiaérea. De repente, viram um carro fúnebre — "uma grande carroça de ébano puxada por cavalos negros" — virando uma esquina. "As sirenes do ataque aéreo tocavam", escreveu Huston, "os canhões atiravam, e no momento em que o carro fúnebre passou por nós as portas traseiras se abriram e começaram a cair caixões. Os caixões se abriam ao dar no piso, e a rua ficou coberta de cadáveres, que se desenrolavam lentamente de suas posições. Era grotescamente divertido. Que poderíamos fazer, senão rir?"[5]

No dia 7 de outubro, Capa assistiu a "um dos maiores horrores da guerra", nas palavras da revista *Life*.[6] Nessa tarde, a sede dos correios em Nápoles, construída em 1933 pelos arquitetos fascistas de Mussolini, estava cheia de soldados aliados e civis italianos. De repente, uma mina de ação retardada, deixada pelos alemães ao se retirarem da cidade, explodiu no subsolo. "Ouviu-se um estrondo impressionante e subitamente os móveis estavam cobertos de estilhaços de vidraças", relatava Lang à *Life* naquela noite. "Estava escuro; enormes colunas de fumaça negra impediam a entrada de luz no ambiente. Da rua lá embaixo, uma mulher soltava gritos curtos e ansiosos. Um coro dissonante e descontrolado de dor atravessava a escuridão (...) Aqui e ali viam-se corpos desfigurados e membros espalhados pela rua e a calçada. Parecia irreal, e até o sangue era negro."[7] Numa de suas fotos, Capa capturou um italiano com o braço queimado estendido, o rosto e as roupas terrivelmente calcinados, pedindo ajuda.

Percorrendo os escombros, em meio a membros mutilados e corpos sem cabeça, Capa e Lang encontraram um soldado americano "tão enegrecido que só podia ser distinguido pelas perneiras". O soldado tropeçava, tonto, em direção a vários exaustos médicos da Cruz Vermelha, segurando a testa ensanguentada. "Esses filhos da puta", resmungava. "Esses malditos filhos da puta."[8]

"Bob sempre se comportou magnificamente", diz John Morris, editor de fotografia da sucursal londrina da *Life* entre 1943 e 1945. "Ele sabia preservar sua energia e seu filme." Após a terrível experiência de Nápoles, Capa juntou-se a Herbert Matthews em visita à ilha próxima de Capri. No dia 12 de outubro, a dupla entrevistou o grande filósofo antifascista Benedetto Croce. Ao atacar Salerno no início de setembro, os exércitos aliados tinham descoberto que Croce, de 77 anos, o "maior antifascista ainda vivo na Itália", fora detido pelos alemães. Um punhado de audaciosos paraquedistas britânicos saltou então por trás das linhas inimigas e o conduziu a local seguro em Capri. Croce disse a Matthews que a Itália tinha sido acometida da "doença do fascismo", mas agora dispunha de imunidade para caminhar entre as "nações infectadas". Ele temia, no entanto, que o nazismo pudesse ser "uma extensão natural e adequada do temperamento alemão".[9]

Capa ficou tão encantado com os charmes antigos de Capri que retornou à ilha uma semana depois para comemorar seu 30º aniversário, em 22 de outubro. Um colega da equipe de fotógrafos da *Life*, o inglês George Rodger, o acompanhou. Numa foto tirada nessa época, a dupla parece o próprio arquétipo dos fotógrafos audaciosos de guerra: o cabelo penteado para trás, os uniformes imaculados, as câmeras penduradas no pescoço, os cigarros entre os dedos. Capa ficara tão impressionado com a gravata de Rodger que também começou a usar uma. "Pelo que George me disse mais tarde", recorda-se Jinx, sua viúva, "ele nunca vira Bob tão relaxado e feliz quanto naqueles poucos dias [em Capri]."

No dia 21 de outubro, Rodger escreveu em seu diário: "Bob e eu fomos de barco de pesca para Capri à 1 hora da manhã e chegamos às 3h30 (...).

Conseguimos quartos no Morgano Hotel, onde o próprio Morgano fez questão de se certificar de que estávamos sendo bem atendidos." No dia seguinte, aniversário de Capa, os dois "passearam pela estranha cidadezinha e fizeram compras, e depois Bob e eu almoçamos com Graziella [uma atraente aristocrata italiana, e, segundo Jinx Rodger,[3] 'mais uma de suas conquistas'] em sua esplêndida *villa* do outro lado da ilha. O palacete é muito lindo, mais parecendo um cenário do que algo real."[10]

No dia seguinte, Rodger e Capa comeram num restaurante clandestino e "ficaram na preguiça o dia inteiro (...). É impossível fazer o que quer que seja, senão relaxar, pois é tal o clima de tranquilidade, e ninguém nunca fala da guerra". Logo Capa estaria chamando Rodger de "bode velho", referência bem-humorada ao cheiro do corpo do inglês, depois de semanas na linha de frente. "Veja bem, bode velho, hoje não importa e amanhã não importa", disse-lhe ele certo dia. "O que interessa é o fim do jogo e quantas fichas você ainda tem no bolso — se ainda estiver jogando."[11]

Em Capri, eles também trocaram queixas sobre a revista *Life*. "Foi quando começamos a falar de uma futura cooperativa", recordaria Rodger. "Não estávamos muito satisfeitos [com a *Life*] (...). O objetivo dessa confraria seria ficarmos livres de toda interferência editorial e trabalhar em reportagens nas quais quiséssemos realmente trabalhar, delegando a outros o trabalho chato."[12]

No último dia em Capri, Capa e Rodger "navegaram pela ilha numa escuna italiana que rebocava dois barcos a remo, que usamos para explorar as grutas". Numa delas, a água era "do azul elétrico de uma asa de borboleta". Nessa noite, Rodger anotou, sombrio, em seu diário: "Amanhã, voltaremos a Nápoles. Bob irá para a frente." Antes de se separarem, eles prometeram voltar a se encontrar um dia em Paris. Quem chegasse primeiro faria reserva de um quarto para o outro no Lancaster Hotel.

Em Nápoles, Capa encheu a sacola da câmera com novos rolos de filme e retornou, relutante, para a linha de frente. "A guerra é como uma atriz que envelhece", disse ele a *Life*. "Cada vez menos fotogênica e cada vez mais perigosa."[13] O avanço dos Aliados pela espinha dorsal da Itália tornara-se pesado e custoso, tão lento e fatal que Churchill e Eisenhower já temiam que a invasão do país — o "ponto vulnerável da Europa", na expressão de Churchill — tivesse sido um erro desastroso.

Durante duas semanas naquele outono, Capa galgou com o 504º Regimento americano as montanhas ao norte de Nápoles. O inverno se aproximava rapidamente, e, à medida que as temperaturas caíam, elevava-se a contagem dos corpos. Cada nova montanha se revelava mais bem-defendida que a anterior por tropas alemãs muito bem-treinadas e equipadas. As cenas por ele testemunhadas lhe lembravam histórias que havia ouvido sobre o desgaste da Primeira Guerra Mundial. O país se havia transformado numa gigantesca terra de ninguém montanhosa. As árvores viraram esqueletos calcinados. Quanto mais ele subia, mais mortos encontrava nas encostas. Jovens americanos jaziam dilacerados em campos e ravinas. "Seu sangue se mostrava seco e enferrujado", recordaria ele, "misturado às cores das folhas do fim do outono."[14]

As fotos de Capa expressavam melhor que quaisquer palavras a terrível verdade da campanha italiana. No início de 1944, *Life* publicou sua cobertura da ofensiva de inverno ao redor do Monte Pantano, com a seguinte manchete: "É uma guerra dura." "Ao lado das tropas do V Exército durante a batalha pelo vale de Liri (...) encontrava-se Robert Capa, fotógrafo de *Life*. Suas fotos, aqui reproduzidas, são sombrias e frias, mas dizem algo do que é a guerra na Itália." Entre as imagens captadas por Capa estava a de um americano ferido sendo atendido por um médico, assim como as do corpo de quatro soldados mortos cobertos por lençóis. "Tudo o que se pode ver desse americano morto", lia-se na legenda sob uma das imagens de morte mais chocantes até então publicadas na *Life*, "são as pernas, um ombro e parte de uma das mãos."[15]

Os leitores americanos ficaram chocados com as imagens de Capa. "Precisamos de reportagens como 'É uma guerra dura' para levar um tapa na cara", escreveu um civil ao editor da *Life*, "e ficar alertas para a realidade." Um soldado escreveu: "As fotos [de Capa] mostram com toda clareza o horror e o sofrimento das batalhas a serem enfrentadas antes de chegarmos a Berlim e Tóquio. Também nos alertam para [nossas] responsabilidades no sentido de fazer tudo o que estiver ao nosso alcance para apoiar os rapazes com títulos do Tesouro e trabalho aqui na frente doméstica."[16]

No fim de dezembro, Capa juntou-se a um pelotão da 45ª Divisão americana cuja missão era atacar uma pequena aldeia chamada Venafro, perto de Monte Cassino. Ao partir com eles na escuridão, antes do alvorecer, ele foi tomado pelo medo. Suas botas pareciam mais pesadas a cada passo. Os primeiros raios do sol trouxeram também o anúncio da morte. Eles foram localizados por observadores da artilharia alemã, e logo eram obrigados pelas bombas a se atirar de rosto no chão coberto de lama gelada. Mais tarde, nessa manhã, Capa se viu apanhado entre um sargento e um soldado raso. Aterrorizado e trêmulo, foi atingido três vezes por estilhaços de bombas. Felizmente, os fragmentos não atravessaram seu uniforme. De repente, o soldado a seu lado foi morto e o sargento ficou ferido, observaria Capa, "o suficiente para merecer uma Purple Heart".[17] Algumas horas depois, Capa retornaria muito abalado às linhas americanas.

Deprimido e com fadiga de guerra, ele voltou a Nápoles no início de 1944. As ruas estavam cheias de policiais militares e cambistas do mercado negro. As jovens de Nápoles circulavam pela Via Roma trajando roupões floridos, em busca de ianques com bolsos cheios de cigarros Lucky Strike e meias de náilon. O monte Vesúvio, observaria Capa, tinha montado "seu espetáculo mais grandioso em um século",[18] deixando a cidade toda coberta de fumaça e fuligem. Capa ficou sabendo que logo seria convocado de volta a Londres, para se preparar para a muito esperada invasão da França, mas primeiro teria de concluir mais uma missão na Itália: um desembarque anfíbio em Anzio, a 42 quilômetros de Roma.

Os desembarques em Anzio tornaram-se uma das operações mais controvertidas da guerra na Itália. Com o codinome Telha, a pretendida invasão era uma audaciosa tentativa de flanquear os alemães, que haviam interrompido o avanço dos Aliados em direção a Roma em duros combates em torno do mosteiro de Monte Cassino. Desembarcando em Anzio, os Aliados esperavam romper o impasse em Cassino e avançar rapidamente em direção a Roma.

Em 22 de janeiro, Capa saltou de um barco de assalto e se arrastou por cerca de 40 metros até a praia de Anzio. Ele e os homens a seu lado ficaram pasmos com a falta de resistência dos alemães; apenas 13 dos 36 mil homens que desembarcaram com ele foram mortos. Para o corpo jornalístico, o incidente mais excitante durante a invasão foi o fato de o sargento fotógrafo Aarons Slim, da *Yank*, quase ter sido levado a corte marcial. Para eterna gratidão de Aarons, Capa e vários outros repórteres veteranos o salvaram de uma corte marcial quando tomaram conhecimento de que certos membros do parlamento pretendiam detê-lo por se ter juntado à invasão sem o devido credenciamento. Para agravar as coisas, ele tinha confiscado um jipe. "Capa e todos os outros grandes correspondentes, Lang, Pyle, todos os caras da *Life*", recordaria Aarons, "disseram aos rapazes do exército que só podiam estar brincando. 'Vocês vão levar esses caras à corte marcial por participarem de uma invasão?' Os caras do exército se acalmaram (...) quando se deram conta de que estavam em inferioridade numérica, e de que a imprensa os mostraria fazendo papel de bobos."

À parte o episódio envolvendo Aarons, a missão fora um enorme anticlímax, sem histórias heroicas a serem relatadas. "Às 9h30 [da manhã seguinte]", informaria Capa na revista *Illustrated*, "os primeiros aviões inimigos chegaram e as primeiras bombas da artilharia caíram na cidade. Mas não enfrentamos oposição muito séria (...) até avançarmos 8 quilômetros pelas terras agrícolas planas e densamente povoadas além da cidade, onde tivemos de pagar caro por cada metro conquistado. Pela primeira vez na campanha italiana, os alemães apareciam com dois homens para cada um dos nossos. Entendemos então que não seria um passeio tranquilo até Roma. Logo sucessivas ondas de bombardeiros alemães começaram a castigar Anzio, e os ataques se sucediam praticamente a toda hora."[19] Foi o bombardeio mais pesado sofrido pelas forças americanas até então na Segunda Guerra Mundial.

Capa e os colegas correspondentes se abrigaram no subsolo de uma *villa* à beira-mar. Logo ficariam sabendo que as forças de invasão tinham avançado 16 quilômetros em direção às colinas de Alban, sendo então brutalmente detidas. O marechal de campo Kesselring jogara contra os invasores seis divisões, entre elas a Divisão Panzer de elite de Hermann Goering. Os Aliados estavam agora presos numa fatia de terra ao nível do mar, com 16 quilômetros de comprimento por 16 de profundidade. O comandante americano, general de exército John P. Lucas, determinara que não houvesse retirada. E então os alemães abriram fogo.

Entre os colegas de Capa entrincheirados na *villa* à beira-mar estavam Ernie Pyle, o cartunista Bill Mauldin, Will Lang e Aarons. Bombas zuniam sobre suas cabeças dia e noite. Aarons lembra-se de longas noites sem sono em que os correspondentes matavam tempo jogando pôquer. Um oficial britânico, Jeffrey Keating, organizava o jogo, estabelecendo regras estritas e criando um clima de cassino no subsolo atulhado de gente. "Nós jogávamos pôquer aberto, *seven-card stud*...", lembra-se Aarons. "Que mais poderíamos fazer? Ir dançar? (...) Os britânicos apostavam com libras, os franceses, com francos, e nós, com dólares (...). Não falávamos de como estávamos nos sentindo, de medo ou o que quer que fosse, apenas de como conseguir vinho e comida, e sobre as enfermeiras da Cruz Vermelha."

De dia, Capa e Aarons patrulhavam Anzio e as tendas de hospital, furadas por estilhaços, tentando trocar pão por vinho e flertando com as enfermeiras. Mas elas só podiam se permitir alguns poucos minutos de uma conversa cansada, antes de retornarem às milhares de baixas que logo estariam invadindo também a própria cidade de Anzio. "Não tinha a menor chance de algum de nós conseguir um encontro", frisa Aarons, que se considerava um "corajoso covarde". "Estávamos no meio de uma batalha transcorrendo 24 horas por dia." Aarons e Capa também fizeram várias visitas a uma unidade de elite "secreta" das Forças Especiais americanas: "valentões de calças largas" que investiam contra posições alemãs. "Eles faziam o trabalho sujo, enfrentando os alemães em combates próximos", lembra-se Aarons. Capa ficou fascinado com essa unidade de elite de degoladores: eles quebravam a espinha de aterrorizados jovens alemães à noite e ao retornar a suas linhas antes do alvorecer abatiam cabeças de gado para o bife do café da manhã. Eram aquele tipo de homem, lembraria Bill Mauldin, "que chamava os oficiais superiores pelo primeiro nome quando tinha vontade (...). De alguns deles se dizia que tinham sido guarda-costas de gângsteres de Chicago."[20]

No porão da *villa* da imprensa, as apostas profissionais de Keating subiam de patamar à medida que se intensificava o bombardeio ao longo do mês de fevereiro. Mas a essa altura um silêncio carregado de prenúncios descia sobre os correspondentes nas raras tréguas. Com os nervos à flor da pele e os humores em altos e baixos, alguns repórteres veteranos começaram a rezar. No fim de fevereiro, Capa recebeu ordens de retornar a Nápoles e depois a Londres. Assim que pôde, ele embarcou num navio-hospital em Anzio — "o único sujeito que não estava ferido, num barco inteiro de feridos graves".[21] Deixava para trás Aarons e Pyle, que seriam feridos em 17 de março, quando um feixe de bombas de 500 libras caiu a apenas 10 metros da *villa*.*

Mais uma vez, Capa deixava a frente de guerra profundamente abalado. Estava aliviado por deixar para trás a "dura guerra" italiana, mas também sabia que dentro de poucos meses poderia ter de enfrentar o maior teste para sua fibra em uma década de ação na linha de frente. Corria nos meios jornalísticos o boato de que os Aliados se preparavam para a mais ambiciosa invasão da história, com o codinome "Suserano".

---

*Anzio seria implacavelmente atacada por mais três meses. Só no verão de 1944, depois da queda de Monte Cassino, o V Exército americano conseguiu desalojar os alemães das colinas de Alban, liberando as castigadas forças de Anzio para empreender seu avanço sobre Roma.

13
O dia mais longo

> "A praia de Omaha foi um pesadelo. Ainda hoje [trinta anos depois] dói lembrar o que lá aconteceu no dia 6 de junho de 1944. Voltei muitas vezes para homenagear os soldados valorosos que morreram nessa praia. Eles não devem nunca ser esquecidos. Como não podem ser esquecidos aqueles que sobreviveram, acabando por triunfar por uma margem ínfima. Todo aquele que pôs os pés na praia de Omaha naquele dia foi um herói."
>
> GENERAL OMAR BRADLEY[1]

Capa chegou à Inglaterra no início de abril de 1944. Quem poderia saber o tempo que levaria até chegar a próxima convocação à ação? Algumas semanas? Talvez um mês? Enquanto isso, ele estava decidido a viver a vida, quando mais não fosse para esquecer os horrores da Itália. Passeando pelas ruas e parques próximos, ele se viu cercado de oficiais americanos e outros membros das unidades aliadas. No metrô, as pessoas estavam no limite. Algo muito grave estava para acontecer. Londres vivia uma "febre da invasão". Cada drinque, cada sedução, cada boa refeição precisavam ser saboreados, e Capa passou vários dias com Pinky, consumindo a ração de bebida dela e fazendo amor.

Impossível fazer melhor sexo do que não sabendo quando será possível voltar a ver o seu amor. "Bastava que uma mulher olhasse para você duas vezes no metrô e você sabia que ia transar", lembra-se Warren Trabant, que serviu com a contrainteligência americana e mais tarde fez amizade com Capa em Paris. As cenas e sons de Hyde Park e Green Park ao cair da noite e depois de escurecer deixavam chocados muitos jovens oficiais experientes. Um jovem canadense que percorreu as mesmas ruas que Capa disse que a região parecia um campo de batalha do sexo.

Dos 175 mil homens que entraram em ação no Dia D, Capa estava entre os poucos que escolheram o próprio destino. Podendo optar entre se integrar ao comando de um regimento ou às primeiras levas das tropas de assalto, ele apostou a própria vida nessa última opção. Sabendo que escolhera a missão mais arriscada, mas também a mais importante de sua carreira, logo se deu conta de que fazer sexo com Pinky não bastava para distraí-lo da iminente aposta contra a morte. Muitos dos colegas correspondentes, entre eles Ernie Pyle, começaram a beber para dormir. "O tempo todo o medo se abatia sombrio sobre nossa consciência", escreveria Pyle. "Pesava no coração com um peso acachapante."[2] Capa preferiu jogar pôquer.

Quando as castanheiras já haviam florido no Hyde Park, no início de maio, Capa perdia pesado para um grupo notável de escritores e cineastas americanos. Sempre que podia, evitava apostar contra jogadores muito agressivos, preferindo os mais sérios, capazes de blefar de maneira convincente e reagindo de maneira jubilosa a cada *royal flush* ou coisa parecida. Nessa primavera, seus adversários foram ninguém menos que o escritor Irwin Shaw, o dramaturgo William Saroyan, ganhador do prêmio Pulitzer, e os diretores hollywoodianos George Stevens e Irving Reis, todos eles pertencentes a uma seção da unidade de comunicações do exército americano encarregada dos filmes de propaganda.[3]

"Antes do Dia D", escreveu Shaw, "Londres foi um momento de farra para Capa, que tinha um gosto muito apurado por esse tipo de ocupação. Quando não estava percorrendo os pubs, ele promovia intensos jogos de pôquer, nos quais, em meio a bombardeios da Luftwaffe quase toda noite, era considerado estar em muito má forma hesitar para fazer uma aposta ou se retirar da mesa, não importando a proximidade dos tiros ou a intensidade do barulho do fogo antiaéreo."[4] Todos os frequentadores da mesa de jogo de Capa haveriam de se lembrar de Pinky como uma maravilhosa anfitriã.

Depois de uma explosão particularmente próxima, ela sorria suavemente, com um brilho nos olhos, e preparava vários outros coquetéis para manter todo mundo animado.

Saroyan sabia blefar, mas deixava Stevens irritado por não parecer se importar em vencer ou perder. Com a patente mais alta, a de coronel, Stevens era um esplêndido jogador — "frio e impassível". Saroyan, soldado raso que detestava a vida na caserna tanto quanto Shaw, era "um jogador medíocre, indisciplinado, impulsivo",[5] e viria a se referir a Capa como "um jogador de pôquer que também fazia bico como fotógrafo, atividade que detestava". Capa nunca desistia, por mais altas que fossem as apostas, e nunca vencia na presença de Saroyan. "Eu calculava as perdas acumuladas por ele", lembraria Saryoan, "e no fim elas somavam o suficiente para abrir um pequeno estúdio fotográfico ambulante."[6]

"Se Capa estava ganhando dinheiro com a guerra, podia estar certo, graças ao pôquer, de que não seria um homem rico ao se restabelecer a paz", rememoraria Shaw. "Mas não se deixava abater quando perdia. Se tinha um par ou uma trinca ou era apanhado com um *four flush*, limitava-se a comentar: 'Je ne suis pas heureux', um de seus versos favoritos na ópera *Pelléas et Mélisande*, que também costumava usar em ocasiões mais perigosas."[7]

Em meados de maio, os melhores bares e restaurantes de Londres estavam cheios de oficiais graduados americanos e correspondentes cada vez mais nervosos, entre eles Slim Aarons, Ernie Pyle e George Rodger, que retornara da Itália para esperar pelo Dia D. Certa noite, Capa encontrou Ernest Hemingway no bar do Dorchester Hotel, e os dois saíram pela noite até o amanhecer. Inicialmente, ele não tinha reconhecido "Papa", com uma barba espessa encobrindo feias queimaduras de sol. "Papa está enrolado", diria ele no dia seguinte ao irmão de Hemingway, Leicester. "Aquela barba horrível assusta qualquer garota."[8]

No dia 22 de maio, todos os correspondentes credenciados para cobrir a invasão se reuniram no teatro de um clube militar no centro de Londres. O general Eisenhower, supremo comandante aliado da expedição, subiu num pódio. "Ike" disse que Capa e seus colegas eram na realidade um braço dos militares, cruciais para vencer a guerra. "Fui informado pelos jornais de que é iminente uma operação", acrescentou, em meio a gargalhadas. "Nossos países combatem melhor quando as populações são bem-informadas. Vocês serão autorizados a informar tudo o que for possível, de acordo, naturalmente, com a segurança militar. Eu jamais lhes direi algo falso. (...) Não tenho a menor dúvida quanto ao resultado futuro, mas tampouco me iludo quanto à magnitude da missão (...). Não será nenhum mar de rosas."[9]

Em 24 de maio, Capa deu uma festa extravagante. Pelo que sabia, poderia ser sua última. Aos convidados, entre eles John Morris e os parceiros de pôquer de Capa, parecia que estava presente todo mundo que realmente importava no meio jornalístico, inclusive Ernest Hemingway, a essa altura trabalhando para a *Collier's*. Leicester Hemingway ficou tão impressionado quanto todos os outros convidados com a quantidade de bebida encontrada por Capa no mercado negro para distender os nervos de todo mundo antes da invasão: "Capa era um mestre em matéria de organizar, juntar e liberar."[10] O enorme recipiente de ponche que dominava a sala era "um jarro de mais de trinta litros, tomado de empréstimo de um laboratório de pesquisas atômicas, cheio de pêssegos frescos boiando na bebida".[11]

Às 3h da manhã, a bebida finalmente acabara e as pessoas começaram a partir. Ernest Hemingway se foi logo depois das 4h, acompanhado de um certo Dr. Peter Dorer, que se oferecera para levá-lo de volta ao Dorchester. Por volta das 7h, Capa despertou Leicester. "Papa sofreu um acidente logo depois de partir esta manhã."

— Está muito ferido? — perguntou Leicester.

— Não muito, apenas com cortes. Está no hospital bem aqui ao lado.

Eles acorreram então ao St. George Hospital, em Knightsbridge. Deitado numa cama, Ernest tinha uma bandagem "ao redor da cabeça, como um halo", por baixo de uma feia ferida no couro cabeludo. "O que aconteceu?" perguntou Leicester.

— Batemos num tanque d'água logo abaixo no quarteirão — respondeu o irmão. — As pernas [de Dorer] estão mal. Eu é que tive sorte.[12]

Antes de se despedir de Papa, cuja cabeça seria costurada, Capa tirou uma hilariante foto de Pinky rindo muito ao levantar a túnica do respeitado escritor, mostrando seu traseiro branco feito papel. Essa foto não chegou às páginas da revista *Life*, mas nelas seria estampada uma outra mostrando Hemingway com a bandagem na cabeça.*

Não muito depois do acidente de Hemingway, Capa foi convocado a uma reunião da Divisão de Relações-Públicas das forças aliadas. Foi instruído a fazer as malas e deixar informações testamentárias, se quisesse, e sobre seu tipo sanguíneo. Não poderia deixar o hotel por mais de uma hora a cada vez. Sabendo que estava iminente o Dia D, ele decidiu fazer algumas compras de última hora para a invasão. Suas principais aquisições foram um sobretudo militar Burberry e uma garrafa térmica. Numa foto reunindo os fotógrafos de *Life* mobilizados para o Dia D, pouco depois dessa incursão às compras, vemos Capa com as mãos enfiadas nos bolsos do capote, uma guimba entre os lábios. Capa ignora completamente a câmera, e só Frank Scherschel — da USAAF — consegue dar um sorriso. Bob Landry, o único outro fotógrafo de *Life* além de Capa autorizado a acompanhar as tropas de assalto americanas, sequer esconde sua apreensão.

Capa começou a fazer as malas. Nos 60 quilos a que tinha direito, incluiu brandy e um estoque de camisinhas. Na Itália, observara que muitos soldados usavam protetores de borracha militares para manter a munição seca, e inaugurara uma tendência entre os fotógrafos ao usar os seus para proteger seus filmes e câmeras. Em 28 de maio, no exato dia em que Pinky deveria visitá-lo para dizer adeus e desejar boa sorte, ele foi despertado cedo por um funcionário das relações-públicas e informado de que deveria partir imediatamente. A longa espera finalmente terminara.

Capa juntou-se a milhares de militares num dos muitos acampamentos especialmente montados no litoral sul. Recordaria mais tarde que depois de passar pelos portões sentiu como se já tivesse atravessado metade do

---

*Um repórter que visitou o hospital antes fora informado de que Hemingway havia morrido. Na Itália, a *Stars and Stripes* publicou a informação de que ele morrera num acidente causado pelo blecaute londrino. O acidente não foi fatal, mas representou mais um dentre vários golpes fortes na cabeça que podem ter contribuído para seu colapso final em 1960, quando ele estourou os próprios miolos com uma espingarda de caça Richardson de cano duplo e calibre 12, com incrustações de prata.

canal da Mancha. Terminava ali todo e qualquer contato com o mundo exterior; só havia um jeito de sair: num caminhão cheio de soldados a caminho das praias da França. Dentro do acampamento, ele se reuniu aos homens do 116º de Infantaria, 2º Batalhão. Partiria com a primeira leva, programada para chegar à praia de Omaha precisamente às 6h30 da manhã, uma hora depois da maré baixa.

Capa e os homens do 116º de Infantaria ouviram em silêncio os oficiais da inteligência explicarem detalhes de sua participação na operação Suserano. Tanques anfíbios especiais, concebidos para romper as defesas alemãs na praia, com isso abrindo canais de "fuga", desembarcariam primeiro. Das primeiras tropas a desembarcar fariam parte as equipes de assalto de elite, fortalecidas em meses de treinamento intensivo e armadas com todas as possíveis novas armas disponíveis: metralhadoras de 30 polegadas, bazucas e lança-chamas. Equipes de demolição incumbidas dos maiores obstáculos em cada parte da praia deixariam bandeiras como sinais para os timoneiros, que assim poderiam guiar várias levas de embarcações dando à praia. Duas horas depois da hora H — o momento de chegada das primeiras tropas à praia —, Omaha estaria tomada.

Os alemães há muito esperavam um desembarque dos Aliados no norte da França. Se ele tivesse êxito, sua eventual derrota seria inevitável. Desse modo, considerando-se a gravidade da ameaça, Hitler designara seu general mais brilhante, o inconformista Erwin Rommel — a Raposa do Deserto. "A guerra será vencida ou perdida nas praias", declarara Rommel ao visitar as praias pela primeira vez em janeiro de 1944. "Teremos apenas uma chance de deter o inimigo, e ela se dará quando eles estiverem na água, lutando para desembarcar. As primeiras 24 horas da invasão serão decisivas (...). Para os Aliados, assim como para a Alemanha, será o dia mais longo."[13]

Capa desembarcaria numa das praias mais fortemente defendidas da história. Rommel imediatamente ordenara o posicionamento de engenhosos e letais obstáculos ao longo de todo o litoral. Ele próprio inventou uma estaca que batia na altura da cintura e com uma mina presa, coberta pela água na maré alta. Gigantescas cruzes de ferro com minas aquáticas foram espalhadas pelas praias, para impedir a entrada de veículos anfíbios e tanques. Para criar obstáculos para os planadores, estacas altas (os "aspargos de Rommel") foram fincadas pelos campos, alguns quilômetros adentro do território.

Depois de receberem suas instruções, Capa e os homens do 116º de Infantaria trocaram suas notas de dólar pela moeda da invasão: as frágeis cédulas de francos. Cada um deles recebeu então um livrinho com frases em alemão e francês, prometendo, segundo observaria Capa, "cigarros, banhos quentes e todo tipo de conforto, tudo em troca do simples ato da rendição incondicional. Realmente, aquele livrinho era uma leitura das mais promissoras".[14]

No dia 4 de junho, em Weymouth, Capa embarcou num navio de transporte, o *Samuel Chase*, integrante da maior esquadra jamais reunida. Além dele, quase três milhões de soldados, marinheiros e aviadores aliados estavam prontos para o ataque à Fortaleza Europa. O desembarque mobilizaria 176.475 homens, 20.111 veículos, 1.500 tanques e 12 mil aviões. "[Esta] impressionante multidão estava tensa como uma mola esticada", recordaria o general Eisenhower, "e era exatamente isto: uma grande mola humana comprimida para o momento em que sua energia seria liberada para saltar sobre o canal da Mancha, no maior ataque anfíbio jamais tentado."[15]

Capa atravessou o canal depois de cair a noite em 5 de junho.[16] O capitão Oscar Rich, observador de artilharia para o Batalhão de Artilharia de Campo da 1ª Divisão, estava entre seus companheiros de viagem. Rich lembra-se de ter examinado um "mapa de espuma de borracha do litoral de Calvados" no ginásio do *Samuel Chase*, fotografado por Capa. Era a maquete mais detalhada que ele jamais vira. "Lá estavam as árvores, os trilhos, as estradas, as casas, os obstáculos na praia — tudo (...) Tudo na devida escala — era na verdade como estar num avião, cerca de 150 metros acima da praia, olhando para ela e vendo tudo na devida perspectiva."[17]

Depois de examinar o trecho da praia que lhe cabia, Easy Red, Capa juntou-se aos grupos de jogadores que no convés oscilante jogavam dados e intensas partidas de pôquer.* Oscar Rich e Don Whitehead, correspondente

---

*Havia em Omaha, no total, oito seções: Charlie, Dog Green, Dog White, Dog Red, Easy Green, Easy Red, Fox Green e Fox Red, todas elas homicidas.

do *New York Times*, estavam entre seus adversários enquanto o *Chase* avançava lentamente pelo agitado canal. "Lá estava eu naquele belo e limpo navio, com o 116º de Infantaria", contaria Capa três dias depois a Charles Wertenbaker, da *Life*. "É um navio confortável, limpo. A comida é boa, e nós ficamos a maior parte da noite jogando pôquer, e a certa altura eu fiz um *inside straight*, mas tinha quatro noves contra mim, o que não era absolutamente atípico."[18]

Milhares de dólares eram apostados em jogos de dados, e, enquanto uns afiavam adagas e baionetas, outros, encolhidos em cobertores, davam adeus a pequenas fortunas. "Não importava ganhar ou perder, era apenas uma maneira de passar o tempo", recorda o sargento Roy Stevens, da Companhia A, 116º de Infantaria, 29ª Divisão. "Todo mundo sabia que provavelmente não teria mesmo chance de recuperar o dinheiro."

O jogo de Capa foi interrompido às 2h da manhã por uma ordem cortante transmitida pelo alto-falante. Os homens teriam de ir para seus pontos de reunião. Os companheiros de jogo de Capa, entre eles Rich, guardaram seus ganhos em capangas à prova d'água e foram para suas posições. Aproximava-se a Hora H, para a qual muitos vinham treinando desde 1942. Às 3 da manhã, Capa atacou um último desjejum de panquecas, salsichas, ovos e café. Poucos homens efetivamente comeram a magnífica refeição, servida por serventes animados em uniformes brancos engomados. Às 4 horas, Capa juntou-se então aos 2 mil homens reunidos no convés. Eles esperaram o alvorecer em total silêncio; parecia que o que quer que cada um deles estivesse pensando fazia parte de uma oração comunitária.

A cerca de 16 quilômetros da praia, Capa subiu numa ondulante barcaça com trinta outros homens. A barcaça adentrou então águas agitadas. Seus companheiros eram em sua maioria dez anos mais jovens, com os rostos embotados, pálidos, sem expressão. Os mais experientes, de 20 e poucos anos, que já haviam desembarcado na África e na Itália, gritavam instruções rápidas para os que sequer tinham um dia visitado o litoral, tendo concluído o colegial no verão anterior. Deviam a qualquer custo manter a cabeça abaixo das amuradas do navio. Uma vez iniciado o fogo alemão, tudo o que estivesse acima tinha boas chances de ser explodido.

Os alto-falantes voltaram a soar: "Lutem para chegar com suas tropas em terra (...) e, se ainda lhes restarem forças, lutem para se salvar (...) Ao mar todos os botes! (...) Pai nosso que estais no Céu, santificado seja vosso nome (...)."[19] Às 5h50, navios de guerra começaram a castigar as praias americanas. Os couraçados *Texas* e *Arkansas* atiraram mais de 600 bombas numa única bateria alemã em Omaha. Os homens que se aproximavam da praia, alguns vertendo água freneticamente com os capacetes, olhavam para as salvas pesadas voando sobre suas cabeças e comemoravam. Até que o céu foi tomado por aviões, e o som pesado dos bombardeios B-26 somou-se ao estrondo constante das bombas explodindo. Enquanto isso, na embarcação de desembarque de Capa, como em todas as demais da primeira leva, os homens momentaneamente relaxavam um pouco. Finalmente uma crucial ajuda aérea chegara para semear na praia crateras amigas, neutralizar baterias e deixar os alemães perplexos e confusos. Agora eles tinham uma chance no combate.

A alguns quilômetros da praia, homens já exaustos — há mais de 24 horas sem dormir - - começaram a entrar em colapso, com crises agudas de enjoo. "Alguns dos rapazes educadamente vomitavam em sacos de papel, e eu entendi que se tratava de uma invasão civilizada", recordaria Capa. "Esperamos que as [unidades especiais de assalto] entrassem em ação, e vi os primeiros barcos de desembarque voltando e o timoneiro negro de um deles apontando para o alto com o polegar, e a coisa ficou parecendo brincadeira de criança. Ouvimos algo estourando ao redor do nosso barco, mas ninguém prestou atenção."[20]

Capa agachou-se no vômito e na água do mar quando o fogo de artilharia de posições alemãs na praia alcançou a área de sua embarcação. Ele lançou mão de uma de suas duas câmeras Contax que se encontravam num saco impermeável. Apesar do céu carregado, havia luz suficiente para imagens de ação rápida. Até que a porta da sua embarcação foi baixada e os homens que estavam à sua frente saltaram, com água na cintura e os fuzis acima das cabeças. "Minha linda França parecia sórdida e hostil", recordaria ele, "[e] uma metralhadora alemã, cuspindo balas ao redor da embarcação, estragou completamente minha volta."[21] Centenas de homens morreram nos primeiros minutos em Easy Red, a poucos metros dele. "Eu vi homens caindo", contaria ele a Wertenbaker, "e tinha de passar pelos seus corpos, o que tratei de fazer educadamente."[22]

Não havia crateras de bombas para eles se abrigarem, e os suaves declives ao longo da maior parte da praia, em forma de uma longa pinça aberta, pareciam um excelente alvo. Para agravar as coisas, os alemães tinham estado na véspera treinando em Omaha para rechaçar um ataque anfíbio. A guarnição, da qual normalmente fazia parte uma dúzia de homens, contava agora centenas, operando defesas formidáveis: oito bunkers de concreto com canhões de 75 mm e 85 mm de calibre, 35 casamatas, quatro baterias de artilharia, 18 canhões antitanques, seis fossos de morteiros, quarenta pontos de lançamento de foguetes e pelo menos 85 ninhos de metralhadoras.

Como era de seu feitio, Capa zombaria mais tarde de seus primeiros terríveis momentos em Omaha. "Eu avançava muito elegante com minha capa de chuva [Burberry] na mão esquerda", contaria ele a Wertenbaker. "Em dado momento, tive a sensação de que não precisaria da capa. Deixei-a para trás, ela ficou flutuando e eu me escondi por trás de alguns tanques que estavam atirando na praia. Passados vinte minutos, dei-me conta de repente de que não era um bom lugar para eu ficar. Os tanques de certa maneira protegiam do fogo de armas de pequeno calibre, mas eram precisamente o alvo das bombas dos alemães."[23]

Os morteiros alemães eram de tal precisão, segundo relata o tenente Ray Nance, sobrevivente da primeira leva, que "eles podiam jogar um bem na sua cabeça, se o localizassem". Enquanto as bombas explodiam ao redor de Capa e corpos se amontoavam na água, ele se viu repetindo palavras aprendidas na Espanha. "*Es una cosa muy seria*", murmurou. "*Es una cosa muy seria.*"

Os homens não ousavam levantar a cabeça acima da areia da praia, para não serem alvejados. "Desde que ficássemos deitados, o declive da praia nos protegia um pouco das balas dos fuzis e metralhadoras", recordaria Capa, "mas a maré nos empurrava na direção do arame farpado, e os canhões tinham campo aberto." Durante vários minutos, ele ficou com o corpo tão grudado na areia quanto possível, tomado de um medo debilitante, muito maior que o que jamais experimentara na Itália: "A coisa ficou feia. A câmera vazia tremia nas minhas mãos. Um novo tipo de medo sacudia o meu corpo da cabeça aos pés, contorcendo meu rosto."

Capa desembrulhou sua ferramenta de escavação e tentou abrir uma trincheira, mas logo encontrou telha e tratou de atirá-la longe. De repente, percebeu que os homens ao seu redor estavam imóveis — "só os mortos à beira d'água rolavam com as ondas".[24] Ele sabia que a única maneira de vencer o terror era tirar fotos, cumprir sua missão o mais rápido possível e se mandar daquela praia. Mais tarde contaria a Wertenbaker que passou noventa minutos tirando fotos, até que terminasse seu filme. Então viu uma embarcação de desembarque a 45 metros da praia.

Da embarcação saltou uma equipe médica, com cruzes vermelhas nos capacetes. Uma metralhadora foi disparada. Vários membros da equipe morreram instantaneamente. Capa levantou-se e sem tomar realmente uma decisão consciente correu na direção do barco. Não tardou a chafurdar em águas ensanguentadas. As águas frias do mar chegavam ao seu peito e logo havia ondas atingindo-lhe o rosto. Ele sustentava as câmeras acima da cabeça. Sabia que estava fugindo.

Na embarcação, uma LCI 94, o maquinista Charles Jarreau, de 19 anos, pelejava por trazer feridos de volta a bordo, quando deparou com Capa.* "Pobre coitado, lá estava ele na água, segurando as câmeras no alto para mantê-las secas, tentando recobrar fôlego."[25] Assim que conseguiu subir a bordo do LCI 94, Capa começou a trocar o filme. Foi então que sentiu "um leve choque" e se viu coberto de penas. "Que foi isso?", pensou. "Será que alguém está abatendo galinhas?"[26] Olhou para cima e viu que a embarcação, com seus 45 metros de comprimento, fora atingida por uma bomba de

---

*Jarreau era apaixonado fotógrafo amador, e da LCI tirou muitas fotos naquele dia, com rolos de filme num dos bolsos e um rosário no outro. Seu astuto capitão, da marinha mercante, tinha instalado a bordo um generoso estoque de uísque J&B para fortalecer a tripulação. "Basicamente, bebíamos o dia inteiro", recordaria Jarreau. "Não havia comida, mas eu bebia o dia inteiro e não ficava nem um pouco bêbado. Não fazia o menor efeito." Jarreau sobreviveu à guerra e teve onze filhos. Sempre insistia em que o Dia D foi seu melhor momento e também o dos Estados Unidos, tão valioso em sua lembrança quanto o dia de 1947 em que botou uma aliança matrimonial no dedo de sua mulher, Audrey.

88 mm.* Pedaços de corpos se espalhavam pela embarcação coberta de sangue. "As penas eram o estofo dos casacos de paina usados pelos homens atingidos. O capitão [um sujeito de 32 anos apelidado "Popeye"] estava gritando por se ver coberto do sangue e das entranhas de seu assistente."²⁷

A embarcação declinava acentuadamente, mas mal ou bem conseguiu afastar-se lentamente da praia de Omaha. Capa desceu, enxugou as mãos, mudou o filme nas câmeras e retornou ao convés. Ao seu redor, mortos e feridos gemendo. A algumas centenas de metros da praia, ele olhou para trás e tirou uma última foto da "sangrenta Omaha", envolta em fumaça. A praia estava coberta do incalculável desperdício da guerra: tanques calcinados e embarcações de desembarque esmagadas; bíblias flutuando em poças ensanguentadas entre as rochas; uma solitária guitarra ao largo de Easy Red; e incontáveis corpos de jovens americanos.

Embora a *Life* tivesse abiscoitado duas das quatro posições de fotógrafos autorizados a cobrir o ataque terrestre americano, precisava compartilhar as fotos com três serviços noticiosos: AP (Associated Press); Planet News, uma filiada londrina da Acme, a subsidiária fotográfica da United Press; e Keystone. Cabia a John Morris, de 27 anos, obter imagens de ação dos desembarques do Dia D — a reportagem mais importante do século — para a revista *Life* em Nova York. "Capa era o profissional titular", lembra ele, "a estrela que concentrava as atenções."

Morris sabia que as fotos teriam de chegar a Nova York até a noite de sábado, 10 de junho, para serem incluídas na edição de 19 de junho da *Life*. Para cumprir o prazo (e manter o emprego), ele teria de mandar os originais no malote que seria levado por motociclista exatamente às 9 horas da manhã, pelo horário de verão britânico, na quinta-feira, 8 de junho.** O malote seria conduzido a um avião que esperava em Heathrow, que o

---

*Segundo reportagem da *Life*, o LCI 94 levou três tiros das baterias de canhões alemães de 88 mm que se encontravam na praia.

**Morris ensaiara muitas vezes o percurso da sucursal da *Life* até o censor e em seguida ao local de partida do malote; chegara a percorrer o caminho num Austin de duas portas pelas ruas de Londres, para se certificar de que chegaria a tempo. Para apressar a entrega, ele atravessaria correndo Grosvenor Square, para vencer os últimos 50 metros.

haveria de transferir para um outro em Prestwick, na Escócia. Depois de duas paradas para reabastecimento, o malote chegaria a Washington, para ser em seguida levado a Nova York no sábado.[28]

Morris chegou à sucursal da *Life* em Dean Street bem cedo no dia 6 de junho e ficou esperando notícias de sua equipe de seis fotógrafos envolvidos nas operações do Dia D. Ao meio-dia, já se havia conformado com uma longa espera. Enquanto isso, Capa estava no meio do canal da Mancha, conversando com Charles Jarreau. Parecia perplexo com o que havia visto — pálido e ainda em choque —, e disse a Jarreau que estava "profundamente grato"[29] por ter deixado a praia. Depois de mudar mais uma vez o seu filme, ele fotografou o primeiro ferido americano a ser retirado de Omaha no LCI.* Em seguida, deixou de lado as câmeras e ajudou a conduzir a bordo do *Samuel Chase* várias macas com feridos. Apenas seis horas antes, ele saltara do imaculado convés do *Chase* para uma embarcação de desembarque. Já agora, o convés não se mostrava "tão limpo e bem apresentado. Até os cozinheiros, que faziam refeições tão boas, estavam ajudando a içar os feridos".[30]

Uma vez a salvo, a bordo do *Samuel Chase*, Capa desmoronou, exausto. O navio se aproximava do litoral inglês quando ele despertou, despido, debaixo de um cobertor grosseiro, com uma etiqueta pendurada no pescoço: "Caso de exaustão. Sem identificação."[31] A seu lado na cama estava um sobrevivente do regimento de tanques anfíbios que tinha desembarcado antes da primeira leva de tropas. O seu tanque e mais dez outros tinham afundado no mar revolto ao largo de Omaha. O rapaz disse a Capa, em tom de desespero, que era um covarde e deveria ter ficado na praia. Capa assegurou-lhe que não era nenhum covarde. Nada fizera de errado. Ele sim, Capa, é que era o covarde, insistiu, e não o jovem soldado.

Nas primeiras horas de 7 de junho, o *Samuel Chase* ancorou em Weymouth. Capa viu-se cercado de repórteres, ansiosos por um relato

---

*Numa das fotos, vemos um paramédico, com duas barras em seu grande capacete da marinha, preparando-se para fazer uma transfusão num tripulante atingido por fragmentos de um canhão de 88 mm. O capacete pertencia a Jarreau. "Dá para ver nele o número de Charles", insiste sua viúva, Audrey. "Charles o havia emprestado ao paramédico, que perdera o seu quando a embarcação foi atingida."

em primeira mão sobre a invasão. David Scherman, da *Life*, também aguardava na plataforma. "David tirou uma foto maravilhosa de Bob tentando sorrir na chegada", lembra sua viúva, Rosemarie. "Foi mesmo uma coincidência incrível que os dois se tivessem encontrado nessas circunstâncias."

Capa afirmaria mais tarde que ao pisar em terra firme recebeu a oferta de um avião para levá-lo para Londres, para participar de um programa radiofônico sobre a invasão. Mas ele preferiu entregar seu filme a um malote, vestir roupas secas e limpas e encontrar a primeira embarcação retornando para a cabeça de ponte.

Em Londres, naquela manhã, Morris ficou sabendo ao acordar que Bert Brandt, da Acme, voltara à cidade com uma "PRIMEIRA FOTO!"[32] A imagem mostrava tropas desembarcando, mas nem de longe o drama dilacerante e o derramamento de sangue ocorridos em Omaha. Onde diabos estaria Capa? As horas se passavam com terrível lentidão. No fim da tarde, Morris e sua equipe estavam arrasados. O pessoal da câmara escura da *Life* — o editor, Braddy Bradshaw, quatro jovens assistentes e um fotógrafo, Hans Wild — esperava há mais de 24 horas para entrar em ação. "Não chegava nada, só informações paralelas — bobagens — de fontes oficiais: a Unidade de Comunicações, a marinha, os britânicos", recordaria Morris. "Todas aquelas informações preliminares. Nada do que realmente importava."[33]

Por volta das 6h30 da tarde, Morris recebeu um telefonema de Weymouth: "O filme de Capa está a caminho. Você deverá recebê-lo dentro de uma hora ou duas." Ele telefonou então a E. K. Butler, da AP, o editor do *pool*, que o vinha pressionando sem parar por uma imagem que efetivamente mostrasse forças em combate. "Quero apenas imagens", vociferava Butler, "e não promessas!" Finalmente, às 21 horas do dia 7 de junho, chegou um malote com a preciosa carga. "Era um pequeno pacote", lembra-se Morris. "Havia quatro rolos de filme de 35 milímetros e alguns de 120 [milímetros], talvez meia dúzia, além de um bilhete manuscrito de Capa, dizendo simplesmente: 'John a ação toda está nos 35 milímetros.' Capa acrescentava que tivera um dia muito duro e que estava voltando à praia."

A equipe da câmara escura da *Life* pôs mãos à obra, na esperança de cumprir o prazo das 9 horas na manhã seguinte. Hans Wild chamou Morris assim que os filmes de 35 mm foram revelados. Capa fizera um trabalho magnífico em condições terríveis e dispondo de luminosidade limitada. "Preciso dos contatos", ordenou Morris. "Rápido, rápido, rápido, rápido!" Minutos depois, um dos assistentes, Dennis Banks, subiu saltando um lance de escada e entrou no gabinete de Morris. Estava em prantos. "Estão perdidos", balbuciou. "Perdidos! Os filmes de Capa estão completamente perdidos!"

— Como assim? — perguntou Morris.

— Você estava com tanta pressa — retrucou Banks —, eu os botei num armário secador e fechei as portas.

Era um procedimento normal levar o filme a um escaninho de madeira com uma bobina de aquecimento na base. Com as portas fechadas, contudo, o calor se tornara tão intenso que a emulsão do filme derreteu. Morris correu à câmara escura com Dennis. Examinou os quatro rolos, um a um. Três haviam sido inutilizados, meras sucessões de borrões marrons. "Eu não conseguia ver nada", lembra-se Morris. "Só uma sujeira cinzenta. Mas no quarto rolo havia 11 imagens que podiam ser impressas, e eu tratei de imprimir cada uma delas. A essa altura, tinha-se verificado que duas delas não valia realmente a pena imprimir — de modo que nove chegaram até nós, o que é ótimo. Havia uma certa repetição, mas dispúnhamos ali de meia dúzia de belas fotos."

À medida que se aproximava a meia-noite, Morris ordenou à equipe que tirasse quatro provas de cada um dos negativos restantes. Assim que elas ficaram prontas, por volta das 3h30 da manhã, ele rumou para o escritório da censura pelas ruas vazias de uma Londres mergulhada no blecaute. Dispunha de centenas de outras fotografias além das imagens "granulosas" de homens se protegendo na praia de Omaha obtidas por Capa. Os minutos pareciam horas enquanto ele esperava que o censor liberasse as fotos. Todas as fotos de Capa foram aprovadas. Em 1944, ele já sabia perfeitamente o que podia e o que não podia passar. Nem perderia tempo e filme com cenas que não pudessem ser suportadas pelos americanos.* Faltando menos de uma hora para vencer o prazo do malote, surgiu um problema. O censor tinha de selar os envelopes com uma fita com a inscrição "Aprovado pelo censor". "Mas, no momento crucial em que ele iria selar os envelopes, a fita prendeu. Não conseguíamos fazer o maldito negócio funcionar." Finalmente, a fita foi passada no envelope, mas a essa altura já era aproximadamente vinte para as nove. "Cheguei a Grosvenor Square um minuto depois das nove. Lá embaixo, no porão, o mensageiro estava literalmente passando o cadeado no malote quando eu cheguei."

"Espera aí!", gritou Morris.

E entregou sua preciosa carga. Conseguira cumprir o prazo por questão de segundos.

As fotos de Capa foram espraiadas ao longo de sete páginas da edição de 19 de junho da *Life*, acompanhadas do título que provavelmente ficou mais conhecido pelo tom eufemístico na história da revista: "A FATÍDICA BATALHA PELA EUROPA VISTA PELO MAR E PELO AR." *Life* informava aos perplexos leitores: "A foto acima e as das seis páginas seguintes foram tiradas pelo fotógrafo da *Life* Robert Capa, que acompanhou a primeira leva de tropas. Embora as primeiras informações sobre os desembarques indicassem pouca resistência, suas imagens mostram a violência da batalha e a força das defesas alemãs."

Morris afirma que Capa não discutiu com ele a questão dos filmes perdidos, e escreveu que ele aparentemente "aceitou bem a notícia das emulsões derretidas". Capa tirara 79 fotos, de acordo com Charles Wertenbaker, "o único registro fotográfico completo das piores horas da invasão".[34] Apesar de borradas, as imagens de Capa capturavam para a posteridade algo daqueles primeiros momentos de loucura da invasão. Eram de fato grandes fotos — nas palavras do próprio Capa, "uma amostra dos acontecimentos capaz de mostrar melhor a realidade da situação a alguém que não estivesse presente do que a cena completa".[35]

---

*Imagens dos rostos de mortos, de expressões de derrota e grave fadiga de combate dificilmente passavam pelos censores.

O único homem identificado nas fotos de Capa é Edward K. Regan, da Companhia K do 116º de Infantaria, que morreu em 1998. Essa foto do soldado de 18 anos foi publicada milhares de vezes, constituindo a imagem definitiva dos primeiros minutos da "sangrenta Omaha". Para Regan, ela haveria sempre de assinalar "um importante rito de passagem (...) a transição da adolescência para a idade adulta".[36]

Regan lembrava-se de ter passado a noite anterior com enjoos, morrendo de medo. Sua embarcação de desembarque encalhou num banco de areia a cerca de 20 metros da praia, e ele se viu debaixo de fogo pesado assim que a rampa foi baixada. Pelo resto da vida seria perseguido pela lembrança de sua luta insana para manter a cabeça acima d'água e conduzir os pés a terra firme, carregando nas costas uma mochila de 30 quilos e em meio a companheiros mortos boiando nas águas ensanguentadas.

"Quando já não aguentava mais, joguei-me na areia para recuperar forças. A água chegava até o meu nariz. Foi quando a foto foi tirada."

Nos Estados Unidos, sua mãe recortou a foto das páginas da *Life* com lágrimas nos olhos. Quando ele voltou à Virgínia, em 1945, ela lhe mostrou o recorte. "Veja, é você, não é?", perguntou então.

— Sim, sou eu — respondeu ele. — E me orgulho muito.

14
O *bocage*

"Havia um pintarroxo cantando numa casa em ruínas em Nehou; a bomba que destruíra a casa sequer havia arranhado sua gaiola. Havia cabeças de gado dizimadas em posições estranhas (...) algumas recostadas em árvores e cercas, uma delas de pé sobre as quatro patas, oscilando ligeiramente ao vento (...). Havia rosas ainda presas às paredes de casas de fazenda destruídas e o cheiro das flores, quando já se haviam ido os outros cheiros."

CHARLES WERTENBAKER, *Invasion!*

Capa desembarcou de novo na praia de Omaha em 8 de junho, D+2. Antes de rumar para o acampamento da imprensa em Bayeux, ele se deteve para fotografar novamente a praia. Macabros destroços de navios e de suas cargas boiavam na água: fuzis, pedaços de corpos, objetos vários e muitas bíblias. Perto de Easy Red, Capa encontrou pescadores contemplando solenemente fileiras de cadáveres cobertos. Mais adiante, observou alemães capturados, que haviam atirado nele 48 horas antes, cavando sepulturas provisórias. Nessa tarde, um padre americano rezou missa fúnebre na praia. Num raro noticiário cinematográfico localizado pelo cineasta Patrick Jeudy, Capa aparece barbeado e muito bem disposto, caminhando rápida mas cuidadosamente entre tropas de combate em oração e correspondentes de jornais.

Ele chegou a Bayeux, à distância de 8 quilômetros, à noite. Os alemães tinham abandonado a cidade, causando poucos danos. Capa fotografou oficiais britânicos percorrendo tranquilamente a rua principal, muito bem-cuidada. Por trás deles, uma loja de roupas, com três manequins em trajes de verão na vitrine. "Esta modesta abundância", informava a *Life*, "é característica de Bayeux. Seu comandante alemão manteve em níveis mínimos os saques e trabalhos forçados."¹

A *Life* não dizia que a colaboração fora generalizada e as atividades da Resistência, negligenciáveis. Os franceses dessa próspera cidade normanda tinham passado muito bem na guerra. Tanto assim que as crianças inicialmente receberam os novos ocupantes com saudações nazistas. Em outras áreas, alguns franceses recém-liberados não se mostraram nada satisfeitos com a chegada de americanos e britânicos. O bombardeio do Dia D matara milhares de normandos, alguns não tão inocentes quanto outros.

Mais tarde nessa noite, Capa encontrou os colegas da imprensa sentados num celeiro, bebendo uma garrafa de Calvados ao redor de velas tremeluzentes. Estavam fazendo uma vigília em sua homenagem. Ele diria mais tarde que um sargento tinha informado ter visto seu cadáver boiando nas águas rasas de Omaha. Como ele desaparecera da linha de frente durante 48 horas, fora oficialmente declarado morto. Ele escreveria que os censores tinham até aprovado seu obituário.²

Nessa noite, num hotel chamado Lion d'Or, Capa e seus colegas aparentemente derrubaram várias outras garrafas de Calvados para comemorar seu retorno do mundo dos mortos. Entre os que participaram da festança estavam Ernie Pyle e Charles Wertenbaker, o imponente novo diretor da equipe europeia da *Time and Life*. No dia seguinte, Capa juntou-se a eles para cobrir o avanço aliado sobre Cherburgo, porto vital no canal da Mancha e "o primeiro grande objetivo da invasão".³ Antes de retornar à linha de frente, cada um deles se atracou com um bom bife, fez a barba, tomou um banho quente e mudou de roupa. Poderiam levar semanas para conseguir fazê-lo de novo.

Chegado D+9, os três correspondentes estavam no calor da batalha. "Do dia 15 de junho ao dia 27", recordaria Wertenbaker, "praticamente todo dia estávamos com um batalhão ou uma companhia em ação."⁴ Os homens que haviam sobrevivido ao Dia D perdiam ainda mais amigos e irmãos à medida que pulavam cerca viva atrás de cerca viva, em sua maioria com minas e armadilhas. Podiam considerar-se com sorte quando conseguiam avançar duas cercas por dia: o *bocage* — a velha rede normanda de pequenos campos separados por diques profundos e espessa vegetação rasteira — deixava em clara posição de vantagem os que se encontravam na defesa. "Havia em média 14 cercas vivas ou sebes a cada quilômetro na Normandia", assinalou o historiador Stephen Ambrose. "O enervante e oneroso processo de preparação para um ataque, investida, efetivação do ataque e limpeza do terreno depois dele levava metade de um dia ou mais. E no fim da ação havia a cerca viva seguinte, 50 ou 100 metros adiante mais ou menos."[5]

A qualquer momento, recorda o sargento Roy Stevens, do 116º de Infantaria, seus amigos podiam ser atingidos por um atirador furtivo ou desaparecer numa massa de sangue e carne ao pisar numa mina. O próprio Stevens ficou gravemente ferido quando um companheiro disparou uma mina poucos metros à sua frente. Outros perdiam o controle, se suicidavam ou atiravam no próprio pé. Eram os mais tranquilos, objeto de zombaria no campo de treinamento, que muitas vezes se revelavam assassinos implacáveis. Implacáveis ou não, a maioria dos homens descobria, aliviada, que não era covarde: não entrava em colapso ao cair nas garras do terror. Ao entrarem numa nova cidade ou aldeia, frequentemente eram obrigados a fazer a varredura de cada rua, às vezes casa a casa.

Wertenbaker e Capa passaram dia após dia se abaixando por trás de cercas vivas, esgueirando-se para o interior de prédios e correndo para se proteger da feroz ação defensiva dos alemães. Ao contrário dos atacantes, muitos dos alemães eram calejados veteranos da África, da frente russa e da Itália. Tinham aprendido com a experiência, assim como Capa, a se deitar o mais enroscados possível debaixo do fogo, e também a suportar dias de constante tensão sem dormir nem se alimentar adequadamente. No último momento, quando podiam levar as próprias Mausers à frente ou desfraldar uma bandeira branca, a maioria optava por viver. "Eles não lutam até o último alemão, mas até o primeiro americano", disse Capa desdenhosamente a Wertenbaker certo dia.[6]

Nos artigos que acompanhavam as fotos do avanço americano pela península de Cotentin tiradas por Capa, a revista *Life* não mencionava o superior preparo dos alemães para o combate nem seu formidável arsenal. Capa rapidamente aprendeu a reconhecer os sons de cada arma, como qualquer pracinha que vivenciava o pesadelo dos labirintos do *bocage*. As metralhadoras MG42 da Wehrmacht disparavam 1.200 tiros por minuto. No concerto dos demais barulhos fatais, soavam como se um tecido gigantesco estivesse sendo rasgado junto ao ouvido. Os canhões alemães de 88 mm, de longe a melhor artilharia da guerra, disparavam bombas à altura da cabeça a uma velocidade quase três vezes superior à do som — os alvos de carne e osso nunca as ouviam se aproximar. O *Panzerfaust* alemão era muito superior a seu equivalente americano, a bazuca. Seu silvo repentino reverberava no sono febril de muitas tripulações de tanques americanos. E havia o ruído mais aterrorizante de todos: o gemido das "*Moaning Minnies*", as bombas disparadas quase simultaneamente por um Nebelwerfer, apelidadas pelos "boches" de "Stukas sobre Rodas", pois as sirenes de que eram equipadas, como as Stukas, "tinham sobre os que as ouviam um efeito muitas vezes mais penetrante que seu poder explosivo".[7]

Depois de vários dias avançando penosamente em direção norte pelo mortal *bocage*, Capa e Pyle decidiram certa noite que não aguentavam mais uma única refeição de ração oficial e que sairiam em busca de comida de verdade. Convenceram um sargento do refeitório a fazer uma marmita com alguns suprimentos e foram de carro para a aldeia de Les Pieux, onde Capa entrou no único restaurante. Passados alguns minutos, ele retornou e fez um gesto para que Pyle e o motorista, o soldado Cogan, também entrassem no salão superlotado, de teto baixo e piso reclinado. A dona do restaurante os acomodou numa mesa longa. Capa fizera um acordo com ela: a marmita de enlatados contra um jantar. Os três comeram esplendidamente, enquanto Capa conversava animadamente com vários moradores. "[Os franceses] não tinham muito a reclamar dos alemães", relataria Pyle. Quando deixaram o restaurante, Cogan estava em estado de graça. Com apenas 19 anos, já tinha traçado sua primeira refeição de culinária francesa.

No dia 26 de junho, Capa juntou-se a Pyle e Wertenbaker quando um batalhão americano da 9ª Divisão entrou num subúrbio de Cherburgo.[8] Numa esquina, Capa deparou com vários prisioneiros alemães, além de recrutas russos acompanhados das mulheres, histéricas de medo: os alemães tinham dito a seus maridos que os americanos não faziam prisioneiros. Era a melhor maneira de fazê-los continuar combatendo.

A distância, o porto de Cherburgo estava em chamas. À medida que o batalhão avançava na direção do centro da cidade, Capa ouviu combates intensos nas ruas próximas: o ra-tá-tá das metralhadoras MG42 e tiros isolados de pistola Luger. Havia também tiros de atiradores em tocaia. Logo estariam assobiando bombas de 20 mm por cima das cabeças. O objetivo imediato do batalhão era um hospital onde tropas alemãs haviam capturado mais de cem americanos feridos. De repente, um jovem tenente, usando óculos escuros apesar do tempo encoberto, aproximou-se de Capa e seus colegas. "Nossa companhia começará daqui a alguns minutos a subir essa estrada para limpar um ponto forte", anunciou. "Fica mais ou menos a uns 800 metros daqui. Querem nos acompanhar?"

Pyle não queria ir, mas não podia recusar o convite. Seria covardia. Wertenbaker assentiu calmamente. Capa parecia ansioso por ir. Eles avançaram, Capa verificando as câmeras, até se verem à frente de uma coluna. O tenente apresentou-se como Orion Shockley, de Jefferson City, Missouri. Seu nome era uma homenagem ao irmão de Mark Twain. Um de seus colegas oficiais tinha chegado com a companhia havia três horas apenas, e era tão virgem de combates que se abaixava quando "correspondência saindo" (bombas americanas) passava por cima. Em compensação, os homens sob seu comando estavam combatendo desde 14 de junho. Tinham roubado algumas horas de sono em porões úmidos e trincheiras cavadas às pressas. Seus uniformes reluziam de sujeira e suor, e as expressões eram de embotamento, pois cada um deles sabia a essa altura que haveria de morrer ou ser levado para casa numa maca — as duas únicas maneiras de sair do inferno da Normandia. No fim da guerra, a 9ª Divisão passara 264 dias em combate, sofrendo 33.864 baixas, mais que qualquer outra divisão de infantaria na Europa. O índice de rotatividade nas tropas era de impressionantes 240%.

"Por que você não conta ao pessoal lá em casa como é isto aqui?", perguntou um soldado, com raiva na voz. "Eles só ficam ouvindo histórias sobre vitórias e coisas gloriosas. Não sabem que a cada 100 metros que avançamos alguém morre. Por que não conta a eles como é dura esta vida?" Pyle disse ao exausto pracinha que tentava mostrar aos americanos como era dura a guerra em todas as colunas que escrevia.

Começou a chover. Não demorou e Capa estava ensopado até os ossos. Schockley explicou-lhe como seus homens haveriam de varrer as posições das metralhas e casamatas no fim de uma rua. "Não sabemos o que vamos encontrar", disse ele, "e não quero expô-los bem na frente, por que então não vêm comigo?" Capa assentiu. De repente, ouviu-se um barulhento "tuóc-tuóc" de balas passando por cima de sua cabeça. Ele se agachou por trás de um muro perto de uma encruzilhada. Para continuar avançando, teria de enfrentar terreno aberto debaixo de fogo. Shockley ordenou a seus homens que avançassem, enquanto Capa observava. "Agora se espalhem!", gritou, sabendo que se avançassem em grupos eles se tornariam alvo fácil. "Estão querendo atrair o fogo sobre vocês? Não fiquem grudados assim. Mantenham distância de 5 metros. Se espalhem, caramba!"

Pyle ficou impressionado com a incrível vulnerabilidade dos homens enquanto cumpriam as ordens de Shockley: "Na verdade, eles eram os caçadores, mas pareciam a caça. Não eram guerreiros. Eram meninos americanos que por simples capricho do destino tinham acabado com armas nas mãos, esgueirando-se por ruas mortíferas numa cidade estranha e dizimada, num país distante, debaixo de chuva. Estavam com medo, mas não tinham como desistir. Não tinham escolha."

Circulou a informação de que as tropas alemãs estavam pouco menos de 200 metros adiante, próximas de seu objetivo: o hospital cheio de americanos feridos. A 45 metros do hospital, um tanque americano abria fogo com seu canhão de 75 mm. Vidraças se quebravam nas ruas sacudidas pela explosão. Até que o tanque foi por sua vez atingido diretamente, expelindo chamas por baixo. A tripulação saiu do interior e correu para se proteger. Minutos depois, um grupo de alemães apareceu à frente, liderado por um oficial e acenando com uma bandeira da Cruz Vermelha presa a uma vara. Carregavam duas macas com feridos. Capa saltou sobre um monte de destroços, correu em direção aos alemães que se rendiam, ergueu sua Leica e os fotografou várias vezes. Disse-lhes então, em alemão, que o seguissem de volta às linhas americanas.

Ao chegar finalmente ao hospital, Capa encontrou mais de duzentos homens da 82ª Divisão Aerotransportada cobertos de ataduras, e foi informado de que havia no porão do hospital um suprimento dos melhores vinhos e *brandies*. Lá chegando, contudo, constatou que "cada soldado do 47º [Regimento] de Infantaria já estava com os braços, a jaqueta e os bolsos carregados de preciosas garrafas". Ele precisava terrivelmente de um drinque, e implorou a um soldado um pouco de bebida. O soldado riu: "Só se você for Ernie Pyle."[9] Capa dirigiu-se então a outro soldado para pedir uma garrafa para Pyle, sendo rapidamente atendido. Para o único e autêntico Ernie Pyle, a maioria dos pracinhas de bom grado entregaria qualquer butim de que se tivesse apoderado. A essa altura da guerra, o correspondente de Scripps-Howard era às vezes assediado em massa pelos pracinhas, o que o deixava extremamente constrangido. Onde quer que fosse, os soldados pediam-lhe autógrafos em cédulas de franco ou coronhas de fuzis. "A cada dia havia novos convites", escreveu seu biógrafo, James Tobin, "de militares que podiam variar de soldados rasos a generais, desejosos do reconhecimento de Pyle a suas unidades."[10]

Mais tarde, no dia 26 de junho, Capa presenciou a rendição do general von Schlieben, o comandante alemão de Cherburgo. Recusando-se a ser fotografado, von Schlieben disse em alemão a seu ajudante de ordens que estava de saco cheio da imprensa americana. Capa respondeu, em alemão, que estava de saco cheio de fotografar oficiais alemães derrotados. Indignado com tanta insolência, von Schlieben voltou-se para ele, furioso. Capa ficou esperando, com o dedo a postos perto do disparador de sua Leica, e conseguiu a foto perfeita da ira na derrota.

Ao cair Cherburgo, os americanos haviam sofrido pesadas baixas na Normandia. Dois terços das 40 mil baixas dos Aliados nas duas primeiras semanas depois do Dia D foram de americanos. A crescente taxa de mortalidade, à medida que os alemães combatiam para defender cada campo e cada cidade, agravava o mal-estar entre os que a testemunhavam. No dia 30 de junho, depois de passar cinco dias com Capa e a 9ª Divisão, Pyle escreveu a um amigo: "Essa coisa de avançar de sebe em sebe é um tipo de guerra que nunca tivemos de enfrentar, e já vi mais alemães mortos que em toda a minha vida. Americanos também, mas não tantos quanto os alemães. Um dia desses vou ficar achando que já estou insensível aos mortos, jovens mortos em grande quantidade, e no dia seguinte vou me dar conta de que não estou nem nunca poderia estar."[11]

Capa e Wertenbaker também estavam arrasados com "o horror da coisa toda".[12] Certa tarde, retornando ao acampamento da imprensa em Bayeux depois da queda de Cherburgo, Wertenbaker refletiu amargamente sobre a maneira como certos políticos encaravam a guerra como um jogo grandioso:

> A guerra é solidão, e sozinho o homem pode ser uma criatura digna. Mas a guerra é medo, e a sujeira de tal maneira destrói essa dignidade que ele perde até a chance de ter uma morte digna. A morte em batalha raramente é aquela bala limpa e inesperada que mata um homem antes de seu rosto ficar distorcido de medo (...). É geralmente uma bomba ou uma rajada de balas de metralhadora se aproximando de criaturas vivas contraídas de terror no solo, e quando a morte passa não resta dignidade alguma nas maçarocas ensanguentadas na sujeira.[13]

Enquanto o jipe sacudia através do mortífero *bocage*, Capa parecendo um bandido mongol, por causa da barba espessa, os ânimos de alguma forma se elevaram por alguns momentos. Ao atravessarem uma ponte em direção a Isigny, debaixo de fogo de artilharia, eles viram um avião de caça encostando numa nuvem solitária no céu claro. "O céu da França", disse Capa, "é adorável." Wertenbaker olhou para cima e assentiu com admiração. "Acho que é o mais belo do mundo", acrescentou Capa.[14]

Capa retornou a Londres com Wertenbaker em meados de julho. Só então tomou conhecimento do destino de suas fotos do Dia D.[15] Inicialmente o pessoal da *Life* mentiu para ele, dizendo que as fotos tinham sido perdidas porque entrara água em suas Contaxes. Ao ver um exemplar da revista, ele ficou tão chateado, segundo Irwin Shaw, que "já não tinha mais muito interesse em fotografar a guerra".[16] Capa ficou ainda mais ressentido ao encontrar na edição de 19 de junho da *Life* uma explicação sobre as fotos perdidas: "O enorme entusiasmo do momento levou o fotógrafo Capa a movimentar a câmera e borrar a imagem."*

Ao retornar à guerra no fim de julho, Capa constatou que mais de trezentos membros da imprensa, entre eles Steinbeck e Hemingway, disputavam a melhor posição na corrida para Paris: a liberação da cidade seria a próxima grande reportagem. "Papa" estava envolvido com sua guerra particular, avançando com uma unidade da 4ª Divisão de Infantaria, depois de fazer amizade com seus oficiais graduados. Segundo Capa, ele tinha seu próprio cozinheiro, um motorista/fotógrafo e uma ração exclusiva de uísque. Os companheiros de Hemingway, por ele chamados de "irregulares", eram funcionários de relações-públicas, mas, sob a influência de Papa, se tinham transformado num "bando de índios sanguinários". Sem porte de arma, como todos os correspondentes de guerra, Hemingway tratara de se certificar de que seu pelotão pessoal carregasse "todas as armas possíveis e imagináveis" — fossem alemãs ou americanas.[17]

No início de agosto, Hemingway convidou Capa a se juntar a ele e seu bando de "irregulares" no avanço em direção a Paris. Capa aceitou, sentindo que uma bela reportagem poderia sair dali, tendo Hemingway como foco principal. Segundo o jornalista americano Peter Hamill, Hemingway estava sentado atrás de Capa no jipe certa tarde quando um caça alemão apareceu e começou a metralhar a estrada. Capa e o motorista mergulharam sob o veículo para se proteger, mas Hemingway manteve-se ereto em seu assento, ignorando as balas. Quando o avião se foi, Capa saiu de debaixo do jipe se arrastando e ordenou ao motorista que retornasse a um posto de comando, para que pudesse enviar filmes por via aérea para Londres.

---

*Apesar da raiva e da decepção, Capa não tentou se vingar. De acordo com certos relatos, chegou a ameaçar deixar a revista se o assistente da câmara escura responsável pelo acidente fosse demitido.

"O quê?", gritou Hemingway. "Voltar? Eu não vou bater em retirada por causa de Henry Luce!"[18]

Bem cedo na manhã de 5 de agosto, Hemingway enviou um veículo de transporte Mercedes capturado para apanhar Capa para nova incursão. Juntamente com o coronel Charles "Buck" Lanham, ele decidira "tomar" a aldeia de St. Pois, e queria que Capa o acompanhasse para registrar mais uma vez a ação. Vendo-o abrir um mapa e traçar seu plano de ataque, Capa tentou dissuadir "Papa" dessa ação temerária e desnecessária, dizendo-lhe que devia obedecer a uma regra muito simples: avançar sempre por trás do maior número possível de soldados, e nunca enveredar por "atalhos desertos em alguma terra de ninguém".[19]

Hemingway lançou um olhar de desprezo, considerando-o um covarde. Capa acabou concordando relutantemente em acompanhá-lo, mas só se pudesse manter uma distância segura atrás dele. Hemingway então foi em frente, numa caçamba de motocicleta. Capa seguia no Mercedes. De repente, Hemingway viu-se novamente debaixo de fogo, quando a motocicleta virou uma esquina. Mais adiante encontrava-se um panzer. O motorista da motocicleta apertou os freios e Hemingway foi atirado numa vala, onde ficou imobilizado. "Volte, maldição!", berrou Hemingway. Mas Capa aparentemente ficou onde estava. "Volte, maldição, já disse!"[20] Ele continuava se recusando a sair do lugar. Quando os alemães finalmente se retiraram, Hemingway, furioso, o recriminou, e durante vários dias os dois não se falaram. Segundo vários biógrafos, Hemingway jamais perdoaria Capa por esse incidente, e a amizade entre eles ficaria abalada até a morte de Capa.*

---

*Houve vários outros motivos para que os dois pouco se vissem nos anos subsequentes. Fracassado seu casamento com Martha Gellhorn, a afeição de Hemingway por Capa ganhou um componente de inveja. Gellhorn nunca escondera sua enorme afeição, senão amor, por Capa, e Papa sabia que ela o tinha como confidente e que ele tomara o partido dela. Em certa ocasião, Capa chegou a recriminar Hemingway por querer casar-se com todas as mulheres pelas quais se apaixonava. Com o passar dos anos, Hemingway tornou-se cada vez mais amargo, dizendo mais tarde a um amigo comum, o escritor Peter Viertel, que Capa "não era capaz de satisfazer suas mulheres, motivo pelo qual estava sempre saltando de um continente a outro". (Viertel, *Dangerous Friends*.)

John, o filho de Hemingway, ficou sabendo do acontecido naquele dia tanto por Capa quanto pelo pai: "Capa contou que no fim das contas efetivamente voltou, e o único motivo pelo qual havia permanecido inicialmente era para ajudar Papa. Mas Papa sempre jurou que a razão de Capa não ter voltado foi querer permanecer ali para fotografar tudo e conseguir imagens de Papa sendo metralhado."[21]

Depois do ataque abortado a St. Pois, Hemingway e Capa seguiram por caminhos separados. Só havia lugar para um ajudante de ordens no exército particular de Hemingway, e depois de St. Pois este certamente não seria Capa, que parecia muito preocupado em registrar a morte de Papa, em vez das suas proezas heroico-cômicas.

Capa rumou para o Monte St-Michel, ao encontro de John Morris; mesmo relutante, ele concordara em mostrar a seu jovem editor um gostinho da vida na linha de frente. "No dia em que cheguei", recorda-se Morris, "Capa propôs que caminhássemos por uma longa rua [no centro da cidade]. Ele tinha um jeito muito próprio de logo se familiarizar com as pessoas. Enquanto caminhávamos, ele viu uma jovem, tocou-a com os dedos sob o queixo e perguntou quem era o seu namorado. Minutos depois, passamos por um pequeno café onde havia homens jogando xadrez, e ele perguntou: 'Por que não move esta [peça]?' Ele era brilhante quando se tratava de travar relação com alguém (...). Foi também nesse dia que um fazendeiro se aproximou dele e perguntou se podia ajudar. Bob respondeu que sim: 'Pague-nos o jantar.'"

Morris e Capa visitaram a cidade próxima de St-Malo dias depois. Ao se aproximarem da cidade, cruzaram com uma unidade especial de soldados americanos envolvidos em "guerra psicológica". Morris achou que as atividades dos militares dariam uma boa reportagem, e convenceu um Capa algo cético a segui-los até a linha de frente, onde, valendo-se de alto-falantes, exortaram as tropas alemãs a se renderem. Quando Morris perguntou ao motorista o que costumava acontecer depois de tais exortações, o outro respondeu enfaticamente: "É um inferno." Morris logo entendeu por quê: salvas de morteiros começaram a cair ali por perto.

"Não parece muito indicado", comentou Capa.

Eles se abrigaram no porão de uma fazenda. "Bob mostrou-se muito calmo e prático [debaixo de fogo], sem se agitar", recorda-se Morris. "Ele tinha um bom senso de autopreservação. Àquela altura, já passara por muita coisa."

Mais tarde, nesse mesmo dia, um grupo de prisioneiros alemães passou pela fazenda. Morris pediu a Capa que "fosse até eles e perguntasse como haviam reagido" às exortações da equipe de guerra psicológica. Capa conversou sucessivamente com eles e retornou a Morris: "Nenhum deles ouviu."

Depois de se despedir do chefe caxias, Capa decidiu ir ao encontro de Charles Wertenbaker. No dia 18 de agosto, os dois chegaram à cidade de Chartres, com sua imponente catedral. Ao se aproximarem da prefeitura, ouviram as imprecações de uma multidão de franceses: "*Salope! Salope!*" (Vadia! Vadia!). Wertenbaker descreveria a cena em *Invasion!*: "Os patriotas traziam mulheres colaboradoras, algumas mais velhas, que haviam ajudado os alemães ou operavam no mercado negro, e as mais jovens, desgrenhadas, que se vendiam aos alemães. Elas foram enfileiradas numa parede, algumas com o cabelo já cortado rente, e no centro do pátio havia um monte de cabelos louros e grisalhos. A um canto, uma mulher e um menino vendiam vinho tinto no copo."[22]

Capa saiu correndo na frente da multidão que insultava uma mulher carregando nos braços o filho de seu amante alemão, pela rua de paralelepípedos. "É cruel e desnecessário", comentou uma trabalhadora da Resistência. "São mulheres de soldados, e amanhã estarão dormindo com os americanos."[23] Caminhando de costas, Capa fotografou várias vezes a mulher de cabeça raspada, enquanto centenas de seus compatriotas vaiavam e gritavam obscenidades. A foto é ainda hoje uma de suas mais famosas, vívido registro da cumplicidade da França com o nazismo e do posterior ressentimento daqueles que aparentemente não haviam colaborado.

Em 23 de agosto, Capa e Wertenbaker ficaram sabendo que as primeiras tropas a entrarem em Paris seriam as da 2ª Divisão Blindada do general francês Leclerc, que no entanto havia declarado que queria ser acompanhado apenas pela imprensa francesa, tendo deslocado sua divisão para mais perto de Paris sem informar os correspondentes americanos. No dia 24, Capa e Wertenbaker encontraram os tanques de Leclerc em Étampes. Nessa tarde, "as nuvens se dissiparam e o sol brilhou num pálido céu azul. As belas árvores altas e flexíveis que margeavam as estradas e os campos erguiam-se, sombrias, contra o pôr do sol".[24] Nessa noite, eles estenderam seus colchonetes à margem da Route Nationale 20. "Debaixo da Ursa Maior viam-se eventualmente flashes de luz, seguidos do som da artilharia a distância. Os tanques franceses eram formas escuras indistintas embaixo das árvores."[25] Mergulhada no blecaute, a Cidade Luz estava a poucos quilômetros de distância.

15
Vitória

> "Foi o dia mais inesquecível do mundo."
>
> ROBERT CAPA, *Slightly Out of Focus*

Alvorecer, 25 de agosto de 1944: o sol parecia erguer-se com pressa. Capa nem se deu ao trabalho de escovar os dentes. Às 9 horas, o motorista que o conduzia na companhia de Wertenbaker manobrou bem por trás do carro blindado de Leclerc e saiu veloz em direção à Porte d'Orléans. De repente, juntou-se uma multidão ao redor deles, agitando bandeirolas e buquês de flores. Mulheres subiam no jipe e os beijavam apaixonadamente. "*Vive De Gaulle*", gritavam. "*Vive Leclerc.*" Outros não paravam de proclamar: "*Merci, merci, merci!*"

Capa e Wertenbaker atravessaram a Porte d'Orléans precisamente às 9h40 da manhã. Tinham chegado antes do exército de Hemingway aos portões de Paris. Já agora as mulheres seguravam os filhos para serem beijados e voltavam a gritar: "*Merci, merci, merci!*" Passados cinco anos, Capa estava de volta à única cidade que sempre consideraria sua casa. Foi o dia mais alegre de sua vida.

Logo extravasariam as emoções acumuladas dos últimos anos. "Bob Capa e eu entramos em Paris com olhos que não queriam ficar secos", recordaria Wertenbaker. "E não nos envergonhávamos nem um pouco disso, como as pessoas que choravam ao nos abraçar."[1]

Eles saltaram do jipe perto do Boulevard des Invalides e caminharam em direção ao Quai d'Orsay, onde os alemães ainda ofereciam corajosa resistência. Passou por eles um padre barbudo com capacete de aço, apressando-se ao encontro de um fuzileiro naval francês ferido mortalmente, para lhe dar os últimos sacramentos. Numa esquina, Capa deu com uma multidão aglomerada em torno de um oficial alemão ajoelhado na rua, rezando pela própria vida. Vários militantes da Resistência queriam matá-lo a tiros ali mesmo, mas de repente chegaram três fuzileiros navais franceses e o levaram prisioneiro.

Combates tiveram início então. Os alemães ainda tinham em seu poder o Ministério das Relações Exteriores e vários outros prédios importantes.[2] Ao anoitecer, a maioria dos alemães que ainda estavam em Paris se havia rendido. Enquanto o ruído dos disparos desaparecia ao longe na escuridão, a Cidade Luz voltou a se iluminar pela primeira vez em quatro anos, sendo hasteadas lado a lado, na torre Eiffel, a bandeira tricolor e a *Stars and Stripes* americana. Durante toda a noite, os parisienses cantaram a *Marselhesa* de suas janelas.

Na tarde seguinte, debaixo de um céu de azul profundo, Capa fotografou o general De Gaulle liderando um desfile da vitória do Arco do Triunfo até Notre-Dame. Nessas fotos, ele abre um raro sorriso em seu maior momento de glória. Mas o desfile da vitória foi interrompido na Place de l'Hôtel-de-Ville: vários francoatiradores alemães, talvez ignorando a ordem de rendição, abriram fogo contra a multidão. Milhares de parisienses logo se agarravam uns aos outros nas calçadas cobertas de sangue. Uma bela mulher solitária, de óculos escuros, mantinha-se de pé, por demais orgulhosa para voltar a se agachar. Nas ruas próximas, combatentes da Resistência rapidamente localizaram os francoatiradores e devolveram fogo com metralhadoras e fuzis automáticos. Numa das ruas, Capa encontrou um elegante empresário, num terno risca de giz estilo jaquetão, deitado de costas e atirando com uma espingarda: por trás dele, as balas haviam aberto buracos no piso de um restaurante.

Algumas horas depois, os últimos francoatiradores haviam sido eliminados, e Capa juntou-se a Wertenbaker no Hôtel Scribe, cujo bar logo se haveria de transformar em ponto de encontro da imprensa internacional. O ilustrador Floyd Davis, da *Life*, registraria magnificamente o clima do bar. Em sua ilustração, Capa parece um bandido moreno examinando os colegas: Wertenbaker, com o ar de um importante general; Janet Flanner, colaboradora da *New Yorker*, com seu eterno cigarro; o radialista William Shirer, com seu tapa-olho; um Hemingway, de peito estufado; e um John Steinbeck, de ar sombrio.

John Morris tem uma lembrança vívida do trabalho de edição das fotos da liberação tiradas por Capa. "Na época, lembro que não fiquei muito impressionado — fiquei decepcionado com elas (...). Era fácil fazer a edição [das suas fotos], não era difícil seguir sua linha de pensamento. Ele não ficava buscando ângulos esdrúxulos. Era o tipo do fotógrafo que trabalha na altura da linha do olhar. Isso poderia ser considerado uma fraqueza — ele não se mostrava suficientemente fluido na abordagem do tema." Pensando retrospectivamente, quase sessenta anos depois, contudo, Morris diz que "adoraria voltar a ver aqueles contatos [da reportagem da liberação]". Capa era o mais natural dos fotógrafos, surpreendentemente limitado em seus recursos técnicos, mas tinha essa capacidade inusitada de focalizar sua câmera no momento certo. Suas imagens de Paris naquele dia de euforia ainda hoje constituem o registro definitivo da liberação — o dia mais feliz de sua vida, e possivelmente também da história da cidade.

Nos primeiros dias inebriantes depois da liberação, Capa compartilhou muitas garrafas de champanhe com Morris, e também com George Rodger, Mary Welsh, Slim Aarons e William Saroyan. Mas preferiu não continuar no Scribe, transferindo-se para o Lancaster. Para sua surpresa, constatou que George Rodger tinha chegado uma hora antes e reservado um quarto para ele, exatamente como prometera na Itália.

Certa noite, Capa e Hemingway esqueceram seu desentendimento em St. Pois e jantaram comida do mercado negro no Lancaster. Na noite seguinte, o escritor Marcel Duhamel, tradutor de Hemingway, levou Capa e o bando de "irregulares" de Hemingway a um pequeno restaurante da Rue de Seine que costumava ser frequentado por Pablo Picasso. Ao se sentarem para jantar, Capa deu com os olhos em Picasso numa mesa próxima. Velhos amigos, Hemingway e Picasso se abraçaram e ficaram até tarde da noite conversando na mesa de Capa, banqueteando-se com carne de carneiro e derrubando sucessivas garrafas do melhor vinho.

Na manhã seguinte, segundo Leicester Hemingway, Capa visitou Picasso em seu estúdio de dois andares na Rue St-Augustin, na Rive Gauche: diariamente, das 11 às 13 horas, o pintor abria as portas para artistas e amigos. Capa o fotografou usando uma camiseta listrada, com o braço esquerdo abraçando algo que nas páginas da *Life* foi apresentado como uma "figura grotesca" feita de "arame, metal, ossos de gado e todo tipo de lixo".³ Apesar de o declararem artista "degenerado", os nazistas tinham deixado Picasso em paz durante a ocupação.

Durante vários dias, Capa redescobriu outros recantos de Paris e reencontrou os amigos mais próximos do período anterior à guerra: Cartier-Bresson, Chim e Pierre Gassmann. Numa festa do editor da *Vogue* francesa, os três beberam champanhe, brindando à liberação de sua adorada cidade e compartilhando histórias da guerra. Cartier-Bresson passara três anos num campo de prisioneiros de guerra. Conseguindo fugir na terceira tentativa, entrou para a Resistência em Paris, apresentando-se como seu *alter ego*, um distraído pintor budista. Chim passara a guerra no exército americano, incumbido da interpretação fotográfica da inteligência aérea. Em 1944, tinha a patente de tenente e cidadania americana. Ficou sabendo pouco depois que seus pais e a maioria dos parentes haviam morrido no gueto de Varsóvia em 1942.

Passada a euforia da liberação, a maioria dos parisienses voltou à dura luta para conseguir alimentos e outros produtos de primeira necessidade. Capa era despertado no Lancaster por telefonemas de velhos conhecidos em busca de alimentos, café, cigarros americanos ou qualquer outra coisa que o lendário bicão pudesse conseguir. No alto da lista das pessoas que Capa realmente queria ajudar estavam seus únicos parentes em Paris: Béla e Szeren Fischer, além da filha deles, Suzy Marquis, então com 16 anos.

Os Fischers tinham sofrido terrivelmente durante a ocupação. Nas semanas que antecederam a liberação, Suzy caminhava quilômetros diariamente para tentar conseguir algumas cebolas para alimentar a família. No dia em que Capa chegou a Paris, ela tentara se comunicar com ele no Scribe Hotel, mas sem êxito. Dias depois, viu um jovem pracinha parar o jipe em frente a sua casa. Dali a pouco, o sorridente soldado entrava na sala de estar de seus pais com um enorme saco de baeta carregado de comida. "Nós não estávamos acreditando", lembra-se Suzy, que ainda hoje guarda o saco. "Ele estava cheio de todas as coisas com que vínhamos sonhando há anos: farinha, manteiga fresca. O americano me deu um relógio e algumas meias, disse que o saco era mandado por Bob. Nós simplesmente ficamos ali olhando aquela comida toda por horas a fio. Não dava para acreditar!"

No início de setembro, Capa ficou sabendo, encantado, que deveria permanecer em Paris várias semanas ainda. Agora que estava de volta à única cidade em que se considerava em casa, não tinha a menor vontade de continuar fotografando a guerra. "Não haveria mais aquelas fotos de rapazes da infantaria, como no Norte da África ou nas montanhas da Itália, nunca mais uma invasão que superasse a das praias da Normandia, nem uma liberação como a de Paris."[4] Ainda naquele mês, Bill Graffis, um relações-públicas americano, convidou-o a deixar Paris para uma reportagem sobre a Resistência no sul da França — o Maquis. Ele explicaria mais tarde a reação de Capa:

> As pessoas dizem que o Húngaro Feliz não tinha medo de missão alguma durante a guerra. Não me entendam mal. Acho que fibra era o que não faltava a Capa, e em seu caso era sempre uma bela demonstração de coragem. Como oficial da 82ª Aerotransportada, pedi-lhe certa vez que participasse de uma missão de reabastecimento do Maquis num pequeno veículo de transporte de tropas. Mas ele se recusou, dizendo: "Para os seus pilotos e o Maquis, a missão é importante. Mas para o meu editor significaria no máximo uma ou duas fotos. Para Capa, não vale a pena se envolver numa questão tão pequena e ver a própria cabeça ir pelos ares, sem pelo menos a vantagem de poder espraiar as próprias fotos em quatro páginas. Não é o caso, meu velho." [*sic*] Posso concordar com você em que Capa foi provavelmente o maior fotógrafo da Segunda Guerra Mundial, simplesmente porque era inteligente o bastante para sopesar os riscos em que incorria contra o espaço a ser ocupado na revista. Além disso, Capa é um dos cavalheiros mais genuinamente liberais e democráticos que jamais tive o prazer de conhecer. Ele dá em cima de qualquer mulher, independentemente de raça, cor, credo, altura, idade, peso, situação conjugal ou nacionalidade.[5]

Só no fim de outubro o "genuinamente liberal" Capa deixou Paris, rumando para Toulouse, onde entrou em contato com veteranos da Guerra Civil Espanhola na Unión Nacional Española. No dia 22 de outubro, republicanos espanhóis tinham invadido a Espanha, mas logo haviam sido brutalmente repelidos pelo exército de Franco. Num hospital vazio, Capa tirou fotos lancinantes desses bravos e derradeiros sobreviventes da causa legalista. Vários deles tinham perdido membros do corpo por causa de geladura, e a maioria de seus companheiros morrera tentando atravessar os Pirineus para voltar à França.

De volta a Paris, ele encontrou Martha Gellhorn no Lancaster. Ela pretendia jantar com Papa para pedir-lhe o divórcio. Ao chegar ao restaurante, contudo, encontrou-o com um grupo de seus soldados "irregulares". Aparentemente, ele a insultara durante o jantar, e Capa ainda foi encontrá-la chorando às 4 da manhã. Contou-lhe que Mary Welsh estava tendo um caso com Papa, e se não acreditasse poderia telefonar ao Ritz e perguntar por ela. Gellhorn telefonou e pediu para falar com Welsh. Hemingway atendeu. Capa disse-lhe então que pedisse o divórcio a Hemingway. Depois de xingá-la por vários segundos, Papa concordou. O que até hoje não foi explicado é por que Capa estava no quarto de Gellhorn às 4h da manhã.[6]

Capa também tinha problemas na frente feminina. Pinky exigia um compromisso de sua parte. Queria divorciar-se do marido para se casar com ele. Se ele não a pedisse em casamento, ela fugiria com o primeiro homem disponível que encontrasse. Num concentrado esforço de charme, Capa pediu-lhe que esperasse até o fim da guerra. Mas Pinky se disse cansada de esperar. Estava ficando mais velha e temia que ele não mais a quisesse depois de perder o frescor da juventude. Ele se mostrava destemido na guerra, acrescentava ela, mas apavorado ante a possibilidade de se apaixonar.[7]

Capa retornou a Paris sem saber se Pinky seria fiel a ele. Algumas semanas depois, foi novamente convocado a entrar em ação. No início de dezembro, juntou-se no vale do Saar, perto da fronteira alemã, à 95ª Divisão americana avançando os últimos mortíferos quilômetros em direção ao Terceiro Reich. Os homens que encontrou eram tragicamente jovens e despreparados para os cruéis combates de inverno na fronteira da Alemanha. Eram malfadados "substitutos", com um treinamento mínimo e nenhuma experiência de combate. Sequer haviam frequentado palestras de orientação sobre o que esperar, e morriam como moscas à primeira geada. Em certas batalhas, mais de 50% tombavam em apenas três dias na linha de frente. Os veteranos, que já a essa altura eram simplesmente os que tinham sobrevivido durante um mês de combates, muitas vezes sequer se davam ao trabalho de perguntar o nome do substituto. Não queriam ficar conhecendo o próximo a morrer. Serviria apenas para lembrar-lhes do seu fatal destino.*

Em suas memórias, Capa não faz menção a essas carnificinas. Em *Slightly Out of Focus*, ele apenas sugere os verdadeiros horrores da guerra. A franqueza dava lugar ao humor. A ironia mascarava críticas às táticas erradas. Na qualidade de não combatente, dolorosamente consciente de que podia escolher quando arriscar a própria vida e quando se proteger numa trincheira, ele tinha o direito apenas, segundo diria mais tarde a amigos, de sorrir ante uma fatalidade, dar de ombros a uma perda e seguir em frente para a próxima batalha ou o jogo de pôquer seguinte.**

No vale do Saar, naquele mês de dezembro, Capa deparava com cenas cada vez mais surrealistas. Num dos setores, ele encontrou uma nova arma: fumaça artificial que impedia a visão a pouco mais de dois metros de distância. Os homens encarregados de lançar a fumaça eram soldados

---

*Segundo o soldado raso Ken Russell, de 19 anos, da 82ª Aerotransportada, os substitutos fotografados por Capa eram "todos bons rapazes, com a força de uma mula e a ignorância de velhas solteironas. Nós tínhamos pena daqueles jovens assustados e tímidos mas cheios de gana que nos cercavam, a nós, os veteranos. Na primeira batalha, eles geralmente morriam aos magotes" (Ambrose, *Citizen Soldiers*).
**O cartunista Bill Mauldin foi um dos muitos que mais tarde se deliciariam contando histórias sobre a aparente calma de Capa diante dos piores horrores. Certo dia, segundo ele, Capa convidou-o a atravessar um rio vigiado pelos alemães. Ele recusou o convite e "logo depois Capa voltou com a perna ensanguentada. Fazendo a travessia com dois atiradores, ele havia deparado com um soldado alemão, aparentemente aturdido pelo bombardeio, em atitude de rendição. Assim que os três se aproximaram, o alemão ergueu um pouco mais as mãos e atirou uma granada americana que trazia na axila, matando um americano e ferindo Capa e a si mesmo. O americano que sobreviveu por sua vez o abateu, atirou para Bob seu estojo de primeiros socorros e foi em frente. Enquanto isso, o fotógrafo registrara todo o episódio. Sequer se dera ao trabalho de abrir o estojo, embora estivesse sangrando muito." Capa só se preocupava agora com a maneira de mandar seu filme de volta para Londres. (Mauldin, *The Brass Ring*.)

negros, enfrentando fogo constante. Um deles disse a Capa que achava que as bombas de 88 mm estavam conversando com ele, avisando que não voltaria ao Alabama.

O bombardeio se intensificava à medida que Capa avançava, de modo que ele decidiu se abrigar num porão — a névoa artificial, de qualquer maneira, o impedia de tirar fotos. Enquanto as bombas zuniam pelo alto, ele lia um velho exemplar de *Guerra e paz* à luz de velas. Os efeitos sonoros, escreveria, "pareciam de encomenda".[8] Depois de cinco dias lendo o clássico de Tolstoi, ele ouviu um inquietante boletim radiofônico. Os alemães haviam lançado um maciço contra-ataque na direção dos Aliados. A Wehrmacht se havia reagrupado e novas divisões Panzer atravessavam céleres a Bélgica em direção à Antuérpia, passando por Liège e Bastogne, nas Ardenas. A investida na direção da Alemanha ficava seriamente comprometida, com um "bolsão" na frente aliada crescendo na direção do rio Meuse. Capa imediatamente retornou a Paris.

A lendária batalha das Ardenas teve início em 16 de dezembro, quando três divisões alemãs se aproximaram do entroncamento rodoviário de Bastogne, no sudeste da Bélgica. Antes da chegada dos alemães, contudo, a 101ª Divisão Aerotransportada, comandada pelo brigadeiro Anthony C. McAuliffe, entrou em Bastogne e ocupou a cidade. Mas os alemães rapidamente cercaram a 101ª Divisão. Quando o general de brigada Heinrich von Luttwitz exigiu sua rendição, McAuliffe deu a resposta que ficou famosa: "Pirou!"

Capa deixou Paris pouco antes do Natal para cobrir o resgate de Bastogne pelas forças do general Patton. No gelado percurso em direção norte, ele seria regularmente interceptado e interrogado por policiais militares paranoicos instruídos a deter quem quer que remotamente parecesse suspeito: os alemães haviam largado de paraquedas tropas e comandos de uniforme americano, por trás das linhas aliadas, para ocupar entroncamentos rodoviários e provocar o caos. O pesado sotaque de Capa não ajudava em nada. "Eles insistiam em me fazer muitas perguntas tolas e embaraçosas", recordaria ele. "'Qual a capital de Nebraska?' (...) 'Quem foi

"Ele estabelecia prioridades como um jogador."
Robert Capa com talões de aposta, Longchamps, Paris, 1952.

"A rapozinha vermelha", Gerda Taro.

Foto de Fred Stein

Gerda Taro, suivie d'une foule émue, a été portée ce matin au Père-Lachaise

Le corps de notre amie repose non loin des victimes de Clichy sous un immense monceau de fleurs

Le cortège funèbre s'est arrêté devant notre journal pour y être salué par les collaborateurs qui assuraient le service (Lire dans la troisième page)

Ce Soir, 2 de agosto de 1937. Coleção Bibliothèque Historique de la ville de Paris

"Ela foi o grande amor de sua vida." Funeral de Gerda Taro em Paris, 1937.

"Ele fora em busca da morte." Fernhout, Ivens e Capa, segundo a partir da esquerda, na China, 1938, com três funcionários chineses.

"Entre os 400 milhões." Ivens e um homem não identificado estão no alto do tanque; Capa, Fernhout e um chinês, em frente, China, 1938.

Capa e "Papa" Hemingway, Sun Valley, Idaho, novembro de 1940.

"Ele [Capa] falava sete línguas, mas nenhuma delas bem." Ernest Hemingway ouve o "capanês", Sun Valley, Idaho, novembro de 1940.

Capa dança noite adentro em Sun Valley, novembro de 1940. Sua "irmã de alma" Martha Gellhorn é a primeira a partir da esquerda.

"Ele era o pior motorista do mundo." Capa, fim de 1944.

"Veja bem, bode velho, o que interessa é o fim do jogo e quantas fichas você ainda tem no bolso — se ainda estiver jogando." Capa e o "bode velho" George Rodger, Nápoles, 1943.

"Fiquei sob fogo cruzado com ele." John Morris, amigo
e editor de Capa na *Life*, Londres, 1944.

A zona portuária depois do bombardeio, Anzio, 1944.

Ernie Pyle, o grande correspondente de guerra americano, acende um cigarro depois do bombardeio do hotel na praia onde ficavam os correspondentes, Anzio, 1944.

"Ele era incrivelmente corajoso." Capa, segundo a partir da esquerda, salta com a 17ª Divisão Aerotransportada sobre Wesel, na fronteira holandesa, março de 1945.

Capa e David "Chim" Seymour, amigo e cofundador da Magnum.
Paris, início da década de 1950.

Os fundadores da Magnum brindam à liberação de Paris em festa
na casa do editor da *Vogue* Michel de Brunhoff. Capa à esquerda, Chim Seymour
no centro, sem gravata, e Cartier-Bresson no canto direito, de óculos.

"Você é o meu tipo de mulher." Capa com a escritora Gael Elton Mayo.

Ingrid Bergman com o pai, fotógrafo da Boêmia.

"Ela parecia uma pintura." Ingrid Bergman em *Notorious*, 1946.

Capa jogando pôquer com John Huston (à direita), enquanto Burl Ives toca violão, Londres, 1953.

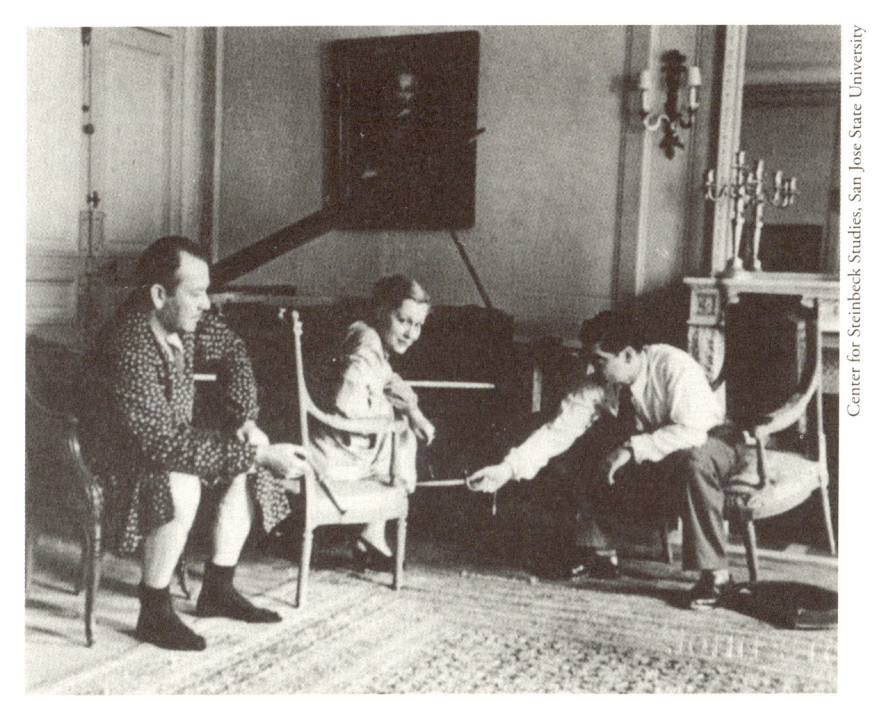

Capa com John Steinbeck e sua mulher, Gwyn, em um hotel de Paris em 1947, dias antes de atravessar a Cortina de Ferro.

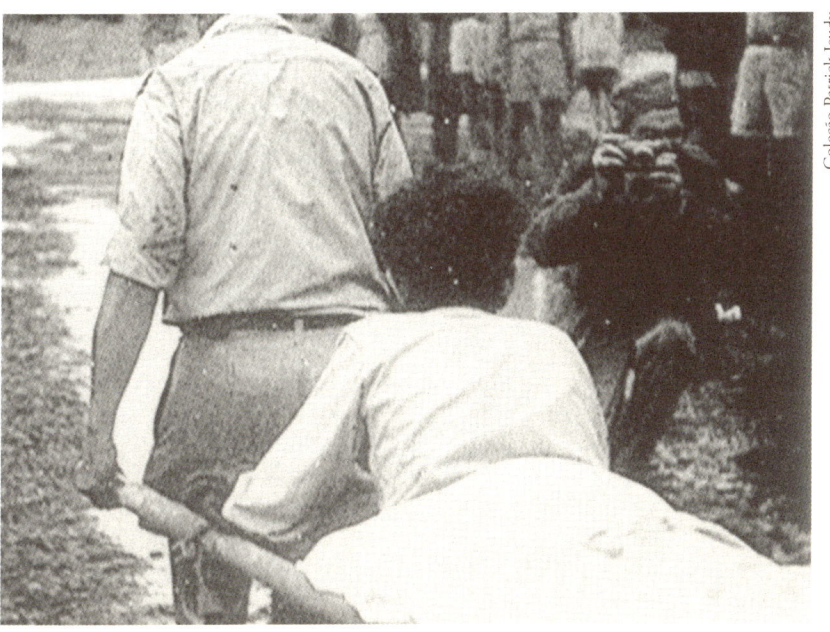

Novamente em ação. Capa capturado por um cinegrafista ao fotografar feridos em Dien Bien Phu, Indochina, maio de 1954.

Foto de Michel Descamps/SCOOP/*Paris Match*

"Ele me pediu que ficasse com sua câmera." A última foto de Capa vivo, tirada pelo amigo e colega Michel Descamps.

"Ela não conseguia falar de outra coisa." "Julita" Friedmann no túmulo do filho favorito no estado de Nova York.

"O homem que se inventou."
André Friedmann, mais conhecido
como Robert Capa, 1954.

o vencedor do último campeonato World Series?' (...) Fui detido algumas vezes, e a cada uma delas ficava retido por muitas horas."[9]

No dia 23 de dezembro, a temperatura caiu a patamares de congelamento. Logo a lama era transformada em pedra. As trincheiras se transformaram em refrigeradores. Tal como na Itália, os homens começaram a morrer das ulcerações causadas pelo frio excessivo. Com as mãos congeladas, os olhos lacrimejando por causa do frio, Capa seguiu em frente com uma unidade de tanques incumbida de salvar a 101ª em Bastogne. Único fotógrafo participando da investida para salvar a divisão, ele não conseguia manter as mãos no obturador congelado de sua câmera por "mais de uma fração de segundo".[10] Exatamente como os homens que fotografava, Capa logo estaria passando a mão em tudo o que pudesse encontrar para se aquecer.

Foi mais ou menos nessa época que Capa conheceu o jovem repórter americano Andy Rooney, hoje famoso escritor e radialista.

Rooney lembra-se dele conversando com um funcionário de relações-públicas, Ken Koyen, que acompanhava a 4ª Divisão Blindada de Patton: "[Ele] usava um casaco de pele que havia confiscado de um depósito da Wehrmacht. Se houvesse uma moda da guerra, esse casaco teria aparecido na sessão de estilo do jornal dominical daquela semana, pois todo soldado americano queria um igual. A pele ficava por dentro, o couro, por fora. Esses casacos não eram apenas muito quentes, mas elegantes, e Capa gostava de se sentir elegante. Koyen avisou-lhe que a frente de guerra não era lugar para um americano estar usando trajes de procedência alemã, mas não foi possível convencer Capa a tirá-lo."[11]

A 8 quilômetros de Bastogne, trajando seu casaco chique, Capa deteve-se para fotografar homens atravessando um campo coberto de neve. De repente, um pracinha a cerca de 150 metros ergueu sua metralhadora. "Calma!", berrou Capa.

O pracinha percebeu o sotaque de Capa, viu seu casaco e começou a atirar. Capa começou a pensar o que poderia fazer. Se saísse correndo, seria morto. Se se atirasse no chão, logo as balas haveriam de encontrá-lo também. De modo que ele jogou as mãos para cima e berrou "*Kamerad!*" Dois pracinhas se aproximaram, com as armas apontadas para ele. Vendo as três caras câmeras alemãs penduradas no pescoço de Capa, eles abriram enormes sorrisos. E então viram suas credenciais de imprensa. "Eu devia ter atirado logo nesse maldito", imprecou um deles.[12]

Na véspera do Natal de 1944, Capa cantava *Noite Feliz* com vários membros de uma tripulação de tanques, tremendo de frio, debaixo de um céu claro com estrelas cadentes. De repente, uma labareda alemã iluminou o céu e eles voltaram aos tanques, seguindo em direção a Bastogne. "Capa viajou com os tanques enquanto eles combatiam paraquedistas alemães no caminho para Bastogne", informaria a *Life* em 15 de janeiro de 1945, com fotos de soldados americanos congelados atravessando campos nevados enquanto aviões de transporte voavam sobre Bastogne. "No sexto [dia], o tenente-coronel Creighton Abrams, comandante do principal batalhão de tanques, disse: 'Vamos agora ao encontro deles!' No dia seguinte à noite de Natal, um súbito avanço de cinco quilômetros acabou com o cerco de Bastogne."

Depois de um repouso de várias semanas, com direito a uma revigorante visita aos Alpes para esquiar, Capa recebeu ordens de se apresentar ao quartel-general da 17ª Divisão Aerotransportada Americana para um salto de para-quedas sobre o Reno. Antes de se juntar à unidade, ele retornou a Toulouse, onde seu velho amigo Pierre Gassmann o encontrou "radiante" de felicidade ao fotografar um congresso do Partido Socialista Espanhol no exílio. Ao lado de Capa estava Henri Cartier-Bresson.

Certa tarde, um dos oradores louvou em Capa o primeiro homem a mostrar ao mundo a heroica resistência do povo espanhol diante do fascismo. No hotel, nessa noite, ele discutiu com Gassmann a ideia de criar uma agência de fotografia em regime de cooperativa. Pretendia convidar também Chim e Cartier-Bresson. Segundo Gassmann, ele imaginara uma agência assim pela primeira vez em 1935, quando uma foto da bolsa de valores de Paris por ele tirada fora comprada pela publicação nazista *Münchner Illustrierte Presse* para mostrar como os judeus franceses pretendiam desestabilizar o franco francês.[13]

No fim de março, nas proximidades da cidade francesa de Arras, Capa finalmente se juntou a um grupo de jovens paraquedistas americanos integrantes da 17ª Divisão Aerotransportada que haviam raspado a cabeça ao estilo "moicano", num ritual de vinculação mútua anterior ao salto em território alemão. Enquanto aguardava o momento de saltar, ele aparentemente deu um jeito de conseguir uma provisão especial de uísque para acalmar os nervos.

"Capa apareceu no escritório de relações-públicas da base e anunciou que queria uísque", recordaria John Hersey. "O encarregado de relações-públicas disse que não era permitido o uso de uísque na base nas 24 horas anteriores a uma missão. Capa pediu então para usar o telefone. O sujeito ameaçou arrancar o fio do telefone da parede se Capa tentasse usá-lo; a base estava debaixo de uma proteção de absoluto segredo. Capa retirou-se. Minutos depois, voltou e disse em tom casual: 'Encontrei um telefone.' Passadas umas duas horas, o encarregado de relações-públicas do quartel-general do general de brigada Lewis Brereton aterrissou no campo; sua missão consistia em descarregar uma partida de uísque para Capa. Mais outras duas horas, e um avião prateado deu voltas sobre o campo e aterrissou, e o general Brereton em pessoa saltou, passou batido pelo nervoso oficial no comando da base, cumprimentou Capa e perguntou se ele tinha recebido o uísque direitinho."[14]

No dia 24 de março, Capa acompanhou trinta "moicanos" no avião que levantou voo sobre uma paisagem cinzenta e gelada. Sabendo que "o fim da escuridão sempre vinha acompanhado do início da morte",[15] ele verificou se as câmeras estavam devidamente presas a suas pernas e se o "frasco [do uísque de Brereton] estava no bolso do peito, por cima do coração".[16] Dez horas da manhã. A luz verde acendeu. Dez e vinte e cinco. Uma luz vermelha.

Capa levantou-se, agarrou o cordão de liberação de seu paraquedas, avançou pelo avião, chegou à porta da cabine e saltou. Quarenta segundos depois, tendo caído apenas 600 pés, ele tocou o solo e se desvencilhou da bagagem, enrolou o paraquedas e seguiu os soldados que avançavam debaixo de fogo na direção de sebes e fazendas ocupadas pelos alemães. Suas fotos mostrariam uma paisagem árida coberta de paraquedas sedosos. Numa delas, vários paraquedistas estão dependurados em galhos de árvores, com os paraquedas cobrindo as copas desnudas, os corpos vinte vezes alvejados pelas balas das metralhadoras alemãs.

Às 11h, Capa tinha impressionado dois rolos de filme. Acendeu seu primeiro cigarro. Seus filmes continham agora muitas outras imagens profundamente comoventes, como a de um paramédico cuidando da cabeça de um paraquedista à beira da morte, tendo ao fundo seu paraquedas preso a uma cerca de arame farpado. Às 11h30, ele deu seu primeiro trago do frasco. As forças aliadas tinham tomado a margem oriental do Reno.

Muito mais tarde, Capa relatou ao amigo Pierre Gassmann o salto de paraquedas. Gassmann insiste: "Capa nunca gostou de perigo. Ele o tolerava, pois fazia parte da sua profissão. Ele sabia como sobreviver: era um bom soldado e tinha um jeito saudável de achar graça das coisas. Disse-me que depois de saltar teve de abrir sua bagagem e tirar cuecas limpas porque havia sujado as calças. E disse que o pior de tudo era trocar as calças debaixo de fogo."

Ao avançarem pelo coração da Alemanha em abril de 1945, os Aliados descobriram verdadeiras casas mortuárias de sofrimento e horror. No dia 15, os britânicos liberaram Belsen. Embora pudesse juntar-se a repórteres como Edward Murrow, Martha Gellhorn e George Rodger no registro da liberação de outros campos, Capa decidiu não o fazer. "Os [campos] estavam coalhados de fotógrafos", explicaria ele, "e cada nova foto daqueles horrores servia apenas para abrandar o efeito global. Agora, durante um dia ou dois, todo mundo verá o que aconteceu com aqueles pobres coitados nos campos; amanhã, muito poucos se importarão com o que lhes acontecer no futuro."[17]

Havia um acontecimento que Capa não queria cobrir: a liberação de Leipzig. Em noticiário radiofônico, Edward Murrow descreveu o que os "bombardeios estratégicos" tinham causado à cidade natal de Gerda: "As bombas não tinham provocado incêndios. Nada restava que pudesse ser incendiado. A cidade já não passava de um deserto empoeirado e acidentado."[18] Em meio àquela desolação, Capa expôs seus últimos rolos de filme na guerra. Em 18 de abril de 1945, enquanto dezenas de milhares de alemães se rendiam no que restava do Terceiro Reich, ele se juntou à 2ª Divisão de Infantaria dos Estados Unidos, que se aproximava da ponte Zeppelin, no canal de Weisse Elster. Em entrevista radiofônica de 1947, ele explicaria que foi então que tirou a foto mais pungente de sua carreira:

> Era evidente que a guerra estava para acabar, pois sabíamos que os russos já estavam em Berlim [sic] e que teríamos de nos deter pouco depois de tomar Leipzig. Entramos em Leipzig depois de combater e precisávamos apenas atravessar mais uma ponte. Os alemães ofereceram alguma resistência, para nos impedir de atravessar. Havia um grande prédio de apartamentos de frente para a ponte. Então pensei: "Vou subir até o último andar e quem sabe consiga uma bela foto de Leipzig nos últimos momentos de combate." Entrei num belo apartamento burguês em cuja varanda se encontrava um rapaz simpático — um jovem sargento que estava [preparando] uma metralhadora pesada. Tirei uma foto dele. Mas o fato é que a guerra acabara. Quem desejaria ver mais uma foto de alguém atirando? Estávamos há quatro anos tirando essa mesma foto, todo mundo queria ver coisas diferentes, e quando essa foto chegasse a Nova York a manchete provavelmente seria "paz". De modo que não fazia o menor sentido. Mas ele parecia tão arrumadinho, como se fosse o primeiro dia da guerra, e muito sério. Eu então disse: "Muito bem, será minha última foto da guerra." Levantei a câmera e tirei um retrato dele, e no momento em que o tirava ele foi morto por um francoatirador. Foi uma morte limpa e de certa forma bela, e acho que é o que mais presente ficou em minha memória dessa guerra.

— E este terá sido o último — você imagina — talvez o último homem morto durante a guerra? — perguntou o entrevistador de Capa.
— Exatamente — respondeu ele. — Tenho certeza de que houve muitos últimos homens a serem mortos. Mas ele terá sido talvez o último no nosso setor.
— E certamente era uma imagem da inutilidade da guerra — comentou o entrevistador.

— Com toda certeza — concordou Capa. — E certamente era uma imagem para ser lembrada, pois eu sabia que no dia seguinte as pessoas começariam a esquecer.[19]

Capa não disse ao entrevistador o que aconteceu depois de tirada a foto do "último homem". Na imagem seguinte, o sujeito estava dilacerado no chão, com o sangue jorrando do pescoço, uma bala entre os olhos. Durante longos segundos, ele fotografou a poça de sangue escorrendo na sua direção. Segundo a *Life*, os "demais integrantes do pelotão decidiram [então] descobrir de onde viera o tiro fatal. Cuidando para não serem vistos, se esgueiraram um a um até a rua de paralelepípedos e cercaram soldados alemães posicionados por trás de vagões de bonde abandonados. Deram alguns tiros de advertência. Dois alemães apareceram de mãos para o alto, gritando: '*Kamerad!*' Os americanos, não propriamente satisfeitos com o resultado, tiveram de conduzi-los."[20]

Em Leipzig, nessa noite, Capa foi despertado com a notícia de que o melhor repórter americano da Segunda Guerra Mundial, seu amigo Ernie Pyle, acabara perdendo a sorte. Na véspera, por volta das 10h da manhã, tinha sido alvejado na têmpora, logo abaixo do capacete, por um soldado japonês armado de metralhadora, na minúscula ilha de Ie Shima, de aproximadamente 15 quilômetros quadrados, no Pacífico. Capa sentou-se em silêncio, bebendo até cair. Tinha dormido ao lado de Pyle na África, compartilhado seu frasco de bebida com ele em momentos de terror e júbilo na Itália e nos campos de morte da península de Cherburgo. Como dezenas de milhões de americanos, ele lia a coluna de Pyle em busca de algum humor e ternura, em meio ao que Steinbeck chamava de "o louco e histérico desatino"[21] da Segunda Guerra Mundial.

Apesar de tão diferentes sob tantos aspectos, na profissão jornalística Capa e Pyle representavam as referências até então para repórteres e fotógrafos. Depois de Pyle, escreveria seu biógrafo James Tobin, "nenhum correspondente de guerra poderia afirmar ter realmente feito a reportagem sem circular longamente entre os soldados de fato combatendo na linha de frente".[22] O mesmo, ou mesmo mais ainda, se aplicava a Capa: Pyle não fora obrigado a esticar a cabeça acima de algum parapeito, dia após dia, para realizar seu trabalho.

Qualquer perda leva à introspecção. A certa altura da carreira de qualquer fotógrafo de guerra, sempre chega um momento de profundo autoexame. A bruma da cegueira é dissipada, seja pela perda da coragem ou pela constatação igualmente comum das probabilidades cada vez menores de sair ileso da próxima batalha. Pela primeira vez, talvez, desde a morte de Gerda, Capa começava agora a se preocupar com a própria vida. Tinha jogado carta após carta e sobrevivido, passando à rodada seguinte. Mas até onde poderia testar a própria sorte?

Vieram outras notícias ruins, dessa vez de Pinky. Ela se apaixonara por um encarregado de relações-públicas chamado Chuck Romine, apresentado nas memórias de Capa sob o disfarce de capitão Chris Scott. Ela acabaria por se divorciar do marido para se casar com ele.

Sete de maio de 1945, 2h41 da manhã, horário da Europa Central: o general Alfred Jodl, sentado numa mesa de madeira no sujo prédio de uma escola de Reims, assinou a rendição alemã. No dia seguinte, foi declarada a vitória na Europa. Desde a morte de Gerda, Capa se escorara no companheirismo da vida militar, na necessidade de viver apenas o momento, pensando exclusivamente na próxima cama, na próxima refeição, na próxima bebida ou na próxima mulher. Mas agora, enquanto rolhas de champanhe pipocavam pelo mundo, tudo isso também se fora. "Capa era um jogador e um homem do palco", comenta seu amigo e colega Slim Aarons. "Seu palco era a guerra. Mas e agora que não teria mais uma guerra ao seu dispor?"

16
*"Here's looking at you, Kid"**

"Só me interesso por dois tipos de pessoas: as que me divertem e
as que podem contribuir para a minha carreira."

INGRID BERGMAN[1]

Seis de junho de 1945: os *paparazzi* franceses a chamam pelo nome, tentando alcançá-la no momento em que ela desce de uma limusine e sobe as escadas do Hotel Ritz. Num velho jornal de atualidades cinematográficas, seus cabelos esvoaçam à brisa enquanto ela acena para os admiradores. Antes de entrar no hotel, Ingrid Bergman volta-se e sorri para as bojudas câmeras Speed Graphic. Ela não vinha à Europa desde 1937, e seu evidente prazer de estar de volta transparece em muitas fotografias. Paris a fazia sentir-se como se estivesse "começando a viver de novo".[2]

Ao atravessar o saguão, seguida por seu séquito, ela passou por Capa e seu amigo e companheiro de pôquer, o escritor nova-iorquino Irwin Shaw. Ela se hospedava no Ritz com outros artistas de um espetáculo em turnê pelas bases americanas na Europa. Sua chegada a Paris já deixara em polvorosa a imprensa, que despachava telegramas cheios de excitação do porão do Hôtel Scribe. O rebuliço em torno de sua chegada ao hotel levara uma enciumada companheira da campanha de levantamento do

---
*Citação de um brinde erguido pelo personagem de Humphrey Bogart ao de Ingrid Bergman, por quem está apaixonado, em *Casablanca*, querendo expressar seu prazer em estar em sua companhia, "olhando para ela". [*N. do T.*]

moral das tropas, Marlene Dietrich, a cumprimentá-la certa manhã, no saguão, com o comentário depreciativo que ficaria famoso: "Ah, muito bem, agora que a guerra acabou você aparece!?"[3]

"Na mesma tarde em que cheguei", escreveria Bergman em sua autobiografia, "encontrei um bilhete passado por baixo da porta do meu quarto. E o achei muito engraçado."

ASSUNTO: Jantar. 6.6.45. Paris. França.
PARA: Srta. Ingrid Bergman.
Parte 1. Este é um empreendimento comunitário. A comunidade é formada por Bob Capa e Irwin Shaw.
2. Planejamos enviar-lhe flores com este bilhete convidando-a para jantar esta noite — mas após algumas consultas descobrimos que seria possível pagar as flores ou o jantar, ou então o jantar ou as flores, mas não os dois. Procedemos a uma votação e o jantar venceu por estreita margem.
3. Sugeriu-se que se você não quisesse jantar poderiam ser enviadas flores. Ainda não foi tomada uma decisão a respeito.
4. Além de flores, temos muitas qualidades duvidosas.
5. Se ainda escrevermos muito, não sobrará assunto para a conversa, pois nosso suprimento de charme é limitado.
6. Vamos telefonar às 6h15.
7. Nós não dormimos.[4]

Quando Shaw e Capa telefonaram às 6h15 daquela noite, ela concordou em encontrá-los no bar do porão do Ritz. Os dois já estavam razoavelmente embriagados quando ela chegou às 6h30, como prometido, usando um lindo vestido de alta-costura e uma flor vermelha no cabelo. Os dois acorreram para cumprimentá-la, surpresos por vê-la de fato chegar para encontrá-los, e não a algum general importante. Ela aceitara o convite, como explicaria mais tarde, porque preferia sair para jantar a ficar num quarto de hotel "contemplando um vaso de flores".[5]

"Vocês disseram que me levariam para jantar", disse ela — parecendo a Capa "uma colegial" saída de alguma travessura. "Espero que tenham dinheiro suficiente, pois estou com muita fome."[6] Eles tomaram um táxi para a famosa casa noturna Fouquet's, e Capa pediu o melhor champanhe. Todos os olhos se voltavam para a mesa deles quando Bergman ria com vontade, evidentemente se divertindo muito. Diante de Capa, dando risadinhas e entornando flute após flute, estava uma moça de capa de revista dos soldados aliados, a presa mais valiosa para um mulherengo lendário como ele. Mas será que ele tinha alguma chance?

Ingrid Bergman, 31 anos, era casada com um jovem e bem-apessoado dentista sueco, Petter Lindstrom, e tinha uma filha, Pia. Depois de estrelar o sucesso espetacular que foi *Casablanca* (1942), ganhou o Oscar de melhor atriz em 1944 por seu desempenho em *À meia-luz* (*Gaslight*) e foi a atriz de maior bilheteria em 1945. No auge da carreira, ela podia escolher — se quisesse ser infiel — qualquer homem que lhe interessasse. Capa ainda não sabia que seu casamento estava chegando ao fim: Lindstrom já era a essa altura antes um agente que um marido, e ela já pensava em divórcio.

Depois do Fouquet's, o grupo foi ao Maxim's para jantar. Mais uma vez, os olhares se voltaram para eles. Com o dinheiro acabando, Capa e Shaw levaram Bergman a uma pequena boate em Montmartre e dançaram a noite inteira. Capa não demorou a descobrir que a verdadeira Ingrid Bergman nada tinha a ver com a imagem pura e virginal tão zelosamente construída pelo produtor hollywoodiano David Selznick. Na vida real, ela estava longe de ser a inocente "leiteira sueca"[7] de sua imagem em Hollywood. Bebia muito, contava piadas obscenas e ficava parecendo, agarrada a Capa na pista de dança, que não daria muito trabalho para ser levada para a cama.

Quando Capa e Shaw ficaram sem dinheiro, Bergman lançou mão da bolsa e manteve as rodadas de bebida, e ao alvorecer estava passeando com Capa pelas margens do Sena. Infelizmente, ela estava comprometida com um espetáculo do United Services Overseas (USO) no dia seguinte: os dois se separaram, ambos na expectativa de voltar a se encontrar.

Bergman transmitiu sua primeiras impressões de Capa a seu agente de publicidade, Joe Steele: "Capa é maravilhoso e louco, e tem uma mente brilhante."⁸ Ela fizera contato com ele em seu melhor momento, e ainda por cima na cidade mais sedutora que se pode imaginar. "Desde seu primeiro encontro com Capa", escreve Donald Spoto, o mais recente biógrafo de Bergman, "Ingrid ficou definitivamente viciada em [sua] presença (...) era o tipo de homem que ela conhecia apenas de scripts de cinema, agora se manifestando magicamente na vida real."⁹ Os dois tinham muito em comum. Ambos haviam colaborado para a construção de suas respectivas personas: polir a própria lenda faz bem aos negócios. Compartilhavam origens europeias modestas e tinham sofrido tragédias. E nenhum dos dois tinha motivos para confiar num amor duradouro.

Em meados de julho de 1945, Bergman chegou com a equipe do USO à Baviera, onde o famoso gaitista Larry Adler juntou-se à trupe de artistas, da qual também faziam parte Martha Tilton e Jack Benny. Embora não fosse propriamente um modelo de beleza, Adler era um músico brilhante e carismático, com um maravilhoso senso de humor. Em questão de dias, Bergman passava boa parte do tempo com ele. "[Ele era] tão romântico, tão divertido", escreveria ela, "e sua música simples mas maravilhosa nos envolvia com seu calor."¹⁰

Durante seu período na Europa, Bergman comportou-se como uma "Kindernatur" —¹¹ uma filha da natureza vivendo o momento, como a definira sua tia Mutti. Sem saber ao certo se voltaria a se encontrar com Capa, ela não demorou a ir para a cama com Adler. "Ingrid era de uma beleza estonteante", recordaria ele. "Dava para ficar sentado olhando para ela durante horas. Era como contemplar uma bela pintura. E também parecia absolutamente desligada do próprio estrelato."*

Enquanto Bergman se relacionava com Adler, Capa cumpria sua primeira missão para a *Life* no pós-guerra. Terá sido talvez a reportagem

---

*— Por que as pessoas ficam me dizendo que sou linda? —, perguntou-lhe Bergman no início do caso que mantiveram. — Em Estocolmo, todo mundo se parece comigo.
— Já toquei em Estocolmo — respondeu ele. — Ninguém se parece com você.
Segundo Adler, ao contrário de muitas atrizes recrutadas para a turnê do USO, ela realmente se preocupava com os combatentes. "Ela conversava com os soldados, anotava seus nomes depois das apresentações e telefonava aos pais deles ao retornar aos Estados Unidos", recorda-se Adler. "Ela se recusava a comer com os oficiais. Sempre comia com os soldados alistados. Nunca se comportava como uma estrela."

mais desagradável de sua carreira. No dia 13 de agosto de 1945, os leitores encontraram na revista várias fotos de bebês arianos. Capa visitara na cidade alemã de Hohenhorst, explicava a *Life*, um castelo que abrigara "uma instituição nazista conhecida como Lebenshorn". No dormitório, Capa encontrou dezenas de bebês ilegítimos. "[Esses] bastardos nazistas de Hohenhorst são filhos de soldados SS estimulados por Heinrich Himmler a gerar 'superbebês'. Supernutridos por enfermeiras nazistas, eles defrontam agora os Aliados com um problema a ser resolvido."*

De Hohenhorst, ele foi para Berlim, para fotografar a inacreditável devastação da cidade. Os bombardeios aliados tinham matado pelo menos 800 mil civis alemães até 1945, sendo Berlim o alvo mais frequente: 95% do centro da cidade tinha sido destruído, e no resto da cidade só um quarto das casas continuava habitável.** Ele logo constataria que chegara a Berlim ao mesmo tempo que Adler e Bergman na trilha da turnê do USO; Bergman ficou encantada quando ele entrou em contato, mas não lhe disse que estava saindo com Adler.

"Ingrid ficou fazendo malabarismo com Capa e comigo", conta Adler. "Lembro-me de que certa noite fomos jantar os três, e as coisas foram ficando estranhas, de modo que eu fui embora. Mais tarde, Ingrid foi ao meu quarto pedir desculpas. Ela não sabia qual de nós dois queria, nem tampouco nós sabíamos a quem ela realmente queria. Mas isso não fez com que Capa e eu ficássemos furiosos um com o outro — em absoluto. Continuamos sendo bons amigos."

Em várias oportunidades, Bergman acompanhou Capa pelas ruas de Berlim, disfarçada numa capa de chuva estilo Casablanca e com um lenço na cabeça. Pode inclusive ter estado com ele quando fotografou um enorme mercado negro no Tiergarten. O capitalismo americano já se enraizara

---

*Uma das nove fotos tiradas por Capa, estampada numa página inteira, mostrava bebês tomando mingau. Dizia a legenda: "Os bastardos dos homens de Himmler em Hohenhorst têm olhos azuis, cabelos loiros e são supernutridos. Têm de tomar mingau, queiram ou não."
**As fotos de Berlim tiradas por Capa, mostrando o que a guerra custara à população civil alemã, não foram publicadas na revista *Life*.

profundamente entre as ruínas do Terceiro Reich: os berlinenses faziam escambo com soldados de "olhos arregalados" do Exército Vermelho, desesperados por quinquilharias da decadência ocidental — relógios com a figura de Mickey Mouse que custavam 3,95 dólares nos Estados Unidos eram vendidos por até 500 dólares cada. Capa fotografou um oficial russo fechando negócio por uma garrafa de vinho, outro testando um acordeão e um homem de nariz vermelho sendo detido no amplo mercado negro a céu aberto por porte de arma sem a devida autorização.

Bergman ficou profundamente chocada com a devastação em Berlim. Era difícil acreditar que restasse tão pouco da cidade de que se recordava. No fim da década de 1930, ela trabalhara para o estúdio cinematográfico nazista, a UFA, estrelando *As quatro companheiras*, e passara vários meses em Berlim, aparentemente sem tomar conhecimento da repressão política ao seu redor. Em suas memórias, ela compreensivelmente minimizaria seu trabalho para o estúdio de propaganda de Goebbels. Tampouco temos motivos para supor que o tenha mencionado em conversa com Capa. "[Bergman] nunca comentava o filme que tinha feito na Alemanha", afirma Adler, que continuaria sendo um amigo próximo até a morte dela de câncer, em Londres, em 1982. "Acho que ela se envergonhava do episódio."

Certa tarde, Capa deparou com uma banheira no esqueleto de um prédio. Que furo! Imaginem só! Ingrid Bergman fotografada numa banheira pela primeira vez! Ele clicou, mas na pressa de revelar as fotos o filme se perdeu. Mas o momento não estava totalmente perdido. Um outro fotógrafo, Carl Goodwin, estava com eles naquela tarde. Em sua foto, vemos Bergman com sua capa e seu lenço, parecendo alegre e despreocupada.

Depois de dez dias em Berlim, Adler foi ao encontro da família nos Estados Unidos, e Capa e Bergman retornaram a Paris. Por várias semanas, os dois foram inseparáveis. Voltaram a beber champanhe no Fouquet's, visitaram Notre Dame e certa noite foram vistos de mãos dadas num recanto do bar do Ritz, com toda evidência apaixonados. Foi

em Paris, escreveria Bergman mais tarde, que ela se apaixonou por ele.*
Ao longo de várias semanas, ela conviveu intimamente com um homem que sonhava em "imagens perigosas"[12] e era obcecado com imagens de morte e especialmente com as palavras do piloto que o acusara de ser um abutre insensível no campo de pouso de Chelveston, em 1942. "A ferida deixada na autoestima de Capa por esse insulto haveria de acompanhá-lo pelo resto da vida."[13]

Bergman logo se deu conta também de que Capa tinha uma "hierarquia de prioridades de jogador", forma polida de dizer que ele era capaz de largar qualquer um e qualquer coisa pela adrenalina das apostas em cavalos de corrida em Longchamps ou de uma rodada de pôquer da pesada no vestiário dos fotógrafos da sucursal parisiense da *Life*. "Ele tinha plena consciência de que teria apenas uma vida breve para viver", frisava ela, "e de que não podia desperdiçá-la se adaptando a padrões que não lhe interessavam."[14] Esbanjador, apaixonado, impulsivo, Capa infundiu enorme vitalidade à vida de Bergman, energizando-a e induzindo-a a se mostrar menos preocupada com o futuro e mais disposta a aproveitar o momento.

Em 14 de agosto, cinco dias depois do bombardeio de Nagasaki, Paris comemorou o Dia da Vitória sobre o Japão. Bergman acompanhou Capa num jipe enquanto ele fotografava a multidão em delírio nos Champs-Elysées. Ela vira noticiários cinematográficos de comemorações de liberação em estreias a que comparecera, inclusive cenas de mulheres abraçando e beijando militares aliados, e disse a Capa: "Vou me atirar nos braços de alguém e beijá-lo."

— Qual deles?
— Aquele... ali

---

*É possível que Capa se perguntasse por que ela se apaixonou tão perdidamente por ele. Se tivesse dado uma olhada num dos álbuns de fotos dela, teria descoberto um motivo dos mais fortes. Ele se parecia muito com o falecido pai dela, Justus Bergman, fotógrafo de estúdio originário da Boêmia e perdulário que morreu quando ela tinha apenas 13 anos, dez anos depois da morte da mãe. Bergman costumava dizer que seu pai fora seu "melhor amigo" na infância. Ele a livrara do medo da câmera, fotografando-a em trajes e poses engraçados e chegando a filmá-la, aos 3 anos de idade, no momento em que depositava flores no túmulo da mãe. Fora seu primeiro papel como estrela.

Ela saltou do jipe, agarrou-se a um soldado e o beijou na boca. O pracinha, perplexo, beijou-a de volta.[15]

Aproximando-se o outono, Bergman começou a falar de se divorciar de Petter. Capa disse-lhe que não fizesse nada impensado por causa dele. Não estava certo do que o esperava. Afinal, era um fotógrafo de guerra desempregado e precisava saber o que faria na vida. Estava tão apaixonado por Bergman quanto ela por ele. Mas agora, como acontecera com Pinky, teria de se defrontar mais uma vez com aquilo que — desde a morte de Gerda — mais temia: a verdadeira intimidade com uma mulher. Será que a entrega ao amor acabaria mais uma vez em rejeição, como acontecera com Gerda e Pinky?

Valeria a pena a aposta? Ficara famoso o seu comentário: "Se as fotos não são realmente boas, é porque você não se aproximou o suficiente."[16] No caso das mulheres, contudo, aproximar-se demais podia feri-lo incrivelmente mais que a "ferida de um milhão de dólares" de que falavam os pracinhas na guerra: um ferimento suficientemente grave para acarretar o retorno aos Estados Unidos.

Acostumada a ver os homens se atirarem aos seus pés, Bergman ficou chateada com a reação negligente de Capa. Tendo-se descrito mais tarde como até certo ponto boêmia e até certo ponto pudica, ela alimentava as tradicionais expectativas do caminho a ser percorrido num amor entre dois adultos: casamento e constituição de uma família. Mas não queria abrir mão da expectativa de que Capa viesse a se tornar o que ela pretendia naquele momento: o próximo Sr. Ingrid Bergman. Por que não ir para Hollywood? Ele poderia dirigir filmes, escrever roteiros. Irwin Shaw estava lá, assim como muitos dos escritores que ele conhecera durante a guerra. Capa acabou prometendo que estudaria a proposta, lembrando-se do seu interesse, na década de 1930, pela possibilidade de entrar para o cinema, num momento em que lutava por ganhar a vida como fotógrafo *freelance*. Além disso, se ele parasse de cobrir guerras, precisaria de um novo desafio.

No início de setembro, Bergman retornou a Beverly Hills passando por Nova York. Segundo disse a Capa antes de partir, voltaria para uma gaiola de ouro onde teria de fingir ter apenas 18 anos.* Ele prometeu voltar a vê-la, talvez em Hollywood. Mas antes de decidir tentar a sorte lá ele teria de ver como poderia ser o trabalho como fotógrafo em tempos de paz.

No dia 7 de setembro, Capa estava de volta a Berlim, enviado pela *Life* para cobrir os primeiros serviços religiosos de Rosh Hashanah (o Ano-Novo judaico) a serem realizados nas sinagogas da cidade desde 1938. Numa de suas fotos, vemos um jovem soldado raso, Werner Nathan, com um manto de orações sobre o uniforme do exército americano, lendo um texto sagrado. Entre os quinhentos fiéis presentes estavam soldados russos rezando com algumas dezenas de judeus sobreviventes.**

"Ainda estamos no escuro", disse um rabino auxiliar, cujo mentor fora morto pelos nazistas. "Estamos entre duas portas. Abrimos e atravessamos apenas uma delas. Pergunto a Deus aonde vamos daqui..." Ao terminar o serviço, Capa viu um soldado americano encobrir os pergaminhos sagrados da Torá, escondidos durante a guerra para serem preservados.[17]

Enquanto Capa fotografava a Europa despertando do pesadelo nazista, Bergman se preparava para seu próximo filme, perguntando-se se o amante a acompanharia nos Estados Unidos. No fim de 1945, ainda se consumindo de desejo por ele, ela encontrou o roteirista Ben Hecht e Alfred Hitchcock para analisar um projeto de filme.[18] Estava para começar a rodar de seu próximo filme, *Interlúdio* (*Notorious*).*** Depois de dois ou três encontros,

---

*Sua vida de família voltou à tediosa normalidade no número 1.220 de Benedict Canyon, numa casa de apenas um andar em pedra talhada e sequoia, nas proximidades de Sunset Boulevard, com o enorme salão de estar e jantar de teto abobadado, que Bergman chamava de "galpão". Toda manhã, Bergman e Petter Lindstrom conversavam tomando café. Ele ia então trabalhar num hospital local e Ingrid matava o tempo lendo roteiros, às vezes limpando obsessivamente a casa e organizando preciosos álbuns de recortes. Para manter as aparências, os Bergmans eventualmente iam a uma estreia ou a uma festa, onde pudessem ser vistos por alguns momentos numa pista de dança. Petter era excelente dançarino, mas não um parceiro ideal: suava com facilidade e muitas vezes tinha de trocar a camisa no meio da noite. Ingrid, segundo diria ele mais tarde, era por demais inibida para ser uma boa dançarina: "Ele tinha de estar sempre dando uma olhada para ver se os outros a observavam." (Os detalhes sobre a vida doméstica são extraídos essencialmente de Spoto e Leamer. Ver na bibliografia outras fontes sobre Hollywood e a carreira de Bergmans.)
**Bem mais da metade da população judaica alemã — cerca de 308 mil pessoas em 1939 — morrera na "Solução Final".
***Segundo Larry Adler, Bergman viria mais tarde a se queixar de que Hitchcock insistentemente se insinuou para ela, recebendo diplomáticas recusas, o que transformou as filmagens numa experiência tensa e frustrante. "Ela me disse que fazer filmes com Hitchcock era um horror, pois ele ficava visitando seu camarim para tentar seduzi-la. Ela sempre o rechaçava. Ela era uma garota bem durona — nunca cedia só por causa da posição dos homens que tentavam conquistá-la."

Ingrid e Hitchcock se encontraram certa noite, no escritório dele, para uns drinques. Conversando ali enquanto tomavam coquetéis fortes, ela contou-lhe sobre Capa, dizendo que desejava desesperadamente que ele viesse para Hollywood encetar uma nova carreira. Estava perdidamente apaixonada por ele. Mas aparentemente ele já a esquecera. Hitchcock lembrou-lhe uma fala sua em *Quando fala o coração* (*Spellbound*), o filme que tinham feito anteriormente. "É muito triste amar e perder alguém", disse o cineasta, enquanto ela começava a chorar. "Mas daqui a pouco você esquecerá e retomará o fio de sua vida onde o deixou não faz muito tempo. E vai trabalhar com afinco. Trabalhar duro traz muita felicidade — talvez a maior de todas."[19]

17
Fim de caso

"A maior merda que já vi."

Robert Capa sobre Hollywood[1]

No fim de 1945, Capa decidira tentar a sorte em Hollywood, como insistia Bergman. Mas foi chegando com toda a calma. Aportou em Nova York em outubro, e enquanto Bergman curtia saudades ele jogava pôquer, jactava-se do caso com ela em conversas com amigos e finalmente, dias antes do Natal, hospedou-se num bangalô no Garden of Allah, em Hollywood.*

Inicialmente, Capa e Bergman pouco se viam. *Interlúdio* ocupava todas as horas do dia dela. Enquanto isso, ele retomava contato com velhos conhecidos. Fotografando Hemingway e Gellhorn em Idaho, ele conhecera Gary Cooper e o diretor Howard Hawks com sua ultrachique mulher, Slim. E havia também a velha turma do pôquer em Londres: Stevens, Reis e Saroyan, além do roteirista Peter Viertel. No fim das contas, Bergman conseguiu autorização para que ele visitasse o set de filmagens de *Interlúdio* na RKO. Preocupado com o escândalo que sobreviria se o caso entre os dois fosse descoberto, Hitchcock apresentou os dois amantes, como se não se conhecessem. Ao contrário do que acontecia na Europa, havia olhos curiosos por todo lado: na época, como hoje, os tabloides pagavam bem por histórias apimentadas sobre as estrelas, e a colunista de fofocas

---

*Entre os vizinhos de Capa no hotel, conhecido pelos encontros amorosos entre ídolos do cinema, estavam o ator Charles Laughton e o roteirista Robert Benchley.

Hedda Hopper, capaz de destruir uma carreira com um suspiro, tinha espiões em toda a cidade. Como o Garden of Allah era constantemente vigiado por repórteres, Capa e Bergman se encontravam na casa de praia de Irwin Shaw, no número 18 de Malibu Beach, onde Larry Adler às vezes se hospedava para escrever.

No fim de janeiro de 1946, Capa aceitou um trabalho de produção na empresa de William Goetz, a International Pictures. Bergman ficou exultante: agora ele tinha um motivo para ficar por perto. Mas em questão de semanas ele estava entediado com a indústria cinematográfica e farto de um ambiente social que já então, como hoje, se mostrava rigidamente estratificado em função do sucesso do último filme feito. "Capa não aceitava ordens de ninguém", comenta Larry Adler, que no início de 1946 dividiu seu apartamento em Beverly Hills com ele durante várias semanas. "Se Bob realmente tivesse aderido ao jogo em Hollywood, estaria sob o comando de alguém. Viria algum produtor dizer-lhe o que fazer. Viria um diretor dizer-lhe o que fazer. E Bob não teria gostado."

Incapaz de se sentar numa escrivaninha por mais de alguns minutos, Capa logo estaria passando as manhãs no jogo de tênis com Adler, as tardes tomando sol à beira da piscina dos Hawks e os fins de semana perdendo feio com os cavalos no hipódromo de Santa Anita. Muitos dias eram também desperdiçados com jornalistas e fotógrafos como Slim Aarons, que bebia num pub inglês, o Cock and Bull, em frente à sucursal da *Time-Life* no Sunset Boulevard.

"Nós simplesmente ficávamos ali no bar, curtindo com as garotas", lembra-se Aarons, que logo passaria a chamar Capa de "Bob Caponey". "Também me encontrei com ele certa vez numa festa com Howard Hughes e todos aqueles figurões. Ele ficava jogando cartas com os ricaços, os jogadores escolados, aqueles produtores cheios de dinheiro. Quando não estava apostando a própria vida, ele apostava nas cartas. Precisava do risco. É que, terminada a guerra, ele ficara sem carga, e precisava de adrenalina. Deve ter perdido feio algumas vezes, pois estava sempre tentando conseguir dinheiro emprestado comigo."

Como acontecera com o pai, o jogo muitas vezes se tornava, agora, o centro da vida de Capa. Mas ele tinha escolhido a cidade errada para apostar alto. Jogar contra homens como Howard Hawks, o inveterado Humphrey Bogart e os diretores John Huston e Anatole Litvak era potencialmente tão perigoso quanto pular de paraquedas sobre o Reno. Huston em particular era conhecido como jogador temerário, que só pensava em derrubar um monte de fichas numa só cartada. "Certa vez entrei num desses jogos de alto coturno", comenta Slim Aarons. "Capa podia até estar no mesmo jogo, pois na época se encontrava na cidade. Lembro que tive muita sorte de sair a tempo. Nunca mais voltei a jogar."

Em março, em seus encontros amorosos em Malibu, Capa queixou-se da vida de servidão de Bergman em Hollywood. Ela não passava de um tíquete-refeição para Petter e de uma aposta de bilheteria para Selznick. "Não dê ouvidos a seu marido, a Joe Steele ou a quem quer que a trate como uma estudante", repreendia ele. Ela se limitava a "trabalhar, trabalhar e trabalhar". Estava sacrificando coisas demais por aquela maldita carreira, e ele não via sentido nisso se não servia para torná-la mais feliz. "Você enlouqueceu. Transformou-se numa indústria, numa instituição. Precisa voltar a ser humana. Você não aproveita a vida porque não tem tempo para viver."

"Eu estou me realizando", retrucava ela. "Vou fazer mais filmes em Hollywood e voltar ao teatro."[2]

Capa disse certa vez a Joe Steele, enfurecido, que Bergman tinha medo de ser ela mesma. Ainda era uma criança, fugindo da maturidade com aquela fuga em fantasias de celuloide.* "Para uma mulher adulta, ela é tão ingênua que chega a doer. Tem medo de se entregar. Medo de se livrar desse maldito conformismo. Segurança e proteção — é o que a motiva. Ela não tem a menor ideia do que é o mundo. É mesmo uma pena."[3]

Não podendo encontrar-se livremente com Bergman e desencantado com a realidade da indústria cinematográfica, Capa logo estaria se quei-

---

*Significativamente, Ingrid se identificava muito com a protagonista de seu livro favorito, *Of Lena Geyer* [Sobre Lena Geyer] (Nova York: Grosset and Dunlap, 1936). Lena é uma menina pobre da Boêmia que se transforma numa cantora de ópera mundialmente conhecida. "Não é uma questão de fazer carreira ou ganhar dinheiro ou coisas assim", diz ela a certa altura. "É a minha vida, é a arte, a única coisa pela qual abri mão de tudo na vida."

xando de que ele e Los Angeles não eram feitos um para o outro. A cidade era a antítese de uma capital europeia como Paris. Era caro e difícil pegar um táxi, e assim ele se via obrigado a dirigir, o que detestava. Durante sua permanência em Hollywood, sofreu várias pequenas colisões e várias vezes escapou por pouco; raramente se sentava sóbrio ao volante, e Slim Aarons lembra-se de que a equipe da sucursal da *Life* em Los Angeles ficava preocupada com a eventualidade de que mais cedo ou mais tarde ele acabasse morrendo. Ele e outros colegas também ficavam esperando o dia em que o carro, que ele nunca conseguia estacionar direito, viesse a descer sozinho a ladeira em frente à sucursal, matando um pedestre.

Em maio de 1946, Capa já estava farto. Quando Bergman lhe disse que depois de concluídas as filmagens de *Interlúdio* tiraria umas férias em Nova York, ele fez as malas. Em Manhattan, os dois decidiram que para continuar se encontrando teriam de parar de se esconder da imprensa. Certa noite, sentaram-se numa mesa bem à vista no pretensioso clube noturno Sheridan's Square. A aposta deu certo. Os repórteres escondidos pelos cantos concluíram que deviam ser amigos. Por que haveriam de se mostrar assim às claras se tivessem algo a esconder?

Bergman também fez o que pôde para se livrar de seu agente, Joe Steele, dizendo à equipe do Drake Hotel que lhe passasse diretamente os telefonemas. Steele não demorou a concluir seus motivos. Quando lhe perguntou sem rodeios se ela tinha algum encontro com Capa, ela negou a acusação, furiosa. No dia seguinte, ela botou por baixo da porta de Steele uma folha de papel com sua agenda do dia. Pretendia tomar um drinque com Cary Grant, ir ao banheiro e se trocar para o jantar. Em seguida, iria "Jantar (não com Cary)" e, por fim, "Voltar para casa?"[4]

Noite após noite, Bergman e Capa eram vistos circulando por Manhattan: beijando-se em cantos esfumaçados de bares de jazz de Greenwich Village, nas últimas filas de cinemas de arte e passeando pela Quinta Avenida ao alvorecer, depois de uma noite de muita bebida pela cidade. Capa levou-a até para conhecer a mãe, que fez um vestido maravilhosamente bordado para a espetacular conquista do filho. "Dependente de toda a atenção e a adrenalina de uma vida de estrela", escreveria seu biógrafo Laurence

Leamer, Bergman "vivia cada vez mais no limite, brincando com sua imagem de pureza, brincando com o que restava de seu casamento, brincando com o escândalo."[5]

Os temores de Steele de que o caso entre Capa e Bergman acabasse por se tornar de conhecimento público seriam justificados quando a colunista de fofocas Sheila Graham noticiou boatos de que o casamento dos Bergmans estava correndo risco. Felizmente, Petter não comentou a nota publicada por Graham em um de seus encontros periódicos com Steele. Esperando que essa saia-justa chamasse Bergman à razão, Steele descobriu que exatamente o contrário é que estava acontecendo: ela achava que os dois tinham de ficar juntos, precisamente porque o caso não caíra na boca do povo.

Steele tentou argumentar com ela. Capa tinha fama de sedutor duro. Ficava se vangloriando com os companheiros de pôquer de que tinha passado na cara a "gata" mais cobiçada de Hollywood. Jamais seria o próximo "Sr. Bergman". Mas ela não ouvia.

Steele estava certo. Quando ela falou de casamento a Capa, ele deu de ombros e disse que não era "do tipo que se casa".* Mais tarde, ela escreveria que, se Capa tivesse dito "venha comigo, vamos ver no que dá, conhecer o mundo, beber até o fim o maravilhoso vinho da vida", ela provavelmente teria deixado Petter. E se ele tivesse dito "vamos nos casar, venha ser o meu amor, e experimentaremos todos os prazeres", ela teria ficado ao seu lado. Mas ele não disse nada disso. Pelo contrário, declarou-lhe: "Não posso me prender a alguém. Se alguém disser 'Amanhã, a Coreia' e estivermos casados e com um filho, eu não poderei ir para a Coreia. E isto seria impossível."

Certa noite, depois de vários coquetéis, Capa disse-lhe que se ela quisesse mais que o aqui e agora deveria procurar com outro. Era o máximo de que ele seria capaz, e, se não bastasse, ela que fosse em frente com sua vida.[6] Mas ela não suportava a ideia de perdê-lo, ainda que ele se

---

*Como o personagem de Grace Kelly em *Janela indiscreta*, de Hitchcock, Bergman insistia em que Capa trocasse o fotojornalismo pelo trabalho como fotógrafo de estúdio. No filme, o personagem de James Stewart ridicularizava, irritado, a ideia. Hitchcock baseou o personagem em boa parte no que sabia de Capa e outros veteranos como Slim Aarons.

recusasse a desempenhar o papel que ela queria. Ao longo de 1946, eles deram prosseguimento ao relacionamento sempre que dispunham de uma noite ou de um fim de semana livre, transformando-se Capa numa espécie de marido em tempo parcial. Ela começou a ler jornais, examinar mais atentamente as cartas de vinho dos restaurantes e se interessar por gastronomia e cinema europeu. A maioria dos filmes de Hollywood era lixo embalado em celofane, dizia-lhe Capa. Se quisesse ser uma artista de verdade, ela deveria trabalhar com um diretor decente, alguém como Roberto Rossellini.

Certa tarde, em Nova York, ela viu *Roma, cidade aberta*, a obra-prima de Rossellini, adotando o tom documental que podia ser encontrado em muitos filmes europeus mais ambiciosos desde a década de 1920. E ficou fascinada, tão emocionada que mal conseguia falar ao sair do cinema. "Preferiria ser lembrada por um grande filme artístico como este", disse ela a Capa, "do que por qualquer dos meus sucessos de bilheteria. Por que não chamar Roberto Rossellini a Hollywood para fazer um filme assim com alguém como eu?"[7] Capa avisou-a para não confundir a natureza do artista com seu trabalho. Mas seu conselho deu em ouvidos moucos.

Em agosto de 1946, ele a acompanhou de volta a Hollywood para a rodagem de seu próximo filme, *O Arco do Triunfo*, baseado no comovente romance de espionagem e traição de Erich Maria Remarque, passado na Paris do fim dos anos 1930.* Bergman perguntou ao diretor, Lewis Milestone, se Capa poderia tirar fotos das filmagens. Milestone adorou ter a presença do famoso fotógrafo de guerra no set, e não se mostrava menos obcecado com Bergman do que Hitchcock. Toda noite, ao apagar dos refletores, Capa e Bergman iam tomar coquetéis com a outra estrela do filme, Charles Boyer, no escritório do diretor. Para desalento de Bergman, Capa frequentemente se embebedava de maneira constrangedora. Ele se mostrara capaz de segurar a onda da bebida com notável *aplomb* durante

---

*Bergman se divertira tanto em Nova York que chegou ao set com 9 quilos a mais. O produtor do filme, Davis Lewis, dizia que ela havia pedido a Lindstrom "que pusesse um cadeado na porta da geladeira". (Leamer, *As Time Goes By*.)

a guerra, quando ela servia de analgésico e combustível. Em 1946, no entanto, já não enfrentava uma situação de vida ou morte que pudesse distraí-lo da atração da garrafa. Dava os primeiros tragos já bem antes do almoço.

Logo ela ficaria cansada do mau humor de Capa pela manhã, antes de conseguir restabelecer seu equilíbrio num prolongado almoço líquido no Romanoff's ou algum outro restaurante coalhado de celebridades — "A bebida se tornara uma espécie de desafio machista, além de servir como entorpecente" —,[8] e com o prosseguimento das filmagens o caso entre os dois foi esfriando. A casa de Irwin Shaw em Malibu já não era um local conveniente para os encontros, considerando-se a agenda de trabalho ainda mais frenética de Bergman, e ela não queria correr o risco de ser vista no Garden of Allah. Dava-se conta agora de que a vida de Capa se transformara num deprimente tédio, interrompido por piques de adrenalina e bebedeiras misturadas com jogatina. A paz o deixava entediado. Mas ele tampouco parecia satisfeito com o papel de "don-juan impulsivo".[9]

Depois de mais de uma década de guerra, Capa começara a ostentar muitos dos sintomas de um transtorno de estresse pós-traumático: inquietação, bebedeiras, irritabilidade, depressão, culpa do sobrevivente, falta de orientação e um niilismo que mal se preocupava em ocultar. Reconhecera no início do relacionamento a presença obsessiva da morte em seus sonhos. Agora ela sabia que ele dissera a verdade. Finalmente estava enxergando por trás de sua perene máscara "encantadora":[10] ao mesmo tempo escudo psíquico e um esteio necessário para um homem que precisava fingir ser outra pessoa para escapar aos estragos emocionais da guerra.

"Mostrar-se sempre encantador", comentaria Irwin Shaw, "significa que era preciso estar sempre disposto a ir para o próximo bar ou a próxima guerra, não importando se o dia já estivesse clareando ou se a guerra não fosse nada interessante. Significa que o sujeito não pode deixar de estar presente em cada partida e em cada cartada de pôquer; que deve perder seis meses de salário e pagar a nova rodada de bebida, emprestar descuidadamente e tomar emprestado periodicamente [e] se juntar exclusivamente com mulheres muito bonitas, de preferência as que aparecem nos jornais."[11]

O Arco do Triunfo foi um terrível fracasso de bilheteria. Mas Bergman de fato tinha algumas cenas bem fortes, e, como informava orgulhosamente a revista *Illustrated* durante as filmagens, era um filme inovador. "Capa tirou essas fotos enquanto as câmeras cinematográficas rodavam. Acredita-se que pela primeira vez eram tiradas fotos de cena em plena filmagem."[12] Como no caso de *Interlúdio*, não faltavam paralelos entre a narrativa e a realidade. Capa de fato estava presente numa cena em que Boyer, desempenhando o papel do Dr. B. Ravic, um cantor de cabaré de origem romeno-italiana, se recusa a se casar com Bergman. "Eu fiquei esperando", contaria ela. "ESPERANDO. E você não veio..."[13]

Ao mesmo tempo em que fotografava Bergman em etérea beleza — seus retratos eram admiravelmente compostos —, Capa encontrava tempo para aparecer também diante das câmeras. Ele costumava brincar que deveria ter sido ator. Quando não estava no set de *O Arco do Triunfo*, Capa se caracterizava como servo egípcio em *Temptation*, dirigido por Irving Pichel.[14] Antes do fim das filmagens, contudo, ele deixou Hollywood para sempre, acompanhando Bergman mais uma vez a Nova York, onde ela começou a ensaiar seu primeiro papel na Broadway, o de Joana d'Arc. Eles se encontraram várias vezes, mas sabiam que o caso estava chegando ao fim. Ele não se decidia a um casamento — a domesticação era pior que a morte, ao que parecia — e ela não pretendia pôr em risco sua carreira para estar com um homem que não se dispunha a um compromisso que preservasse as aparências.

"Eu sei da influência húngara", escreveu ela a um amigo. "Sempre serei grata por ela (...) sinto que ela mudou muita coisa em mim (...). Mas [ele] sabe que estamos encerrando o capítulo. É ruim quando todas as outras coisas em torno dele também vão mal. Mas a gente às vezes não tem escolha. Estamos bebendo nossas últimas garrafas de champanhe. Estou deixando para trás um momento muito caro de minha vida, mas ambos estamos aprendendo e também efetuando um procedimento limpo, para que ambos os pacientes vivam felizes para sempre."[15]

Por ocasião da estreia de *Joana d'Arc* em Washington, Capa retornara a Paris. Várias semanas depois, ele escreveu que sentia uma falta terrível dela. Tinha comprado uma máquina de escrever e uma casa. Uma era pequena, a outra, um pouco maior — a cerca de 15 quilômetros de Paris, bem no meio de uma floresta. No Ritz, os amigos perguntavam por ela. Ele lhe pediu que lhe escrevesse, esperando que se mantivesse fiel a ele. Queria que tivesse sempre uma garrafa de champanhe na geladeira para a próxima vez em que se encontrassem. Voltava a adverti-la contra novos compromissos no cinema e movimentos que a aprisionassem ainda mais em Hollywood, tornando-se menos humana a cada estreia. A seus olhos, o sucesso era pior que o fracasso. Ele conhecia a verdadeira Ingrid, uma mocinha de Hollywood cujo coração ficara na Suécia. E concluía a carta dizendo o quanto estava apaixonado por ela.[16]

A estreia de Bergman na Broadway foi um enorme sucesso, mas depois de várias chamadas do público para ovacioná-la de pé ela se refugiou num banheiro para chorar de exaustão nervosa, sentindo-se de repente completamente só. No dia seguinte, entre as pilhas de telegramas de cumprimentos em seu camarim, estava um enviado por Petter, que retornara a Los Angeles: "Você me fez chorar."[17] Dia após dia, as críticas não podiam ser mais entusiásticas. Em meio a sacos e sacos de correspondência dos fãs, ela encontrou cartas de um Capa cheio de saudades. O trabalho a havia tirado dele. Ele conhecera muito poucas mulheres capazes de fazê-lo rir tanto, de levá-lo a apreciar a vida no momento. Implorava-lhe que não desaparecesse de sua vida, pois a essa altura tinha muito poucas coisas realmente de valor. A Europa parecia muito tranquila e solitária sem ela. Caminhando pelas ruas, ele sentia sua ausência por toda parte.

Capa foi em frente, mas já não encontrava muito consolo em seu estilo de vida nômade. Escreveria Martha Gellhorn: "Ele sempre tinha dinheiro para viajar, mas não para se estabelecer."[18] Nesse outono, ele pegou um avião para Istambul, onde dirigiu um documentário sem grande interesse sobre as tensões da Guerra Fria na região. Numa tarde de domingo, sentado na varanda do hotel, dando para o Bósforo, ele na verdade ignorava a paisagem. Seus pensamentos estavam voltados para Bergman. Na última vez em que estiveram juntos, ele lhe dissera que queria saber como seria estar longe dela, sozinho com seus pensamentos. Pois agora sabia exatamente como era — já estava falando sozinho.

Escreveu-lhe também que o mundo estava cheio de falsos valores. As pessoas já não tinham o direito de errar. Mas a volta ao trabalho lembrava-lhe que viver o momento era o que importava. Vinha tentando entender o que lhe acontecera desde que a conhecera. Não havia champanhe decente na Turquia. Ele estava se comportando direitinho. Mas queria saber dela. Estava saindo com alguém? Queria que ela ouvisse o que ele dizia e se libertasse.

Tendo concluído o documentário, Capa retornou a Paris. Foi então esquiar em Megève e finalmente pegou um avião de volta a Nova York. Mas Bergman tinha voltado para Hollywood, de modo que eles deram um jeito de se encontrar em Sun Valley, Idaho, depois do fim de semana da Páscoa. Ela estaria na estação de esqui local por várias semanas, com o marido. Mas eles dariam um jeito de se encontrar. Em Sun Valley, fizeram amor pela última vez. Bergman voltara a seu lugar para reassumir seu papel mais difícil — o de fiel e alegre *Hausfrau*.[19]

Antes de deixar Sun Valley, Capa perambulou pelas roletas e mesas de pôquer do cassino até perder 2 mil dólares — toda a sua poupança. Na manhã seguinte, Bergman foi encontrá-lo insone e de ressaca. "Que diferença faz?", perguntou-lhe ele. "É muito bom para mim. Agora terei de trabalhar mais duro."[20]

Por volta dessa mesma época, ele encontrou Petter Lindstrom nas encostas de Sun Valley. Segundo Petter, Capa ofereceu-lhe algumas dicas de esqui. E ele ficou ofendido, pois era um exímio esquiador, muito mais capaz que Capa. Capa disse-lhe então que achava que Ingrid precisava de férias: estava pálida e cansada da última vez em que a vira em Nova York. Petter finalmente suspeitou dele, e ao ser questionada por ele Ingrid admitiu que tivera um caso com ele, mas jurou que estava encerrado. Ela perderia tudo se ele a processasse por adultério: o escândalo acabaria com sua carreira, além de dar a ele a tutela de Pia.

Segundo vários relatos, Bergman e Capa puseram fim ao caso em termos amistosos em Sun Valley. Bergman ouvira o que ele dizia, tentando seguir seus conselhos. Mas não estava disposta a abrir mão de tudo para viver com o homem que, segundo diria mais tarde, "passara a amar tanto". Mas sempre lhe seria profundamente grata por lhe mostrar que existia vida fora de Hollywood e por abrir seus olhos para a possibilidade de voltar a trabalhar na Europa. Em compensação, alegaria mais tarde que as únicas palavras de estímulo de Petter nos doze anos em que viveram juntos foram "nada mal".[21]

18
De volta à URSS

> "Trava-se uma guerra dentro das fronteiras da URSS (...) não uma guerra pela vida, mas para a morte. Mas o senhor não a percebeu, embora ela possa ser vista com toda clareza."
>
> YURIY SHEREKH, "What Did You Not Want to See, Mr. Steinbeck?"[1]

Não muito depois do fim do caso com Bergman, Capa encontrou John Steinbeck no bar do Hotel Bedford em Nova York. O primeiro casamento de Steinbeck chegava ao fim. Sua carreira desmoronava e ele se atracara para valer à garrafa. Sentados no bar, os dois começaram a sentir pena de si mesmos. Steinbeck não conseguiu evitar um sorriso quando Capa — que seria considerado pela segunda mulher de Steinbeck, Elaine, "um dos homens mais charmosos do mundo" —[2] lhe disse que também estava deprimido: uma grande rodada de pôquer que estava tentando organizar há semanas não se concretizara.

Noite adentro os dois contaram piadas e histórias da guerra, compararam os respectivos feitos recentes na mesa de jogo (quando Capa estava em Nova York, eles costumavam jogar juntos nas noites de sexta-feira) e se animaram com os reluzentes coquetéis Suissesse verdes que eram uma especialidade do barman Willy. Finalmente, a conversa passou a girar em torno de sua insatisfação com a maneira como as questões internacionais eram noticiadas, especialmente na cobertura do bloco oriental europeu, após o famoso discurso de Churchill em Fulton, Missouri, em 1946, no qual elogiava, na presença do presidente Truman, "o heroico povo russo e meu companheiro na guerra, o marechal Stalin", para em seguida advertir para um "perigo vermelho": "De Settin, no Báltico, a Trieste, no Adriático, uma cortina de ferro desceu sobre o continente."

No momento em que os primeiros ventos gelados da Guerra Fria sopravam em Washington e Moscou, Steinbeck e Capa decidiram dar notícias da população russa comum — efetuando, nas proféticas palavras de Capa, "uma antiquada investida à maneira de Dom Quixote e Sancho Pança — escondendo-nos por trás da 'cortina de ferro' e voltando nossas lanças e penas contra os moinhos de vento de hoje".[3] Intitulado *Um diário russo*, seria um livro sobre a verdadeira Rússia, e não uma seca análise política do país. Os amigos lhes diziam que eles não tinham a menor chance de conseguir percorrer a URSS num momento tão delicado.

Sem se deixar intimidar, Steinbeck visitou o consulado soviético em Nova York, e para sua alegria a ideia foi recebida com entusiasmo. O autor de *As vinhas da ira* (1939) e *Ratos e homens* (1937) era o mais famoso autor de ficção proletária do planeta, uma aposta mais que segura aos olhos dos soviéticos.* Seu projeto de concentrar a atenção nas pessoas comuns, baseando o essencial do livro num périplo organizado pelos *apparatchiks* stalinistas, representava uma oportunidade para que os soviéticos apresentassem a União Soviética como um país harmonioso, industrioso e altamente produtivo.

— Mas por que precisa levar um operador de câmera? — perguntou o cônsul geral. — Temos muitos operadores de câmera na União Soviética.

— Mas não têm nenhum Capa — retrucou Steinbeck. — Se a coisa for feita, terá que ser feita no todo, em colaboração.[4]

Sua insistência deu resultado. Os soviéticos acabaram concordando com a participação de Capa. Na década de 1930, ele tentara conseguir

---

*Steinbeck visitara Moscou no verão de 1937, no auge dos expurgos stalinistas, quando cerca de cinco milhões de pessoas foram executadas ou mandadas para campos de trabalhos forçados. Não dissera uma palavra contra o regime de Stalin. Durante sua visita à URSS, ele disse a um espião soviético: "Eu tinha perfeita consciência do que estava acontecendo e não tirei conclusões erradas." (CSA) Agora Stalin tratava de expandir uma brutal rede de *gulags*, que no fim da década de 1940 abrigavam, segundo se estima, seis milhões de novos indesejáveis. Em Moscou, e no meio dos jornalistas conhecedores da União Soviética, a brutal repressão promovida por Stalin era um segredo de polichinelo.

um visto para entrar na União Soviética, mas o tivera negado, e agora, graças à celebridade de Steinbeck, teria a oportunidade de fotografar um país que vinha sendo demonizado pela imprensa ocidental.

Sabendo que a câmera de Capa seria capaz de fornecer as provas mais comprometedoras de que nem tudo ia bem no império de Stalin, os soviéticos começaram a desenvolver cuidadosos planos para criar obstáculos para ele.* O vice-presidente da Sociedade Ucraniana de Relações Culturais (UOKS) escreveu em um relatório secreto a sua equipe, que estava incumbida de acompanhar Steinbeck e Capa em seu percurso pelo Ucrânia: "Capa, o fotógrafo que acompanha [Steinbeck], também precisa ser observado, para impedi-lo de fotografar o que não deve."[5]

Dias antes da partida para a União Soviética, Steinbeck caiu de uma varanda em seu apartamento em Nova York e quebrou a rótula. A viagem teve de ser adiada por várias semanas. Enquanto ele se recuperava, Capa aproveitou para finalmente montar a agência que havia mencionado a George Rodger na Itália em 1943 e a Pierre Gassmann em 1945, depois de ter tido a ideia pela primeira vez na década de 1930.

Desde 1945, Capa participava ativamente da Sociedade Americana de Fotógrafos de Revistas. Sustentava com convicção a tese de que os *freelancers* precisavam lutar por certas medidas de proteção diante da exploração de empresas como a *Life*, que não só havia posto a perder sua reportagem mais importante como tentara em seguida fugir à própria responsabilidade, botando a culpa nele. Os fotógrafos também precisavam adquirir o grau de controle que fosse viável sobre o contexto em que trabalhavam: em todas as matérias publicadas na *Life* com fotos suas, seu trabalho era acompanhado de legendas que corroboravam a visão de mundo de Henry Luce.** Mais importante ainda era o fato de ser imperativo que os

---

*As câmeras deixavam os soviéticos profundamente irritados, acreditando que quase sempre os ocidentais as usavam para "mapeamento de espionagem". Como observaria Steinbeck em *Um diário russo*, a câmera era um "instrumento temido", e "uma pessoa com uma câmera fica sob suspeita e é vigiada aonde quer que vá".
**Até hoje, a Magnum insiste em que as legendas das imagens de seus fotógrafos não sejam alteradas. Existe controvérsia quanto à efetiva observação desse hábito na prática. Muitas vezes as imagens são paginadas e legendadas de modo a caber num espaço e num material específico, e, naturalmente, as imagens usadas em jornais com pontos de vista políticos muito marcados adquirem um significado diferente do que era pretendido pelo fotógrafo.

fotógrafos obtivessem os direitos de reprodução sobre fotos que poderiam ser enormemente valorizadas no futuro, como por exemplo suas imagens do Dia D.

Capa queria deter os direitos sobre seu trabalho em caráter perpétuo, além de reorientar fundamentalmente o equilíbrio de poder entre as revistas e os fotógrafos. "Por que ser explorado por outros?", perguntou ele a Gisèle Freund. "Vamos explorar a nós mesmos."[6] Depois de entrar em contato com George Rodger, Chim e vários outros fotógrafos, além de sua antiga editora na Alliance, Maria Eisner, que tinha escapado dos nazistas e fugido para os Estados Unidos durante a guerra, ele promoveu um almoço para expor os planos de uma agência de fotografia gerida pelos próprios fotógrafos. O almoço teve lugar em meados de abril de 1947, com champanhe à vontade, no segundo andar do Museu de Arte Moderna (MoMA) de Nova York.[7]

Entre os presentes estavam o fotógrafo Bill Vandivert, da *Life* americana, com sua mulher, Rita, a elegante Maria Eisner e David "Chim" Seymour. A reunião, segundo anunciou Capa, assinalava o lançamento oficial de sua ideia: uma "cooperativa" que levaria o nome de Magnum. Segundo Pierre Gassmann, o nome surgiu espontaneamente numa reunião em Paris em que uma garrafa *magnum* de champanhe foi aberta e alguém gritou: "Magnum!" Entre os fundadores estariam também George Rodger e Henri Cartier-Bresson, que aderiria posteriormente à estratégia discutida em meio a muitas taças de champanhe no MoMA. Chim cobriria a Europa, Cartier-Bresson percorreria a Índia e o Extremo Oriente, Rodger se concentraria em sua querida África e no Oriente Médio e Vandivert atuaria nos Estados Unidos. Capa iria aonde quisesse.

Cada um dos fundadores entraria inicialmente com uma taxa de 400 dólares. A agência ficaria com 40% da remuneração das reportagens encomendadas aos fotógrafos membros, 30% da remuneração daquelas que fossem propostas por eles e 50% das revendas. Os Vandivert administrariam o escritório de Nova York, na 8th Street, em Greenwich Village, recebendo Rita 8 mil dólares anuais na qualidade de gerente. Maria Eisner geriria as atividades em Paris de sua residência no 125 da Rue du Faubourg St. Honoré, recebendo 4 mil dólares.[8]

Muitas outras organizações voltadas para a promoção do trabalho de fotógrafos socialmente conscientes já tinham sido criadas.* O que causou espécie nos escritórios de empresas de comunicação em Nova York, Paris e Londres foi a ousada pretensão da Magnum de reter a propriedade dos direitos autorais e dos negativos de seus membros — simplesmente uma revolução na maneira como os fotógrafos lidavam com revistas importantes como a *Life*.[9] O fotógrafo francês Romeo Martinez conhecia Capa e os outros fundadores. "A ideia de Capa — especificamente, de que o jornalista não é ninguém se não for dono dos próprios negativos — haverá de se revelar a ideia mais saudável na história do fotojornalismo", escreveu ele em 1997. "Uma cooperativa é a melhor maneira de deter esses direitos e garantir a liberdade de ação de cada um de seus membros."[10]

Desde o início, Capa ficou preocupado com a eventualidade de que a agência viesse a ser considerada um ajuntamento de diletantes. Para dar certo, a Magnum teria de funcionar como qualquer outra agência, por mais que se empenhasse no sentido da sofisticação e da motivação. Em outras palavras, teria de fornecer conteúdo comercial: ensaios fotográficos de temas de interesse geral. Dentre os fundadores, só Cartier-Bresson podia dar-se ao luxo de ignorar esse tipo de considerações práticas, e Capa não queria que sua estética surrealista viesse a definir o perfil da Magnum aos olhos dos editores com acesso aos cofres das publicações. "Cuidado com as classificações", já cuidara Capa de adverti-lo.** "Elas podem parecer confortáveis, mas alguém vai acabar pespegando em você uma etiqueta de

---

*Capa envolveu-se no início da década de 1940 com a Photo League, sediada em Nova York. Grupo de fotógrafos de organização semi-informal, a Liga pretendia fomentar reportagens de tendência esquerdista, mas não funcionava como um negócio, e sim como uma rede de fotógrafos de ideias radicais. Em reuniões realizadas em fevereiro de 1940 e abril de 1942, Capa falou de seu trabalho na China, na Espanha e de fotografia de guerra em geral, mas infelizmente as transcrições não chegaram até nós. Em dezembro de 1947, a Photo League foi considerada subversiva e incluída na tristemente célebre "lista negra" do Departamento de Justiça dos Estados Unidos. Dissolveu-se no verão de 1951, mais uma vítima da histeria anticomunista da Guerra Fria.

**Capa não precisava preocupar-se. Cartier-Bresson haveria de se destacar nas décadas seguintes como fotógrafo de categoria mundial. Numa rara participação, em 2000, num programa de entrevistas de televisão, nos Estados Unidos, ele fez uma careta à ideia de que seria um dos grandes artistas do século XX, reiterando sua frequente referência a Capa como um fotógrafo instintivo, um dos grandes aventureiros da fotografia.

que nunca mais conseguirá se livrar — 'aquele fotografozinho surrealista'. E você estará perdido, vai ficar afetado e maneirista. Dê preferência à etiqueta de 'jornalista fotográfico' e guarde o resto para você mesmo, no fundo do coração."[11]*

Pierre Gassmann lembra-se com especial afeto dos primeiros dias da Magnum, pois eles assinalaram o início de sua colaboração com a agência, como seu tipógrafo exclusivo. Até hoje, é membro honorário da direção da Magnum. Frisa igualmente que, sem a influência de Chim, a Magnum teria ficado na intenção. Só depois de Chim ter concordado com o projeto de Capa de criar a Magnum é que os outros fundadores aderiram. E era Chim que avaliava mais ponderadamente os riscos, mantendo a Magnum na linha nos primeiros anos, enquanto Capa agia como seu carismático garoto-propaganda, seduzindo editores e estabelecendo contatos onde quer que detectasse uma possível fonte de renda naqueles primeiros anos do pós-guerra.[12]

O primeiro cliente importante da agência foi John Morris, que deixara a *Life* para assumir a função de editor de fotografia no *Ladies' Home Journal*: dois terços dos 15.294 dólares ganhos pela Magnum em seus cinco primeiros meses de existência decorriam de seu apoio. Morris também desenvolveu com Capa a ideia de reportagens comparativas sobre famílias de todo o mundo, "Gente que é gente", e convenceu o *Ladies' Home Journal* a apoiá-la. A publicação destinou ao projeto um orçamento de 15 mil dólares. Chim fotografaria famílias na França e na Alemanha, Rodger, na África, no Egito e no Paquistão, e Capa tiraria retratos na União Soviética durante sua viagem com Steinbeck.

Capa e Steinbeck finalmente chegaram a Moscou em 31 de julho de 1947. Era uma oportunidade única. Com toda certeza, se algum fotógrafo era capaz de introduzir suas lentes por baixo da Cortina de Ferro, era ele. Com essa finalidade, ele levou uma quantidade prodigiosa

---

*Cartier-Bresson enviou-me em 1999 um fax explicando que não tinha histórias interessantes a acrescentar às que já repetira muitas vezes. Generosamente, contudo, mandou-me o poema estampado no frontispício de seu livro.

de equipamentos: várias câmeras diferentes, centenas de cartuchos de filme e tantos equipamentos de iluminação que teve de pagar 300 dólares de excesso de peso.

No aeroporto de Moscou, Capa logo tratou de se certificar de que suas dez malas tinham chegado. Mandou então trancá-las numa sala enquanto esperava o transporte com Steinbeck, dizendo a vários funcionários do aeroporto que cuidassem da bagagem como se suas vidas dependessem disso. "Em geral alegre e despreocupado", lembraria Steinbeck, "Capa se transforma num tirano sempre preocupado quando se trata de suas câmeras."[13]

Os funcionários tiveram de guardar as malas por muito mais tempo do que Capa supunha. Os dois jornalistas não foram recebidos no aeroporto, como combinado, pelo correspondente do *Herald Tribune* em Moscou, Ed Gilmore. Verificou-se que ele deixara a cidade em missão profissional, de modo que Capa e Steinbeck se viram paralisados, sem dinheiro — nem táxis para deixar o local, ainda que dispusessem dos rublos necessários.

Um simpático mensageiro francês acabou por conduzi-los a Moscou. Os hotéis Metropole e Savoy, os únicos para estrangeiros, estavam lotados. Finalmente, eles conseguiram a chave do apartamento de Gilmore, onde, frustrados, acabaram com o estoque de uísque do dono da casa em várias rodadas de *gin rummy* no carteado. Seu ânimo melhorou no dia seguinte, quando a agência russa de informação que cuidava da sua viagem encontrou para eles uma suíte no Savoy com uma enorme banheira para o obrigatório mergulho matinal de Capa, embora eles fossem advertidos por outros correspondentes, no bar, de que se deixassem a região de Moscou enfrentariam frustrações muito piores do que tentar encontrar uma cama para dormir à noite.

Em sua visita anterior, dez anos antes, Steinbeck conhecera uma capital caótica. A essa altura a cidade já estava muito mais limpa e cheia de novos prédios e monumentos a Stalin, mas as pessoas eram tristes e sombrias. Na verdade, estavam exaustas, profundamente cansadas da guerra, da coletivização forçada e dos rigores do stalinismo. As mulheres não usavam maquiagem, luxo burguês, e quase todo mundo usava roupas baratas e de mau gosto. Muitos homens continuavam trajando seus velhos uniformes militares, as únicas roupas de que dispunham.*

Enquanto aguardavam autorização para deixar Moscou, Steinbeck logo ficou conhecendo um Capa diferente da figura encantadora que conhecera em vários bares e acampamentos de imprensa. "Foi então que eu descobri uma qualidade desagradável do temperamento de Capa, e acho que seria correto expô-la aqui, para a eventualidade de alguma jovem resolver um dia aceitar alguma proposta matrimonial por parte dele. Capa é um monopolizador do banheiro, e muito curioso por sinal."[14] Infelizmente, observava ele com certa ironia, o ritual dos mergulhos teve de ser suspenso porque a aspereza da velha banheira fazia sangrar o seu traseiro.

Depois de quase uma semana em Moscou, Capa ainda não fora autorizado a fotografar livremente nas ruas, e insistiu no pedido junto a um funcionário soviético do setor de imprensa. O funcionário prometeu acelerar o processo. Capa afogou a frustração numa festa que o fez sentir-se ainda mais deprimido quanto às perspectivas da viagem. Entre os convivas estavam várias mulheres russas de diplomatas e jornalistas estrangeiros, com seu olhar triste. Stalin não as autorizava a deixar o país para juntar-se aos maridos, embora Clement Attlee, o primeiro-ministro britânico, tivesse solicitado a concessão de vistos de saída para elas. Se os soviéticos podiam mostrar-se tão intransigentes no caso de uma necessidade humanitária tão simples, que chances teria ele de conseguir fotografar o que quisesse?

---

*Steinbeck não menciona em *Um diário russo* que em novembro de 1946 muitos intelectuais judeus de Moscou tinham caído em desgraça com Stalin e sido banidos do Grupo de Escritores Soviéticos, com qual o próprio Steinbeck desfrutou de uma noitada autocongratulatória. Vários desses judeus logo viriam a morrer nos *gulags* onde muitos dos melhores cientistas da União Soviética se esfalfavam para produzir a primeira bomba atômica do país.

Steinbeck tampouco menciona em sua reportagem sobre a vida dos soviéticos comuns que em agosto de 1946, exatamente um ano antes de sua chegada, Stalin ordenara a Yuri Jdanov que lançasse uma maciça campanha ideológica contra a influência cultural ocidental. Será que Steinbeck ignorava esses acontecimentos? Talvez: afinal, ele havia apoiado Elia Kazan durante a caça às bruxas de McCarthy e ao longo da vida não se cansou de repetir gafes políticas. Na União Soviética, conversando com um espião, Steinbeck insistiu em que não havia divisões de classe nos Estados Unidos. Quando o espião observou que os soviéticos sabiam das divisões sociais americanas graças a livros como *As vinhas da ira*, Steinbeck "enrubesceu", mas ficou firme e continuou negando a existência de "classes antagônicas". (CSA)

Capa finalmente recebeu as autorizações e saiu pelas ruas para fotografar os preparativos para as comemorações do aniversário de 800 anos de Moscou. Mas a cada passo era impedido por policiais de fotografar e obrigado repetidas vezes a apresentar documentos. Depois de uns dois dias desse tipo de tratamento, ele decidiu deixar Moscou assim que pudesse. Esperava que, longe da paranoia da capital, tivesse liberdade de voltar a ser um fotojornalista. Sempre dera um jeito de contornar a burocracia e conseguir fotos reveladoras. Estava certo de que poderia fazê-lo de novo, mas para isso seria necessário ir para o interior, onde poderia livrar-se dos controles, pelo menos por algumas horas.* Mal sabia ele que já se tratava de impedir qualquer tentativa nesse sentido. Um relatório secreto de um agente da UOKS em Kiev resume bem o que os soviéticos tinham em mente: "A tarefa abraçada pela UOKS consistia basicamente em mostrar aos visitantes de que maneira a economia nacional e os bens culturais da R. S. S. da Ucrânia foram destruídos durante a guerra e o grande esforço empreendido por nosso povo na restauração e reconstrução do país."[15]

Ao partirem para seu primeiro destino — a Ucrânia —, já havia sinais de tensão no relacionamento entre Steinbeck e Capa. Capa tinha o péssimo hábito de roubar livros, o que parecia imperdoável a Steinbeck. Passava a mão em tudo o que encontrasse na língua inglesa: os *Cadernos de anotações de Máximo Gorki*, um exemplar de *Vanity Fair* e até um surrado relatório do Departamento de Agricultura dos Estados Unidos sobre o ano de 1927. Das estantes de Ed Gilmore, tirou um novo romance de mistério de Ellery Queen, luxo dos mais raros em Moscou em 1947. Steinbeck observou ironicamente que ele também roubava mulheres e cigarros, crimes no entanto muito mais fáceis de perdoar.

---

*Um exame atento dos arquivos soviéticos na Ucrânia e em Moscou revela que Capa e Steinbeck foram vigiados desde o momento em que chegaram à União Soviética. Não tinham como saber que sua estada era cuidadosamente orquestrada com objetivos propagandísticos.

Para conhecer a União Soviética, Capa e Steinbeck teriam de visitar cada cidade de avião. Disseram-lhe que as rodovias ainda não tinham sido reconstruídas desde a guerra. Ainda que quisessem se deslocar apenas algumas centenas de quilômetros entre duas cidades, tinham de passar por Moscou. Naturalmente, isso permitia fiscalizar ainda mais de perto suas atividades.

Os dois finalmente chegaram a Stalingrado no auge de uma onda de calor e foram conduzidos por quilômetros e quilômetros de ruínas até um novo hotel "Intourist" no centro da cidade. Do seu quarto, divisavam a praça onde o marechal de campo von Paulus, comandante do VI Exército de Hitler, finalmente se rendera ao Exército Vermelho, depois do mais épico cerco da Segunda Guerra Mundial.

Mesmo tendo acompanhado os acontecimentos em Berlim em 1945, Capa ficou chocado com aquela devastação. Quinze por cento da população civil da Ucrânia, que era de 45 milhões de pessoas em 1939, fora morta durante a guerra, e Stalingrado havia perdido dezenas de milhares de habitantes. Nem um só prédio do centro da cidade ficara ileso. Como Stalingrado fora o grande triunfo soviético na guerra, Capa pôde fotografar o que via nas ruas.*

Ele ficava feliz quando encontrava uma história da vida real entre os que continuavam vivendo como ratos em túneis e nos porões de suas velhas casas. Para amarga decepção sua, contudo, foi impedido de tirar fotos da famosa fábrica de tanques onde os alemães e o Exército Vermelho se haviam enfrentado em alguns dos combates mais violentos no inverno de 1942-43.** Ele e Steinbeck foram conduzidos por um passeio oficial, mas ele foi instruído a deixar suas câmeras no ônibus — um momento humilhante para um fotojornalista de sua reputação.

Ele ficou furioso. Para Steinbeck, que não era impedido de fazer anotações, ele parecia estar de luto enquanto percorriam a fábrica onde eram forjados tratores com as carcaças de Panzers alemães destruídos. Por toda parte, Capa via imagens incríveis, "contrastes e ângulos e imagens que tinham algum significado além do significado mais evidente". "Aqui, com apenas duas imagens", disse ele a Steinbeck, amargurado, "eu poderia ter mostrado mais do que seria possível transmitir com muitos milhares de palavras."[16]

---

*A vitória soviética ali virara a maré decisivamente em favor dos Aliados em 1943.
**Durante o período que passaram na Ucrânia, Capa e Steinbeck ouviram várias histórias pavorosas sobre o cerco de Stalingrado. Certa noite, ouviam música suave enquanto contemplavam o Volga passando lentamente. Seus anfitriões falavam do frio inacreditável que se abatera sobre a Ucrânia no inverno de 1942, contando que os homens aqueciam as mãos no sangue de companheiros mortos para poder em seguida atirar contra os fascistas.

Ironicamente, havia uma equipe soviética de cinema em Stalingrado na época, reencenando o cerco da cidade para um filme de propaganda. Mas, em virtude de "um incidente ou outro", segundo explicação de Steinbeck, Capa não pôde sequer tirar fotos do filme sendo feito — mais uma perda de uma reportagem que teria real valor comercial no Ocidente. Mas ele efetivamente conseguiu fotografar alguns prisioneiros alemães que restavam. Ainda uniformizados, eles passavam pelas ruas acompanhados de um soldado, sobreviventes infelizes dos cem mil que se haviam rendido em 1944. Muito poucos chegariam a retornar à pátria.* Nas ruínas de uma capela, Capa encontrou uma mulher deitada no chão em frente a um altar danificado. Viu então outra mulher, "de olhos arregalados, meio enlouquecida",[17] fazendo repetidas vezes o sinal da cruz.**

Não muito depois desse episódio, a julgar pelo caráter sem graça de suas fotos, Capa aparentemente decidiu extrair o melhor possível do que restava da sua "turnê vodca",[18] encarando-a precisamente pelo que era: uma viagem patrocinada à Ucrânia, onde, pelo menos, as garotas eram tão belas quanto em Paris. "[Capa] percebeu que não só aquela viagem era um fracasso", escreveu Steinbeck, "como também que tudo mais havia fracassado, que ele era um fracasso, que eu era um fracasso. Entrou em profunda depressão."[19]

O vice-presidente da UOKS na Ucrânia, um tortuoso arquistalinista conhecido como camarada Poltoratski, relataria:

> Eu estava com Capa sempre que ele tirava suas fotos. Ele teve oportunidade de tirar fotos mostrando mendigos, filas, prisioneiros de guerra alemães e locais secretos (ou seja, a construção do gasoduto). Ele não tirou fotos desse tipo e encarava sua atividade sem a imprudência típica dos repórte-

---

*Steinbeck observou que as pessoas viravam o olhar dos prisioneiros quando eles passavam pelas ruas. Mas não explicou o motivo. Segundo um escritor contemporâneo, os cidadãos soviéticos tinham medo da "menor ligação que fosse" com algum estrangeiro. "Na URSS, qualquer pessoa que tenha a mais leve ligação com estrangeiros, à margem das regras e normas oficiais, desaparece." (Yuriy Sherekh, "What Did You Not Want to See, Mr. Steinbeck?")
**O KGB certificou-se de que essa imagem não fosse publicada, pois mostrava a realidade do pós-guerra na União Soviética, um país que não conseguia se recuperar da perda de mais de vinte milhões de seus habitantes.

res. Dentre as fotos que não podem ser encaradas de um ponto de vista favorável, posso assinalar apenas duas: no Museu de Arte Ucraniana, ele tirou a foto de uma mulher extremamente magra que o visitava, e quando estávamos a caminho do *kolkhoz* [fazenda coletiva], ele tirou uma foto de uma família usando roupas andrajosas (...). Entretanto, um exame atento das relações entre Steinbeck e Capa também nos leva a concluir que Capa se mostra mais leal e amistoso em relação a nós. Steinbeck sorrateiramente deu instruções a Capa para que buscasse aspectos que, em sua opinião, fossem vulneráveis em nossa vida.

Os soviéticos tinham bons motivos para acompanhar de perto Capa e Steinbeck enquanto os dois davam prosseguimento à sua "turnê vodca" pela Ucrânia: praticamente toda a região ocidental da União Soviética estava engolfada numa guerra civil.* Mas não encontramos a mais leve indicação da feroz luta do povo ucraniano contra o comunismo em *Um diário russo*, seja pelas imagens de Capa ou as palavras de Steinbeck.

Em 1948, o militante e escritor ucraniano Yuriy Sherekh escreveu um candente ataque a Steinbeck, "What Did You Not Want to See, Mr. Steinbeck?" (O que foi que não quis ver, Sr. Steinbeck?). O artigo foi publicado no *Ukrainian Quarterly* nesse mesmo ano, e tem sido, talvez convenientemente, ignorado por todos os biógrafos de Steinbeck.

"Assim como não notou o extremo cansaço e desespero do homem soviético, o senhor tampouco se deu conta da repressão nacional na URSS", escrevia Sherekh. "Não viu a luta das nações ucraniana e georgiana pela libertação. Não percebeu que até a imprensa soviética da Ucrânia está cheia de artigos contra o 'nacionalismo ucraniano' (...). Trava-se uma guerra no interior das fronteiras da URSS, uma guerra secreta e encoberta, que não é uma guerra pela vida, mas para a morte. Mas o senhor não a percebeu, embora ela possa ser vista com toda clareza."

---

*Após a expulsão das forças alemãs da Ucrânia ocidental, destacamentos armados de *partisans* tinham dado prosseguimento aos combates contra o regime soviético. Stalin ordenara ao chefe do serviço secreto, Béria, que acabasse com aqueles "marginais no prazo mais breve", mas só em 1950 os combates teriam fim na região. (Dmitri Volkogonov, *Stalin, Triumph and Tragedy*. Nova York: Grove Weidenfeld, 1991.)

Enquanto as forças de segurança de Stalin assassinavam *partisans* ucranianos que lutavam pela independência, Capa e Steinbeck visitavam uma "Exposição de *Partisans*" na Ucrânia, onde puderam assistir a um filme de propaganda, *Os vingadores do povo*. Seu guia da UOKS anotaria em seu diário:

> Capa interessou-se várias vezes pelas pessoas que filmavam esses ou outros episódios, e deu um sorriso de aprovação quando um operador de câmera filmou *partisans* visitantes que posavam para a câmera. Era evidente que Capa se inclinava particularmente por dar crédito a essa série de episódios. Concluída a projeção de *Vingadores do povo*, começou imediatamente a de *Ela luta pela pátria*, e tanto Capa quanto Steinbeck evidenciaram total insatisfação, mostrando-se entediados e inquietos. Até que Capa declarou, sem a menor cerimônia: "Espero que ela lute bem rápido pela pátria, pois estou morrendo de fome." Steinbeck sorriu.[20]

Com o passar das semanas, Steinbeck e Capa acabaram sucumbindo aos prazeres e entretenimentos prodigalizados pelos anfitriões. Segundo um relatório secreto do camarada Poltoratski, certa noite, num restaurante, "derreteram-se completamente os últimos pedaços de gelo na fachada de Steinbeck (...). Ele estava muito animado e conversador".[21] Durante visita a um circo, os guias oficiais apresentaram-lhes um escritor ucraniano, um certo "camarada Korniychuk". "Steinbeck vai simplesmente mostrar-se 'franco' em grande medida em suas relações com o camarada Korniychuk", informava Poltoratski.*

Enquanto o camarada Korniychuk, espião soviético, entretinha Steinbeck com histórias edificantes da vida proletária na nova sociedade construída por Stalin, Capa se regalava nos banquetes que agora os acompanhavam

---

*Sherekh explica que Poltoratski carregava "na consciência muitos mortos e exilados dentre os 'autênticos escritores ucranianos' (...) por esse exato motivo ele [Poltoratski] foi oficialmente considerado um 'escritor ucraniano', para lhe dar a oportunidade de espionar os círculos literários, com instruções específicas. Esse homem, odiado por todos, era secretamente chamado de 'Poltovratski' (da palavra russa '*vrat*', que significa mentira, dizer uma coisa falsa)".

Ironicamente, "Poltovratski" relatou aos seus chefes que Capa achava "preferível que o mal fosse revelado, e não ocultado".

aonde quer que fossem.* Antes de deixar a Ucrânia, ele escreveu no livro de "Comentários de Nossos Convidados" da UOKS: "Espero que as imagens do grande povo ucraniano despertem no nosso povo o mesmo entusiasmo que tornou minha visita tão brilhante e frutífera."

A etapa seguinte seria a Geórgia. Passados dez dias, Capa e Steinbeck estavam exaustos de tanto comer e beber. Por pura vaidade, Capa recusava-se a afrouxar o cinto após cada refeição, jactando-se de sua cintura esbelta. Empanzinados e bronzeados, Capa e Steinbeck retornaram a uma Moscou surpreendentemente mergulhada ainda em clima frio no fim de agosto, a tempo para as comemorações do aniversário de 800 anos da cidade.

Havia bandeiras e estandartes por toda parte, como numa cena de *1984*, de Orwell. No cavernoso Estádio Dínamo, Capa fotografou milhares de atletas. Num parque do centro da cidade dedicado a armamentos alemães capturados, chamado Parque dos Troféus, ele viu famílias soviéticas reunidas em torno de aviões e tanques dos nazistas. Na noite do 108º aniversário, Capa misturou-se a mais de um milhão de pessoas na Praça Vermelha e ruas adjacentes. "Para os homens do Kremlin, era muito mais que uma questão de divertimento e fogos de artifício", sentenciava a *Life*, refletindo a crescente paranoia de Luce, naquele momento da Guerra Fria, quanto à disseminação do comunismo. "Em seu discurso de aniversário, Stalin deixou perfeitamente claro que, não importando o que o resto do mundo pense a respeito do exemplo russo, ele considera Moscou o símbolo de uma cruzada para reorganizar o mundo à imagem do comunismo."[22]

Enquanto isso, Henry Holt publicara nos Estados Unidos o livro de memórias de Capa, *Slightly Out of Focus*. Capa visitou a embaixada americana e, como diria mais tarde à rádio WNBC em Nova York, deu uma olhada "nos jornais [e] encontrou o *New York Times*, que estampava uma resenha razoavelmente alentada". Ao mostrá-la a Steinbeck, ouviu do amigo que qualquer escritor "inteligente" não devia ler as críticas de seus próprios livros.

---

*O texto de Steinbeck não mencionaria o surto de fome de 1946, que matara milhões de russos no meio rural, nem o severo racionamento que prevalecia em toda a União Soviética. Na verdade, a maioria da população não estava em situação melhor que a anterior à Revolução de 1917.

"De modo que fiquei envergonhado", brincaria ele mais tarde, "e fui com ela [a resenha] para o banheiro."[23]

O crítico do *Times* fazia eco a muitas outras resenhas. Belas imagens, mas uma pena o tom forçado da narrativa. O *Philadephia Inquirer* foi o mais generoso: "O que Tolstoi faz com as palavras a respeito de Sebastopol, Hemingway a respeito de Caporetto e Crane em torno da Guerra Civil, Capa consegue com sua câmera."[24] Em *Photo Notes*, John Vachon observava com perspicácia: "O relato vívido, pessoal e extremamente divertido de Capa fica bem distante da história sombria e nem sempre divertida que ele fotografou."[25] Vachon criticava então a paginação e a baixa qualidade de reprodução na edição de Holt. Muitas imagens eram material alternativo publicado em revistas, e várias fotos eram semelhantes a cenas muitas vezes capturadas por outros fotógrafos.*

Embora mal tivesse começado o mês de setembro, o rigor do inverno já estava no ar. O quarto de Capa e Steinbeck carecia de aquecimento adequado, e logo eles estariam usando seus sobretudos. Três dias antes de partirem, ficaram sabendo que os negativos de Capa teriam de ser revelados para inspeção.** Com relutância, ele os entregou. Estava convencido de que os soviéticos passariam batidos por uma quantidade tão grande de rolos, resultando uma qualidade de impressão mais que medíocre. Estaria então irremediavelmente perdido todo o projeto, que fora ideia sua e já se revelara um desastre? Ele ficava andando para baixo e para cima, "cacarejando como uma galinha que perdeu os pintinhos".[26]

---

*Hoje, o relato de Capa mais parece um curioso esboço de roteiro para um filme B: vívido, escrito com concisão mas só aqui e ali realmente emocionante. Entretanto, como história oral — boa parte do livro foi ditada a um jovem datilógrafo turco —, *Slightly Out of Focus* alinha-se com as mais interessantes narrativas sobre a Segunda Guerra Mundial. E na verdade a atual moda das memórias na primeira pessoa contribuiu para que o livro saísse da obscuridade, com a ajuda de Cornell Capa. Em 1999, ele foi reeditado na série americana Modern Library, adquirindo assim o status de "clássico moderno". Nessa edição, a Modern Library incluiu muitas excelentes fotografias que não constavam do original, várias delas anteriores à narrativa de Capa. Com o dobro de fotos da edição original, todas reproduzidas magnificamente, o impacto visual do livro é muito maior que o da versão justificadamente considerada desleixada por John Vachon.
**Capa tirara cerca de 4 mil fotos em menos de quarenta dias (algumas centenas em cores): uma quantidade inusitadamente grande para um fotógrafo tão econômico.

No dia da partida, no aeroporto de Moscou, os soviéticos disseram a Capa que seus filmes seriam devolvidos e ele poderia deixar o país. Ele recebeu uma enorme caixa cheia de filmes, mas foi informado de que não poderia romper o lacre até que o avião levantasse voo para Kiev, onde seria reabastecido para em seguida deixar a Cortina de Ferro. A bordo do avião, Capa segurava a caixa nas mãos com expressão sombria. "Está muito leve", disse ele a Steinbeck. "Parece metade do peso."

— Talvez eles tenham botado pedras dentro — disse Steinbeck. — Talvez não haja filmes aí dentro.

Capa sacudiu a caixa.

— Parecem filmes.

— Podem ser jornais velhos.

— Seu filho da puta — retrucou Capa.

Em Kiev, Capa abriu a caixa depois de rigorosa inspeção na alfândega. Segundo Steinbeck, a imagem da mulher meio enlouquecida em Stalingrado e as de vários soldados alemães — fadados, como milhões de outros, a morrer sob o tacão de Stalin — estavam faltando, "mas nada que realmente importasse (...) foi retido".[27] Desanimado, mas aliviado por ter recuperado seus filmes, Capa adormeceu enquanto o avião levantava voo para Praga.

Em *Um diário russo*, depois de relatar os últimos e tensos momentos da viagem, Steinbeck concluía: "Sabemos que este diário não será satisfatório para a esquerda eclesiástica nem para a direita lúmpen. Certamente tem um caráter superficial, e não poderia ser de outra maneira. Não temos conclusões a tirar, a não ser que o povo russo é como qualquer outro povo. Certamente existem pessoas más, mas em sua maioria eles são bons." Steinbeck não esclarecia de que lado ficavam o "camarada Polto*vrat*ski" e seus espiões da UOKS.

19
O *New Look*

"Ele era muito atraente, pela aparência, o estilo de vida cigano, o glamour de seu trabalho, a fama de suas fotografias e o perigo de sua vida."

BETTINA GRAZIANI, ex-modelo da Dior

Depois de deixar a União Soviética, Capa passou alguns dias em Praga, seguindo então para a cidade eslovaca de Furolac, nas montanhas Cárpatos, onde fotografou uma família para a série "Gente Que é gente" idealizada por Morris.* De Praga, Capa viajou para Budapeste. A parte antiga da cidade, em torno do Palácio Real de Buda, fora arrasada, e em outras partes ele encontrou também uma enorme devastação.** Chocado com a destruição da cidade de sua infância, ele permaneceu menos de 24 horas, mas segundo o biógrafo Richard Whelan encontrou tempo para visitar a viúva de seu irmão László, Angela, e sua filha de 13 anos.*** Apesar da brevidade de sua passagem, Capa podia pela primeira vez encarar a terrível

---
*Ele havia prometido uma família russa a Morris, mas não se dera ao trabalho de fotografar para essa série durante a "turnê vodca". Embora ficasse decepcionado, Morris pelo menos ficou aliviado por dispor de uma família do bloco oriental.
**Pouco havia mudado desde a visita do fotógrafo Lee Miller no fim de 1945. Uma de suas fotos recebeu a legenda "Campo de sangue", mostrando uma velha tentando encontrar lenha para fogueira numa paisagem apocalíptica.
***Segundo Richard Whelan, elas haviam sofrido terrivelmente durante a guerra, e continuavam com enorme dificuldade para chegar ao fim de cada mês. Capa passou uma noite com elas e no dia seguinte foi ao cônsul americano para tentar tirá-las da Hungria, antes de partir para Nova York.

gravidade do Holocausto.* A maioria dos judeus da cidade tinha sido assassinada, estando nesse grupo vários dos parentes de sua mãe. Raramente ele falava a respeito, se é que falava, segundo seus amigos, talvez porque fosse doloroso demais.

Judy Freiburg trabalhou como pesquisadora para a Magnum no fim da década de 1940, esteve com Capa muitas vezes e se apaixonou por seu "amigo mais próximo", David "Chim" Seymour. Capa e Seymour "tinham escapado de Hitler e sabiam perfeitamente do que tinham escapado", recorda-se ela. "Diariamente agradeciam a Deus por estarem vivos." Quando trabalhava na embaixada americana em Londres em 1945, ela viu centenas de fotos tiradas nos campos de concentração liberados — tantas que "ainda sinto o cheiro delas". Ela considera que o Holocausto foi um "terrível trauma" para Seymour e os dois irmãos Capa. "Eles tentaram superar de maneiras diferentes. Chim foi lá ver [o que acontecera aos seus, voltando à sua antiga casa no gueto de Varsóvia], mas Bob e seu irmão Cornell tentavam evitar. Não queriam se lembrar. Já que tinham sobrevivido, não queriam que seu nariz fosse esfregado naquela realidade."

Ao retornar aos Estados Unidos no início de outubro, Capa hospedou-se no Bedford Hotel, onde Steinbeck estava concluindo *Um diário russo*.** Dias depois, Capa foi informado de que tinha sido contemplado com a Medalha da Liberdade por "feitos excepcionalmente meritórios que ajudaram os Estados Unidos na guerra contra o inimigo na Europa continental".[1]

No dia 20 de outubro, Capa levantou-se excepcionalmente cedo, tomou um café da manhã preparado por Steinbeck e chegou a tempo para uma

---

*Os judeus húngaros tinham sido o último grande grupo de judeus europeus a ser aniquilado. Em sua maioria, haviam sido enviados para Auschwitz só no verão de 1944: entre maio e julho desse ano, os alemães puseram 437 mil deles em 147 trens. Foi o último grande ato de barbárie da Solução Final, resultando na "mais concentrada orgia de matança de Auschwitz" (Goldhagen, *Hitler's Willing Executioners*). A maioria morreu nas câmaras de gás de Auschwitz, o resto, em marchas da morte e outros campos de concentração. Muito poucos, talvez apenas um décimo, sobreviveram, voltando afinal a Budapeste.

**Dias depois do retorno, Steinbeck confidenciou ao amigo Nathaniel Benchley que gostava de Capa e admirava seu trabalho, mas não queria voltar a trabalhar com ele: para conseguir suas fotos, Capa prometia às pessoas mandar presentes dos Estados Unidos, câmeras ou qualquer outra coisa que quisessem, mas não cumpria a palavra. Segundo Gwyn, a mulher de Steinbeck, "isso deixou John furioso, e ele achou que tinha de cumprir a promessa de Capa, enviando os presentes".

entrevista ao vivo na rádio WNBC de Nova York, para divulgação de *Slightly Out of Focus* e *Um diário russo*.

— Muito bem, Bob, você está no ar — disse o jovial entrevistador de Capa. — E, por sinal, não vai dar para ficar falando com um cigarro na boca... Como é trabalhar com uma câmera do outro lado da Cortina de Ferro?

— Bem — fez Capa —, como você já disse: Cortina de Ferro... Para mim, a cortina de ferro é uma espécie de cortina de ferro de bolso. Todo mundo a carrega na própria cabeça. A outra Cortina de Ferro eu não conheço. Realmente existe, talvez, quando se trata das fronteiras. Mas não tive muitos problemas. — Ele contou então várias piadas sobre Steinbeck e outros incidentes ocorridos durante a viagem, referindo-se a ela como uma tentativa simplesmente de "ver como vivem essas pessoas".[2]

Ao ser publicado, *Um diário russo* teve críticas boas e ruins, além de receber alguns ferozes ataques de especialistas soviéticos. Ver como as "pessoas viviam" na União Soviética em 1947 era em si mesmo um ato político de condenação ou aprovação tácita do regime de Stalin. No *New York Times*, Orville Prescott fazia eco a muitos outros resenhistas: "*Um diário russo* é muito mais bem escrito que a maioria, mas também mais superficial que muitos." O conhecido crítico nova-iorquino Sterling North concluía, de forma astuta: "Fica a questão de saber até que ponto os livros sobre a Rússia podem se tornar superficiais (...). Poderia ter sido diferente se o conhecimento dos colaboradores sobre a Rússia, seu interesse pela Rússia e sua atitude em relação à Rússia estivessem acima do nível de comer, beber e observar agradáveis impressões superficiais."[3]

Em Moscou, a imprensa stalinista, devidamente severa com qualquer visão ocidental da União Soviética, mostrou-se ainda menos impressionada que sua congênere capitalista: os críticos chamavam Capa e Steinbeck de "gângsteres" e "hienas".[4] E, no entanto, os *apparatchiks* soviéticos tinham tudo para estar satisfeitos. *Um diário russo* estava perfeitamente de acordo com a previsão do camarada Poltoratski: "Steinbeck dará um parecer favorável sobre o povo soviético e enfatizará sua simpatia pelo povo americano. Descreverá até certo ponto a destruição e avaliará positivamente a ação heroica do povo ucraniano soviético."[5]

A publicação do livro assinalou o ponto mais baixo da carreira de Capa. Considerando-se a quantidade de fotos tiradas, suas imagens pareciam estranhamente indiferentes e sem inspiração. Mesmo considerando-se as restrições a ele impostas, ficava parecendo, por *Um diário russo*, que ele estava perdendo seu toque inconfundível. Seus talentos aparentemente não se adequavam à complicada e politicamente delicada tarefa de fotografar a Guerra Fria. Era como se só combates de verdade pudessem revigorá-lo com as necessárias doses de adrenalina e compaixão.

Se foi essencialmente decepcionante, sua colaboração com Steinbeck representou também o empenho mais lucrativo de toda a sua carreira, graças a John Morris no *Ladies' Home Journal*. Em meados de outubro de 1947, Capa almoçou com ele no Algonquin Hotel, dizendo-lhe que o projeto de visita à União Soviética efetivamente fora um desastre; entretanto, convencido de que podia salvar alguma coisa da viagem, Morris passou várias horas examinando uma enorme pilha de contatos no quarto de Capa em Bedford.

Morris ficou impressionado com várias imagens, mas eram todas em preto e branco. Não havia fotos em cores? Capa entregou-lhe cerca de uma dúzia de rolos de filme Ektachrome 120. Morris acabou encontrando várias imagens apreciáveis, mas precisava de uma foto para a capa. Tratou então de examinar mais atentamente. Por fim, encontrou "uma única imagem, suficientemente enxuta e forte. Nela se via uma camponesa com sua *babuchka* [lenço na cabeça], trabalhando ajoelhada no campo".[6]

Morris levou um projeto de capa e várias outras imagens a seus patrões, Beatrice e Bruce Gould. Convenceu-os então a pagar o valor extraordinariamente alto de 20.000 dólares pelos direitos de publicação inicial em revista das fotos que havia escolhido, a serem reproduzidas na capa e em 16 páginas. Capa ficou pasmo ao ser informado desse maná pelo próprio Morris num almoço no restaurante de celebridades Toots Shor's. Se ele guardava algum ressentimento em virtude do fiasco do Dia D, depois dessa venda Morris estava mais que perdoado. Steinbeck não ficou tão agradecido. Achou que tinha levado a pior no trato, embora os

3 mil dólares que recebeu por escrever algumas legendas fossem mais que a maioria dos americanos ganhava em um ano.

A viagem de Capa dera um belo resultado, algo em torno de bem mais que 2.000 dólares por cada semana que passou por trás da Cortina Ferro, mas a longo prazo custou-lhe bem caro. Na visão do FBI, a viagem era mais uma prova de sua simpatia pelo demônio — o comunismo —, e um relatório foi acrescido ao arquivo que o organismo mantinha desde que um de seus informantes alegara que Capa havia sido comunista na década de 1930.*

Capa daria mais munição ao FBI nas semanas que se seguiram ao seu retorno da Europa. Numa conferência promovida pelo *Herald Tribune* na noite de quarta-feira, 22 de outubro de 1947, ele leu uma declaração resumindo suas observações e as de Steinbeck sobre os soviéticos: "Essas pessoas haviam sido destruídas e feridas muito mais do que quaisquer outras que eu tenha encontrado em meus dez anos de campos de batalha, e odeiam a guerra mais que qualquer outra com quem eu tenha falado." Capa acrescentava que os soviéticos estavam interessados em ouvir sobre "a perseguição de liberais" nos Estados Unidos, dizendo ainda que ele e Steinbeck haviam declarado aos seus anfitriões soviéticos que "ainda não existem presos políticos nos Estados Unidos".

"Estou com os dedos cruzados", acrescentava ele. "Não sabemos quem deu início a esse jogo insano e perverso de acusações estúpidas e críticas violentas. Não é muito importante saber quem começou. O importante é saber quem vai pôr fim a isso."⁷

Não obstante os resultados pífios de sua colaboração em *Um diário russo*, Capa e Steinbeck logo estariam envolvidos numa empreitada muito mais amarga: uma companhia de produção de TV chamada World Video.

---

*Um dos vários artigos mencionados nos arquivos do FBI sobre Capa é datado de 24 de outubro, poucos dias depois de Morris fechar acordo com os Goulds. Informava o *Daily Worker*: "A palavra ouvida com mais frequência durante a viagem que fizeram recentemente à União Soviética foi 'paz', informaram o escritor John Steinbeck e o fotógrafo Robert Capa à quarta sessão do Fórum *Herald Tribune* na noite de quarta-feira."

A empresa surgiu como resultado de conversas entre Steinbeck e Harry S. White, empreendedor e antigo executivo radiofônico de fala mansa. Steinbeck achava que a televisão tornaria "livros, filmes, jornais e outras formas de comunicação praticamente obsoletos no futuro".[8] Capa estava convencido de que a World Video seria o caminho para lucros fáceis. Julgando enxergar ali mais uma oportunidade de lucrar com sua colaboração com Steinbeck, ele decidiu investir pesado na companhia, comprando ações no valor de 2 mil dólares.

Foi uma iniciativa inusitada, especialmente para Steinbeck. Annie Laurie, sua agente para o cinema e a televisão, dissera-lhe sem margem a dúvida que a World Video era uma má ideia, indigna do seu tempo e do seu dinheiro. Sua mulher, Gwyn, foi ainda mais contundente. O fato de escrever para a televisão haveria de deixá-lo moído, "como carne de hambúrguer".[9] Apesar disso, em janeiro de 1948 o autor de *Vinhas da ira* terminava às pressas o texto da primeira produção da World Video: "Paris: A grande procissão da moda."

A série era uma ideia de Capa, e fazia todo o sentido na época. No fim da década de 1940, verificou-se um extraordinário renascimento da alta-costura nas oficinas parisienses, liderado por gênios da moda como Jacques Fath e sobretudo Christian Dior. Numa época de severa austeridade na Europa, as concepções extravagantes de Dior, com preços à altura, eram consideradas escandalosas por muitos. Uma única saia de Dior consumia mais de vinte metros de tecido. Na Grã-Bretanha, parlamentares do sexo feminino criticavam tais extravagâncias como "fantasias ridículas de pessoas ociosas" e "um desperdício estupidamente exagerado de material e mão de obra".[10]

Em Paris, modelos ostentando trajes de Dior eram abordadas por mulheres aos gritos de "quarenta mil francos por um vestido, e nossos filhos não têm leite".[11] Todavia, o movimento de protesto era mais estridente nos Estados Unidos, onde dezenas de milhares de mulheres, para delícia dos pracinhas desmobilizados, começaram a cortar suas saias mais curtas, para demonstrar seu zelo patriótico na economia de tecido. Como observara tão sagazmente Mussolini, contudo, "não há poder que não sucumba diante da moda".[12] Em todo o mundo, mas especialmente em lugares afluentes como Manhattan e Londres, mulheres cansadas da guerra deixavam-se arrebatar pela sensacional volta aos vestidos de corte suntuoso e espartilhos *sexy* promovida por Dior.

No início de 1948, Capa deixou Nova York em direção à Europa, para dirigir a "Grande procissão da moda" para a World Video. Prazos praticamente impossíveis lhe haviam sido impostos — oito programas de uma hora a serem filmados em seis semanas —, e, para agravar as coisas, seu orçamento era baixo demais para fazer justiça ao tema. Todavia, trabalhando sob enorme pressão e em condições difíceis — a imprensa do mundo inteiro acorrera a Paris para dar notícia das novas criações de Dior —, ele fez um excelente trabalho, reunindo material suficiente para preencher oito horas na televisão. Encontrou tempo até para tirar fotos para a *Illustrated*, que informava que Dior mais uma vez se revelara "a sensação da temporada, dessa vez por deixar de encompridar as saias".[13] As novas saias de Dior eram na verdade bem curtas. O que os modelos usavam por baixo delas é que causava escândalo: meias de seda e ligas maravilhosamente *sexy*. Durante vários anos, os estoques de seda tinham sido destinados à fabricação de paraquedas, em vez de frívolos itens de roupa íntima, e as mulheres europeias se orgulhavam de riscar linhas retas a tinta nas panturrilhas. Pois agora Capa fotografava modelos esbeltas percorrendo as passarelas e revelando por baixo dos vestidos sofisticadas ligas e meias de seda de verdade, e não as baratas meias de raion a que os pracinhas tinham recorrido para seduzir as mulheres liberadas do nazismo.

Obrigado a trabalhar com orçamentos muito apertados, Capa saiu da linha em sua conta de gastos. Levava velhos amigos como Pamela Churchill a almoços caros, saindo para comer e beber com várias modelos tornadas famosas pelo *New Look*, entre elas Bettina Graziani, uma sedutora bretã de beleza sombria que posava para Jacques Fath e Dior. Ele a apresentou a seu restaurante favorito em Paris: um minúsculo bistrô chamado Chez Anna, cuja proprietária preparava requintados pratos franceses rústicos. Entre outros motivos, ele o adorava porque Anna tinha uma galinha de estimação que muitas vezes se aboletava em sua mesa enquanto ele derrubava mais uma garrafa de champanhe.

Nascida Simone Micheline Bodin, Bettina tinha sido rebatizada por Fath — "já temos uma Simone; para mim você tem cara de Bettina" —[14] e era uma das primeiras supermodelos do século, sendo rivalizada na década de 1940 apenas pela beldade inglesa Barbara Goalen. Capa logo ficou encantado por ela, mas fracassou em suas reiteradas investidas, pois ela já conhecera e se apaixonara pelo roteirista e romancista Peter Viertel, que se havia transferido de Hollywood para Paris. Capa serviu de escorte para várias das companheiras de desfile de Bettina, especialmente "Alla", uma estonteante oriental de sangue russo, mas foi com Bettina — sardenta filha de um trabalhador ferroviário — que acabou fazendo uma amizade duradoura.

Sentada em seu elegante apartamento parisiense, Bettina examina vários retratos de Capa e sorri, lembrando-se de seu enorme charme e travessa vitalidade. "Capa era uma presença tão forte", diz ela, contemplando um retrato dele, em pose atraente, assinado por Ruth Orkin. "Quando levamos uma vida tão perigosa, sabendo que é possível perdê-la a qualquer minuto, tendemos a viver a vida plenamente, sabendo apreciá-la de verdade. Ele amava a vida, seus amigos, a bebida, a boa comida, e especialmente belas mulheres."

Bettina lembra que Capa era extremamente sexual. Trazia sempre "um jeito travesso no olhar". Ela nunca sabia ao certo se ele estava brincando ou não, e ele parecia tanto mais atraente porque sua coragem e valentia eram reais — comprovadas —, e as mulheres o sabiam. "Ele não era arrogante, o que também o tornava atraente — ele tinha consciência das próprias fraquezas. Era absolutamente livre. Mas isso criava dificuldades com as mulheres que queriam mudá-lo. Eu sempre tinha a impressão de que ele estava buscando algo que jamais poderia encontrar, algo que talvez tivesse perdido — quem sabe a mulher perfeita." Glutão, um grande sensual com um enorme encanto natural, o Capa de que Bettina se lembra era um sobrevivente, "vivendo numa época trágica" mas transcendendo o mal e os horrores que havia vivenciado para levar leveza e alegria à vida dos outros.

Os esteios profissionais de Capa em Nova York não eram tão apreciadores dos seus encantos. Hoje, seus documentários constituem o melhor registro visual de um importante renascimento no mundo da moda, mas em 1948 Steinbeck e seus colegas ficaram decepcionados com a qualidade deles. Steinbeck também ficou incomodado com as prestações de contas de Capa, chegando a mais de 1.500 dólares, e depois de um exame detalhado a World Video recusou-se a reembolsá-las. Capa foi criticado por desperdiçar o dinheiro da empresa e forçado a vender sua participação na companhia. Sua incursão pelos empreendimentos televisivos acabava em amarga decepção.[15]

Steinbeck e Capa nunca mais voltariam a trabalhar juntos, mas a amizade entre os dois efetivamente sobreviveu ao triste episódio da World Video. Steinbeck diria mais tarde que Capa tinha muitos amigos, mas nenhum que o amasse mais que ele próprio, e os dois voltariam a se encontrar várias vezes até a morte de Capa, fosse em Paris ou Nova York. Numa de suas visitas a Nova York, foi Capa que organizou uma das mais notáveis reuniões da carreira literária de Steinbeck. Segundo a mulher do escritor, Gwyn, ele passou semanas tentando organizar um encontro entre Steinbeck e o outro colosso literário americano, Hemingway. Quando os dois se encontraram numa festa num bar muito popular chamado Tim Costello's, na Terceira Avenida, em Nova York, Capa "cacarejava em torno dos dois como uma galinha com seus pintinhos". Mas Steinbeck deixou a festa num rompante, irritado com o comportamento cruel e machista de Hemingway: bêbado, Hemingway quebrara a bengala de abrunheiro do escritor John O'Hara, presente de Steinbeck, alegando que era uma imitação barata.[16]

20
Estrada da morte

"A estrada para Jerusalém era uma estrada da morte."

Illustrated, 5 de julho de 1948

No início de maio de 1948, Capa ficou sabendo pela imprensa que em questão de semanas deveria ser criado um estado judaico na Palestina. Finalmente, um acontecimento que lhe dava vontade de cobrir. Ele chegou a Tel Aviv no dia 8 e se hospedou no Armon Hotel, de frente para o mar. Entre os hóspedes, logo constatou que se encontravam seu velho colega Quentin Reynolds, trabalhando para a *Collier's*; Kenneth W. Bilby, do *Herald Tribune*, que conhecera durante a Segunda Guerra Mundial; e Jack Winocour, da *Illustrated*.[1]

No dia 14 de maio, Capa acordou cedo para se preparar para aquele que deveria ser um longo e histórico dia. Precisamente às 8 da manhã, o alto-comissário britânico, Alan Cunningham, deixou a imponente Casa de Governo em Jerusalém para passar em revista uma guarda de honra da Infantaria Leve. Embarcou em seguida no seu Daimler à prova de balas, enquanto as gaitas de fole tocavam um lamento fúnebre escocês. Às 13h, já tomara o rumo do aeroporto de Kadandia acompanhado de uma guarda fortemente armada, e as tropas haviam baixado a bandeira britânica pela última vez na cidade. Os britânicos se retiravam e a Palestina se encaminhava certamente para uma guerra.

Mais adiante, nessa tarde, no Museu de Tel Aviv, David Ben-Gurion bateu o martelo como presidente dos trabalhos e a plateia lotada se levantou para cantar um hino sagrado, o *Hatikvah*: era a deixa para que Capa se aproximasse de Ben-Gurion, o primeiro chefe de governo de Israel, no momento em que se preparava para ler a Declaração de Independência israelense. "Confiamos em Deus todo-poderoso, depositamos nossa mão nesta Declaração, nesta sessão do Conselho Provisório de Estado, no solo da Pátria, nesta cidade de Tel Aviv, nesta véspera de Sabá, no quinto de Iyar, 5708, no décimo quarto dia de maio de 1948."

Depois de fotografar o nascimento da pátria judaica, Capa recarregou suas Leicas e registrou a primeira sessão do gabinete de Israel. Saindo em seguida para a luz do fim de tarde em Tel Aviv, ele focalizou a multidão animada que ocupava as ruas, e em particular uma jovem que desfraldava a bandeira de Israel. Ela também comemorava aquele momento que seu povo esperava há dois mil anos. Nessa noite, estourou uma guerra entre Israel e vários países árabes vizinhos.

A guerra de independência de Israel era a guerra mais pessoal de Capa. Seria difícil encontrar um exemplo de fotógrafo que, antes ou depois dele, tenha coberto uma guerra de maneira tão corajosa e brilhante. O "último grande caubói", nas palavras do fotógrafo Jean-Jacques Naudet, logo estaria de volta à melhor forma, trabalhando com notável rapidez na mais lírica e dinâmica cobertura de sua carreira. Num momento ele estava rastejando debaixo de fogo de francoatiradores até um posto avançado israelense camuflado no telhado de uma casa árabe, e no seguinte conversava com uma deslumbrante soldada sabra. Certa noite, segundo uma versão possivelmente apócrifa, um holofote vasculhou uma encosta onde Capa pôde ser claramente visto fazendo amor com uma dessas jovens soldadas.[2]

Uma dessas combatentes — judias da Palestina — lembrava estranhamente Ingrid Bergman. Capa registrou sua estampa maravilhosamente sedutora de short cáqui com um cinturão de munição repousando casualmente nos quadris bem torneados.

No fim de maio, em companhia de Frank Scherschel, da *Life*, e do fotógrafo húngaro Paul Goldman, Capa rumou para o deserto do Neguev, onde os israelenses rechaçavam um ataque egípcio a um kibbutz estrategicamente vital. Goldman diria posteriormente a Jozefa Stuart que ao chegar os três deram com a comunidade praticamente cercada. Durante umas duas horas, ficaram deitados no chão, enquanto quase trezentas bombas árabes voavam sobre suas cabeças.

— Quem diabos é capaz de ficar deitado e parado em meio a combates? — perguntou Capa, dando um salto e correndo em direção ao kibbutz.

— Bob, fique abaixado! — gritou Scherschel. — Você vai ser atingido!

— Meu endereço não está nessas... bombas — retrucou Capa, sem parar de correr.³

Ao chegar ao assentamento, o grupo foi conduzido a abrigos onde Capa cumprimentou todo mundo com seu "saboroso *shalom* de sotaque húngaro". Segundo Goldman, Capa soltou algumas piadas, aliviando a tensão, e logo estava cercado de um grupo de mulheres cheias de admiração e loucas para contar suas histórias.

"Mais uma vez a violência da guerra chegou perto de Robert Capa", anunciava a *Illustrated* na introdução a uma reportagem especial sobre Israel apresentando mais de vinte fotos de Capa, muitas tiradas durante combates no Neguev. "Estas imagens contam a história dos assentamentos judaicos — kibbutzim — espalhados entre aldeias árabes e debaixo de constante fogo de fuzis e metralhadoras, em terra, e de bombas lançadas do ar (...) Capa e suas câmeras capturaram o clima da guerra da Terra Santa, o horror da morte, o perigo das balas de francoatiradores. Robert Capa encontrou mais uma guerra."⁴

A reportagem mais dramática de que Capa participou foi de longe a liberação de Jerusalém. Se uma parte da cidade tinha de ficar em poder dos israelenses, era vital abrir uma estrada até Tel Aviv antes que o cessar-fogo acertado pelas Nações Unidas entrasse em vigor em 11 de junho de 1948. O homem incumbido da operação era um notável formando de West Point, David Michael Marcus. Ao longo de várias semanas, esse judeu americano nascido no Brooklyin conduzira o heterogêneo exército israelense sob seu comando a assombrosas proezas de perseverança e resistência. Capa admirava muito sua coragem, tenacidade e pragmatismo. Ambos eram veteranos judeus da Segunda Guerra Mundial e idealistas apaixonados por baixo de uma capa de cinismo.

Inicialmente, contudo, Marcus o viu como um estorvo. Segundo David Eldans, chefe do departamento fotográfico do escritório de imprensa israelense, os dois entraram durante vários dias num jogo de blefe:[5] Marcus dizia a Capa que determinadas áreas eram perigosas, na esperança de que ele fosse desviado das zonas que realmente ofereciam perigo, mas, embora as unidades israelenses da linha de frente tivessem ordens estritas para afastar correspondentes das principais zonas de combate, Capa sempre sabia recorrer aos seus estratagemas, ao charme e ao conhaque para conseguir chegar a suas histórias.*

Os correspondentes tinham de ser torcedores da causa israelense se estivessem cobrindo o lado judeu — a censura fora imposta a todos os comunicados de imprensa assim que chegou ao fim o mandato britânico. Depois da guerra, Kenneth Bilby escreveu que essa censura era "opressiva e muitas vezes desonesta". "A cobertura geralmente era marcada por forte partidarismo. Assim que chegava, o sujeito era enquadrado numa categoria, árabe ou israelense, e esta se tornava imutável."[6]

No início de junho, Capa cobriu o principal feito de Marcus: a criação da chamada "Estrada de Burma", para liberar Jerusalém. Em questão de dias, os israelenses, trabalhando sobretudo à noite e não raro debaixo do nariz do inimigo, abriram uma rodovia pelas montanhas e ravinas desérticas. Na noite de 8 de junho, Capa viajou com Jack Winocour pela "Estrada de Burma" até Jerusalém. Seu jipe fazia parte de um comboio que, esperava-se, chegaria à cidade com suprimentos médicos e alimentos desesperadamente necessitados. Ao escurecer, Capa e Winocour amarraram seus lenços no rosto para proteger-se da poeira e da areia e acenderam os últimos cigarros

---

*Muitos fatores eram omitidos durante a guerra porque poderiam comprometer o mito romântico de um combate entre Davi e Golias no qual os judeus venciam dificuldades insuperáveis. Na verdade, os israelenses estavam bem supridos desde o início. Como teve coragem de assinalar Bilby, o United Jewish Appeal levantou milhões de dólares nos Estados Unidos para obter armas em vários países como a Tchecoslováquia, "que aparentemente dispunham de abundante quantidade de estoques militares aproveitados da Alemanha nazista ou deixados pelos exércitos Aliados".

da noite — até mesmo a mais leve luminosidade de uma guimba podia denunciar sua localização para morteiros e francoatiradores árabes.

À luz do luar, eles percorreram caminhos tortuosos. A intervalos de alguns quilômetros, instalavam letreiros ao luar, mostrando a direção para Jerusalém em caracteres hebraicos. A proximidade de um precipício era indicada apenas por um mal-ajambrado amontoado de pedregulhos. A paisagem era coalhada de armadilhas para tanques. Numa pequena aldeia na montanha, Capa separou-se de Winocour, juntando-se a Marcus no percurso do trecho final e mais perigoso da "Estrada de Burma". A essa altura, Marcus e Capa já se chamavam de "Hadid", amigo em hebraico. Capa dormiu quase o tempo todo no percurso até Jerusalém, muito embora várias vezes quase fosse atirado para fora do jipe.[7]

Na manhã de 10 de junho de 1948, Capa e Marcus conversaram no quartel-general provisório de Marcus, o Monastère Notre Dame de la Nouvelle Alliance, 740 metros acima do deserto da Judeia. A trégua acertada entre Israel e os seis exércitos árabes inimigos começaria às 10 horas da manhã do dia seguinte. Ninguém sabia ao certo se os árabes iriam respeitá-la. A preocupação de Marcus era que, se a luta continuasse, a "Estrada de Burma" correria perigo. Se a rodovia fosse interceptada antes do cessar-fogo, Jerusalém poderia ser perdida. Capa pilheriou, confiante, que o Eden Hotel em Jerusalém já estava "preparando a mais alta honraria" para Marcus — "um autêntico banho quente". "Será uma experiência deliciosa", acrescentou.

— Se eu conseguir chegar lá — respondeu Marcus. — Uma tira de borracha só pode ser esticada até certo ponto, você sabe disso — e a sorte funciona da mesma maneira.[8]

Nessa noite, Marcus não conseguiu dormir.* Dentro de poucas horas, a longa luta para criar uma pátria judaica chegaria ao fim. Por volta das 3h30 da manhã, ele decidiu tomar um pouco de ar fresco, envolveu-se num lençol para se aquecer e começou a percorrer o acampamento. Ao retornar a sua cabana, ouviu um sentinela gritar: *"Mi sham?"* ("Quem vem lá?")

---

*Marcus sabia que os israelenses tinham conseguido rechaçar os árabes em todas as frentes, mas por pouco. A maior parte da Galileia estava em mãos israelenses, assim como a maior parte de Jerusalém.

Marcus respondeu e seguiu adiante. Com o vento, o sentinela só ouvia palavras indistintas. O vulto de Marcus se aproximava. O sentinela temeu, ergueu a arma, com o dedo no gatilho. Marcus deu mais um passo. O sentinela entrou em pânico e puxou o gatilho. Marcus morreu instantaneamente, atingido no coração às 3h50 da manhã do dia 11 de junho de 1948, seis horas e dez minutos antes do início da trégua.[9] Às 2h30 da manhã de 12 de junho, Capa, mortificado, acordou Winocour. "Mike está morto", disse, em voz baixa.[10]

Em carta à mulher de Marcus, Emma, no Brooklyn, enviada por uma mulher que o havia hospedado, podemos ler: "Quero que saiba que quando souberam que Mickey tinha sido morto seus homens choraram. Esses rapazes, que em sua maioria não passam de meninos, não choram facilmente, e para eles a morte é uma coisa comum, aceita (...) mas dessa vez eles não tiveram vergonha de chorar." A reação de Capa à perda do amigo foi a mesma.[11]

No dia 13 de junho, Capa e Winocour chegaram a Jerusalém. Crianças pálidas voltavam à escola. Judeus orientais, vestindo suas longas túnicas, vagavam "como fantasmas"[12] pela cidade traumatizada pelas bombas.* Depois de um serviço religioso em Jerusalém, anunciou-se que o caixão de Marcus seria levado de volta a Tel Aviv, antes de ser embarcado para o Brooklyn. Capa decidiu acompanhá-lo até o porto. Antes de partir, contou a Winocour os últimos momentos que passara com ele. Winocour preferiu não repetir a história em suas reportagens para a *Illustrated*. "A história é de Capa", escreveu ele, "e algum dia ele desejará contá-la à sua maneira. Prefiro calar-me."[13]

Capa nunca viria a contar essa história em forma impressa. Como tampouco o fizeram muitos outros correspondentes que sabiam, como Winocour, de que maneira Marcus, o mais famoso mártir da guerra de independência

---

*"Os novos judeus de uniforme cáqui cerram os dentes no vento de areia e resistem", informava Winocour na *Illustrated* a 3 de julho de 1948. "Há mais de três semanas suportam algo muito mais terrível que qualquer ataque aéreo. Atiraram-se ao chão debaixo de fogo de artilharia a curta distância, tão cerrado que era impossível sair lá fora. Centenas de pessoas morreram. Centenas e centenas ficaram feridas. Os hospitais estão cheios de feridos." Mais tarde, nesse mesmo dia, Capa e Winocour encontraram vários outros correspondentes. Um deles disse que nunca vira tantos mortos e crianças moribundas pelas ruas de uma cidade. Vira doze escolares cantando em dado momento, e no instante seguinte um deles estava gritando de dor. Vira uma menina contemplando perplexa o próprio braço mutilado. Mais uma vez, os civis pagavam um terrível preço pela "vitória".

de Israel, chegara ao fim: abatido a tiros absurdamente por um de seus próprios homens. Segundo Bilby, esse silêncio era o pior exemplo da censura ocorrida durante toda a guerra. A posição oficial israelense era de que ele morrera em ação, alvejado por uma bala árabe no comando de uma patrulha. Capa preferiu não enfrentar os censores, donde seu silêncio. Dois anos depois, contudo, Bilby o fez. Em seu livro *New Star in the East* (Nova estrela no Leste), publicado em 1950, ele explicava que continuava violando a censura dos israelenses.

Em 21 de junho, Capa estava de volta a Tel Aviv, preparando-se para retornar a Paris. Pudera ver o exército de Israel rechaçar seis países árabes. A trégua das Nações Unidas ainda vigorava, e as primeiras ondas de imigração em massa chegavam dos acampamentos da Cruz Vermelha na Alemanha. Nos Estados Unidos, o presidente Truman reconhecera o novo estado, conferindo-lhe uma certa legitimidade internacional e abrindo caminho para um maciço apoio financeiro e militar americano. A essa altura, no momento em que Capa fazia as malas, uma guerra civil ameaçava as miraculosas conquistas dos meses anteriores.

No dia 22 de junho, os líderes da organização de direita Irgun Zvai Leumi decidiram embarcar um carregamento ilegal de armas num navio chamado *Altalena*. O estoque de armas era um presente de judeus americanos ricos que também haviam financiado muitos ataques terroristas contra os britânicos antes do fim do mandato. O desembarque das armas teria violado o acordo de cessar-fogo firmado em 11 de junho com os árabes, e o governo de Ben-Gurion anunciou que qualquer tentativa nesse sentido seria rechaçada. De uma varanda no último andar do Armon, Capa via horrorizado os contingentes do Irgun desembarcarem do navio, enquanto perplexos soldados do Haganah, leais ao governo de Ben-Gurion, se preparavam para enfrentá-los. Juntamente com Bilby e vários outros, Capa saiu correndo então em direção à praia, onde constatou que os irgunistas já tinham preparado uma plataforma de metralhadora. Foi então que um segundo grupo de irgunistas chegou à praia.

"Vocês têm coragem de matar sua própria gente?", gritou um deles, provocando as tropas do Haganah. "Bela recepção para os americanos que nos acompanham! Eles vêm lutar por vocês, e vocês tentam matá-los!"

Os dois grupos se defrontaram. Até que Ben-Gurion deu ordem de abrir fogo. Kenneth Bilby viu o que aconteceu em seguida: "O fogo começou à beira da praia, onde os poucos irgunistas presentes foram mortos ou capturados (...). Judeus começaram a matar judeus à queima-roupa, em combates confusos e anárquicos. Todos os homens estavam vestidos de maneira idêntica, e nenhum estranho seria capaz de dizer quem estava atirando em quem." Ele mal podia acreditar que estava vendo "um homem do Haganah atirar num irgunista a menos de dez metros, arrancando a calota do crânio do outro com sua bala. O combatente do Irgun rodopiou estranhamente em círculos concêntricos durante um minuto ou dois e tombou, morto".[14]

Ben-Gurion também ordenara a destruição do *Altalena*, um poderoso símbolo de insurreição. Quando o navio explodiu envolto em chamas, os membros da tripulação que ainda estavam vivos saltaram nas águas. Logo o carregamento de munição estaria pegando fogo. Capa ouviu "um ronco mais fundo" misturar-se ao "estalar *staccato* da metralha",[15] e em seguida aproximou-se para tirar fotos de irgunistas saltando do navio em chamas e nadando em direção à praia. Durante vários minutos, ele viu judeus nadarem sobre pranchas em direção ao navio em chamas, enquanto balas americanas atingiam outros judeus, que eram carregados para ambulâncias americanas fornecidas pela Cruz Vermelha judaica e ostentando o símbolo do "Escudo Vermelho" de Davi.[16]

De repente, Capa sentiu uma terrível dor na virilha. Depois de uma década na linha de frente, finalmente fora atingido por uma bala. Por alguns intermináveis segundos, ele pensou que seus órgãos genitais tinham sido trucidados. Felizmente, contudo, a bala o tinha apenas arranhado. Aliviado, ele voltou capengando para seu quarto no Armon Hotel e marcou um voo de volta para Paris.[17] Segundo Irwin Shaw, Capa gracejaria mais tarde: "Seria mesmo o insulto dos insultos: ser morto pelos judeus!"[18]

Dias depois de retornar a Paris, Capa bebia com um antigo piloto de caça noturno chamado Noel Howard em sua boate favorita, Chez Carrère, nos Champs-Elysées. Eles tinham se conhecido num jantar e imediatamente fizeram amizade ao descobrir que estavam ambos usando abotoaduras presenteadas pela mesma mulher — a ex-mulher de Noel.

"Voltei tão depressa", contou-lhe Capa, "que ainda estava com a braguilha aberta ao chegar ao Lancaster." Enquanto Raymond, o barman, tratava periodicamente de encher os copos dos dois, ele declarou que havia decidido que ele e os outros integrantes da Magnum não mais cobririam guerras. "Eles foram longe demais, ou melhor, chegaram perto demais na Palestina. Não vou continuar registrando para a posteridade esses caras que ficam nesse joguinho."[19]

Enquanto Capa cobria a luta pela independência de Israel, a Guerra Fria alcançava nova intensidade. Durante todo o verão, parecia que o único acontecimento digno de ser coberto na Europa fora a ponte aérea de Berlim. No dia 18 de setembro, um novo recorde foi estabelecido, quando aviões dos Aliados transportaram mais de 7 mil toneladas de suprimentos americanos para a cidade, desafiando o bloqueio soviético imposto três meses antes. Algumas semanas depois, Capa iniciou com Theodore White, principal correspondente da Overseas News Agency, uma oportuna viagem por três países do bloco oriental: Polônia, Tchecoslováquia e Hungria.[20] Logo eles haveriam de deparar, nas palavras do jornalista britânico Richard Mayne, com uma devastação que "cheirava a poeira, óleo, pólvora e metal engordurado; esgotos e parasitas; suor e vômito, meias sujas e excremento; a decomposição e mortos insepultos".[21]

Na Europa Ocidental, muitos civis ainda lutavam por se alimentar e vestir adequadamente. Uma rigorosa austeridade deixou feridas em toda uma geração na Grã-Bretanha. No país de adoção de Eva Besnyö, a Holanda, os adultos viviam com "a nutrição calórica de uma criança de 6 anos". Mas na Polônia o sofrimento era muito pior. Em Varsóvia, Capa fotografou uma paisagem que parecia tão devastada quanto Nagasaki. No gueto de Varsóvia, onde 400 mil poloneses tinham morrido, uma igreja católica era o único prédio que restava — os soviéticos haviam arrasado o resto da área. Grassavam doenças e desnutrição. E ainda assim, milagrosamente, os exaustos poloneses já trabalhavam longas horas em minas e fábricas recém-construídas, reerguendo com as próprias mãos boa parte de seu país devastado.

Ao percorrerem a desoladora paisagem do sul da Polônia, White e Capa fizeram um desvio para visitar um "derradeiro e terrível monumento": Auschwitz. O mais infame dos campos de morte dos nazistas fora transformado num museu. Os caminhos ali percorridos por Capa estavam bem apresentáveis. O guia tinha um discurso bem ensaiado. Não longe de Auschwitz encontravam-se muitas terras desérticas que muitos guias, alguns deles anteriormente internados no campo, temiam percorrer. Pelo fim da guerra, os nazistas tinham decidido que as câmaras de gás não eram suficientes para acabar com os judeus com a necessária rapidez. Era mais barato e muito mais rápido simplesmente jogar cadáveres em gigantescas covas para em seguida queimá-los. Três anos depois, Capa era capaz de localizar essas covas já recobertas graças ao colorido vívido da relva que crescia no solo fertilizado pelos cadáveres. Os nazistas tinham entrado em tamanho pânico na fuga ante o avanço do Exército Vermelho, em 1945, que deixaram aberto um par dessas covas. Capa as encontrou cobertas de água. "Os corpos semicarbonizados ainda estão lá e a água continua borbulhando", informava White, "numa lenta fermentação. Quando nos debruçamos bem perto da água (...) podemos ouvi-la."[22]

Ao chegar a Budapeste algumas semanas depois, Capa encontrou a cidade só um pouco menos sombria do que em sua visita anterior, de apenas 24 horas. "A Hungria de ontem é um mito", afirmava a *Illustrated* em sua edição de 26 de março de 1949, num artigo ilustrado por uma dúzia de fotos de Capa, várias delas mostrando um desfile militar de tropas húngaras recém-equipadas com apoio soviético. "Quando o nome de Kossuth, o grande libertador do país, é mencionado hoje em dia, as pessoas pensam apenas na ponte sobre o Danúbio, em Budapeste, que leva seu nome. E o Danúbio voltou a ficar vermelho com o sangue das vítimas políticas que os opressores da Hungria desde tempos imemoriais vêm trucidando nesse rio."* No alto da colina de St. Gellert, onde havia

---

*A *Illustrated* informava igualmente: "O julgamento e a prisão do cardeal Mindszenty e seus amigos remataram a vassalagem do país que outrora encontrou conforto no Ocidente, mostrando-se temeroso do Oriente. Nenhum outro país do Cominform sofreu tão terrivelmente. A Polônia e a Iugoslávia estão lutando por preservar sua coloração nacional; na Hungria, as tropas soviéticas, que lá se encontram, oficialmente, em nome da segurança das linhas de comunicação com a guarnição russa na Áustria, são as verdadeiras detentoras do poder."

esquiado um dia, Capa deparou com um monumento em homenagem aos soldados soviéticos mortos durante os dois meses de cerco a Budapeste. Os marcos locais que haviam restado estavam furados por buracos de bala, como ainda hoje acontece.

Durante seis semanas, Capa fotografou a cidade arruinada, redigindo posteriormente um relato espirituoso mas superficial para uma recém-lançada revista americana de turismo chamada *Holiday*. Ele talvez não suportasse a ideia de contar a seus leitores afluentes que centenas de anos de cultura judaica tinham sido eliminados, juntamente com boa parte do que ele outrora considerava encantador na cidade. Mas efetivamente deu a entender que tivera uma enorme sorte de sair do país antes da guerra. Um dia antes de deixar Budapeste, ele foi providenciar o carimbo de seu visto de saída. Um homem de trinta e poucos anos examinou seu passaporte, carimbou-o e perguntou que escola ele havia frequentado. Revelou-se que o funcionário tinha concluído o curso só dois anos depois de Capa. "Se você tivesse nascido dois anos depois", disse ele, "hoje, com seu talento, estaria morto ou pelo menos trabalhando como secretário de algum ministro. Mas não passa de um confuso liberal ocidental. Isso é materialismo histórico."[23]

Em janeiro de 1949, a guerra de independência israelense chegou ao fim, com um armistício formal. Capa descobriu que Irwin Shaw pretendia cobrir a situação do pós-guerra para o *New Yorker* e o convenceu a colaborar com ele no projeto de um livro, *Report on Israel* (Informe sobre Israel).* Eles chegaram a Tel Aviv no início de maio, a tempo para as comemorações do primeiro aniversário de Israel. Um de seus primeiros temas foi o presidente Chaim Weizmann, que Capa fotografou sentado ao lado de uma piscina com seu neto inglês, David, em sua residência em Tel Aviv. Eles também participaram de uma sessão do Knesset e visitaram a carcaça enferrujada do *Altalena*. Shaw escreveu que as crianças haviam transformado "o trágico

---

*O livro foi a mais bem-sucedida colaboração de Capa com um escritor, muito superior a *Um diário russo*. O lirismo da análise de Shaw e a profunda empatia dos retratos de Capa se combinaram numa reportagem do mais alto calibre.

monumento num brinquedo, nadando até o navio encalhado e chegando os mais ousados a subir descalços nele para mergulhar de sua borda".[24]

"Israel é o lugar mais difícil e inóspito para se viver hoje em dia", informava Capa na edição de 27 de agosto da revista *Illustrated*. "Mas é um lugar onde se pode ouvir os jovens cantar à noite, e até os velhos falam do brilhante futuro que agora os espera." O país já tinha mudado dramaticamente desde a apressada partida de Capa em julho de 1948. Nos meses transcorridos desde então, Israel tinha acolhido centenas de milhares de jovens socialistas que se empenhavam agora em construir um novo país da estaca zero. Eles lembravam a Capa os idealistas que tinha conhecido em Barcelona no verão de 1936, antes de verem trucidados pelo fascismo seus sonhos de um novo país democrático.

O que faltava em humor a esses fanáticos construtores sobrava em otimismo. Na verdade, sua esperança, estimulada pela vitória sobre vários exércitos árabes, logo se tornava contagiosa. Capa observou que eles faziam parte de uma maciça "Congregação de Exilados" de exóticas tribos desérticas como os habanim, de sobreviventes esqueléticos de Auschwitz e de guetos e aldeias de toda a devastada Europa.[25] No porto de Haifa, ele fotografava diariamente a chegada de milhares deles. "Poucos minutos depois da chegada, os passageiros, em sua maioria sem ter uma casa há anos, cidadãos sem pátria, tornam-se cidadãos de Israel com plenos direitos", informava Capa. "São então examinados por um médico e acomodados em caminhões." Agora esses sobreviventes tinham de combater um novo inimigo: o deserto. Para sobreviver em Israel, logo estariam trabalhando longas horas na construção de assentamentos, infraestrutura básica e abastecimento de água.*

Em *Informe sobre Israel*, Shaw não deixava de reconhecer o sofrimento dos palestinos árabes com a criação de um estado sionista para os sobreviventes do Holocausto. Mas não dava toda a dimensão da diáspora palestina criada

---

*Na maior parte das fotos de Capa, rostos jovens e velhos irradiam alegria. Os homens suam do alvorecer ao anoitecer em trajes cáqui sujos, debaixo de um calor escorchante. Suas mulheres, extremamente bronzeadas, com os dentes incrivelmente alvos, arrastam-se pelo deserto com meias soquete brancas, sorrindo de algum comentário malicioso de Capa.

por Israel, e não havia em seu livro uma única foto de um árabe. Para sermos justos, cabe indicar que Shaw e Capa foram impedidos de cobrir o lado árabe, pois teria sido por demais perigoso, especialmente para Capa, a essa altura um judeu famoso, aventurar-se pelas áreas controladas pelos árabes nas imediações de Jerusalém e outras cidades. Mas Capa efetivamente tentou, e para entrar na parte de Jerusalém controlada pelos árabes chegou a ser preparado para se disfarçar de condutor de camelo beduíno, apesar das advertências de que provavelmente seria morto se fosse descoberto, embora, para alívio de Shaw, finalmente tenha optado por conseguir fotos do setor árabe com um fotógrafo árabe. Uma foto das mais reveladoras, no entanto, efetivamente foi publicada na edição de 27 de agosto de 1949 da *Illustrated*. Com a legenda "O árabe errante", a imagem, ocupando uma página inteira, mostrava uma "nova figura trágica", um árabe de meia-idade em trajes tradicionais, de pé a uma distância de cinco a dez metros do fotógrafo. Os dois eram separados por uma cerca de arame farpado.*

Shaw também lembrava que, na maior parte do tempo que passou com Capa em Jerusalém, ficou à sombra do amigo. Capa era um herói para muitos israelenses, graças a sua cobertura de 1948, e Shaw, apenas um americano de nariz adunco com um caderno de anotações e segurando os refletores do famoso húngaro. No dia 4 de maio, ele acompanhou Capa na cobertura das emotivas comemorações do primeiro aniversário da criação do Estado judeu, observando a maneira como ele conseguia que judeus ortodoxos, que raramente se deixavam fotografar, posassem para ele. Shaw também estava em sua companhia quando ele registrou outra comovente cerimônia dos primeiros tempos da história de Israel: uma procissão carregando as cinzas de 200 mil judeus dos campos de concentração. Mais uma vez, Capa posicionava sua Leica a poucos centímetros dos rostos de mulheres compungidas, com as mãos postas em súplica num cemitério próximo das antigas tumbas dos reis em Jerusalém.[26]

---

*Kenneth Bilby, que também retornou para o primeiro aniversário de Israel, fornecia em seus relatos mais detalhes sobre a nova diáspora árabe da Palestina. Ele informava em *New Star in the East* que as aldeias árabes consideradas "inabitáveis" tinham sido arrasadas, a título de "garantia contra o retorno dos proprietários". Oitocentos mil árabes tinham fugido ao longo de um ano de guerra, e o estado judeu tinha mandado "uma mensagem involuntária (...). Os árabes da Palestina estavam fadados a um perpétuo exílio".

Depois de vários dias em Jerusalém, Capa retornou sozinho ao litoral e visitou o campo de refugiados de St. Luke, a meia hora de carro de Haifa. Essa antiga base militar britânica, cercada de arame farpado, abrigava agora milhares de sobreviventes do Holocausto. "O 'povo do arame farpado'", informava ele, "tendo passado na última década por sucessivos campos de concentração, chega à terra de seus sonhos para se ver mais uma vez por trás de cercas de arame farpado."[27]

As condições eram das mais precárias, os alimentos eram racionados e as cenas que ele presenciou seriam talvez mais comoventes do que qualquer outra coisa que tivesse coberto em sua carreira, considerando-se seu envolvimento pessoal no destino dos judeus europeus. "O campo de St. Luke", escreveria ele, com amargura, "pouco difere dos campos de deslocados pelos quais eles passaram na Alemanha (...). Acostumados a essa vida, eles logo se habituam à rotina do campo (...). Nesse novo campo de Babel, ruidosos alto-falantes trombeteiam tão constantemente quanto em Auschwitz ou Belsen (...)."[28]

Durante vários dias, ele tirou fotos impressionantes de crianças órfãs nascidas durante o Holocausto, ainda chorando por amor em meio às rochas e à areia dos novos campos. São ainda hoje as mais perturbadoras das milhares de fotos de crianças deslocadas que ele tirou ao longo de sua carreira.

Antes de deixar Israel, ele visitou o assentamento de Gedera, onde percorreu um campo montado por um advogado polonês para judeus cegos, muitos deles iemenitas que sofriam de tracoma. Em uma de suas imagens, vemos uma menina conduzindo três cegos para um salão de refeição — talvez a mais simbólica das fotos por ele tiradas no nascente estado de Israel. "Lembro-me quando Bob voltou de Israel, depois de fotografar os campos de refugiados", recorda-se sua prima Suzy Marquis. "Ele tinha sido profundamente tocado pelo que vira lá. Deixou suas fotografias na sucursal de Paris para serem editadas por outra pessoa. Disse-me que simplesmente não aguentaria olhar para elas de novo."

21

O reino dos sentidos

> "Capa reunia gente ao seu redor, para estimulá-las, ensinar-lhes, às vezes alimentá-las e vesti-las. E uma habilidade especial surgia no trabalho delas — e no entanto ele próprio, Capa, parecia um sujeito rebelde, folgazão, sorridente e dado à bebida."
>
> GAEL ELTON MAYO, *The Mad Mosaic*

Capa percorreu com os olhos a sala cheia de modelos, atrizes e candidatas à fama vindas do Upper East Side, como era mesmo de se esperar numa casa noturna da moda como o Café Society, em Greenwich Village. Uma delas se destacava aos seus olhos: Jemmy Hammond. "Ela era alta, morena clara, com lindos e grandes olhos e um belo nariz reto que sempre invejei", recorda-se Jozefa Stuart, na época sua vizinha e confidente. "Ela fotografava magnificamente e a certa altura fora para Hollywood para ser estrela de cinema, mas não sabia representar."[1]

Hammond era uma excelente companhia, bebia muito, inteligente e disponível, tendo-se divorciado do produtor de discos John Hammond.* Viria a se tornar a namorada mais firme de Capa pelo que ainda lhe restava de vida. Segundo seu filho, John Hammond Jr., ela se apaixonou instantaneamente por ele, mas infelizmente ele não pôde voltar a vê-la

---

*Hammond já era uma lenda no mundo da música, e ainda viria a descobrir Bob Dylan, Bruce Springsteen e muitos outros.

por vários meses, pois teve de retornar à Europa no mês seguinte: tinha negócios urgentes a tratar em Paris.

A Magnum precisava muito recrutar novos membros se quisesse concorrer com outras agências na cobertura de acontecimentos em todo o mundo. Assim, entre 1949 e sua morte, Capa recrutou vários fotógrafos. A maioria deles ganhou fama, e vários ainda hoje são membros da Magnum: Eve Arnold, Elliot Erwitt, Burt Glinn, Inge Morath e Marc Riboud.

O primeiro a ser recrutado por Capa foi Werner Bischof, fotógrafo suíço que lhe havia causado impressão com uma perturbadora série de fotos tiradas em 1946, retratando a condição das crianças refugiadas da Europa. Em certa medida, ele entrou para a Magnum por causa dos pontos de vista políticos de Capa e Chim e de seu envolvimento na Guerra Civil Espanhola. Embora Capa tivesse apenas três anos mais que ele, Bischof às vezes o considerava, no início, como uma figura paterna. Com o passar dos anos, Capa o estimulou a seguir seus instintos, direcionando-se para um trabalho mais artístico mas ao mesmo tempo ganhando a vida com o trabalho para revistas importantes, embora isso lhe parecesse frustrante. No fim das contas, ele se cansou do fato de a Magnum não poder oferecer-lhe o apoio financeiro que conseguia na *Life* e passou a criticar Capa por não progredir como fotógrafo. Mas se manteve leal à agência. O pai e o filho rebelde haveriam de morrer com diferença de poucos dias.[2]

De origem austríaca, Inge Morath chegou a Paris em julho de 1949 e tomou um táxi direto da Gare de l'Est para o escritório da Magnum, então ainda localizado no quarto andar do prédio de apartamentos do número 125 da Rue du Faubourg St. Honoré. No elevador, o aviso: "O elevador pode ser usado para cima, mas não para baixo." Ao entrar no escritório, ela constatou que "parecia um apartamento, com cozinha, banheiro e quarto. Só a grande sala de entrada tinha um aspecto vagamente oficial. Havia uma longa mesa de edição, um telefone de fio comprido que podia ser levado para todo lado, alguns armários de arquivo e o sofá onde eu frequentemente dormia quando estava sem dinheiro — o que era muito conveniente, exceto pela ausência de roupa de cama e a chegada da faxineira muito cedo, toda manhã".[3]

Nessa noite, ela jantou com Capa em St-Germain-des-Prés para em seguida dançar em ruas estreitas debaixo de um céu explodindo com fogos de artifício. Era o dia da Queda da Bastilha. Morath diz que Capa logo a tomou aos seus cuidados, aconselhando-a a trabalhar com Cartier-Bresson e arrumar umas roupas elegantes. Cartier-Bresson era o fotógrafo "mais rápido" que ela viu trabalhar. Aprendeu com ele a passar despercebida, usando sobretudos simples e sempre tentando ter em mente a imagem que queria. Ele ensinou-lhe a ver as imagens de cabeça para baixo, para "avaliar a composição".

Em uma de suas primeiras missões para a Magnum, ela viajou para a Espanha. "Estava numa festa em Madri", recorda-se, "e encontrei o estilista Balenciaga. Acho que ele gostou de mim porque eu estava fazendo aquele trabalho arriscado, e me deu um par de *blazers*, com bolsos por todo lado, para as câmeras e os filmes. Eles eram tão elegantes — ainda guardo um deles! Seja como for, voltei a Paris e disse a Capa: 'Vamos lá! Leve-me para jantar.' Vesti um dos *blazers* e ele exclamou: 'Uaaau! Olhem só para ela!' Desde então, Balenciaga fez todas as minhas roupas durante muito tempo."

Capa saía sempre com seus recrutas, acolhendo-os nos problemas sentimentais, encontrando empregos ideais para eles e fazendo seu trabalho para a Magnum ficar parecendo a mais glamourosa das missões. Segundo todos os relatos, ele era um mentor que realmente inspirava, e todos os seus recrutas ainda hoje se lembram dele com enorme afeto. "Ele era extraordinariamente generoso com seu tempo", diz Morath, "e também com o dinheiro, quando tinha. Tinha um incrível instinto com as pessoas e com a melhor maneira de tirar o melhor delas, como nunca vi igual."

Inge Morath chegara a Paris acompanhada de um dos mais interessantes e talvez mais criativos dentre os primeiros recrutas de Capa: Ernst Haas, descrito pela ex-pesquisadora da Magnum Inge Bondi como "um jovem esguio de passo leve, com uma cabeleira que parecia cair em cascatas numa paisagem chinesa".[4] Haas também entrou para a Magnum em julho de 1949, depois de ser apresentado a Capa pelo editor de *Heute*, Warren Trabant, rejeitando então uma oferta da revista *Life*. Capa o convencera de que só a Magnum podia oferecer-lhe o que ele mais queria: liberdade artística. Depois de entrar para a Magnum, ele foi almoçar com Capa. "Ele me cumprimentou por me ter tornado 'acionista'", recordaria Haas. Mas que significava ser "acionista"? "Significa", explicou Capa, "que o seu dinheiro está na Magnum, que a Magnum é uma cooperativa sem fins lucrativos e que você nunca mais voltará a ver o seu dinheiro."[5]

Haas revelou-se particularmente perceptivo a respeito de Capa, observando que o fundador da Magnum buscava em seu trabalho gerar uma "poesia da guerra — uma poesia trágica". Ele "se considerava antiartístico, antirreligioso, antipoético, antissentimental, mas eram suas mãos [que] realmente revelavam seu temperamento. Eram suaves e femininas, o oposto de sua aparência global, de sua voz, e assim por diante (...) Capa queria dizer simplesmente 'eu estava lá', e queria fazê-lo sem qualquer ideia de composição visual, para que realmente sentíssemos a realidade do acontecido. E não dá realmente para compor imagens quando se está saltando de paraquedas. É uma sensação, e ele criava esse tipo de sensação."[6]

Pouco depois de recrutar Haas para a agência, Capa tirou uma folga mais que necessária e rumou para um de seus destinos favoritos de verão, a Côte d'Azur, onde muitos amigos como Irwin Shaw e Peter Viertel alugavam *villas* e casas de praia por um par de meses todo ano.[7] Ele estivera pela última vez nesse grande playground de ricos da França em julho de 1948, depois de voltar de Israel. Quando não estava jogando nos cassinos, ele passara vários dias fotografando Pablo Picasso com o filho de um ano, Claude, e a mãe do menino, Françoise Gilot. Um dos muitos retratos que então tirou, no qual Picasso aparece segurando uma barraca de praia para fazer sombra para a encantadora Gilot, é hoje a imagem clássica do casal.

Nesse verão, Capa passou vários dias com Henri Matisse em sua casa em Nice, cujas paredes eram cobertas por gigantescos murais que viriam posteriormente a decorar uma igreja local. Aos 79 anos, imponente em sua barba branca, Matisse passava a maior parte do tempo na cama, lutando com a artrite e tendo ao lado seu gato. A doença deformara seus dedos, e Capa o fotografou usando uma vareta de bambu com um lápis de carbono preso à ponta — método menos doloroso de definir os contornos de suas imagens.

Nesse mesmo verão, Capa hospedou-se com Irwin Shaw e sua mulher, Marion, em sua residência de Antibes, a "Villa Shady Rock", cheia de pinheiros, dando para o Mediterrâneo e ainda coberta de pinturas de camuflagem da época da guerra. Certa noite, pouco depois de sua chegada, Shaw levou Capa a seu bar preferido, popular entre os marinheiros, que muitas vezes se entregavam a uma estranha brincadeira de puxar os pelos do peito. "Os participantes simplesmente enfiavam a mão por baixo da camisa, agarravam a maior quantidade possível de pelos e puxavam com força", escreveu Shaw. "Em seguida, depositavam cuidadosamente os cabelos num guardanapo de papel, para que fossem contados por um juiz escolhido por sua honestidade." Quem perdesse pagava a rodada seguinte.[8]

Certo dia, Gijon Mili, fotógrafo da *Life*, apareceu na porta da casa dos Shaws para se juntar ao grupo. Ele e Capa logo juntariam forças, caçando mulheres de dia e botando para quebrar no cassino de noite. "A gente emprestava [a Capa] os 200 dólares de que ele precisava para pagar os 200 dólares que tínhamos emprestado a ele na noite anterior",[9] recordaria Shaw, "e que ele logo em seguida perdia no cassino em Cannes (...). Ele não era adequado como amigo, convidado ou o que quer que fosse — era simplesmente Capa, magnífico e perdido (...)." Quase sempre, Capa voltava à Villa Shady Rock sem um tostão, mas com alguma garota ou prostituta da região como prêmio de consolação. Segundo o biógrafo de Shaw, Michael Shnayerson, "mais de uma vez Shaw teve de vasculhar o armário de Marion pela manhã em busca de roupas que as namoradas do fotógrafo pudessem vestir, para que os vizinhos não ficassem chocados ao vê-las saírem".[10]

Segundo James Salter, escritor que foi amigo de Shaw em seus últimos anos de vida, Capa também fazia buracos nos estofados, passando horas incontáveis sentado "preguiçosamente com cinzas de cigarro caindo pelas roupas",[11] e logo a paciência de Marion Shaw estaria sendo testada além dos limites. Ela chegou à conclusão de que Capa perdera o controle, sem o sentimento de propósito que lhe dava a guerra, e acabou pedindo que ele se fosse. Shaw se incumbiu de fazer o pedido — "algo pelo qual jamais se perdoaria".[12] Mais tarde, viria a se inspirar na passagem de Capa por sua casa de veraneio ao escrever o romance *Evening in Byzantium* (Uma noite em Bizâncio), cujo protagonista se lembra de "um convidado que quase conseguiu estragar" um verão na Côte d'Azur.

No início de setembro de 1949, Capa tomou um avião de volta a Nova York. Numa manhã de outono, apareceu de novo na porta de Jemmy Hammond em Greenwich Village. Como chegara à conclusão de que ele se fora para sempre, ela ficou muito feliz de vê-lo. "Certa vez eu disse a Capa que achava Jamie uma beleza e tanto", recorda-se Jozefa Stuart. "Capa respondeu: 'Não foi isso que me atraiu, o que me atraiu foi quando fui vê-la de novo depois de vários meses e ela ficou tão feliz de me ver.' Ele realmente precisava ser desejado."

Capa e Hammond logo estariam profundamente envolvidos. Mas ela não podia acompanhá-lo de volta a Paris. Tinha dois filhos pequenos de seu casamento com John Hammond, e, pelos termos do divórcio, não poderia sair dos Estados Unidos com eles. Segundo John Hammond Jr., nos cinco anos subsequentes, até a morte de Capa, ela esperava que ele voltasse de sua mais recente aventura, passava algumas semanas com ele em Paris no verão e eventualmente o encontrava para esquiar nos Alpes. Com o passar dos anos, ela o exortou a se comprometer, mas ele não queria. "Certa vez ela me disse: 'Se pelo menos ele parasse um pouco, deixasse de jogar o tempo todo'", recorda-se Jozefa Stuart, "'eu iria viver em Little Rock, se fosse necessário para levar uma vida normal.'"

Acima de tudo, Capa não queria uma vida normal — seu pai dera o exemplo de como evitar a qualquer custo a rotina. Era como se diminuir o ritmo ou se estabelecer num determinado lugar significasse morte lenta. De modo que ele optou por bancar o *bon vivant* livre, leve e solto — o folgazão profissional que o pai sempre quisera ser e que ele afinal se havia tornado. A mais antiga amiga de Capa, Eva Besnyö, lembra de ter ido a Paris no início da década de 1950. Capa a convidou para encontrá-lo, não num tranquilo jantar, como ela esperava, mas numa festa. O Capa que ela conhecia havia 25 anos se tinha tornado "superficial" de uma maneira deprimente. "No fim das contas, nossa amizade não estava presente", diz ela. "Senti como se o tivesse perdido."

Como ela perguntasse se poderia conseguir trabalho através da Magnum, Capa respondeu à mulher que o iniciara na fotografia que ela não era adequada para a agência — não era "jornalística". Sua estética era por demais abstrata. É possível também que ele não a quisesse por perto porque ela lembraria a ele próprio e aos outros sua persona anterior: André Friedmann, o jovem furão que ela conhecera na Hungria e em Berlim.

Outros fotógrafos, como Fenno Jacobs, Herbert List, Homer Page e Gisèle Freund, também foram levados para a agência, como colaboradores, mas não membros de pleno direito. Gisèle Freund sustentaria mais tarde que Capa lhe havia dito que ela era membro de pleno direito, o que a levou a entregar várias centenas de dólares. Depois de deixar a Magnum, ela alegou que ele negou jamais ter recebido dinheiro dela. "No fim de uma carreira incrivelmente brilhante", escreveu ela, sem amargura, "ele nada tinha além de alguns ternos de bom corte, embora seu trabalho como um todo fosse de valor incomensurável."[13]

Em 1951, Maria Eisner ousou engravidar e Capa rapidamente assumiu seu lugar como presidente da Magnum. Mas ele logo constataria que ser o garoto propaganda era infinitamente mais interessante que o tédio da gestão das questões diárias, e em questão de poucos meses começara já a buscar alguém que o substituísse. Um dos consultados foi Warren Trabant, que a essa altura trabalhava para a Otan em Paris. "Eu já lhe dissera que não queria dirigir um clube de fotógrafos", recorda-se Trabant. "Uma agência de imagens profissional, isso sim teria sido diferente." Ele também disse a Capa que não queria "ficar mudando fraldas". Agora, brincava que não pretendia administrar uma "creche".

No Natal de 1951, finalmente parecia que a Magnum de Nova York poderia extrair algum lucro, na esfera de 700 dólares. Capa decidiu dar uma festa num bar do Algonquin Hotel, e, segundo John Morris, "declarou-o aberto aos amigos da Magnum". Quando começou a nevar pesado, os grandes levantadores de copo "decidiram se entrincheirar ali durante toda a noite".[14] A conta superou em muito os 700 dólares, e, embora essa generosidade possa ter conquistado a simpatia de muitos editores para a Magnum, o fato é que indispôs muitos de seus empregados.

Administrar uma organização como a Magnum não era mesmo o forte de Capa. Ele gostava de bancar o empresário, especialmente em almoços faturados na conta da agência, mas as tarefas concretas de organização e administração da Magnum logo se tornariam uma chatice das mais pesadas para ele. Ele era por demais inquieto e anárquico para se concentrar em detalhes como balanços e se preocupar com o lucro final.

"[Capa] sabia que não seria capaz de assentar o facho numa vida normal com uma mulher, um emprego regular e um apartamento em Paris ou Nova York, em vez da agradável impermanência de viver num hotel", escreveu seu amigo Peter Viertel. "Ele era um boêmio tão incurável que nem sequer gostava de jantar na casa de alguém, preferindo restaurantes e cafés ou ficar de pé num bar até tarde da noite conversando com estranhos."[15]

O caos era bom para Capa, e não a disciplina e a ordem necessárias para manter em andamento um negócio de tamanho médio como a Magnum. Talvez sua maior aptidão como gerente fosse encontrar pessoas dispostas a trabalhar por quase nada e inspirá-las nessa direção. À primeira vista, a Magnum podia às vezes parecer uma agência de modelos, dada a presença de pesquisadoras invariavelmente lindas que Capa contratava para estarem sempre atendendo às necessidades e aos egos dos fundadores. A talentosa escritora inglesa Gael Elton Mayo era a mais bela de todas: ela achava Capa "vigoroso e misterioso, com o calor de uma atração animal", e se derretia sempre que ele chegava perto para sussurrar: "Você é o meu tipo de mulher."* "As lembranças são glamourosas", escreveria ela. "Capa e eu com Chim na White Tower no Soho; Capa com sua guimba, olhando ao longe para divisar uma futura reportagem, enquanto Chim cuidava do cardápio (...) os olhos enrugados e risonhos [de Capa]; a eterna guimba; seu jeito de estar em toda parte, sem nunca ter tido um smoking."[16] Outra de suas lembranças indeléveis era Capa jogando fliperama num café embaixo da Magnum, atirando bolinhas metálicas horas a fio em meio a uma fumaça azul de cigarro.

---

*Numa fotografia fornecida pela irmã dela, vemos Capa beijando delicadamente sua testa. Ela parece profundamente apaixonada.

Warren Trabant conta que Capa raramente falava de negócios por mais de alguns minutos no café, que se transformou no verdadeiro escritório da Magnum, preferindo conversar, com uma taça de vinho tinto na mão, sobre corridas de cavalos, um novo restaurante descoberto por Chim ou uma partida de pôquer há muito planejada. Para os outros, muitas vezes ficava parecendo que o jogo finalmente substituíra a fotografia como sua principal ocupação.

Se um auditor tivesse vasculhado os livros contábeis da Magnum no início da década de 1950, teria constatado irregularidades financeiras que hoje em dia seriam consideradas fraude.[17] Capa metia a mão nos rendimentos de parceiros e recrutas para pagar mulheres, roupas caras, restaurantes e, sobretudo, suas despesas no jogo. Claro que ele não seria demitido da agência que havia fundado. Os profissionais por ele recrutados deviam suas carreiras a ele, de modo que não cabia esperar uma reação muito séria ao uso regular que ele fazia de seus rendimentos.

Mas sua atitude não era de fraude deliberada. Elliot Erwitt, um dos grandes esteios da Magnum, aquele que provavelmente mais recursos carreou para a agência ao longo de cinquenta anos, lembra-se de ter visitado o escritório de Paris no início dos anos 1950 — ou, por outra, o café que ficava embaixo. "Capa tinha ganhado uma aposta em Longchamps. Entrou no café literalmente com uma braçada de dinheiro, que começou a distribuir àqueles a quem devia, no café e no escritório, lá em cima. Quando acabou, não lhe restava mais nada."

Enquanto foi presidente, Maria Eisner estava constantemente temendo que um dos fundadores voltasse de alguma missão no exterior e exigisse o pagamento de todos os atrasados.[18] Foi o que efetivamente aconteceu quando Cartier-Bresson retornou da Índia depois de três anos. Ele tinha um crédito de vários milhares de dólares e disse a Capa que precisava muito de dinheiro. "Por quê?", perguntou Capa. "Sua mulher já tem um casaco de pele, não precisa de mais outro. Você não gosta de carros, que é que vai fazer com o dinheiro?"

Cartier-Bresson queria comprar uma casa, por um ótimo preço, e usar o dinheiro para reformá-la.

— Eu usei o seu dinheiro, pois estávamos praticamente falindo — retrucou Capa.

— Ah, você podia ter-me avisado.

— Não fique pulando feito sapo. Vamos, Preminger está fazendo um filme, você vai lá para tirar fotos do filme.

"O dinheiro não era problema entre nós", diria mais tarde Cartier-Bresson. "Nós precisávamos ganhar a vida, e ele apostava, gerando trabalho. Era sempre assim."[19]

Segundo Suzy Marquis, que ficava com a chave do caixa de despesas correntes da Magnum, Cartier-Bresson não era assim tão blasé. Ela se lembra de ferozes discussões aos berros entre Capa e seu aristocrático companheiro. "Ele adorava Bob, mas não o entendia mesmo, ou não entendia quase sempre o que Bob dizia — em sua mistura de inglês capenga, um pouco de alemão e frases em húngaro. Quando as coisas ficavam realmente feias, Bob dava um murro na mesa. Chim estava sempre tentando contemporizar. Passado algum tempo, vinha o cessar-fogo. No fim das contas, Henri acabou entendendo que Bob nunca mudaria. E assim, desde que pudesse tirar fotos do que quisesse cobrir, à sua maneira, Henri estava satisfeito."

A viúva de George Rodger, Jinx, lembra que o fato de Capa estar sempre envolvido com o jogo era motivo de permanente preocupação entre os outros fundadores da Magnum. Seu marido discutia com ele por causa de dinheiro, exatamente como Cartier-Bresson. "Capa perdia dinheiro no jogo", diz ela. "Ele não estava nem aí, mas nós nos preocupávamos. Finalmente, Chim e Cartier-Bresson chegaram à conclusão de que não podiam contar com as apostas de Capa para manter a Magnum. Teriam de fazer algo."

Capa viveu até o fim não só na compulsão do jogo como em busca de sexo anônimo com prostitutas. Quando ganhava uma aposta nas corridas de cavalos, havia as modelos-prostitutas fumando Lucky Strikes em bares ao redor dos Champs-Elysées, seu local favorito de caça. Se preferisse uma visita a um bordel, em vez de uma rapidinha no Lancaster, havia La Maison des Nations, onde os quartos eram devidamente decorados para um homem de gostos tão internacionais: o quarto oriental dava direito a um tatami e uma gravura em madeira do monte Fuji. As garotas, claro, eram sensacionalmente exóticas e jovens. E se Capa estivesse sem sorte, sempre havia as vinte mil ou mais *putains* de lábios de cereja, perfumadas em excesso mas a preço módico que percorriam as sombras em torno da Place de la Bastille e outros *coins de plaisir* pelos bairros de Paris.

Talvez houvesse uma explicação simples para as compulsões de Capa. Ele se entediava. "Devemos lembrar que Bob era um homem de ação", diz Suzy Marquis. "Ele queria dar testemunho do seu tempo. Precisava estar sempre se movendo, agindo, presente no lugar certo no momento certo (...). Durante toda a vida, tinha se deslocado, quase sempre para sobreviver." Nascido e criado em meio a conflitos, quanto mais ele ficasse jogando fliperama num bar fumacento de Paris, discutindo por questões miúdas de dinheiro na Magnum e brigando por créditos fotográficos, mais estaria deixando escapar o desafio da fotografia de guerra. Um de seus contemporâneos, que participou da cobertura da Segunda Guerra Mundial, reconhece: "Nunca tive um orgasmo que se comparasse à excitação que sentia depois de um dia em combates, com a adrenalina fluindo hora após hora. Era uma experiência dos diabos — a mais intensa que se pode ter é estar na linha de frente, debaixo de fogo, numa guerra."

Capa dizia aos amigos que detestava a guerra e ficava "feliz de ser um fotógrafo de guerra desempregado",[20] mas a guerra o havia transformado numa lenda, e para mantê-la ele precisaria voltar aos campos de batalha. Mas ele também sabia que eram muito poucas as chances de voltar de sua próxima guerra. Já tinha coberto quatro guerras, e o fato de ter escapado por pouco em Tel Aviv o deixara terrivelmente abalado, perfeitamente consciente de sua mortalidade. Terá sido talvez por esse motivo que ele não cobriu a guerra da Coreia no início da década de 1950, com isso sacrificando sua posição de mais destacado fotógrafo de guerra de sua geração.*

---

*A guerra foi magnificamente coberta por vários fotógrafos, mas talvez de maneira mais dramática que todos pelo antigo fuzileiro naval americano David Douglas Duncan, orgulhoso campeão dos pracinhas, cujo estoicismo glorificou nas páginas de *Life*. Embora Capa não tivesse ido à Coreia, seu primeiro recruta, Werner Bischof, fotografou a guerra para a Magnum, concentrando-se nas vítimas dos bombardeios americanos. Como observa Miller em *Magnum*, contudo, Capa considerava essas fotos "brandas demais" para vender à *Life*, mais que nunca uma propagandista da agressão americana no Extremo Oriente.

Vários contemporâneos de Capa consideram que ele não acreditava tanto assim na guerra da Coreia para arriscar a própria vida mais uma vez. "Numa guerra, é preciso odiar alguém ou amar alguém", dissera ele certa vez a Martha Gellhorn, "é preciso assumir uma posição, ou não se aguenta o que está acontecendo."[21] Mas é possível que também houvesse um motivo menos prosaico: sustentado pela Magnum, ele não estava precisando desesperadamente de dinheiro. Ainda não valia a pena correr o risco de ficar observando uma potência imperial matar camponeses.

22
Como envelhecer?

"Bob tinha um jeito especial de mostrar que estava achando graça: com os olhos semicerrados, a boca aberta num sorriso de orelha a orelha e prendendo um cigarro, ele se ria, de um jeito brando, em pequenas arfadas. A gente ficava esperando que ele caísse na gargalhada, mas isso nunca acontecia. Desse seu ronronar dava para depreender uma imensa alegria interior."

NOËL HOWARD, *Hollywood sur Nil*

Enquanto outros fotógrafos roubavam sua glória na Coreia, Capa salvou a Magnum do aniquilamento cortejando clientes importantes: a *Picture Post* em Londres, o escritório de relações-públicas do Plano Marshall e — o mais lucrativo de todos — a revista *Holiday*, de Ted Patrick. Os frutos de seu relacionamento com Patrick e seu editor de fotografia, Frank Zachary, sustentaram a Magnum por boa parte da primeira metade da década de 1950.

Zachary recorda-se carinhosamente do trabalho com Capa e de sua amizade. Fotógrafo mundano e *bon vivant*, frequentando os círculos mais glamourosos, ele era o "colaborador ideal" de sua revista. "Bob tinha um grande senso de humor, o que transparecia em suas fotos", lembra-se ele. "Ele não mentia nas fotos: dizia a verdade, tal como a via. A ironia era muito importante em sua filosofia visual. Não era possível ser um judeu húngaro nessa época sem ter um forte senso de ironia."*

Capa passou o inverno de 1950 se preparando para uma longa reportagem sobre esqui nos Alpes, para *Holiday*.** Em sua primeira visita aos Klosters, que de longe preferia a estações de esqui mais pretensiosas como Davos, Capa hospedou-se num hotel chamado Chesa-Grischuna. Seu proprietário, Hans Guler — um bem apessoado ex-campeão de esqui —, ofereceu-lhe um quarto "com revestimento de madeira, chuveiro cromado, três refeições e aquecimento incluídos, por cerca de seis dólares diários".[1]

No bar do hotel, onde um pianista tocava Chopin e Strauss, Capa conheceu Judith Thorne, uma jovem e espetacular americana que estudava numa das universidades da elite de seu país, o Vassar College. Ela tinha cabelos escuros brilhantes e um olhar travesso, um grande senso de humor e um corpo atlético que virava cabeças — especialmente quando usava os *collants* de esqui —, e estava sozinha na Suíça, numa viagem de seis semanas para esquiar. Ele voltou a encontrá-la no bar do exclusivo Grand Hôtel du Mont-Cervin, em Zermat, junto ao famoso Matterhorn. Os dois esquiaram juntos, ela posou para ele, e teve início ali um caso que prosseguiu esporadicamente durante três anos.[2]

Enquanto percorria o mundo com uma polpuda ajuda de custo, Capa parecia satisfeito, e Eve Arnold lembra-se dele animando muitas reuniões com irresistível charme e carisma.*** "Capa era um camaleão, estava sempre mudando. Não tinha nada de fixo, imutável. Gastava uma

---

*Para determinada cobertura em Paris, que acabou sendo publicada em abril de 1953, Zachary contratou Cartier-Bresson, com a incumbência de tirar fotos em cores. Só mais tarde ficaria sabendo que Cartier-Bresson detestava trabalhar com cores e pedira que Capa tirasse as fotos em seu lugar. Quando a edição foi publicada, com as fotos de Capa creditadas a Cartier-Bresson, muitos fotógrafos "correram para comprar todos os exemplares que pudessem e ver as primeiras e únicas imagens em cores de Cartier-Bresson. Foram enganados direitinho, como todo mundo mais".

**Até 1954, Capa fora contratado para fotografar e escrever sobre a Noruega, a Holanda, Jerusalém, Indianápolis, Paris, Munique, Biarritz e Roma.

***Ela afirma que Capa e os outros fundadores da Magnum foram sua "universidade fotográfica", e passou horas consultando arquivos para analisar suas fotos. Recorda-se também de uma noite em que foi a uma festa onde encontrou Janet Flanner, colaboradora da *New Yorker*, que conhecia Capa. Quando Flanner descobriu que Arnold, mignon mas destemida, estava na Magnum, perguntou por Capa: "Ela respondeu: 'Que acha das fotos de Capa?' E eu: 'Bem, não acho que sejam muito bem concebidas.' Ela me olhou penalizada e disse: 'Minha cara, a história também não é bem concebida.'"

quantidade enorme de tempo, energia e ideias com os amigos. Eu achava isso particularmente especial." Ela reconhece que Capa era por demais sensível para não ficar profundamente afetado pelas "tragédias que lhe haviam acontecido". "Mas ele nunca o demonstrou em minha companhia", frisa. "Era muito envolvido com a vida para mostrar esse lado a muitas pessoas." Ela ainda vê Capa "descendo os Champs-Elysées com um casaco jogado nos ombros e um cigarro pendurado nos lábios. Como ele conseguia manter o cigarro ali eu não sei, pois parecia que o cigarro lhe tocava o queixo. Por trás dele vinha uma das maiores top models do mundo, também com um casaco jogado nos ombros. Ele tinha namoradas maravilhosas".

Os dias de Capa em Paris muitas vezes começavam com um longo mergulho na banheira do Lancaster Hotel. Durante o banho, ele costumava ler romances policiais baratos — um de seus favoritos era Simenon —, para em seguida percorrer os jornais, dando uma olhada nas reportagens e passando a estudar a agenda de corridas do dia em Longchamps. "Capa ficava na banheira com seu jornal e depois distribuía tarefas que pautava nessa leitura", recorda-se Inge Morath. "Então, saía para fazer suas apostas. 'Vocês sabem como é', costumava dizer, 'eu tenho de ficar no Lancaster porque é assim que faço meus contatos. Vocês não precisam de contatos. Simplesmente ficam em hotéis baratos.' E a gente sabia que ele estava certo. Meu Deus, ele era tão divertido."

Entre os companheiros de Capa em Longchamps, estavam John Huston, Howard Hawks, Irwin Shaw, Gene Kelly e o filho do Aga Khan, o fabulosamente rico Ali Khan. Capa e Huston gostavam de apostar pesado no amigo americano do cineasta, o jóquei Billy Pearson. Numa ocasião em que Pearson corria na França, Capa e Huston reuniram os amigos para ir a Longchamps. Os jóqueis franceses o tinham prejudicado horrivelmente numa corrida anterior, e, segundo Huston, o apoio dos amigos em massa fazia parte de um plano para invadir a área delimitada para os jóqueis na chegada, caso ele vencesse, e protegê-lo da xenofobia dos torcedores franceses. Consumada sua vitória, o exército de guardas arregimentado por Capa e Huston certamente valeu como proteção. Ele não deixou de ser eliminado, mas ficou satisfeito com a vingança sobre os jóqueis franceses.[3]

Quando não ia a Longchamps, Capa costumava almoçar em algum restaurante frequentado por celebridades. Como Irwin Shaw, depois de uma garrafa de bom vinho da Borgonha, ele gostava de se retirar para fazer sexo à tarde. Às vezes levava suas amantes para uma esplêndida antiga residência dos Rothschilds de propriedade do empresário americano Arthur Stanton, que o conhecera em Paris depois da liberação, em 1944. Stanton dissera-lhe que poderia usar o apartamento quando ele não estivesse em Paris, e Capa o levou ao pé da letra. Burt Glinn lembra-se de ter ficado no apartamento, com direito a um mordomo marroquino chamado Israel.

"Chim contou-me uma história das mais típicas de Capa. Stanton não ia a Paris há muitos anos, pois estava muito ocupado. Certo dia, contudo, telefonou para Israel e anunciou que devia preparar o quarto do patrão, pois ele chegaria com a mulher. Seguiu-se um silêncio constrangido, e Israel disse a Stanton que o Sr. Capa estava no quarto do patrão, acompanhado. Stanton gostava muito de Bob e disse a Israel que preparasse então um segundo quarto. Mas o mordomo teve de explicar que o segundo quarto também estava ocupado — por um amigo do Sr. Capa. A essa altura, Stanton começava a perder a paciência. Disse então a Israel que fosse chamar Capa. Israel respondeu que achava que o Sr. Capa não gostaria de ser incomodado. Seguiu-se um longo silêncio, enquanto alguém ia chamar Capa. Finalmente, Capa veio ao telefone. 'Arthur, não se preocupe', foi dizendo. 'Temos um excelente quarto para você no Lancaster Hotel.'"

As mulheres que Capa levava para a cama na residência de Stanton e no Lancaster variavam muito, mas eram todas lindas. Pamela Churchill continuava sendo uma das favoritas e se lembra de Capa correndo atrás dela às gargalhadas na descida das centenas de degraus do Sacré Coeur de Montmartre, certa tarde. Ele era um dos muitos homens pobres com os quais ela dormia, segundo relataria mais tarde a seu biógrafo; ele tinha "um gosto estilo champanhe — comprava suas camisas e gravatas na Sulka —, mas um orçamento estilo cerveja".[4]

Um antigo editor do *Washington Post*, Ben Bradlee, encontrou-se com Capa muitas vezes em Paris quando trabalhava para a *Newsweek* no início da década de 1950. "Instintivamente ele gostava ou não de você. Com

Capa, era simples assim", recorda-se ele. "Todas as mulheres o adoravam. E o tratavam maternalmente. E ele então as fodia até não poder mais. O seu passe era esse arzinho de criança perdida."[5]

Hedy Lamarr, a vulgar estrela de *Sansão e Dalila*, de 1949, foi uma das poucas mulheres que podem ter conquistado Capa, em vez do contrário. "Eu gosto de gente muito sexuada. As poucas que conheci eram talentosas e sensíveis."[6] Ela e Capa eram vistos com frequência na cidade, mas é possível que Lamarr gostasse demais de dar ordens aos homens na cama para que o relacionamento pudesse progredir além das rodadas de roleta seguidas de roladas em seus lençóis de seda. Nos anos posteriores, segundo amigos, Capa levaria para a cama ou teria breves casos com muitas outras beldades de Hollywood. "Ele nunca mentia para [essas] mulheres", insiste Suzy Marquis. "Não prometia nada que não pudesse dar, e as mulheres sabiam o tipo de vida que ele levava. Ele não queria segurança (...). A simples ideia de passar o resto da vida com uma única mulher era algo em que nem conseguia pensar."

Em busca de um estimulante depois do coito, Capa ia tomar drinques no fim da tarde no Hôtel Crillon, muito frequentado por jornalistas e o melhor lugar em Paris para tomar conhecimento de possíveis missões no exterior ou descobrir que editor procurar no momento. Se sobrasse tempo antes de acertar o encontro da noite, ele ainda encaixava uma rápida partida de *gin-rummy* no vestiário dos fotógrafos do escritório da *Time* ao lado da Place de la Concorde, às vezes com Slim Aarons e Gjon Mili.

Um dos lugares preferidos para providenciar esse encontro noturno era o bar do Hotel California, em frente ao escritório do *New York Herald Tribune*. "Chim contou-me que estava lá numa tarde de sábado com Bob e Irwin Shaw", diz Burt Glinn. "Chim estava perfeitamente tranquilo, enquanto Capa e Shaw percorriam uma longa fileira de cortesãs — mulheres realmente glamourosas. Eles faziam propostas a todas elas, mas nenhuma estava disponível no momento. No fim das contas, Chim anunciou que tinha de partir. Tinha encontro marcado para um jantar. Deve ter sido meio ruim para Bob quando Chim lhe disse quem era a mulher com quem ia se encontrar: Ingrid Bergman. Ela e Chim se davam muito bem, na verdade, por causa de Bob. Através dele é que ela o tinha conhecido."

Com ou sem companhia feminina, o jantar era sempre num dos melhores restaurantes de Paris, não raro recomendado por Chim, um grande gourmet. "Depois vinha o Alexandre's, na Avenue George V", recordaria o companheiro de farras Irwin Shaw, "onde os amigos americanos sempre se reuniam à meia-noite (...) Bob Capa arrastando seu inglês de sotaque húngaro, com um cigarro pendurado na boca, dizendo 'Não estou feliz'. John Huston, em Paris para filmar *Moulin Rouge* (...) Billy Wilder, com seu humor cáustico, em Paris para filmar *Um amor na tarde* [*Love in the Afternoon*] (...) Art Buchwald, tendo acabado de escrever a coluna do dia seguinte, em busca de uma partida de pôquer."[7]

Seguiam-se às vezes partidas de pôquer de fim de noite, frequentemente com Shaw, e também Huston se estivesse na cidade, e depois Capa saía pelas ruas cinzentas ao alvorecer. "Jemmy disse-me que mais ou menos no fim Capa já não estava tão interessado realmente em sexo", diz Jozefa Stuart. "Ele preferia o jogo."

A relação de Capa com Hammond seguia a essa altura o padrão de seus casos amorosos com Bergman e Pinky: ele não se comprometia com quaisquer planos de casamento, entrando e saindo de sua vida. Stuart conta que, quando Hammond ia a Paris para estar com Capa, de tal maneira dependia dele para se divertir, tolhendo-o em seu estilo de vida, que ele de certa forma ficava aliviado quando ela voltava para Nova York. Mas, muito caracteristicamente, quando ela se ia, ele começava a sentir saudade.

Apesar de não querer prender-se a ela, Capa fazia questão de passar todo Natal com Hammond e seus dois filhos. "Sempre que Capa vinha nos visitar", rememora John Hammond Jr., "minha mãe parecia viver de novo. Eu lhes dava boa-noite antes de ir deitar, e eles sempre pareciam muito à vontade juntos. Era difícil deixar de sentir o calor daquela relação. Capa era uma espécie de figura paterna para mim e meu irmão (...). Eu costumava pintar, desenhar e fazer esculturas na infância, e ele me enchia de elogios e me estimulava. Minha mãe queria muito casar com ele."

Em Nova York, Capa também procurava editores como Ted Patrick, da *Holiday*, e fazia uma breve visita a Cornell e sua nova mulher, Edie, assim como a sua mãe, Julia. Charnell também adotara o sobrenome de Capa em 1944, ao se tornar cidadão americano, e agora trabalhava para a *Life*, graças em parte ao irmão. Mas raramente Capa passava mais de uma noite ou duas com a família nessas visitas, provavelmente achando sua mãe — apelidada por seus amigos de "Mamãe Gansa" —[8] dominadora como sempre.

Na primeira metade da década de 1950, Capa sempre voltava à Europa em janeiro para a temporada de esqui. Sua estação favorita continuava sendo Klosters, também frequentada por Irwin Shaw, Sydney, filho de Charlie Chaplin, e Peter Viertel, que costumava beber com ele até tarde da noite no bar do Chesa Greschuna. O bar não havia mudado desde a primeira visita de Capa: continuava com o teto de madeira entalhada, cheirando a lustra-móveis e aberto até que o último cliente tombasse.

Viertel gostava tanto de Klosters que viria a passar muitos invernos na estação com sua mulher, a atriz Deborah Kerr. "Quando conheci Capa", recorda Viertel, que tinha trabalhado na inteligência militar durante a guerra, "ele me disse: 'Muito bem, eu o conheço, você é o espião!' Nós todos tínhamos uma ligação muito forte nessa época, remontando à guerra (...). O que me atraiu nele, entre muitas outras coisas, era o fato de ser tão incrivelmente corajoso. Na guerra, é uma qualidade muito apreciada, embora se vá quando os tiros calam. E ele era muito divertido. Em Klosters, era adorado pelas garçonetes, as camareiras, todo mundo."

Viertel e outros lembram-se de que Capa era um esquiador apenas mediano. Costumava ser acompanhado nas descidas por um divertido agricultor local chamado Peter Hitch, que também trabalhava como instrutor de esqui no inverno. Segundo Viertel, Capa certa vez perguntou-lhe o que preferia, ser instrutor de esqui ou agricultor. "Peter respondeu: 'No verão, eu subo as montanhas com as vacas, e no inverno subo com as inglesas. É praticamente a mesma coisa.' Capa contaria mais tarde a história na revista *Holiday*, provocando protestos dos leitores britânicos."

Ben Bradlee às vezes se juntava a Capa e seus companheiros de copo no bar do Chesa Greschuna. "Certa noite, Noel Howard apareceu com uma criança linda", recorda-se ele. "Ela não devia ter mais de 16 anos. Capa ficou encantado com ela. Todos nós ficamos. Quando Howard se foi com ela, Peter Viertel ou Irwin Shaw, um dos dois, comentou: 'Aposto que ela vai voltar amanhã.' E foi o que aconteceu: ela voltou, chamada por Capa. Não dava nem para sentir ciúme. Era divertido só de olhar."

Enquanto Bradlee juntava-se a Shaw e outros toda manhã nas encostas da montanha local, a Gotshnagrat, Capa muitas vezes ficava na cama. "Pelo que lembro, ele não esquiava muito", diz Bradlee. "Enquanto a gente descia a montanha, ele estava ocupado transando." Uma de suas muitas conquistas em Klosters foi Colette Harrison, a primeira mulher de Rex Harrison. "Loura bonita e magrinha, ela parecia tão superficialmente envolvida com Capa quanto muitas de suas namoradas parisienses", escreveu Viertel. Segundo a namorada de Viertel na época, Bettina Graziani, Vivien Leigh também ficou caidinha por seu charme certa noite. Ela se recorda dessa ocasião: "Ela estava sozinha e frágil. Estávamos tomando um drinque no bar. Ela entrou e Capa começou a beber com ela, e os dois foram dançar — danças russas. Ele era incrível, tão divertido. Acho que não durou muito com ela. Não sei se alguma vez ele teve uma vida com alguma mulher que tenha durado muito."

De acordo com vários outros contemporâneos, ao se aproximar a meia-idade, Capa entrou numa profunda crise de identidade. Que faria ele o resto da vida se não pudesse mais ser o cigano de coração lépido com uma Leica pendurada no pescoço? Seria tarde demais para se reinventar como um empresário bem-sucedido, longe da fotografia? Ele era uma verdadeira usina de ideias, o impulso criativo por trás de quase todos os projetos de equipe da Magnum, mas as ideias por si mesmas não garantiam um futuro financeiro seguro. Quando Noel Howard disse-lhe que podia facilmente ficar rico, ele respondeu: "O difícil na vida não é ter ideias, mas fazer as pessoas capazes de concretizá-las acreditarem que foram elas que as tiveram."[9] Uma coisa era certa: ser um jornalista freelance não era a melhor maneira de um homem de gosto tão sofisticado desfrutar das boas coisas da vida. "Se quiser ganhar dinheiro, desista do trabalho como repórter", disse ele muitas vezes a Gisèle Freund e outros na Magnum. "Você poderá ganhar a vida bem, mas nunca vai ficar rico. São muitas despesas."[10]

Ele também começava a se cansar de ter de estar constantemente cultivando a lenda Capa, bancando o dom-juan impulsivo e envergando sua eterna "máscara do descolado". "Capa estava preso numa armadilha", confirma Inge Morath. "Se quisesse dormir cedo, não tinha como ir para a cama. Afinal, ele era Capa, e Capa sempre fica acordado até as 3 da manhã, jogando pôquer. Mas o fato é que ele estava cansado daquilo tudo. Como acontece no caso de alguém que está sempre contando piadas, no fim já não parece mais divertido. Ele tinha uma certa tristeza, que talvez tivesse apenas a ver com suas origens eslavas e judaicas. Mas eu acho que vinha de todas aquelas guerras."

Irwin Shaw, que se mudara para Paris no verão de 1951, via nele o homem que já tinha visto tudo:

> Só pela manhã, ao se levantar da cama, é que Capa deixa transparecer que a tragédia e a dor pelas quais passou deixaram sua marca nele. Seu rosto é cinzento, os olhos são cavos e marcados pelos sonhos sombrios da noite; finalmente temos aqui o homem cuja câmera testemunhou tanta morte e tanto mal, um homem desesperado e sofrendo, arrependido, nada sofisticado nem descolado. Capa bebe então um gole bem forte, sacode-se, experimenta o sorriso da tarde, descobre que funciona, constata mais uma vez que tem forças para escalar a reluzente colina do dia, veste-se e parte, distraído, com uma jovialidade minuciosa, para o bar do "21", ou então do Scribe, ou do Dorchester, lugares onde esse sem-teto pode se sentir em casa, onde encontra os amigos e os diverte, e onde os amigos podem ajudá-lo a esquecer as longas horas amargas, solitárias e sem amigos da noite anterior e da noite que está por vir.[11]

Em 1952, o apetite de Capa pela vida "reluzente" e o seu compromisso com a Magnum começavam a esmaecer. Num relatório redigido em fevereiro para os acionistas da Magnum, ele gracejava: "Depois de cinco anos, a Magnum está no verde, e eu, no vermelho."[12] Alguns meses depois, foi-lhe atribuída uma verba de 10.000 dólares por ano exclusivamente para suas despesas de viagem e entretenimento, mas ele declinou a oferta de um salário para continuar dirigindo a agência,[13] dizendo a seu irmão Cornell: "E você acha que eu ia querer ser empregado daqueles cretinos?"[14]

Só em janeiro de 1953 ele encontrou alguém disposto a tomar a frente da agência, com suas dificuldades financeiras: John Morris, que foi convencido por ele a deixar o *Ladies' Home Journal* para se tornar "editor executivo internacional" da Magnum, incumbido dos escritórios de Londres e Paris, por um salário de 12 mil dólares.[15] "Não era um negócio", lembra-se Morris. "Era uma história, um romance."[16] Capa anunciou a nomeação numa reunião da equipe da Magnum ainda naquele mês, em Nova York. "Muito bem, rapazes, a partir de agora, levem seus problemas a ele!", avisou, apontando para seu novo editor executivo.[17]

Mais ou menos nessa época em que transferia a responsabilidade pela gestão da Magnum, ele recebeu uma carta da embaixada americana em Paris, convidando-o a consultá-los sobre seu passaporte. No dia 7 de outubro de 1952, ele solicitara a renovação do passaporte, cuja validade venceria em 5 de outubro de 1954. Chocado, ele foi informado, então, de que seu passaporte não seria devolvido. Como perguntasse o motivo, ficou sabendo que era suspeito de ser um comunista.[18] "Todos os contatos e amizades [de Capa] foram de muito pouca ajuda nesse momento", escreveu Peter Viertel. "Ele nunca tinha pertencido ao Partido Comunista — era apenas um jornalista de tendências antifascistas, nada mais."[19]

Capa disse a Noel Howard e Viertel que imediatamente mandou um telegrama a um advogado de Nova York, Morris Ernst. Consultor jurídico da União Americana de Liberdades Civis, ele ajudara a fotógrafa Margaret Bourke-White, da *Life*, a superar o mesmo problema, e Capa esperava que ele conseguisse resolver a crise o mais rapidamente possível, pois sem passaporte não podia trabalhar, e estava precisando fazer reportagens no exterior para a revista *Holiday* para se livrar das dívidas e também ajudar nas dificuldades financeiras da Magnum.

A um exame atento dos arquivos sobre Capa no FBI, ficaria parecendo que ele finalmente fora apanhado pelo próprio passado.

O primeiro documento detalhado sobre Capa em seu arquivo no FBI é uma solicitação de informe feita pelo escritório de J. Edgar Hoover, com data de 28 de março de 1948. "Recebemos informações", afirma o informe, "de que a referida pessoa se tornou membro do Partido Comunista durante a Guerra Civil Espanhola, quando vendia suas fotografias para o semanário da frente comunista, *Regards*." O informe fornecia vários outros exemplos das atividades subversivas de Capa aos agentes de Hoover:

> A edição de 1938 da revista *Friends of Abraham Lincoln Brigade* apresenta uma série de fotos tiradas pela referida pessoa (...). No dia 2 de junho de 1942, um informante relatou que essa pessoa era membro ou membro honorário da "Liga Fotográfica de Nova York", de tendência antifascista radical, com sede em 31 East 21st Street, Nova York (...). A 18 de dezembro de 1947, o *Magyar Jovo*, jornal comunista em língua húngara, informou que a referida pessoa comparecera a uma reunião promovida no Park Central Hotel, em Nova York, no dia 14 de dezembro de 1947, pelo "Comitê 48". Esse comitê foi formado para organizar uma viagem à Hungria, com o objetivo de participar das comemorações do centenário da guerra húngara de independência, a serem realizadas em 1948 (...). Juntamente com John Steinbeck, a referida pessoa fez uma viagem pela Rússia no verão de 1947 (...). Na sua volta, apareceram numerosos artigos em vários jornais registrando o que essa pessoa e Steinbeck observaram na Rússia (...). *The Daily Worker* de 24 de outubro de 1947 afirmou que a referida pessoa, falando na quarta sessão do Fórum *Herald Tribune* na quarta-feira anterior, declarara que o povo russo não queria a guerra e que "o fim do perverso e absurdo jogo" de recriminações entre a Rússia e os Estados Unidos seria imediatamente aprovado pelos russos.*

Morris Ernst aconselhou Capa a prestar uma declaração detalhada às autoridades responsáveis pela emissão de passaportes, especificando suas atividades políticas anteriores, e o depoimento juramentado que daí resul-

---

*Boa parte desse material foi fornecida por um informante de codinome "T-1". Até 1953, vários outros teriam entrado em cena. O FBI chegou a vasculhar arquivos policiais em Nova York, em busca de elementos comprometedores, mas saiu de mãos abanando.

tou seria um longo e fascinante documento, no qual ele dava nomes. Ele afirmava que "em momento algum de toda a minha vida eu fui membro do Partido Comunista".[20] Na Hungria, ele tinha "estudado o socialismo, mas logo [se viu] em total desacordo com os objetivos e métodos do Partido Comunista". Na Alemanha nazista, tornara-se "cada vez mais oposto ao Partido Comunista, que, em [sua] opinião, parecia estar favorecendo a chegada de Hitler ao poder". Ele explicava então por que motivo havia mudado de nome: já havia "um fotógrafo consagrado de nome Friedman trabalhando na França".

Capa sustentou que seu trabalho para *Ce Soir*, "jornal controlado pelos comunistas", não significava que ele fosse comunista, omitindo a informação de que só simpatizantes comunistas integravam a equipe de fotógrafos, para em seguida afirmar que "o editor de *Ce Soir*, Louis Aragon, era comunista". Para deixar bem clara sua respeitabilidade, ele mencionava amigos famosos e empregadores como Hemingway e Ed Thompson, editor gerente da revista *Life*. Num breve trecho sobre sua estada na China, revelou que o documentário que lá realizara fora outro esforço de propaganda — "patrocinado e supervisionado diretamente pela Sra. Chiang Kai Chek (sic)". Citou também seu velho colega e amigo Joris Ivens, dizendo que era "provavelmente comunista".

Do material sobre Capa no FBI consta outro documento indicando que ele contemplou a possibilidade de trabalhar para o Departamento de Estado americano. Segundo um desses documentos, "uma fonte confidencial de reconhecida confiabilidade" informou em 14 de abril de 1953 que ele não tinha trabalhado para os braços de propaganda do Departamento de Estado americano. A fonte também afirmava que "a Divisão de Informação (...) contemplou a certa altura a possibilidade de usar Capa sob contrato, e, de acordo com os procedimentos habituais de aprovação de pessoal, Capa recebeu um formulário a ser preenchido (...) Capa recusou-se a preencher um formulário".

Várias cartas fortemente censuradas entre a CIA e o escritório de Hoover revelam que ao longo de 1953 ele foi estreitamente vigiado, tornando-se objeto de muita discussão. Os arquivos a ele referentes terminam em

1955, um ano após sua morte, com várias cartas censuradas contendo informações ainda hoje consideradas secretas pela CIA.

No dia 6 de maio, a Srta. Agnes Schneider, chefe da seção de passaportes da embaixada americana em Paris, validou seu passaporte até outubro de 1954, "para todos os países, exceto os da Cortina de Ferro". Cabe perguntar como ele conseguiu o passaporte com tanta rapidez (dois meses depois da apreensão), quando outros suspeitos de subversão tinham de lutar por anos, chegando, num dos casos, à Suprema Corte.

Talvez exista uma resposta muito simples: Peter Viertel afirma que ele entrou em contato com Henry Hyde, antigo chefe do Escritório de Serviços Estratégicos, o serviço de inteligência da época da guerra, pedindo-lhe que intercedesse junto à Srta. Shipley, na época a sabidamente reacionária diretora da divisão de passaportes. "Hyde era um republicano convicto, e tinha sido meu chefe durante a guerra. Tinha um bom relacionamento com Shipley, e no fim das contas conseguiu um novo passaporte para Capa sem mesmo perguntar se havia algum custo."

Outros, no entanto, questionam se Hyde realmente exerceu toda essa influência. Será possível que Capa tenha contemplado a possibilidade de um acordo para tentar recuperar o passaporte? E isso teria significado o fornecimento de informações à CIA? Talvez nunca venhamos a saber, a menos que a CIA decida revelar exatamente que trato fez com ele. Larry Collins, um jornalista amigo de Capa que tinha contatos estreitos com a CIA nessa época, como correspondente da *Newsweek*, considera que "Capa teria sido um colaborador perfeito". Warren Trabant, que trabalhara na contrainteligência durante a guerra, brinca: Capa "talvez estivesse a ponto de se tornar o perfeito Mata Hari de calças".

O *annus horribilis* de Capa ia de mal a pior. Em maio de 1953, ele contraiu uma hérnia de disco por carregar equipamentos pesados demais. John Morris lembra-se de um dia em que a dor ficou tão forte que ele se deitou no chão do escritório da Magnum e "simplesmente chorou",[21] e em junho ele foi a Londres consultar-se com um especialista em Harley Street.

Começou a tomar doses fortes de codeína e tentou recorrer à tração, mas a dor persistia.[22]

Nesse verão, Capa viajou de volta ao sul da França com Jemmy Hammond, hospedando-se na *villa* de John Huston. Peter Viertel lembra-se da mulher de Huston, Ricki, caminhando descalça sobre a região lombar de Capa, que gemia deitado no chão. "Era doloroso ver aquele Capa sempre tão descolado parcialmente incapacitado por uma lesão que nada tinha a ver com as muitas guerras de que participara (...). Muitas vezes discutíamos seu futuro, mas ele dizia que estava cansado de guerras, cansado de contemplar horrores pelo visor de sua Leica (...) cansado de viver em hotéis pulguentos em fins de mundo (...). Sua vida pessoal também estava desequilibrada. Ele gostava de Jemmy Hammond, mas sabia perfeitamente que nunca seria um bom marido."[23]

Capa disse a Viertel que ainda sentia "uma grande afeição" pela esquiadora americana Judy Thorne, mas quando estava com Jemmy pensava em Judy, e quando estava com Judy pensava em Jemmy. Não gostava de ser lembrado de que ter uma garota em cada porto não funcionava tão bem em tempos de paz. "Agora é tudo diferente", disse ele a Viertel. "Agora é pior ter duas namoradas que uma só." Viertel já sabia da morte trágica de Gerda, por meio de Hemingway. "[Capa] nunca superara sua perda, e talvez tenha sido isso que o impediu de se comprometer realmente em qualquer outro relacionamento."[24]

Em julho, Capa foi à Itália para a *Picture Post*, com a missão de cobrir as filmagens de *O diabo riu por último* (*Beat the Devil*), de John Huston, com roteiro de Truman Capote e estrelado por Humphrey Bogart. Huston escolhera um lugar simplesmente mágico para rodar o filme. A cidade de Ravello, situada bem alto nas montanhas por trás de Sorrento, era famosa por uma grande *villa* dando para o mar. Greta Garbo e Stokowski tinham se hospedado nela em férias românticas que causaram sensação. Boa parte do filme foi rodada na *villa*, cercada de montanhas, em meio a vinhedos e árvores frutíferas. Em muitas noites, Capa jogou pôquer com integrantes do elenco e da equipe. A mesa era dominada por Bogart e Huston: "Bob Capa, que estava lá para tirar fotos promocionais, e Truman eram nossas maiores vítimas. Os serviços que prestavam à produção saíram baratíssimos, pois nós estávamos frequentemente ganhando de volta no jogo os salários que lhes pagávamos."*

Capa não podia dar-se ao luxo de perder um dólar que fosse para Huston. No outono de 1953, estava na pior situação financeira de sua carreira. Para pagar suas despesas médicas e os honorários de Morris Ernst, foi obrigado a tomar emprestados à Magnum milhares de dólares, agravando os problemas de caixa da agência.

Na última reunião de acionistas da Magnum a que compareceu, em setembro de 1953, Capa falou entusiasticamente da ascendência que a imagem em movimento viria um dia a adquirir sobre as fotos. Jinx Rodger lembra-se de que ele sugeriu que os membros da Magnum começassem a usar câmeras de filmagem.** Ele estava cinquenta anos à frente do seu tempo. Hoje, o veterano fotojornalista Dirck Halstead, contemplado em 1974 com a Medalha Robert Capa, considera que a dupla abordagem a que chegara Capa é a única maneira de reviver o fotojornalismo sério.

O fotógrafo francês Marc Riboud, recrutado por Capa naquele ano, lembra-se de tê-lo visitado em seu quarto, apelidado de "Quarto de Corridas", no Pastoria Hotel londrino naquele outono. "[Capa] dissera-me que fosse a Londres aprender inglês e conhecer as garotas locais. Fui, mas não conheci nenhuma garota. Eu era tímido demais. Mas encontrei Capa duas vezes em Londres. Numa delas, conversei com ele talvez por uns 15 minutos enquanto ele se refestelava em sua banheira no quarto do hotel. Ele disse que a fotografia estava acabada. A televisão tomaria seu lugar."

---

*Certa noite, em meio a um jogo, Huston retirou-se da mesa para preparar um martíni. Segundo relata em *An Open Book*, ele caminhou até o terraço, encantado com a paisagem. Lá em baixo havia "uma baía, com as lâmpadas de sódio dos barcos de pesca (...) formando constelações que rivalizavam com as que víamos no alto". Ele escorregou e caiu, de copo na mão. Felizmente, sua queda foi aparada por uma árvore, mas ele foi dar no chão, 12 metros abaixo do terraço. Não se machucou. Gritou por socorro e logo era levado de volta à *villa*, onde tranquilamente preparou outro martíni e voltou a seu lugar na mesa de pôquer.

**"Lembro que Bob disse várias vezes que precisávamos começar a olhar para o futuro. A televisão mudaria tudo. Todos achávamos que Bob não teria continuado sendo fotógrafo. Era um sujeito inquieto que precisava estar sempre fazendo algo novo e enfrentando novos desafios."

Em 22 de outubro, deprimido, ainda sofrendo dores, praticamente falido, Capa comemorou seu quadragésimo aniversário. "Não posso ter 40 anos, como pode alguém ter 40?", disse ele a Inge Morath. "Não sei como vou fazer." Ele voltou a visitar a família em Nova York nesse Natal e no Ano-Novo retornou a Klosters.

Certa tarde, nas encostas, Capa quase morreu ao sofrer uma queda. O instrutor de esqui Flury Clavadetscher o salvou por pouco: "Estávamos descendo um declive muito acentuado, sobre uma rocha. Ele usava botas e esquis franceses, caiu e saltei sobre ele, agarrei sua perna e o retive. Nessa noite, demos uma festa no Chesa Greschuna para comemorar o fato de ele não ter caído lá embaixo. Ele provavelmente teria morrido, pois seria uma queda livre de uns 30 metros." Na lembrança de Clavadetscher, Capa era um consumidor pesado de uísque e um homem de enorme charme, mas a essa altura havia algo de melancólico nele, especialmente de manhã, quando tentava encontrar seus equipamentos de esqui e conversava com o instrutor sobre Jemmy Hammond e outras mulheres. Ele amava Jemmy, mas continuava se recusando a se prender.

No início de fevereiro de 1954, ainda em Klosters, Capa recebeu um convite irrecusável. Um conglomerado editorial japonês, Mainichi Press, convidou-o a passar várias semanas fotografando o Japão. A empresa pagaria todas as suas despesas e uma gorda remuneração, fornecendo-lhe novas câmeras de fabricação japonesa para uso durante a viagem. Irwin Shaw também estava em Klosters nesse inverno. "Eu o fizera prometer que não se envolveria mais em guerras. Quando lhe pedi que me trouxesse uma câmera do Japão, ele me olhou de um jeito esquisito, o que me deveria ter feito entender que ele não ia passar seu tempo no Oriente fotografando a pacífica reabilitação da população civil japonesa." Quando ele partiu para Paris, Shaw o acompanhou até a estação ferroviária: "[Capa] mereceu uma serenata da banda local ao subir a bordo do trem com uma garrafa de champanhe e a mulher de algum outro homem."[25]

Inge Morath lembra-se de certa noite no fim da primavera de 1954, quando um grupo de recrutas da Magnum desceu ao café embaixo do escritório de Paris para se despedir de Capa, de partida para o Japão. Ao longo de muitos anos, todos eles tinham se despedido, de partida para muitos lugares, mas dessa vez era diferente. "Era muito estranho, pois nunca tínhamos tido nenhuma sensação de desfecho iminente no caso de Capa. Mas naquela noite foi o que todos sentimos. Era um sentimento terrível. Foi nossa última partida de fliperama. E era meio triste, pois dava para perceber que ele não queria ir." Capa mais uma vez passou boa parte do tempo jogando na máquina de fliperama, perguntando-se o que haveria de fazer na velhice.

Mais tarde, nas ruas molhadas de chuva, Capa e seus jovens recrutas se abraçaram. "*Bonne chance, mon vieux*", disse Inge Morath ao homem que fora "um irmão e um pai" para todos eles. Capa retornou então ao Lancaster, onde Suzy Marquis foi encontrá-lo num dos quartos das camareiras, gentilmente reservado para ele pelo gerente, agora que não podia mais pagar as tarifas normais. Há anos ela ajudava Capa a fazer as malas antes de qualquer viagem. "Enquanto eu arrumava as coisas, nós conversávamos", conta ela. "Eu sempre sabia como ele se sentia antes de ir para os mais diferentes lugares. No fim, Bob não queria mais ir para guerras. Fora terrivelmente afetado, do ponto de vista psicológico, pelo que tinha visto — ele nunca falava disso com os outros, mas falava comigo."

Suzy constatou que ele já tinha feito as malas. Ele já lhe dissera: "Se tiver de ir novamente para uma guerra, eu me mato, pois já vi coisas demais." Pois agora ela sentia, de repente, que não voltaria a vê-lo, e de alguma forma ele também o sabia. "Bob não era do tipo que escreve. Mas posteriormente recebi uma breve carta manuscrita dele. Ela terminava com as últimas palavras que ele me endereçou: 'Viva com inteligência. Com amor, Bob.'"

23
Adiante fica o delta

"Ele tinha uma incrível capacidade de se dar bem com generais e camponeses."

JINX RODGER

A Mainichi Press organizou para Capa uma excitante turnê pelo Japão. Encantado, ele era festejado aonde quer que fosse. Plateias numerosas se reuniam para ouvi-lo falar de seu trabalho, e longas filas se formavam no local de uma exposição de suas fotos em Tóquio. "Havia centenas e centenas de fotógrafos japoneses correndo atrás de Capa", diz Jinx Rodger. "Ele era um verdadeiro herói para eles." Em telegrama ao escritório da Magnum em Paris, ele contava ter recebido cinco câmeras novas, quinze lentes e trinta buquês de flores em poucos dias.

Ao longo das seis semanas da viagem, Capa voltou-se basicamente para as crianças como tema. Registrou também as comemorações do Dia do Trabalho em Tóquio e cenas no interior de vários templos budistas. Centrando-se na alegria infantil e nos locais de culto, ele logo se veria curtindo fotografia pela primeira vez em anos. A um de seus contatos japoneses, Hiroshi Kawazoe, ele disse que o Japão era um "paraíso dos fotógrafos".[1]

Enquanto Capa recuperava um pouco de seu antigo entusiasmo pela fotografia, os acontecimentos conspiravam para abreviar sua estada no Japão. Naquele mês de abril, Howard Sochurek, da *Life*, que cobria a guerra francesa na Indochina, voltou para San Francisco de licença por motivos pessoais. A *Life* precisava urgentemente de alguém que o substituísse. Relata Sochurek: "Ed Thompson [editor gerente da *Life*] me disse: 'Você fará escala em Tóquio ao voltar. Lá, encontre-se com Capa. Ele poderá cobrir a Indochina enquanto você estiver ausente.' Capa estava fazendo uma mostra de suas fotos numa loja de departamentos."[2]

A *Life* sabia perfeitamente o que era capaz de despertar o interesse de Capa e também lhe mandou um telegrama com uma oferta: 2 mil dólares por mês, com direito a uma apólice de seguro de 25 mil dólares do Lloyd's de Londres. Thompson telefonou então a Capa em Tóquio.*
"Veja bem, você não tem de fazer isso, e sei que não fará se não quiser", disse-lhe Thompson, "mas, se quiser tentar por um mês mais ou menos, que tal ficar no lugar de Howard na Indochina?"

Mais tarde, Thompson insistiria em que não "tentou convencê-lo" a aceitar uma missão tão perigosa. Aparentemente, Capa disse-lhe que tivera a ideia de uma reportagem intitulada "Arroz amargo", justapondo, "em forma de ensaio, fotos de camponeses no Delta e atividades militares".[3]

Um telegrama então enviado a Capa por John Morris, da Magnum, enfatizava o quanto a *Life* contava com sua colaboração: "PREÇO PASSÍVEL CONSIDERÁVEL ELEVAÇÃO SE SURGIREM RISCOS."**

Em 29 de abril, Howard Sochurek encontrou-se com Capa em Tóquio, no caminho de volta para os Estados Unidos. "Jantamos juntos no velho Imperial Hotel construído por Frank Lloyd Wright", recordaria Sochurek.[4] "Tinha um pé-direito de metro e meio, ou pelo menos parecia, mas lá embaixo havia um grill que servia bifes maravilhosos. Conversamos das 7h da noite à 1h da manhã sobre minha cobertura, sobre o andamento

---

*Henry Luce ordenara a Thompson que fizesse uma cobertura animadora da guerra, para compensar as reportagens de Douglas, que tinham levado o Ministério do Exterior francês a falar de "calúnia e difamação".
**Morris declarou que telefonara a Capa para tentar dissuadi-lo. A ligação não estava boa.
— Bob, você não é obrigado a ir — gritava ele —, não é uma guerra nossa.
— Não se preocupe — gritava Capa de volta —, são só algumas semanas.
Capa mandaria posteriormente uma carta a Morris, desculpando-se por ter gritado com ele e explicando que não aceitava a missão não porque se sentisse no dever de fazê-lo, mas porque ficara verdadeiramente empolgado com a perspectiva de entrar em ação novamente. No Japão, ele tinha recarregado as baterias e recuperado um certo entusiasmo pela fotografia, acrescentava.

da guerra e os perigos que oferecia. E ele ficava dizendo: 'É o tipo de guerra que nunca cobri nem nunca quis cobrir.' Ele estava sendo muito pressionado pelo irmão para não ir. Mas sei que ele precisava do dinheiro. Ele falou um pouco disso. Para a época, o dinheiro oferecido era muito bom."* Capa aceitou a oferta da *Life* em 30 de abril de 1954 e tomou um avião para Bangcoc.[5]

Seu período no Japão coincidira com o épico cerco de Dien Bien Phu. Na esperança de atrair os guerrilheiros de Ho Chi Minh para uma batalha do tipo clássico, os franceses tinham decidido construir ali uma guarnição. Enquanto o faziam, contudo, guerrilheiros do Vietminh e tropas do Exército Popular do Vietnã cercaram a cidade durante a noite. Com enorme engenhosidade e determinação, o Vietminh também conseguiu transportar baterias inteiras de artilharia por montanhas e desfiladeiros íngremes, até as proximidades da guarnição.

Ao atacar os franceses em 13 de março, o Vietminh evidenciava as falhas e a vulnerabilidade das defesas francesas. Em questão de dias, tinham cercado a guarnição. Com o isolamento do resto do mundo, debaixo de fogo constante e em meio a chuvas torrenciais, as condições em Dien Bien Phu rapidamente se tornaram desumanas. Os homens enlouqueciam. Centenas de baixas, e logo milhares, se acumulavam no hospital da guarnição, enquanto os dias se prolongavam em semanas. Em 7 de maio, Dien Bien Phu caiu nas mãos dos comunistas. Pelo menos 2.200 homens das forças francesas tinham morrido durante o cerco. Milhares foram feitos prisioneiros.

---

*Os motivos que levaram Capa a aceitar sua última missão ainda hoje são objeto de debate emocional. Estaria ele preocupado em projetar ainda mais sua própria imagem de maior fotógrafo de guerra da época? Sentiria, na verdade, inveja de Duncan, cuja cobertura da Coreia rapidamente o transformava na nova estrela do fotojornalismo nos campos de batalha? Duncan nega que houvesse alguma competição entre ele e Capa. "Eu nunca me senti competindo com ninguém em matéria de fotografia de guerra", insiste ele. "Já temos sorte o suficiente quando conseguimos tirar o corpo fora intacto. Simples assim. A fotografia mais fácil de tirar é de alguém que esteja levando um tiro. Não é preciso ser nenhum gênio. É fácil. A única coisa que você precisa é saber fotografar. Conseguir entrar e, se tiver sorte, conseguir sair. E chegar o mais perto possível."

"Eu sempre achei", escreveria Irwin Shaw, "que Capa aceitou a missão para desmentir alegações semioficiais de que era simpatizante comunista." Peter Viertel descarta essa teoria, considerando que ela decorre da obsessão que Shaw viria a desenvolver com o macarthismo nos Estados Unidos. "Capa realmente precisava da grana", diz ele.

Capa ainda estava em Bangcoc, esperando um visto para pegar um avião para Hanói, quando chegaram as notícias da queda de Dien Bien Phu. Dois dias depois, em 9 de maio, ele chegou a Hanói, na Indochina francesa. A queda de Dien Bien Phu, manchete em todo o mundo, significava que Capa assistiria a combates. A libertação de prisioneiros franceses pelo Vietminh e a estratégia a ser adotada pela França depois dessa derrota fragorosa eram notícias das mais quentes. A *Life* precisaria de imagens dramáticas.

Esperando encontrar boates vazias e a cidade de luto, Capa deparou-se na verdade com restaurantes superlotados, onde garrafas de vinho de primeira eram abertas com decadente displicência. Bares de bambu eram frequentados por oficiais franceses, atracados a suas prostitutas mignon, que fingiam uma raiva exagerada de Ho Chi Minh, de olho nas roupas de cama sedosas dos quartos.[6]

O fotógrafo da *Paris-Match* Michel Descamps bebeu conhaque várias vezes com Capa em Hanói.

> Ele era um grande amigo meu. Nós tínhamos nos encontrado muitas vezes em Paris, frequentemente no maravilhoso bar da Legião Americana, perto da redação da *Paris-Match*. No Vietnã, passávamos muito tempo no clube da imprensa, em Hanói, se é que me entendem. Eu o respeitava porque ele tinha tirado muitas fotos humanas, e trabalhava muito rápido. Certa vez, conversamos sobre a *Paris-Match*. Muitas vezes, os editores olhavam o nome do fotógrafo e só depois para a fotografia. Capa disse: "Michel, procure-me quando voltar a Paris. Vamos carimbar o meu nome no verso das suas fotos, e assim você será o melhor de todos!"

Depois de três dias em Hanói, Capa acompanhou Descamps e Don Wilson, repórter da *Life*, a Luang Prabang, no norte do Laos, para cobrir a evacuação de franceses feridos de Dien Bien Phu. Uma semana depois da queda da cidade, segundo a *Life*, apenas "183, de um total de 753"[7] feridos, tinham sido retirados da cidade, levando o Vietminh a declarar: "Como podem ver, estamos dispostos a evacuá-los, mas os franceses não estão preocupados em retirá-los daí." Um noticiário cinematográfico que ficou inédito mostra Capa tirando uma foto de um soldado francês ferido. Ele parece em forma, tranquilo, concentrado e extremamente rápido ao se aproximar de uma maca para chegar a poucos centímetros do rosto do homem. Em uma de suas fotos, vemos um soldado cansado e com os pés machucados repousando depois de ter sido resgatado por um helicóptero. Em outras imagens, soldados encharcados carregam seus companheiros por um acampamento de tendas chafurdando em um lamaçal pela altura dos tornozelos.[8]

Na própria Luang Prabang, Capa encontrou um cenário idílico em torno do Palácio Real, às margens do rio Mekong. "A cidade, acomodada em montanhas verdejantes cobertas de plumérias, é o lugar mais improvável para uma guerra moderna", relatava Don Wilson. "Entre os soldados ocupados em cavar trincheiras erguem-se as espirais douradas do Pagode Phousi. Os indícios de graves problemas não incomodam as lindas garotas descalças que pedalam suas bicicletas pelas ruas arborizadas (...). Mas pergunte ao governador Tiao Rattava Panya, que usa um chapéu *fedora* de borracha verde, e ele dirá que os viets ainda podem aparecer antes das chuvas."[9]

Em 17 de maio, Capa e Descamps retornaram a Hanói, onde Capa ficou sabendo que vários comandantes franceses achavam que nem tudo estava perdido, e um deles insistia em que a guerra contra o Vietminh ainda podia ser vencida. O general René Cogny, um comandante alto e sofisticado, insistia incansavelmente em que o necessário era uma guerra de movimentos rápidos, tática concebida para derrotar Ho Chi Minh em seu próprio jogo. Os franceses deveriam agir como saqueadores, em pequenos grupos. Capa concordava com a tática, embora não abraçasse o movimento político por trás dela.

Foi durante uma visita ao quartel-general de Cogny, em 21 de maio, que Descamps, sem mais aquela, sacou sua câmera e registrou a última imagem de Capa vivo.

Eu simplesmente lancei mão da câmera, tirei uma foto e pronto. Bob caminhava com um médico, um professor de medicina chamado Huard. Não muito depois, pediu-me que levasse uma câmera de volta para a França. Disse ele: "Michel, você vai voltar à França num avião militar, logo não terá de passar pela alfândega. Vai passar direto. Posso lhe dar minha câmera, e você a devolve a mim em Paris?" E eu respondi: "Tudo bem, Bob", e fiquei com ela. Mas cometi um erro. Entreguei a câmera a Cartier-Bresson na Magnum. Teria sido muito melhor se a tivesse guardado comigo, como lembrança. Mais tarde, pensei com meus botões: "Michel, você ficou maluco de devolver essa câmera."

Segundo Descamps, Cogny e Capa se davam bem: "Capa era muito conhecido e Cogny gostava muito da imprensa." A filha de Cogny, Marie-Claude, lembra que até morrer num acidente aéreo em 1967 o pai falava de Capa com afeto: "Meu pai e Capa tinham os mesmos pontos de vista sobre a maneira de conduzir a guerra." Cogny tinha senso de humor e era verdadeiramente corajoso, um soldado entre os soldados, e Capa logo reconheceu nele essas qualidades. "Ele e Capa tinham começado modestamente. Ao se conhecerem, já haviam ido muito longe. Talvez os dois se dessem conta disso."

Em 24 de maio de 1954, sob um céu límpido, Capa voou com Cogny para a conturbada região meridional do delta do rio Vermelho. Presenciou então a apresentação de honrarias militares, pelo general, ao 2º Grupo Anfíbio, contingente de elite do 1º Regimento de Cavalaria da Legião Estrangeira. Era um ato de relações públicas, naturalmente, com o objetivo de demonstrar que os franceses não tinham perdido o prumo, e Capa sabia que suas fotos conviriam à posição política da *Life*, projetando uma imagem positiva dos franceses.

"Não há nada de errado conosco em combate",[10] disse Cogny a seus homens, ao alcance do ouvido de Capa e de outros correspondentes, tentando ocultar sua amarga tristeza após a queda de Dien Bien Phu. Ele implorara autorização para liberar a guarnição, mas não pudera fazê-lo.

Liberar a guarnição iria de encontro às estipulações de uma conferência de paz realizada em Genebra. Impotente para salvar seus camaradas, ele se mantivera em contato até o último momento, sofrendo terrivelmente com o crescente medo e desespero das vozes ouvidas pelo rádio, que afinal se calaram.

Naquela manhã do dia 24, Capa viu Cogny pregar um "*fanon*" tradicional, um rabo de cavalo árabe, à bandeira regimental da unidade, para em seguida convocar seus oficiais. "Dien Bien Phu foi um golpe", disse ele, "mas agora já acabou. Temos de virar a página. Temos de olhar para a frente — e à nossa frente está a Batalha do Delta."[11]

No almoço, o tenente-coronel Jean Lacapelle, um dos oficiais mais graduados de Cogny, convidou Capa a acompanhá-lo numa missão de evacuação e demolição de dois pequenos fortes, Doaithan e Thantine, ao longo de uma estrada que ia da aldeia de Namdinh a Thaibinh, 32 quilômetros a leste. Lacapelle garantiu-lhe que poderia tirar muitas fotos boas. Capa aceitou o convite.

Em Namdinh naquela noite, "num hotel de terceira, cheio de besouros" que se intitulava Modern Hotel, Capa aceitou unir forças com John Mecklin, da *Time-Life*, e Jim Lucas, que trabalhava para a Scripps-Howard e era um dos melhores correspondentes de guerra americanos do século. Mais tarde, aos 50, Lucas viria a cobrir o Vietnã, para em seguida morrer de alcoolismo.

Mecklin, Lucas e Capa ficaram de conversa até as 3 da manhã, tendo como combustível o conhaque de Capa. Ele estava irritado com a negligência de muitos correspondentes, manifestando desprezo pelo próprio trabalho: eles se mostravam medrosos demais para realmente chegar perto e mostrar o que estava acontecendo na Indochina francesa. "Esta pode ser a última guerra boa", disse ele, vertendo conhaque e soda num copo. "O problema com vocês que se queixam tanto das relações-públicas francesas é que não entendem que se trata de uma guerra para repórteres. Ninguém sabe nada e ninguém nos diz nada, o que significa que um bom repórter tem toda a liberdade de sair por aí e conseguir um furo por dia."

Capa não mencionava o fato de estar ele mesmo numa posição comprometida. Afinal, estava cobrindo a guerra para uma revista cujo editor se opunha veementemente à expansão comunista no Extremo Oriente. Na verdade, estava propriamente do lado errado, pela primeira vez em sua carreira. Luce estaria à espera de fotos da vitória francesa, e não das vítimas do imperialismo. Era algo muito diferente da época em que Capa armara cenas na Espanha, acreditando tão apaixonadamente na causa que se transformou no mais hábil propagandista da República armado de uma Leica.

Às 7 da manhã da terça-feira, 25 de maio, um dos homens de La Capelle apanhou Capa, Mecklin e Lucas. Capa preparara um frasco de conhaque e uma garrafa térmica de chá gelado. "Vai ser uma história e tanto", disse ele. "Hoje vou me comportar bem. Não ofenderei meus colegas e nem uma única vez mencionarei a excelência do meu trabalho."

Eles atravessaram o rio Vermelho, e a coluna rumou para Doaithan. Às 8h40, ouviram-se tiros. Os correspondentes instintivamente se atiraram no chão. Vários tanques franceses mais atrás no comboio abriram fogo. Capa pulou do jipe e começou a fotografar camponeses aparentemente desatentos, que continuavam colhendo arroz em campos próximos.

Enquanto o comboio esperava até poder prosseguir, Capa arrastou-se até um arrozal para se aproximar de várias mulheres, decidido a concluir o projeto "Arroz amargo" que discutira com Ed Thompson, da *Life*. Finalmente, a coluna pôs-se de novo em movimento. Alguns minutos depois, no entanto, uma explosão a deteve mais uma vez. Chegou a notícia de que um caminhão passara por cima de uma mina. Quatro tinham morrido, havia seis feridos. Os morteiros do Vietminh começaram a explodir. Quanto mais caótica e perigosa se tornava a situação, mais Capa parecia empolgado. Lucas o viu enfrentar fogo de morteiros para carregar um soldado vietnamita ferido para um jipe, que conduziu em seguida a um posto avançado, para receber cuidados médicos.

Numa trégua entre os bombardeios, Capa fotografou um soldado morto do Vietminh, privado de seu fuzil, dos sapatos e da ração de arroz

— o cadáver estava estatelado no alto de um dique. Tirou também uma foto de um soldado carregando um detector de minas, e de mais soldados num arrozal, em busca de posicionamento para os morteiros. A cada foto, movia-se com agilidade e agudo senso dos riscos envolvidos, algo que só podia estar ao alcance de um veterano de cinco guerras aos 40 anos de idade. "Ele tomava cuidado quando tinha de atravessar áreas expostas", observaria Mecklin, "mas, quando via a possibilidade de uma bela foto que só pudesse ser tirada correndo riscos, ia em frente."

Um coronel francês convidou Mecklin, Lucas e Capa para almoçarem com ele em Dong Q'ui Thon. Capa recusou o convite. Queria continuar fotografando material do "Arroz amargo", muito embora a *Life* pudesse recusar imagens transmitindo a injustiça da guerra. Para fugir ao sol do meio-dia, ele tirou uma soneca debaixo de um caminhão, onde Mecklin e Lucas foram encontrá-lo dormindo pouco depois das 2 da tarde, ao retornarem do almoço. Perguntaram quanto filme ainda restava.

— É o que estou fazendo aqui — sorriu ele —, economizando filme.

Os três retornaram ao jipe e manobraram ao redor de outros veículos da coluna. Às 2h25, chegaram a um forte cercado de arame farpado. Especialistas em demolição instalavam explosivos.

— A reportagem está quase pronta — disse Capa —, mas preciso da explosão do forte.

Algumas centenas de metros adiante, a coluna foi novamente detida por uma emboscada do Vietminh. Os jornalistas dirigiram-se a Lacapelle.

— Que houve? — perguntou Capa.

— Vietminh por toda parte — respondeu ele.

Capa pulou no capô do jipe para pegar um melhor ângulo dos morteiros que voltavam a espocar. Um caminhão cheio de soldados por trás dos jornalistas buzinou irado várias vezes para que eles fossem em frente. Capa não se apressou com suas fotos. "Foi uma bela foto", disse ele, finalmente subindo de volta no jipe e permitindo que a coluna voltasse a avançar. A quase 5 quilômetros do próximo forte, em Thanh Ne, com o sol brilhando por cima, tiveram início os combates mais intensos do dia. A artilharia, tanques e morteiros dos franceses começaram a cuspir fogo na retaguarda. Fogo de armas pequenas respondia das árvores em torno de uma aldeia a cerca de quilômetro e meio de distância. Em questão de segundos, só se ouvia "o sibilo esporádico de projéteis passando por cima, o assustador zunido de minas e morteiros inimigos".

Capa parecia entediado. "Vou avançar um pouco pela estrada", disse a Lucas e Mecklin. "Procurem por mim quando começarem a avançar de novo." Eles acharam que seria perigoso demais, mas ele deu de ombros. "Por um longo minuto de indecisão", recordaria Lucas, "Capa agachou-se por trás do jipe, pronto para pular de volta ou saltar adiante — como se estivesse testando a têmpera do fogo do Vietminh. E decidiu correr o risco."

Eles ficaram observando enquanto Capa ia em frente, deixando a rodovia e começando a atravessar uma área protegida entre a estrada e um dique. Ele fotografou um pelotão que avançava por um terreno de relva alta, que se projetava contra o horizonte úmido. Mecklin consultou o relógio. Cinco minutos depois, ouviu-se uma forte explosão. Um tenente francês ali perto tentou fazer piada, perguntando-lhe:

— Será que é assim a bomba atômica?

— Diabos! — praguejou Lucas. — Lá se foi a foto que Capa buscava.

De repente, um jovem soldado vietnamita surgiu e se dirigiu ao tenente, que disse, em francês e sem o mais leve sinal de emoção:

— O fotógrafo morreu.

— Como? — perguntou Mecklin.

— *Le photographe est mort.*

Mecklin virou-se para Lucas. Não estava certo se o tenente só tentava de novo fazer piada. "Acho que esse cara está querendo me dizer que Capa morreu", disse Mecklin, descrente. O tenente anuiu e soletrou "m-o-r-t-o" com forte sotaque francês. Outro soldado apareceu, dirigindo-se a ele. "Talvez não morto, mas ferido por um morteiro, muito grave", acrescentou.

Meclin e Lucas correram na direção de Capa, engatinhando pela estrada e entrando por um pequeno campo. Capa estava deitado de costas, banhado em sangue. Sua perna esquerda fora destroçada. O coto estava a centímetros de um buraco cavado no solo por uma mina. No peito, ele tinha um ferimento profundo. Com a mão esquerda, agarrava sua câmera Contax.*

— Capa. Capa! Capa!" — gritou Mecklin.

Os lábios de Capa tremeram e não mais se moveram. Eram 3h10 da tarde. Mecklin gritou por um médico. Minutos depois, um atlético francês chegou carregando uma maca, olhou para Capa, deu de ombros e virou-se para ir embora. Ele não tinha mais jeito, um caso desesperado. Muitos outros homens poderiam ser salvos. Mas ele se voltou então para Mecklin e Lucas. "*Camarade?*" Mecklin anuiu. O paramédico voltou a dar de ombros e preparou a maca.

Eles depositaram o corpo mutilado de Capa na maca e se apressaram em direção a uma área menos exposta do outro lado da rodovia. Ao alcançarem uma zona de relativa segurança, ouviram uma enorme explosão na estrada. Outra mina explodira, atirando três soldados vietnamitas, aos gritos, num canal próximo. Os segundos passavam lentamente. Até que o coronel Lacapelle chegou ao local, fez sinal para uma ambulância e o corpo de Capa foi levado para Dong Q'ui Thon, a quase 5 quilômetros, onde um médico vietnamita declarou "*le photographe*" morto.[12]

Em frente ao posto médico, Mecklin e Lucas encontraram o comandante operacional da área, o tenente-coronel Jacques Navarre. Mecklin disse-lhe que Capa estava morto. "*C'est l'Indochine*", fez ele, virando-se e passando pelo caminhão em cuja sombra Capa tinha tirado uma soneca naquela tarde.

— É o primeiro correspondente americano morto na Indochina? — perguntou o médico vietnamita.

---

*A última foto tirada por Capa, no fotograma 11 de seu filme, mostrava homens caminhando ao longo de um dique.

Mecklin fez que sim.

— É um jeito duro de a América ficar sabendo.*

O sol cortava a tarde nebulosa, criando um halo de poeira e forçando os jovens franceses a levarem a mão ao rosto triste e queimado enquanto carregavam o caixão de Robert Capa para o C-47 em que voaria para Hanói. Em Saigon, o general Navarre já enviara condolências à embaixada americana. Capa seria enterrado em Hanói, até que fosse providenciado o transporte para Nova York. Quando o avião desceu na capital, uma guarda de honra senegalesa esperava na pista.

No serviço fúnebre em Hanói, o sol voltou a brilhar sobre os últimos dias da ocupação francesa da Indochina e o general René Cogny, em uniforme de gala. Cogny parecia petrificado de dor, saudando com a mão rija o amigo morto. Ao terminar o longo minuto de silêncio, voltou-se para os colegas de Capa: calejados veteranos das batalhas, muitos se esforçando para conter as lágrimas. "Capa tombou como um soldado entre soldados", disse ele. Pespegou então uma medalha na bandeira americana estendida sobre o caixão. Era uma das maiores honrarias francesas: a Croix de Guerre com Palma, Ordem do Exército. Várias coroas de flores foram então depositadas no túmulo provisório de Capa. Uma delas fora enviada pelo serviço de imprensa do exército francês. Em outra, lia-se: "*A notre ami.*" Vinha de La Bonne Casserole, um restaurante local, onde, segundo Mecklin, Capa "aterrorizava os garçons, encantava as garçonetes e ensinava ao barman como preparar martínis americanos".

---

*Seriam necessárias mais duas décadas, após a perda de 60 mil jovens, para que a América aprendesse como pode ser inútil enfrentar um inimigo furiosamente ideologizado numa guerra de guerrilha em terreno inóspito do outro lado do mundo. Capa foi o primeiro correspondente a morrer naquela que viria a se tornar a guerra do Vietnã, conhecida dos vietnamitas como "a guerra americana". Tragicamente, mais de cem outros jornalistas morreram antes que os americanos aprendessem a lição de Dien Bien Phu: nunca se devia subestimar o Vietminh.

Por uma coincidência particularmente dura do destino, Larry Burrows, que era ainda um rapaz magricela de 18 anos ao passar 52 horas sem parar revelando as fotos do Dia D tiradas por Capa e outros profissionais da *Life*, também morreu na Indochina em missão para a revista. Perdeu a vida trabalhando para Henry Luce em 1968, tornando-se o primeiro fotógrafo britânico de guerra a morrer na Indochina e com isso sendo contemplado postumamente com a medalha Robert Capa.

Epílogo: A lenda

"Capa: Era um bom amigo e um grande fotógrafo, muito corajoso. É uma pena para todo mundo que tenha sido apanhado pelas estatísticas. E é particularmente ruim para Capa. Ele era tão vivo que fica muito duro pensar que está morto."

ERNEST HEMINGWAY, Madri, 27 de maio de 1954

Embora a morte de Capa em missão profissional talvez fosse inevitável — ele sabia melhor que ninguém que um dia seria abandonado pela sorte —, nem por isso seus amigos, a família e os colegas da Magnum deixaram de ficar profundamente chocados. Dizem que John Steinbeck teria caminhado atordoado pelas ruas de Paris por 14 horas, tão arrasado ficou com a notícia. John Hammond Jr. lembra que estava com sua mãe, Jemmy, quando recebeu um telefonema. "Não havia jeito de consolá-la — ela nunca superou sua morte. Ele fora o grande amor da sua vida, e ela mudou depois que ele se foi. Tornou-se fechada, menos sociável e começou a beber muito mais. Talvez agora eles estejam juntos."*

Na equipe da Magnum, pessoas como Inge Bondi, que trabalhou no escritório de Nova York, recordam aquele mês de maio de 1954 com especial tristeza. "Nós simplesmente não acreditávamos. Foi uma época terrível, terrível." A tragédia foi agravada por outra morte na família Magnum: Werner Bischof, o protegido de Capa, morrera em 16 de maio num acidente de carro no Peru, caindo de uma altura de 450 metros quando seu carro

---

*Jemmy Hammond morreu em 1993. John Hammond Jr. afirma que ela nunca deixou de amar Capa.

resvalou para fora de uma estrada. A notícia levou nove dias para chegar a Nova York — no mesmo momento em que era anunciada a morte de Capa. Foi Bondi que deu a notícia da morte de Werner Bischof a John Morris: "John, tenho uma notícia terrível. Werner morreu. Está morto!"[1] Morris ficou perplexo com a morte de Werner, pois tinha feito amizade com ele e sua mulher, Rosellina, que estava grávida do segundo filho do fotógrafo. "Assoberbado de lembranças felizes e tristes", Morris voltou de Chicago para Nova York. Naquela noite, uma pesquisadora da *Life* telefonou para sua casa.

— Já recebeu a terrível notícia? — perguntou ela.

— Sim — respondeu Morris, presumindo que ela se referia a Bischof.

— Importa-se se eu fizer algumas perguntas sobre Robert Capa?

— Capa?[2]

A notícia de que Capa também morrera era demais para um dia só. Mas ele deu um jeito de preparar os obituários dos dois fotógrafos da Magnum, tomando especial cuidado para que as realizações de Bischof não fossem ignoradas — Capa era famoso, mas a importância de Bischof ainda não era amplamente reconhecida. Na manhã seguinte, ele encontrou Julia e Cornell, arrasados. Em sua lembrança, Julia não sabia que providências tomar para o funeral do filho que tanto adorava. Decidiu-se, contudo, que não haveria um sepultamento no Cemitério Nacional de Arlington. "Bob, o maior fotógrafo de guerra do século mais sanguinolento, detestava a guerra e desprezava seus monumentos e memoriais", escreveu Morris. "O cemitério Père-Lachaise, na amada Paris de Capa, foi seriamente levado em consideração por algumas horas, mas houvera mulheres demais na vida de Bob desde Gerda Taro, que estava enterrada lá."

Julia tampouco queria que o corpo do filho fosse mandado para uma casa fúnebre, como se costumava fazer em Nova York no caso de judeus não praticantes. Ele era especial demais para um fim tão anônimo. John Morris tornara-se quacre nos últimos anos e propôs uma cerimônia simples numa casa de encontros em Purchase, perto de Armonk, uma hora de carro ao norte de Nova York. Para surpresa de judeus como Judy Freiburg, Julia concordou. Morris esperava que a cerimônia informal e desvinculada de qualquer denominação promovida pelos quacre fosse uma despedida adequada.

No domingo após a morte de Capa, a casa de encontros em Purchase estava lotada. O fotógrafo Edward Steichen levantou-se e declarou: "Nós os saudamos, Robert Capa e Werner Bischof."[3] Homenagens enviadas de todo o mundo foram lidas, entre elas uma mensagem de Ingrid Bergman. Duas semanas depois, Capa foi sepultado num cemitério quacre em Amawalk, 48 quilômetros ao norte de Purchase. Foram convidados apenas membros da família e os amigos mais íntimos. Para surpresa de Inge Bondi, um jovem fotógrafo começou a tirar fotos quando o caixão era baixado ao túmulo. Ela perguntou a Morris se podia dizer ao fotógrafo que parasse. Ele se aproximou de Dirck Halstead, 18 anos, e começou a adverti-lo, mas se deteve. "Afinal", diria a Bondi, "quem estávamos enterrando?"[4]

"Eu ouvira dizer que Capa tinha sido morto na semana anterior", lembra-se Halstead. "Fiquei estupefato, pois se tratava de Capa, e eu o idolatrava, e também porque fiquei sabendo que ele seria enterrado na área que eu costumava cobrir para o jornal local (...). Eu estava passando perto do cemitério e de repente a procissão chegou e vi aquele caixão. Fiquei perplexo — ele estava numa caixa de embalagem. Não era realmente um caixão. Havia a inscrição 'Robert Capa, photographe'. Na época, eu não estava acostumado a ver corpos em caixas de embalagem."

As fotos do enterro de Capa tiradas por Halstead não deram nenhum grande empurrão em sua carreira, mas o encontro com Morris de fato levou a uma primeira missão no exterior para a *Life*. Em sua carreira posterior, ele conquistaria quase todos os mais importantes prêmios do fotojornalismo. Em 1974, recebeu aquela que a maioria dos fotógrafos de guerra considera a máxima homenagem, a Medalha Robert Capa, por sua cobertura do Vietnã. O prêmio foi criado pela *Life* e pelo Overseas Press Club para homenagear "trabalhos fotográficos superlativos exigindo excepcional coragem e espírito de iniciativa no exterior".[5] O primeiro contemplado, em 1955, foi Howard Sochurek, que Capa havia substituído em sua última e fatal missão. Perguntado em 1993 sobre como se sentiu ao saber que Capa tinha morrido, Sochurek respondeu: "Senti-me responsável. Era a mim que ele estava substituindo (...). Se Capa tivesse vivido mais três dias, teria retornado a Tóquio."[6]

"O que logo me atraiu em Capa", diz Halstead, "foi sua lenda, o fato de ter criado a si mesmo, esse grande personagem. Para mim, era como Clark Kent se transformando em Super-Homem." Capa foi o primeiro fotógrafo a fazer o fotojornalismo parecer glamouroso e *sexy*.

Seu exemplo inspirou muitos grandes fotojornalistas como Donald McCullin, Jim Natchwey e Luc Delahaye, da Magnum, assim como Halstead: todos eles ganharam a Medalha Robert Capa. Escreveria Steinbeck num obituário de Capa: "O efeito de Capa poderá ser encontrado nos homens que trabalharam com ele. Por toda a vida eles levarão consigo uma pequena parte de Capa, e talvez a transmitam aos mais jovens."[7]

Os outros fundadores da Magnum — George Rodger, Henri Cartier-Bresson e o amigo íntimo de Capa, David "Chim" Seymour — comprometeram-se a manter a Magnum funcionando após a perda de Capa, sua figura de proa, e de Bischof, um de seus recrutas mais promissores. Tragicamente, Seymour seria morto em 1956 por fogo de metralhadoras egípcias quando cobria a crise de Suez. Apesar da perda de dois de seus fundadores em outros tantos anos, a Magnum conseguiu ir em frente. Para surpresa de muitos, a criação de Capa sobrevive ainda hoje, embora sem o prestígio que teve no auge do fotojornalismo nas décadas de 1940 e 1950, quando a televisão ainda não tinha tomado o lugar da imagem fixa como principal meio de transmissão da informação visual para o mundo.

Após a morte do irmão, Cornell Capa deixou o emprego na *Life* para se dedicar à sobrevivência da Magnum. No fim da década de 1950, começou a cuidar da reputação do irmão, assim como da reputação de outros fotojornalistas que se dedicaram ao que ele chama de "fotografia engajada". Com perspicácia e pertinácia, ele fundou em Nova York, na década 1970, o International Center of Photography. Hoje, é a instituição mais influente do gênero. Sua mãe, Julia, morreu em 1961, e está enterrada ao lado de Robert Capa, em Amawalk. Até seu último dia de vida, ela continuou idolatrando o filho favorito.

O maior legado de Capa não é uma instituição, nem uma medalha, nem o exemplo inspirador que deu. Está, como no caso de qualquer fotógrafo, em suas fotografias. "Em sua breve existência, ele viveu e amou muito", escreveria Cornell sobre o irmão em abril de 1999. "O que ele deixou foi a história de sua viagem sem igual e um testemunho visual afirmando sua fé na capacidade da humanidade de suportar e em última análise superar."[8]

Notas

Os detalhes sobre as fontes primárias e secundárias são fornecidos na bibliografia. Não incluí as fontes nos casos em que fica evidente no texto que a pessoa citada foi entrevistada pelo autor. A relação completa dos entrevistados consta dos agradecimentos. Quando a fonte é mencionada no texto — quase sempre a data das edições de revistas —, eu me eximi de repetir a atribuição nas notas.

A 4.800 quilômetros de Omaha

Passei vários dias em Bedford, conversando com sobreviventes da Companhia A. O professor Bill McIntosh deu inestimáveis indicações da importância do Dia D para Bedford. Vários dias na Normandia, especialmente em Caen, uma visita ao esplêndido Museu Memorial de Bayeux e às praias da Normandia abriu outras perspectivas. Ver outras fontes na bibliografia e na seção sobre o Dia D — Capítulo 13.

1. John Steinbeck, *Popular Photography*, setembro de 1954.
2. Robert Capa, *Slightly Out of Focus*.
3. Entrevista com o autor.

1. Conversa em Budapeste

A escritora Jozefa Stuart realizou no fim da década de 1950 uma ampla pesquisa com vistas a uma biografia de Capa, mas não a concluiu. Todos os relatos sobre a infância de Capa necessariamente se baseiam, em essência, no trabalho dela, e em seu trabalho autorizado de 1985 Richard Whelan reconhece o débito de todas as biografias para com Stuart, que conseguiu a única entrevista concedida por Julia antes de morrer em 1961.

Para chegar à minha versão da infância de Capa, também me vali do trabalho de Stuart e de minhas entrevistas com ela. As seguintes pessoas foram de grande ajuda: o fotógrafo Liesl Steiner, amigo próximo de Julia no fim da vida; a veterana fotojornalista húngara Éva Keleti, que se mostrou imensamente bem-informada e de enorme ajuda antes e depois de minha visita a Budapeste em setembro de 2000; Karoly Kincses, outro húngaro especializado em fotografia; entrevistas com Cornell Capa, especificamente uma das que constam da excelente coleção de entrevistas de John Loengard com veteranos da *Life*; e, por último mas não menos importante, a notável Eva Besnyö — a única amiga de infância e confidente de Capa ainda viva.

Também sou grato a Katya Steiner, que me proporcionou inestimável percurso por recantos, residências, escolas e outros pontos importantes da infância de Capa. Favor consultar a bibliografia detalhada a respeito de livros sobre Budapeste e a Hungria, que forneceram o contexto histórico. John A. Lukacs, *Budapest 1900: A Historical Portrait of a City and its Culture*, pp. 92-6, foi particularmente esclarecedor.

A primeira seção baseia-se em grande medida no artigo de Capa para a revista *Holiday*, novembro de 1949, and-*Illustrated*, 26 de março de 1949.

1. John Hersey, "The Man Who Invented Himself".
2. Ibid.
3. Gÿorgy Markos, "My Friend Capa".
4. Ibid.
5. Para detalhes sobre o nascimento e a primeira infância de Capa, ver Richard Whelan, *Robert Capa*, e o manuscrito e as transcrições de entrevistas de Jozefa Stuart, depositados no ICP, Nova York.
6. Whelan, *Robert Capa*, e Jozefa Stuart, ibid.
7. Adam de Hegedus, *Hungarian Background*.
8. Julia Friedmann, entrevista com Jozefa Stuart.
9. Whelan, *Robert Capa*.
10. Arquivo do FBI, declaração juramentada de Capa, 3 de outubro de 1952, tendo como testemunha Jerome Weiss, tabelião do estado de Nova York, Nº 24-4207225, p. 2.
11. *Capa and Capa: catalogue for exhibition of pictures at International Center of Photography*.
12. Ibid.
13. *Capa and Capa: catalogue for exhibition of pictures at International Center of Photography*.

2. Bárbaros no portão

1. Sobre o episódio Frau Bohen e o desespero da pobreza em Berlim: Suzy Marquis, entrevista com o autor, abril de 2000, Paris.
2. Arquivo do FBI, declaração juramentada de 1953, p. 2.

3. Sobre Dephot, Felix Man e Guttmann, ver Gisèle Freund, *Photography and Society*.
4. Jay Deutsch, diretor da Leica Gallery em Nova York, foi de grande ajuda com o fornecimento de informações históricas sobre a Leica.
5. Incidente Lechenperg, ver Richard Whelan, *Robert Capa*.
6. 'Aufnahmen: Friedmann — Dephot', *Der Welt Spiegel*, 11 de dezembro de 1932, p. 3.
7. Eva Besnÿo, *Eva Besnÿo*.
8. Eva Besnÿo, entrevista com o autor.
9. Sobre a agência de viagens Veres, os detalhes de seu retorno à Hungria e a partida para Paris, ver Whelan, *Robert Capa*, e Jozefa Stuart, biografia de Robert Capa, manuscrito incompleto, ICP, Nova York.

3. O homem que se inventou

Para esse capítulo, baseei-me em entrevistas com contemporâneos de Capa ainda vivos: Jozefa Stuart, Ruth Cerf, Pierre Gassmann e Suzy Marquis. Colhi informações igualmente em artigo de John Hersey para a *47 Magazine*, "The Man Who Invented Himself", e na biografia de Gerda Taro exaustivamente pesquisada por Irme Schaber (*Gerta Taro: Fotoreporterin im spanischen Bürgerkrieg: eine Biografie*) para boa parte desse capítulo, assim como nas primeiras reportagens publicadas por Capa em revistas. Schaber teve acesso aos arquivos do espólio Capa depositados no ICP, tendo conseguido parte das informações nas muitas longas entrevistas realizadas por Jozefa Stuart.

1. John Hersey, "The Man Who Invented Himself".
2. Hervé Le Goff, *Pierre Gassmann*.
3. De um poema de Henri Cartier-Bresson, enviado ao autor com autorização para reprodução integral.
4. Henri Cartier-Bresson, *The Decisive Moment*.
5. Pierre Gassmann, entrevista com o autor.
6. Whelan, *Robert Capa*.
7. Informações sobre Gerda e o primeiro encontro: entrevista de Pierre Gassmann, abril de 2000; entrevista de Ruth Cerf, abril de 2001; entrevista de Irme Schaber, outubro de 2000; livro de Schaber, *Gerta Taro*.
8. Schaber, *Gerta Taro*.
9. Whelan, *Robert Capa*.
10. Ibid.

11. *Berliner Illustrierte Zeitung*, 20 de junho de 1935.
12. Ibid.
13. *World Illustrated*, 14 de abril de 1936.
14. Schaber, *Gerta Taro*.
15. Ibid.
16. Whelan, *Robert Capa*.
17. Cornell Capa, entrevista com John Loengard, in *Life Photographers: What They Saw*.
18. Whelan, *Robert Capa*.
19. Hersey, "Man Who Invented Himself".
20. Entrevista radiofônica, WNBC (NY), 20 de outubro de 1947.
21. Informações sobre Kertész, *Vu* e Vogel baseadas em entrevistas com o professor Hans Puttnies, em *Photography and Society*, de Gisèle Freund, e em *André Kertész, His Life and Work*, ensaio pp. 83-197, de Dominique Baqué.
22. Hersey, "Man Who Invented Himself".
23. Ibid.
24. Revista *Vu*, 8 de julho de 1936.
25. Ibid.
26. Sobre a agência Alliance e o trabalho para ela realizado por Capa, assim como sua relação com Eisner, ver também Gunther, *Alliance photo*.

4. A guerra apaixonada

1. Ernest Hemingway, Prefácio a Gustav Regler, *Great Crusade*.
2. Martha Gellhorn, "Till Death Do Us Part", *Two by Two*.
3. Schaber, *Gerta Taro*.
4. Gustav Regler, *The Owl of Minerva*.
5. Schaber, *Gerta Taro*.
6. Richard Whelan, *Robert Capa*.
7. Ibid.
8. Franz Borkenau, *The Spanish Cockpit*.

5. "O soldado caído"

1. "Heart of Spain — Robert Capa's photographs of the Spanish Civil War", *Aperture*, Nova York, 1999.
2. Ibid.
3. Jimmy Fox, e-mail ao autor, abril de 2000.

4. *New York World-Telegram*, 2 de setembro de 1937.
5. Hansel Mieth, carta a Richard Whelan, 19 de março de 1982, citada com autorização de Georgia Brown e do Center for Creative Photography.
6. Gisèle Freund, *Photography and Society*.
7. Phillip Knightley, *The First Casualty*.
8. Ibid.
9. Revista *Vu*, 23 de setembro de 1936.
10. Georges Soria, Robert Capa, David "Chim" Seymour, *Les grandes photos de la guerre d'Espagne*.
11. Ibid.
12. Mario Brotons Jorda, *Retazos de una época de inquietudes*.
13. Rita Grosvenor e Arnold Kemp, "Spain's Falling Soldier Really Did Die That Day", *Observer*, 1º de setembro de 1996.
14. Caroline Brothers, *War and Photography*.

6. "La Paquena Rubena"

1. Jay Allen, Prefácio, Robert Capa e Gerda Taro, *Death in the Making: Photographs by Robert Capa and Gerda Taro*.
2. Schaber, *Gerda Taro*.
3. Regler, *The Owl of Minerva*.
4. *World Illustrated*, 2 de janeiro de 1937.
5. Bernard Knox, "Remembering Madrid", *New York Review of Books*, 6 de novembro de 1980.
6. Peter Weyden, *The Passionate War*.
7. Capa, *Slightly Out of Focus*.
8. Carta ao editor, *47 Magazine*, outubro de 1947.
9. Jimmy Shute, citado in Raymond Fielding, *The March of Time, 1935-1951*.
10. Ibid.
11. Ibid.
12. Alfred Kantorowicz, *Spanisches Tagebuch*.
13. Ibid.
14. Ibid.
15. Dr. Norman Allan, biografia inédita e sem título de seu pai, Ted Allan, com ampla reprodução de lembranças de Allan. Autorização de citação, cortesia do Dr. Allan.
16. Ibid.
17. Detalhes sobre Cockburn extraídos de Peter Weyden, *The Passionate War*.

18. Norman Allan, biografia inédita.
19. Ibid.
20. Weyden, *The Passionate War*. O Comitê de Não Intervenção foi criado para impedir o envolvimento estrangeiro na Guerra Civil. Constituído por delegados de 27 países, ele foi considerado perfeitamente inútil e mereceu do ministro do Exterior da Alemanha nazista, Joachim von Ribbentrop, o apelido zombeteiro de "Comitê de Intervenção".
21. Schaber, *Gerda Taro*.
22. Ibid.
23. Norman Allan, biografia inédita.
24. Heinrich Jaenecke, *Es lebe der Tod, Die Tragödie des spanischen Burgerkrieges*.
25. Norman Allan, biografia inédita.
26. Entrevista com o autor.
27. Detalhes da morte de Gerda, seu funeral e a reação de Capa provêm de várias fontes — entrevistas de Eva Besnÿo, Pierre Gassmann e Ruth Cerf com o autor; o excelente *The Passionate War*, de Peter Weyden; a biografia de Irme Schaber; e sobretudo o livro do Dr. Norman Allan sobre o pai.
28. *Life*, 16 de agosto de 1937.
29. Hansel Mieth, carta sem data a Irme Schaber.
30. Gÿorgy Markos, "My Friend Capa".
31. Le Goff, *Pierre Gassmann*.
32. *Ce Soir*, 8 de janeiro de 1938.
33. Detalhes do cerco de Teruel e citações provêm de Herbert L. Matthews, *The Education of a Correspondent*.

7. "Os 400 milhões"

1. Joris Ivens, *The Camera and I*.
2. Christopher Isherwood, *Journey to a War*.
3. *Picture Post*, 3 de dezembro de 1938.
4. A fonte aqui e no caso de boa parte da movimentação da equipe é *The Camera and I*, de Ivens.
5. Ibid. Todas as descrições da viagem por Ivens são extraídas desse volume.
6. Agnes Smedley, *Battle Hymn of China*.
7. Citado in Barbara W. Tuchman, *Stilwell and the American Experience in China, 1911-45*.
8. Gÿorgy Markos, "My Friend Capa".
9. Para detalhes da carta a Peter Koester, ver Whelan, *Robert Capa*.

8. A derrota final

1. Juan Negrín, citado, Weyden, *The Passionate War*.
2. Ibid.
3. Detalhes do desfile de despedida, ibid.
4. Vincent Sheean, *Not Peace But a Sword*.
5. Herbert L. Matthews, *The Education of a Correspondent*.
6. Detalhes da travessia do Ebro extraídos dos relatos de Matthews e Sheean.
7. *Picture Post*, 3 de dezembro de 1938.
8. *Picture Post*, 4 de fevereiro de 1939.
9. Ibid.
10. Ibid.
11. Detalhes da fuga de Barcelona baseiam-se em *Picture Post* e nos relatos de Weyden, Matthews e Sheean.
12. Weyden, *The Passionate War*.
13. Robert Capa, *Images of War*.
14. Ibid.
15. Carta de Wilson Hicks, aos cuidados da Sra. Olivia Chambers, do escritório parisiense de *March of Time*, 31 de janeiro de 1939.
16. *Picture Post*, 15 de abril de 1939.
17. Ibid.

9. Esplêndido isolamento

1. Edward K. Thompson, *A Love Affair with Life & Smithsonian*.
2. Ibid.
3. Irwin Shaw, *Views of Paris; Notes on a Parisian*.
4. Thompson, *A Love Affair*.
5. Hansel Mieth, *The Singing Hills of Jackass Flat* (manuscrito inédito, citado por cortesia de Georgia Brown e do Center for Creative Photography).
6. Relato do casamento de Capa, ibid.
7. Hansel Mieth, carta sem data a Irme Schaber, citada com autorização de Georgia Brown e do Center of Contemporary Photography.
8. Richard Whelan, *Robert Capa*.
9. Thompson, *A Love Affair*.
10. Para detalhes da relação de McCombs com Capa, ver Whelan, *Robert Capa*.
11. *Life*, 10 de junho de 1940.
12. *Life*, 22 de julho de 1940.

13. Robert Payne, *The Life and Death of Trotsky*.
14. *Life*, 6 de janeiro de 1941.
15. *Life*, 20 de janeiro de 1941.
16. Gordon Parks, *A Choice of Weapons*.
17. Arquivo pessoal de Capa, depositado nos arquivos da revista *Life*, examinado para o autor por Bill Hooper.

10. Se virando

1. Capa, *Slightly Out of Focus*.
2. *Illustrated*, 13 de junho de 1942.
3. Ibid.
4. *Collier's*, 7 de novembro de 1942.
5. Ibid.
6. *Collier's*, 24 de outubro de 1942.
7. Christopher Ogden, *Life of the Party: the Biography of Pamela Digby Churchill Hayward Harriman*.
8. Gellhorn, *Till Death Do Us Part*.
9. Entrevista radiofônica, WNBC (Nova York), 20 de outubro de 1947.
10. *Illustrated*, 5 de dezembro de 1942.
11. Entrevista radiofônica, WNBC, 20 de outubro de 1947.
12. Whelan, *Robert Capa*.
13. Jozefa Stuart, entrevista com o autor.

11. O deserto

1. Citado in James Tobin, *Ernie Pyle's War*
2. Ernie Pyle, citado in Phillip Knightley, *The First Casualty*.
3. Capa, *Slightly Out of Focus*.
4. Ibid.
5. *Collier's*, 19 de junho de 1943.
6. Ibid.
7. Capa, *Slightly Out of Focus*.
8. Jackson Benson, *The True Adventures of John Steinbeck, Writer*.
9. Hemingway, *Mary Welsh, How It Was*.
10. Ibid.
11. Capa, *Slightly Out of Focus*.
12. Ver arquivo de pessoal da *Life*, arquivos *Life*, cortesia de Bill Hooper.

13. Para detalhes da tentativa de Capa de conseguir um furo exclusivo, ver *Slightly Out of Focus*.
14. Ibid.
15. Hersey, "The Man Who Invented Himself".
16. Carta ao editor, *47 Magazine*, outubro de 1947.
17. Matthews, *The Education of a Correspondent*.
18. Capa, *Slightly Out of Focus*.
19. Seu contrato começou a vigorar oficialmente a 15 de julho de 1943.
20. John Steinbeck, *Louisville Courier-Journal*, 21 de abril de 1957.
21. Jackson Benson, *The True Adventures of John Steinbeck, Writer*.
22. Capa, *Slightly Out of Focus*.

12. É uma guerra muito dura

1. Will Lang, "Story of Fort Schuster", *Life*, 25 de outubro de 1943.
2. *Life*, 8 de novembro de 1943.
3. *Illustrated*, 13 de maio de 1944.
4. Capa, *Slightly Out of Focus*.
5. John Huston, *An Open Book*.
6. *Life*, 1º de novembro de 1943.
7. Ibid.
8. Ibid.
9. *Life*, 22 de novembro de 1943.
10. Todas as citações do diário de Rodger reproduzidas com autorização de Jinx Rodger.
11. George Rodger, citado, *The Magnum Story*, BBC2, outubro de 1989.
12. Ibid.
13. *Life*, 14 de fevereiro de 1944.
14. Capa, *Slightly Out of Focus*.
15. *Life*, 31 de janeiro de 1944.
16. Vicki Goldberg, *The Power of Photography*.
17. Capa, *Slightly Out of Focus*.
18. Ibid.
19. *Illustrated*, 1º de abril de 1944.
20. Bill Mauldin, *The Brass Ring*.
21. Capa, *Slightly Out of Focus*.

13. O dia mais longo

1. Omar Bradley e Clay Blair, *A General's Life: An Autobiography*.
2. Ernie Pyle, coluna Scripps-Howard, 10 de junho de 1944.
3. Richard Whelan, *Robert Capa*.
4. Irwin Shaw, perfil de Robert Capa (versão corrigida da introdução de Shaw a *Views Of Paris*), *US Vogue*, abril de 1982.
5. Lawrence Lee e Barry Gifford, *Saroyan*.
6. William Saroyan, "Letter to the editor", *47 Magazine*.
7. Irwin Shaw, *US Vogue*.
8. Leicester Hemingway, *My Brother, Ernest Hemingway*.
9. Records of the Public Relations Division, SHAEF, Record Group 331, National Archives, Washington DC.
10. Leicester Hemingway, *My Brother, Ernest Hemingway*.
11. William Saroyan, *47 Magazine*.
12. Leicester Hemingway, *My Brother, Ernest Hemingway*.
13. Ryan, *The Longest Day*.
14. Capa, *Slightly Out of Focus*.
15. Stephen E. Ambrose, *D-Day: The Climactic Battle of World War II*.
16. O relato do Dia D baseia-se nas memórias de Capa, na entrevista de Wertenbaker com Capa, nas histórias contidas na bibliografia e em relatos orais encontrados no Eisenhower Center.
17. Oscar Rich, transcrição de entrevista, Eisenhower Center, Nova Orleans.
18. Charles Wertenbaker, *Invasion!*.
19. Ryan, *The Longest Day*.
20. Wertenbaker, *Invasion!*.
21. Capa, *Slightly Out of Focus*.
22. Wertenbaker, *Invasion!*.
23. Ibid.
24. Capa, *Slightly Out of Focus*.
25. Transcrição de entrevista de Charles Jarreau, Eisenhower Center, Nova Orleans.
26. Wertenbaker, *Invasion!*.
27. Ibid.
28. Entrevista com o autor e *Get The Picture*.
29. Entrevista de Charles Jarreau.
30. Wertenbaker, *Invasion!*.
31. Capa, *Slightly Out of Focus*.
32. John Morris, *International Herald Tribune*, 3 de junho de 1994.

33. O relato sobre a revelação das fotos e o cumprimento do prazo da *Life* baseia-se igualmente em entrevista com Morris e em suas memórias, extraordinariamente detalhadas, *Get The Picture*.
34. Wertenbaker, *Invasion!*.
35. Citado, Introdução, Steinbeck, *A Russian Journal*, edição de 1999.
36. Marie-Monique Robin, *The Photos of the Century:* 100 *Historic Moments*.

14. O bocage

1. *Life*, 3 de julho de 1944.
2. Capa, *Slightly Out of Focus*.
3. *Life*, 10 de julho de 1944.
4. Wertenbaker, *Invasion!*.
5. Stephen Ambrose, *Citizen Soldiers*.
6. Wertenbaker, *Invasion!*.
7. Hastings, *Overlord*.
8. O relato da entrada em Cherburgo baseia-se na coluna "Street Fighting", de Pyle, in *Brave Men*, da qual são extraídas todas as citações, e no detalhado depoimento de Wertenbaker in *Invasion!*
9. Capa, *Slightly Out of Focus*.
10. Tobin, *Ernie Pyle's War*.
11. Ibid.
12. Ibid.
13. Wertenbaker, *Invasion!*.
14. Ibid.
15. Richard Whelan, *Robert Capa*.
16. Irwin Shaw, perfil de Robert Capa, *Vogue*.
17. Capa, *Slightly Out of Focus*.
18. Alfred G. Aronowitz e Peter Hamill, *Ernest Hemingway, The Life and Death of a Man*.
19. Capa, *Slightly Out of Focus*.
20. Aronowitz e Hamill, *Ernest Hemingway*.
21. Ibid.
22. Wertenbaker, *Invasion!*.
23. Ibid.
24. Wertenbaker, *Time*, 4 de setembro de 1944.
25. Ibid.

15. Vitória

1. Wertenbaker, *Invasion!*.
2. Capa, *Slightly Out of Focus*.
3. *Life*, 13 de novembro de 1944.
4. Capa, *Slightly Out of Focus*.
5. Bill Graffis, carta ao editor, *47 Magazine*.
6. Sobre a conversa, ver a entrevista de Richard Whelan com Gellhorn em Whelan, *Robert Capa*.
7. Capa, *Slightly Out of Focus*.
8. Ibid.
9. Ibid.
10. Ibid.
11. Andy Rooney, *My War*.
12. Capa, *Slightly Out of Focus*.
13. Le Goff, *Pierre Gassmann*.
14. Hersey, "The Man Who Invented Himself".
15. Ibid.
16. Ibid.
17. Ibid.
18. Ed Murrow, reportagem da CBS, 22 de abril de 1945.
19. Entrevista radiofônica, WNBC (N.Y.), 20 de outubro de 1947.
20. *Life*, 14 de maio de 1945.
21. John Steinbeck, *Once There Was a War*.
22. Tobin, *Ernie Pyle's War*.

16. "Here's looking at you, Kid"

1. Laurence Leamer, *As Time Goes By: The Life of Ingrid Bergman*.
2. Bergman e Burgess, *My Story*.
3. Leamer, *As Time Goes By*.
4. Bergman e Burgess, *My Story*.
5. Leamer, *As Time Goes By*.
6. Ibid.
7. Donald Spoto, *Notorious: The Life of Ingrid Bergman*.
8. Joseph Henry Steele, *Ingrid Bergman: An Intimate Portrait*.
9. Spoto, *Notorious*.
10. Bergman e Burgess, *My Story*.

11. Spoto, *Notorious*.
12. Bergman e Burgess, *My Story*.
13. Ibid.
14. Ibid.
15. Ibid.
16. Russell Miller, *Magnum: Fifty Years at the Front Line of History*.
17. *Life*, 8 de outubro de 1945.
18. Para detalhes do encontro com Hitchcock, ver *Notorious*, de Spoto, e seu não menos perceptivo *The Dark Side of Genius: The Life of Alfred Hitchcock*.
19. Spoto, *Notorious*.

17. Fim de caso

1. Whelan, *Robert Capa*.
2. Bergman e Burgess, *My Story*.
3. Steele, *Ingrid Bergman*.
4. Leamer, *As Time Goes By*.
5. Ibid.
6. Spoto, *Notorious*.
7. Leamer, *As Time Goes By*.
8. Ibid.
9. Ibid.
10. Irwin Shaw, "Letter to the editor", *47 Magazine*.
11. Ibid.
12. *Illustrated*, 6 de setembro de 1947.
13. Ibid.
14. Para detalhes do pequeno papel de Hamza interpretado por Capa e seu envolvimento com Hollywood, ver a introdução de Alain Bergala a *Magnum Cinema*.
15. Bergman e Burgess, *My Story*. Citado com autorização da Delacorte Press.
16. Ibid.
17. Leamer, *As Time Goes By*.
18. Gellhorn, *Till Death Do Us Part*.
19. Para detalhes do último encontro, ver os relatos de Leamer, Spoto e Bergman. Do livro de Leamer constam extensas entrevistas com Petter Lindstrom, que infelizmente morreu sem que eu conseguisse marcar uma entrevista.
20. Bergman e Burgess, *My Story*.
21. Ibid.

18. De volta à URSS

1. Yuriy Sherekh, "What Did You Not Want to See, Mr. Steinbeck?", *Ukrainian Quarterly*, 4, 1948. Sherekh era pseudônimo de Yuri Shevelov, que mais tarde haveria de se tornar professor de Filologia Eslava e Linguística na Columbia University, em Nova York.
   Sou grato ao professor Wolodymyr Stojko, editor do *Ukrainian Quarterly*, pela enorme quantidade de detalhes e pelas novas informações que contribuíram para revelar sobre a estada de Steinbeck e Capa na URSS. Susan Shillinglaw, eminente estudiosa de Steinbeck, também me conduziu na direção de várias novas fontes.
   Todos os arquivos soviéticos secretos citados nesse capítulo encontram-se no Arquivo Central de Estado da Ucrânia em Kiev. Os documentos específicos, traduzidos para o professor Stojko na Ucrânia, são identificados como Fond I; Opys, 23; Sprava 4365 (resolução 4363 pp. 16-23 e 54-50). A bem da brevidade, são identificados como CSA.
   Para um magnífico panorama do que efetivamente acontecia na época sob o regime de Stalin, ver *Stalin*, de Edvard Radzinsky. O melhor relato sobre os bastidores do Kremlin encontra-se no definitivo *Stalin, Triumph and Tragedy*, de Dmitri Volkogonov.
2. Jay Parini, *John Steinbeck*. Para um esplêndido relato das muitas aventuras de Steinbeck, ver Jackson Benson, *The True Adventures of John Steinbeck, Writer*.
3. Steinbeck, *A Russian Journal*.
4. Ibid.
5. CSA.
6. Gisèle Freund, *The World in My Camera*.
7. Para o melhor relato da criação da Magnum e da motivação de Capa, ver *Magnum: Fifty Years at the Front Line of History*, de Russell Miller. *Get The Picture*, de John Morris, também é extremamente detalhado, beneficiando-se do envolvimento pessoal do autor com os fundadores.
8. Miller, *Magnum*.
9. Ibid.
10. Jean Lacoutre, *Robert Capa*.
11. Miller, *Magnum*.
12. Le Goff, *Pierre Gassmann*.
13. Steinbeck, *A Russian Journal*.
14. Ibid.
15. CSA.
16. Steinbeck, *A Russian Journal*.
17. Ibid.

18. Entrevista com o professor Wolodymyr Stojko, outubro de 2000.
19. Steinbeck, *A Russian Journal*.
20. CSA.
21. Ibid.
22. *Life*, 6 de outubro de 1947.
23. Entrevista radiofônica, WNBC (N.Y.), 20 de outubro de 1947.
24. Citado, Introdução a *Slightly Out of Focus*, Modern Library, Nova York, 1999.
25. John Vachon, *Photo Notes*, março de 1948.
26. Steinbeck, *A Russian Journal*.
27. Ibid.

19. O *New Look*

1. Miller, *Magnum*.
2. Entrevista radiofônica, WNBC (N.Y.), 20 de outubro de 1947.
3. Introdução, *Russian Journal*, edição de 1999.
4. Resenhas citadas in ibid.
5. CSA.
6. John Morris, *Get The Picture*.
7. *Daily Worker*, 22 de outubro de 1947.
8. Jackson J. Benson, *The True Adventures of John Steinbeck, Writer*. Sobre os detalhes do investimento financeiro e posteriores problemas com Capa, ver a correspondência comercial de Steinbeck relativa a World Video, Columbia University, e Richard Whelan, *Robert Capa*.
9. Ibid.
10. Nigel Cawthorne, *The Dior Revolution*.
11. Ibid.
12. Ibid.
13. *Illustrated*, 3 de abril de 1948.
14. Michael Gross, *Model*.
15. Sobre essas questões financeiras, ver nove cartas entre 1947 e 1948, depositadas na Anne Watkins Collection, Columbia University.
16. Benson, *The True Adventures of John Steinbeck*.

20. Estrada da morte

1. Os detalhes da estada de Capa provêm de entrevistas realizadas por Jozefa Stuart; Kenneth Bilby, *New Star in the East*, e vários artigos de Jack Winocour e Quentin Reynolds.

2. Whelan, *Robert Capa*.
3. Entrevista de Goldman com Jozefa Stuart.
4. *Illustrated*, 19 de junho de 1948.
5. Whelan, *Robert Capa*.
6. Bilby, *New Star in the East*.
7. Sobre o percurso pela Estrada de Burma, ver o texto elegíaco de Winocour para *Illustrated*, 3 de julho de 1948.
8. Ted Berkham, *Cast a Giant Shadow, The Story of Mickey Marcus*.
9. Ibid.
10. *Illustrated*, 3 de julho de 1948.
11. Berkham, *Cast a Giant Shadow*.
12. *Illustrated*, 3 de julho de 1948.
13. Ibid.
14. Bilby, *New Star in the East*.
15. Ibid.
16. Para detalhes do desembarque, ver *Illustrated*, 17 de julho de 1948, *Life*, 12 de julho de 1948.
17. Ver *Hollywood sur Nil*, de Noël Howard, e *Magnum*, de Miller.
18. *US Vogue*, abril de 1982.
19. Ibid.
20. Para detalhes da visita à Europa Oriental, ver *Illustrated*, 26 de março de 1949; *Holiday*, junho de 1949; *Illustrated*, 20 de agosto de 1949, *Holiday*, novembro de 1949.
21. Mary Blume, *After the War Was Over*.
22. *Holiday*, junho de 1949.
23. *Holiday*, novembro de 1949.
24. Irwin Shaw, *Report on Israel*.
25. Detalhes e citações extraídos de *Illustrated*, 27 de agosto de 1949.
26. Sobre as recordações de Shaw, ver *US Vogue*, abril de 1982.
27. *Illustrated*, 27 de agosto de 1949.
28. Ibid.

21. O reino dos sentidos

1. Os detalhes do primeiro encontro de Capa com Hammond baseiam-se em entrevistas de Jozefa Stuart e John Hammond Jr., outubro de 2000.
2. Burri e Bischof, *Werner Bischof*.
3. Inge Morath, "Meeting Magnum" in *Paris Magnum — Photographs 1935-1981*.

4. Inge Bondi, citado, Miller, *Magnum*.
5. Ibid.
6. Inge Bondi, *Ernst Haas: Colour Photography*.
7. Ver *Irwin Shaw*, de Michael Shnayerson, e *Illustrated*, 4 de março de 1950.
8. Irwin Shaw, "How to Live Abroad", *Holiday*, julho de 1951.
9. Irwin Shaw, *Vogue*.
10. Shnayerson, *Shaw*.
11. James Salter, *Burning the Days*.
12. Ibid.
13. Freund, *The World in My Camera*.
14. Morris, *Get The Picture*.
15. Viertel, *Dangerous Friends*.
16. Gael Elton Mayo, *The Mad Mosaic*.
17. As questões financeiras na Magnum e outros aspectos relativos à agência nesse capítulo baseiam-se em *Magnum*, de Miller, e em entrevistas do autor com Suzy Marquis, Warren Trabant, Inge Morath, Jinx Rodger, Judy Freiburg, Jimmy Fox, Pierre Gassmann, Elliot Erwitt e John Morris.
18. Miller, *Magnum*.
19. Ibid.
20. Morris, *Get The Picture*.
21. Citado, ibid.

22. Como envelhecer?

1. Holiday, de janeiro de 1951.
2. Detalhes sobre Thorne e o esqui, ibid.
3. Detalhes do período de Capa em Paris baseiam-se nas memórias de Noël Howard; *An Open Book*, de John Huston; *Pamela Harriman*, de Christopher Ogden; no perfil publicado por Irwin Shaw em *Vogue* e em suas "Notes on a Parisian"; *Dangerous Friends*, de Peter Viertel; e em entrevistas do autor com Suzy Marquis, Burt Glinn, Inge Morath, Elliot Erwitt, Pierre Gassmann, Bettina Graziani, Ben Bradlee, Michel Descamps, Inge Bondi, John Morris, Peter Viertel, Eve Arnold e Warren Trabant.
4. Christopher Ogden, *Pamela Harriman*.
5. Ibid.
6. Hedy Lamarr, *Ecstasy and Me*.
7. Irwin Shaw, *Paris! Paris!*
8. Morris, *Get the Picture*.

9. Howard, *Hollywood sur Nil*.
10. Freund, *The World in My Camera*.
11. Irwin Shaw, "Letter to the editor", *47 Magazine*.
12. Miller, *Magnum*.
13. Para detalhes da remuneração de Capa, ver *Magnum*, de Miller, e *Get the Picture*, de Morris.
14. Miller, *Magnum*.
15. Para detalhes da nomeação de Morris e de seus termos, ver *Magnum*, de Miller, e *Get the Picture*, de Morris.
16. Ibid.
17. Morris, *Get the Picture*.
18. Para detalhes da crise do passaporte, ver *Get the Picture*, de Morris, e o arquivo de Capa no FBI, acessível graças à Lei da Liberdade de Informação.
    O arquivo é identificado como F0IA 923304, de acordo com procedimento do FBI para dar acesso ao autor. Para abreviar, as referências são identificadas como "arquivo do FBI", sendo fornecidas datas no texto quando relevante.
19. Viertel, *Dangerous Friends*.
20. Arquivo FBI, declaração juramentada de Capa, 3 de outubro de 1952, tendo como testemunha Jerome Weiss, tabelião do Estado de Nova York, Nº 24-4207225.
21. Morris, *Get The Picture*.
22. Detalhes do *annus horribilis* de Capa, com depressão e dores nas costas, são extraídos de entrevistas com John Morris, Jinx Rodger, Inge Morath, Ben Bradlee, Flury Clavadetscher, Ruth Guler, Larry Collins, Bettina Graziani, Suzy Marquis, Peter Viertel e Jozefa Stuart.
23. Viertel, *Dangerous Friends*.
24. Ibid.
25. Irwin Shaw, *US Vogue*.

23. Adiante fica o delta

1. Whelan, *Robert Capa*.
2. Entrevista com John Loengard, *Life Photographers*.
3. Thompson, *A Love Affair with Life & Smithsonian*.
4. Entrevista com John Loengard, *Life Photographers*.
5. Para maiores detalhes sobre a maneira como Capa obteve sua última missão, ver Morris, *Get The Picture*, e Miller, *Magnum*.

6. Detalhes do período passado por Capa em Hanói foram extraídos de uma entrevista com Michel Descamps, artigos da revista *Life*, obituários, *Magnum*, de Miller, e do detalhado relato de Morris em *Get the Picture*, além de entrevistas do autor com Inge Bondi, John Morris e Suzy Marquis.
7. *Life*, 31 de maio de 1954.
8. Detalhes sobre o jornal cinematográfico foram extraídos de entrevista com Patrick Jeudy. Ele tem várias imagens de Capa em ação. Todas as menções de jornais cinematográficos neste livro devem-se a sua cortesia.
9. *Life*, 31 de maio de 1954.
10. *Life*, 7 de junho de 1954.
11. Ibid.
12. O relato da morte de Capa baseia-se em grande medida em duas fontes, John Mecklin e Jim Lucas. "Forward Lies the Delta", de Mecklin, *Time*, 7 de junho de 1954, é um relato detalhado dos dias finais. "He Said: 'This Is Going to Be a Beautiful Story'", *Life*, 7 de junho de 1954, recria com grande dramaticidade e riqueza de detalhes o último dia de Capa. O autor agradece à autorização da *Time-Life* para as extensas citações. A outra testemunha ocular foi Jim Lucas. Seu artigo "Bob Capa Planned to Leave Indo-China by Sea" foi publicado inicialmente no *Washington Daily News*, a 27 de maio de 1954. O autor valeu-se dos dois relatos e de um atento exame das últimas imagens de Capa para reconstituir sua última missão.

Epílogo: A lenda

1. Morris, *Get the Picture*.
2. Ibid.
3. Ibid.
4. Ibid.
5. Catálogo de "Inhumanity and Humanity", Robert Capa Gold Medal Winners Exhibition, Museu de Arte Fuji de Tóquio, Tóquio, 2000. A Medalha Robert Capa foi mostrada ao autor por Anthony Suau, Paris, abril de 2000. Suau ganhou o prêmio em 1995.
6. Entrevista com John Loengard, *Life Photographers*.
7. John Steinbeck, *Popular Photography*.
8. Cornell Capa, Prefácio de *Slightly Out of Focus*, Modern Library, Nova York, 1999.

Bibliografia

Adler, Larry, *It Ain't Necessarily So* (Grove Press, 1984).
Aldridge, John W., *After the Lost Generation* (Arbor House, 1985).
Allan, Ted, *This Time a Better Earth* (Morrow, 1939).
Ambrose, Stephen E., *Americans at War* (Berkeley, 1997).
_____. *Citizen Soldiers* (Simon and Schuster, 1997).
_____. *D-Day: The Climactic Battle of World War II* (Simon and Schuster, 1994).
_____. *Eisenhower and Berlin, 1945* (Norton, 1967).
Aragon, Louis, *Adieu Capa*, in *Les Lettres Françaises*, 27 de maio-3 de junho, 1954.
Arnold, Eve, *The Unretouched Woman* (Alfred A. Knopf, 1976).
Aronowitz, Alfred G. e Peter Hamill, *Ernest Hemingway, The Life and Death of A Man* (Lancer Books, 1961).

Baker, Carlos, *Ernest Hemingway: A Life Story* (Charles Scribner's Sons, 1969).
Baltermants, Dmitri, *Dmitri Baltermants* (Photo Poche, 1997).
Barea, Arturo, *The Forging of a Rebel* (Reynal & Hitchcock, 1946).
Bataille, Georges, *La Part Maudite* (Editions de Minuit, 1967).
Beaton, Cecil, e Gail Buckland, *The Magic Image* (Little, Brown, 1975).
Belden, Jack, "The Fall of Troina", *Time*, 23 de agosto de 1943.
Benson, Jackson J., The *True Adventures of John Steinbeck, Writer* (Viking, 1984).
Bergala, Alain, *Magnum Cinema* (Phaidon, 1995).
Bergman, Ingrid, e Alan Burgess, *My Story* (Delacorte, 1980).
Berkham, Ted, *Cast a Giant Shadow, The Story of Mickey Marcus* (Doubleday, 1962).
Bernard, Bruce, *George Rodger: Humanity and Inhumanity* (Phaidon, 1994).
Besnÿo, Eva, *Eva Besnÿo* (Focus Publishing, 2000).
_____. *N'eue Halve Eeuw Werk* (Feministische Uitgeverij Sara, 1982).
Bilby, Kenneth, *New Star in the East* (Doubleday, 1950).
Blume, Mary, *After the War was Over* (Thames and Hudson, 1985).
Boatz, Willfried, *Photography, A Concise History* (Laurence King, 1995).
Bondi, Inge, *Ernst Haas: Colour Photography* (Harry N. Abrams, 1989).
Boorstin, Daniel J., *The Image* (Vintage, 1992).

Boot, Chris, *Great Photographers of World War II* (Magna Books, 1993).
Borkenau, Franz, *The Spanish Cockpit* (Faber and Faber, 1937).
Bourke-White, Margaret, *Dear Fatherland, Rest Quietly* (Simon & Schuster, 1946).
_____. *Portrait of Myself* (Simon & Schuster, 1963).
Boyle, David, *World War 2 in Photographs* (Rebo, 1998).
Bradley, gen. Omar N., e Clay Blair, *A General's Life: An Autobiography* (Simon and Schuster, 1983).
Braham, Randolph L., *The Politics of Genocide: The Holocaust in Hungary* (Columbia University Press, 1981).
Brinnin, John Malcolm, *Sextet* (Delacorte, 1981).
Brothers, Caroline, *War and Photography* (Routledge, 1997).
Brotons Jorda, Mario, *Retazos de una epoca de inquietudes* (edição do autor, 1995).
Buchwald, Art, *Seems Like Yesterday* (G. P. Putnam's Sons, 1980).
Burri, René, e Marco Bischof, *Werner Bischof 1916-1954: His Life and Work* (Thames & Hudson, 1990).
Burri, Rossellina Bischof, e René Burri, eds., *Werner Bischof, 1916-1954* (Grossman, 1974).

Calvocoressi, Peter, Guy Wint e John Pritchard, *Total War* (Pantheon, 1989).
Camera (Lucerna), março de 1961.
Capa, Cornell, *The Concerned Photographer* (Grossman, 1968).
_____. *Cornell Capa* (Little, Brown, 1992).
_____. "Truth: The First Casualty of War", *Sunday Times Magazine*, 28 de setembro de 1975.
_____. ed., *Israel — The Reality* (World Publishing, 1969).
Capa, Robert, "Coal Mine Characters", *US Camera*, junho de 1943
_____. *Heart of Spain* (Aperture, 1999).
_____. revista *Holiday*, novembro de 1949, janeiro de 1951, janeiro de 1952, janeiro de 1953.
_____. revista *Illustrated*, 6 de setembro de 1947.
_____. *Images of War, Photographs by Robert Capa, with text from his own writings* (Grossman, 1964).
_____. *Photographs* (Aperture, 1996).
_____. *Robert Capa* (Pacific Press Service, 1980).
_____. *Robert Capa* (Pacific Press Service, 1984).
_____. *Robert Capa* (ed. Anna Farova: Grossman, 1969).
_____. *Robert Capa* (ed. Cornell Capa e Bhupendra Karia: Grossman, 1974).
_____. *Robert Capa* (ed. Romeo Martinez: Mondadori, 1979).
_____. *Robert Capa* (Pantheon, Random House, 1989).

_____ . *Slightly Out of Focus* (Henry Holt, 1947).

_____ . e Gerda Taro, *Death in the Making: Photographs by Robert Capa and Gerda Taro* (Covici, Friede, 1938).

Capa and Capa: catalogue for exhibition of pictures at International Center of Photography, 1990.

"Capa's Camera", *Time*, 28 de fevereiro de 1938.

Carlson, Evans Fordyce, *Twin Stars of China* (Dodd, Mead, 1940).

Cartier-Bresson, Henri, *The Decisive Moment* (Simon & Schuster associado a Editions Verve de Paris, 1952).

_____ . *Masters of Photography* (Aperture, 1987).

_____ . *The Mind's Eye*, (Aperture, 1998).

Cawthorne, Nigel, *The Dior Revolution* (Reed International Books, 1996).

Cerassi, John, *The Premature Antifascists* (Praeger, 1986).

Churchill, Winston, *The Second World War* (Houghton Mifflin, 1948-1953).

Cockburn, Claud, *In Time of Trouble* (Rupert Hart-Davis, 1957).

Coke, Van Deren, *Avant-Garde Photography in Germany, 1919-1939* (Museum of Modern Art [San Francisco], 1980).

Colodny, Robert, *The Struggle for Madrid* (Paine-Whitman, 1958).

Corum, James, S., *The Luftwaffe* (University Press of Kansas, 1997).

Cox, Geoffrey, *Defence of Madrid* (Victor Gollancz, 1937).

Crozier, Brian, *Franco* (Little, Brown, 1967).

Davenport, Marcia, *Of Lena Geyer* (Grosset and Dunlap, 1936).

Davis, Franklin M., Jr., e os editores de Time-Life Books, *Across the Rhine* (Time-Life Books, 1980).

Devillers, Philippe, e Jean Lacouture, *End of a War: Indochina, 1954* (Praeger,1969).

Dorfman, John, "Looking for the Face Behind the Camera", *The Ethnic News Watch Forward*, vol. CII.

Dos Passos, John, *1919* (Harcourt, Brace, 1932).

Eisenhower, Dwight D., *Crusade in Europe* (Doubleday, 1948).

Elgey, Georgette, *Front Populaire, Photos by Robert Capa and David Seymour* (Chene-Magnum, 1976).

Ellis, John, *The Sharp End: The Fighting Man in World War II* (Charles Scribner's Sons, 1980).

Elson, Robert T., *Time Inc.: The Intimate History of a Publishing Enterprise, 1923-1941* (Atheneum, 1968).

Esquire, abril de 1974.

Ewing, Joseph H., *29 Let's Go* (Washington Infantry Journal Press, 1948).

Fielding, Raymond, *The March of Time, 1935-1951* (Oxford University Press, 1978).
Flanner, Janet, *Janet Flanner's World: Uncollected Writings 1932-1975* (Harcourt Brace Jovanovich, 1979).
_____. *Paris Journal 1944-1965* (ed. William Shawn, Atheneum, 1965).
_____. *Paris Was Yesterday 1925-1939* (org. Irving Drutman, Viking Press, 1972).
Fondiller, Harvey V., "Magnum: Image and Reality", *35mm Photography*, inverno de 1976.
Forbes-Robertson, Diana, *The Battle of Waterloo Road* (Random House, 1941).
Fotografia Italiana, junho de 1972.
Fraser, Ronald, *Blood of Spain: An Oral History of the Spanish Civil War* (Pantheon, 1979).
Freund, Gisèle, *Photography and Society* (David R. Godine, 1980).
_____. *The World in My Camera* (Dial, 1974).
Fritzsche, Peter, *Germans into Nazis* (Harvard University Press, 1998).
Fussell, Paul, *Wartime* (Oxford University Press, 1989).

Gabler, Neal, *Winchell: Gossip, Power and the Culture of Celebrity* (Alfred A. Knopf, 1994).
Gavin, gen. James M., Letter to the editor, *47: The Magazine of the Year*, outubro de 1947.
_____. *On to Berlin* (Viking, 1978).
Gay, Peter, *Weimar Culture: The Outsider as Insider* (Harper & Row, 1968).
Gellhorn, Martha, *The Face of War* (Atlantic Monthly Press, 1988).
_____. *A Stricken Field* (Charles Scribner's Sons, 1940).
_____. *Travels with Myself and Another* (Dodd, Mead, 1978).
_____. *Two by Two* (Simon and Schuster, 1958).
Gidal, Tim N., *Modern Photojournalism: Origin and Evolution, 1910-1933* (Macmillan, 1973).
Giles, James R., *Irwin Shaw* (Twayne, 1983).
Gilot, Françoise, e Carlton Lake, *Life with Picasso* (McGraw-Hill, 1964).
Goldberg, Vicki, *Margaret Bourke-White* (Harper & Row, 1986).
_____. *The Power of Photography* (Abbeville Press, 1991).
Goldhagen, Daniel Jonah, *Hitler's Willing Executioners, Ordinary Germans and the Holocaust* (Random House, 1997).
Goldsmith, Arthur, "Moment of Truth", *Camera Arts*, março/abril de 1981.
Goodwin, Doris Kearns, *No Ordinary Time* (Simon & Schuster, 1994).
Graffis, Bill, Letter to the editor, *47: The Magazine of the Year*, outubro de 1947.
Gross, Michael, *Model* (William Morrow, 1995).

Gunther, Thomas Michael, e Marie de Thezy, *Alliance photo, agence photographique 1934-1940: Bibliothèque historique de la ville de Paris, Hôtel de Lamoignon, 27 octobre 1988-9 janvier 1989* (La Bibliothèque, 1988).

Hall, James Baker, "The Last Happy Band of Brothers", *Esquire*, abril de 1974.
Hammond, John, com Irving Townsend, *On Record* (Ridge Press/Summit, 1977).
Hancock, Ian, *The Pariah Syndrome* (Karoma, 1987).
Hastings, Max, *Overlord* (Michael Joseph, 1984).
Haver, Ronald, *David O'Selznick's Hollywood* (Knopf, 1980).
Hegedus, Adam de, *Hungarian Background* (Hamish Hamilton, 1937).
Hemingway, Ernest, *For Whom the Bell Tolls* (Charles Scribner's Sons, 1940).
_____. *Selected Letters, 1917-1961* (org. Carlos Baker: Charles Scribner's Sons, 1981).
Hemingway, Leicester, *My Brother, Ernest Hemingway* (The World Publishing Company, 1961).
Hemingway, Mary Welsh, *How It Was* (Alfred A. Knopf, 1976).
Hersey, John, *Life Sketches* (Knopf, 1989).
_____. "The Man Who Invented Himself", *47: The Magazine of the Year*, setembro de 1947.
Hertzstein, Robert E., *Henry Luce* (Charles Scribner's Sons, 1994).
Herval, René, *Bataille de Normandie* (Éditions de Notre Temps, 1947).
Herzog, Chaim, *The Arab-Israeli Wars* (Arms & Armour Press, 1982).
Higgins, Marguerite, *News Is a Singular Thing* (Doubleday, 1955).
Hofstadter, Dan, "Profiles — Henri Cartier-Bresson", Part 2, New Yorker, 30 de outubro de 1989.
Hohenberg, John, *Foreign Correspondence: The Great Reporters and Their Times* (Columbia University Press, 1964).
Hotchner, A. E., *Choice People: The Greats, Near-Greats and Ingrates I Have Known* (William Morrow, 1984).
Howard, Noël, *Hollywood sur Nil* (Fayard, 1978).
Hughes, Jim, *Shadow and Substance, W. Eugene Smith* (McGraw-Hill, 1989).
_____. e Alexander Haas, *Ernst Haas in Black and White* (Little, Brown, 1992).
Huston, John, *An Open Book* (Alfred A. Knopf, 1980).

Ignotus, Paul, *Hungary* (Benn, 1972).
Inge Bondi, Chim, *The Photographs of David Seymour* (Andre Deutsch, 1996).
Isherwood, Christopher, *Christopher and His Kind, 1929-1939* (Farrar, Straus & Giroux, 1976).
_____. *Goodbye to Berlin* (Panther, 1977).

_____. *Journey to a War*, With poems and photographs by W. H. Auden (Octagon, 1972).
Ivens, Joris, *The Camera and I* (International, 1969).

Jaenecke, Heinrich, *Es lebe der Tod, Die Tragödie des spanischen Burgerkrieges* (Gruner und Jahr, 1980).

* Kantorowicz, Alfred, *Politik und Literatur im Exil* (Christians, 1978).
_____. *Spanisches Tagebuch* (Aufbau-Verlag, 1949).
_____. *Tschapaiew, das Bataillon der 21 Nationen* (Torrent, 1938).
Karnow, Stanley, *Paris in the Fifties* (Random House, 1997).
Keegan, John, *A History of Warfare* (Vintage, 1993).
_____. *The Second World War* (Penguin, 1989).
Kershaw, Alex, "Up Close and Personal", *Guardian Weekend*, 18 de julho de 1998.
Kershaw, Ian, *The Hitler Myth* (Oxford University Press, 1987).
Kert, Bernice, *The Hemingway Women* (Norton, 1983).
Kessel, Joseph, *The Lion* (Rupert Hart-Davis, 1959).
Knightley, Phillip, *The First Casualty* (Harcourt Brace, 1975).
Knox, Bernard, "Remembering Madrid", *New York Review of Books*, 6 de novembro de 1980.
Koyen, Kenneth A., *The 4th Armored Division* (4th Armored Division, 1946).

Lacoutre, Jean, "Introduction" a *Robert Capa* (Pantheon Photo Library, 1989).
Lamarr, Hedy, *Ecstasy and Me* (Fawcett Publications, 1966).
Lang, Will, "Doughboys' Beachhead", *Time*, 7 de fevereiro de 1944.
_____. "The Story of Fort Schuster", *Life*, 25 de outubro de 1943.
Laqueur, Walter, *Weimar: A Cultural History, 1918-1933* (G. P. Putnam's Sons, 1974).
Le Goff, Hervé, *Pierre Gassmann: La photographie à l'epreuve* (Delory, 2001).
Le Vien, Jack, "The Faking of War Pictures", *Sunday Times*, 5 de outubro de 1975.
Leamer, Laurence, *As Time Goes By: The Life of Ingrid Bergman* (Harper & Row, 1986).
Lechenperg, Harald, "Hochzeit beim Maharadscha", *Die Dame*, agosto de 1932.
Lee, Laurie, *Moment of War* (The New Press, 1991).
Lee, Lawrence, e Barry Gifford, *Saroyan: A Biography* (Paragon House, 1988).
Lessing, Erich, *Fifty Years of Photography*, catálogo de exposição, 1955.
Lewinski, Jorge, *The Camera at War* (Simon and Schuster, 1978).
Liebling, A. J., "Reporter at Large", *New Yorker*, 8 de julho e 15 de julho de 1944.
_____. *The Road Back to Paris* (Doubleday, 1944). *LIFE: The First Decade, 1936-1945* (New York Graphic Society, 1979).

Loengard, John, *Life Photographers: What They Saw* (Little, Brown, 1998).
Loyd, Anthony, *My War Gone By, I Miss It So* (Doubleday, 2000).
Lucas, Jim, "Bob Capa Planned to Leave Indo-China by Sea", *Washington Daily News*, 27 de maio de 1954.
Lucas, Jim G., *Dateline Vietnam* (Award Books, 1966).
Lukacs, John A., *Budapest 1900: A Historical Portrait of a City and its Culture* (Weidenfeld & Nicolson, 1988).
Lynn, Kenneth S., *Hemingway* (Simon & Schuster, 1987).

MacKinnon, Stephen R., e Oris Friesen, *China Reporting* (University of California Press, 1987).
Man, Felix H., *Man with Camera: Photographs from Seven Decades* (Schocken, 1984).
Marinovich, Greg e Silva, João, *The Bang Bang Club* (Heinemann, 2000).
Markos, György, "My Friend Capa", *New Hungarian Quarterly*, inverno de 1976.
Matthews, Herbert L., *The Education of a Correspondent* (Harcourt Brace, 1946).
Two Wars and More to Come (Carrick & Evans, 1938).
Mauldin, Bill, *The Brass Ring* (Norton, 1971).
Mayall, David, *Gypsy-travellers in Nineteenth-Century Society* (Cambridge University Press, 1988).
Mayo, Gael Elton, *The Mad Mosaic* (Quartet, 1983).
Mecklin, John, "Forward Lies the Delta", *Time*, 7 de junho de 1954.
_____. "He Said: 'This Is Going to Be a Beautiful Story'", *Life*, 7 de junho de 1954.
Mellow, James R., *Hemingway: A Life Without Consequences* (Addison-Wesley, 1992).
Messenger, Charles, *The Chronological Atlas of World War Two* (Macmillan, 1989).
Meyers, Jeffrey, *Hemingway: A Biography* (Harper and Row, 1985).
Mieth, Hansel, *The Singing Hills of Jackass Flat* (manuscrito inédito, citado por cortesia de Georgia Brown e do Center of Creative Photography).
Miller, Arthur, *Timebends: A Life* (Harper & Row, 1987).
Miller, Lee G., *An Ernie Pyle Album* (William Sloane Associates, 1946).
_____. *The Story of Ernie Pyle* (Viking, 1950).
Miller, Russell, *Magnum: Fifty Years at the Front Line of History* (Grove Press, 1998).
Miravitlles, Jaume, *Notes dels meus arxius: Episodis de la Guerra Civil Espanyola* (Collecio Portic, 1972).
Modern Photography, julho de 1969.
Montgomery, John Flournoy, *Hungary — The Unwilling Satellite* (Vista, 1993).
Moorehead, Alan, *Eclipse* (Coward-McCann, 1945).
Morath, Inge, "Meeting Magnum", in *Paris/Magnum — Photographs 1935-1981* (org. Irwin Shaw: Aperture, 1981).
Morris, Benny, *A History of the Zionist-Arab Conflict* (Knopf, 1999).

Morris, John, *Get the Picture* (Random House, 1998).
_____. "Magnum Photos: An International Cooperative", *Us. Camera Annual*, 1954.
_____. "A Two Quart Bottle of Spirits", in *Robert Capa* (org. Anna Farova: Grossman, 1969).
Mydans, Carl, *More Than Meets the Eye*, Nova York: Harper & Brothers, 1959.
Mydans, Shelley Smith, *The Open City*, Garden City: Doubleday, Doran, 1945.

Nartchwey, James, *Inferno* (Phaidor, 2000).

Oestreicher, J. C., *The World Is Their Beat* (Duell, Sloan & Pearce, 1945).
Ogden, Christopher, *Life of the Party: the Biography of Pamela Digby Churchill Hayward Harriman* (Little, Brown, 1994).
Oldfield, coronel Barney, *Never a Shot in Anger* (Capra Press, 1956).
Orwell, George, *Down and Out in Paris and London* (Harper & Bros., 1933).
_____. *Homage to Catalonia* (Seeker & Warburg, 1938).

Parini, Jay, *John Steinbeck* (Heinemann, 1994).
Parks, Gordon, *A Choice of Weapons* (Harper & Row, 1966).
Payne, Robert, *The Life and Death of Trotsky* (McGraw-Hill, 1977).
Penrose, Antony, org., *Lee Miller's War* (Little, Brown, 1992).
_____. *The Lives of Lee Miller* (Holt, Rinehart & Winston, 1985).
Penrose, Roland, *Portrait of Picasso* (New York Museum of Modern Art, 1971).
Pettifer, James, org., *Cockburn in Spain* (Lawrence and Wishart, 1986).
Photo (Paris), junho de 1983, "Robert Capa: 124 Photos Retrouvées".
Photo Technique, novembro de 1977.
Popular Photography, setembro de 1954, "Robert Capa: A Memorial Portfolio".
Prochnau, William, *Once Upon a Distant War* (Times Books, 1995).
Pyle, Ernie, *Brave Men* (Henry Holt, 1944).
_____. *Here Is Your War* (Henry Holt, 1943).

Quirk, Lawrence J., *The Films of Ingrid Bergman* (Citadel, 1970).

Radnoti, Miklos, *Foamy Sky* (Corvina, 2000).
Radzinsky, Edvard, *Stalin* (Doubleday, 1996).
Rand, Peter, *China Hand* (Simon & Schuster, 1995).
Regler, Gustav, *The Owl of Minerva* (R. Hart-Davis, 1959).
Renn, Ludwig, *Der Spanische Krieg* (Aufbau-Verlag, 1955).
Reportage, primavera de 1995.

Reynolds, David, *Rich Relations: The American Occupation of Britain, 1942-1945* (Random House, 1995).
Reynolds, Quentin, *Quentin Reynolds* (McGraw-Hill, 1963).
Riss, Françoise, "Robert Capa: Les Photos Retrouvées du Tour 1939", *Photo Revue* (Paris), setembro de 1982.
Rodger, George, *George Rodger*, Introduction by Inge Bondi (Gordon Fraser, para o Arts Council of Great Britain, 1975).
_____. "Random Thoughts of a Founder Member", *Photo Technique*, novembro de 1977.
Rolfe, Edwin, *The Lincoln Battalion* (Random House, 1939).
Rollyson, Carl, *Nothing Ever Happens To The Brave* (St Martin's Press, 1990).
Rooney, Andy, *My War* (Public Affairs, 2000).
Rosenbaum, Ron, *Explaining Hitler* (HarperCollins, 1998).
Ryan, Cornelius, *The Longest Day* (Simon and Schuster, 1959).

Salter, James, *Burning the Days* (Random House, 1997).
Sanders, Marion K., *Dorothy Thompson: A Legend in Her Time* (Houghton Mifflin, 1973).
Sante, Luc, *Evidence* (Farrar Strauss Giroux, 1992).
Saroyan, William, Letter to the editor, *"47": The Magazine of the Year*, outubro de 1947.
Schaber, Irme, *Gerda Taro: Fotoreporterin im spanischen Bürgerkrieg: eine Biografie* (Jonas Verlag, 1994).
Scherman, David, org., *Best of Life* (Time-Life Books, 1972).
_____. *Life Goes to War* (Simon and Schuster, 1977).
_____. *LIFE Goes to War: A Picture History of World War II* (Little, Brown, 1977).
Shaw, Irwin, Letter to the editor, *"47", The Magazine of the Year*, outubro de 1947.
_____. *Paris/Magnum; Photographs, 1935-1981* (Aperture, 1981).
_____. *Paris! Paris!* (Harcourt Brace Jovanovich, 1977).
_____. *Report on Israel* (Simon and Schuster, 1950).
_____. "Retreat in Indo-China", *Picture Post*, 12 de junho de 1954.
_____. *Views of Paris; Notes on a Parisian* (Aperture Books, 1981).
Sheean, Vincent, Letter to the editor, *"47", The Magazine of the Year*, outubro de 1947.
_____. *Not Peace But a Sword* (Doubleday, Doran, 1939).
_____. Shirer, William, *A Berlin Diary* (Knopf, 1941).
_____. *The Rise and Fall of the Third Reich* (Simon & Schuster, 1960).
_____. *Twentieth Century Journey: The Nightmare Years, 1930-1940* (Little, Brown, 1984).
Shlaim, Avi, *The Iron Wall* (Norton, 1999).

Shnayerson, Michael, *Irwin Shaw* (G. P. Putnam's Sons, 1989).
Smedley, Agnes, *Battle Hymn of China* (Alfred A. Knopf, 1938).
Sommerfield, John, *Volunteer in Spain* (Lawrence & Wishart, 1937).
Sontag, Susan, *On Photography* (Penguin, 1977).
Sorel, Nancy Caldwell, *The Women Who Wrote The War* (HarperCollins, 1999).
Soria, Georges, Robert Capa, David "chim" Seymour, *Les grandes photos de la guerre d'Espagne* (Jannink, 1980).
Southworth, Herbert Rutledge, *Guernica! Guernica!* (University of California Press, 1977).
Spoto, Donald, *The Dark Side of Genius: The Life of Alfred Hitchcock* (Little, Brown, 1983).
_____. *Notorious: The Life of Ingrid Bergman* (HarperCollins, 1997).
Steele, Joseph H., *Ingrid Bergman: An Intimate Portrait* (McKay, 1959).
Steichen, Edward, org., *The Family of Man* (Museum of Modern Art, 1955).
_____. *Memorable Life photographs* (Museum of Modern Art, 1951).
Stein, Louis, *Beyond Death and Exile: The Spanish Republicans in France, 1939-1955* (Harvard University Press, 1979).
Steinbeck, John, *Once There Was a War* (Viking, 1958).
_____. *A Russian Journal* (Viking, 1948); nova edição, com introdução de Susan Shillinglaw (Penguin, 1999).
Stone, I. F., *This Is Israel* (Boni and Gaer, 1948).
Sulzberger, C. L., *World War II* (Houghton Mifflin, 1969).

Tanenhaus, Sam, "Innocents Abroad", *Vanity Fair*, setembro de 2001.
Taylor, John, *Body Horror, Photojournalism, catastrophe and war* (New York University Press, 1998).
The Magnum Story, BBC2.
Thomas, Hugh, *The Spanish Civil War* (Harper & Row, 1977).
Thompson, Edward K., *A Love Affair with Life & Smithsonian* (University of Missouri Press, 1995).
Tobin, James, *Ernie Pyle's War* (The Free Press, 1997).
Tregaskis, Richard, *Invasion Journal* (Random House, 1944).
Tuchman, Barbara W., *Stilwell and the American Experience in China, 1911-45* (Macmillan, 1971).

US Army, *83rd Infantry Division, Thunderbolt Across Europe* (Munique, 1946).
Ullstein, Hermann, *The Rise and Fall of the House of Ullstein* (Simon and Schuster, 1943).

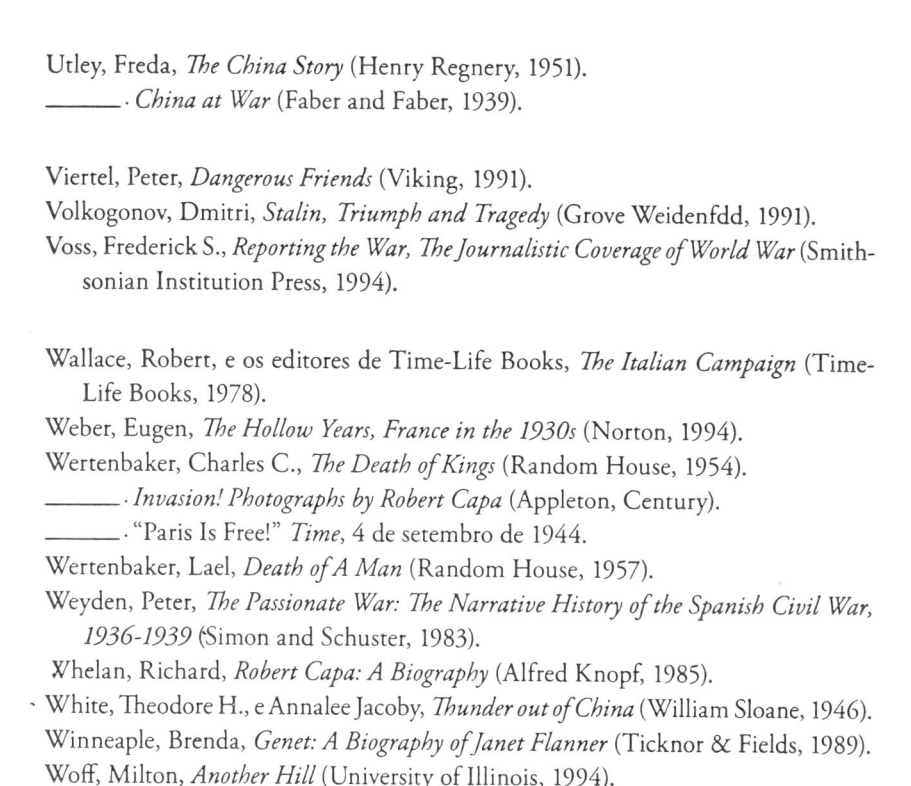

Utley, Freda, *The China Story* (Henry Regnery, 1951).
_____. *China at War* (Faber and Faber, 1939).

Viertel, Peter, *Dangerous Friends* (Viking, 1991).
Volkogonov, Dmitri, *Stalin, Triumph and Tragedy* (Grove Weidenfdd, 1991).
Voss, Frederick S., *Reporting the War, The Journalistic Coverage of World War* (Smithsonian Institution Press, 1994).

Wallace, Robert, e os editores de Time-Life Books, *The Italian Campaign* (Time-Life Books, 1978).
Weber, Eugen, *The Hollow Years, France in the 1930s* (Norton, 1994).
Wertenbaker, Charles C., *The Death of Kings* (Random House, 1954).
_____. *Invasion! Photographs by Robert Capa* (Appleton, Century).
_____. "Paris Is Free!" *Time*, 4 de setembro de 1944.
Wertenbaker, Lael, *Death of A Man* (Random House, 1957).
Weyden, Peter, *The Passionate War: The Narrative History of the Spanish Civil War, 1936-1939* (Simon and Schuster, 1983).
Whelan, Richard, *Robert Capa: A Biography* (Alfred Knopf, 1985).
White, Theodore H., e Annalee Jacoby, *Thunder out of China* (William Sloane, 1946).
Winneaple, Brenda, *Genet: A Biography of Janet Flanner* (Ticknor & Fields, 1989).
Woff, Milton, *Another Hill* (University of Illinois, 1994).

Zeman, Z. A. B., *Nazi Propaganda* (Oxford University Press, 1973).

Índice onomástico

400 milhões, Os 93-5
Aarons, Slim 151, 197
Abrams, tenente-coronel Creighton 192
Adams, Eddie 61n
Adler, Larry 202-4, 207n, 210
Alemanha 187-205
    invade a Polônia 108
    lei marcial 37
    rendição 197
    revolução nazista 38
Ali Khan 275
Allan, Dr. Norman 87
Allan, Ted 66, 81-7
    This Time a New Earth 82-3
Allen, Jay 79
Allen, general Terry 134
Alliance, agência 49, 53, 76
Ambrose, Stephen 171
Anzio, desembarques 145-6
Aragon, Louis 87, 284
Arnold, Eve 262, 274
Auden, W. H. 94
Auschwitz 238n

Balenciaga 263
Banks, Dennis 165
Barcelona 54-5, 105-6
Batalha das Ardenas 190
Belden, Jack140
Belsen 194

Ben-Gurion, David 247, 254
Benny, Jack 202
Bergman, Ingrid 199-216, 276, 303
    À meia-luz (*Gaslight*) 201
    O Arco do Triunfo (*Arch of Triumph*) 214-6
    Casablanca 201
    Interlúdio (*Notorious*) 205
    Joana d'Arc (*Joan of Arc*) 216
    Quando fala o coração (*Spellbound*) 208
    As quatro companheiras (*Die vier Gesellen*) 204
Berkovitz, Julianna Henrietta *ver* Julia Capa
Berlim 33-9, 204, 265
Berliner Illustrierte Zeitung 47
Besnÿo, Eva 30-5, 38, 47, 87, 95, 111, 264
Bethune, Dr. Norman 77, 81
Beumelburg, Werner 85
Bilby, Kenneth W. 247, 250, 253-4
New Star in the East 253, 259n
Bischof, Rosellina 304
Bischof, Werner 262, 271n, 303-6
Blum, Léon 52
Bogart, Humphrey 211, 286
Bohen, Frau 36
Bondi, Inge 263, 303-5
Borkenau, Franz: *The Spanish Cockpit* 57
Borrell, Everisto 69
Borrell, Federico 68-70

Bosshard, Walter 96
Bote, Hans 46
Bourke-White, Margaret 118, 282
Boyer, Charles 214, 216
Bradlee, Ben 276, 280
Bradley, general de exército Omar 133, 151
Bradshaw, Braddy 164
Brandt, Bert 164
Brecht, Bertolt 38, 41
Brereton, general Lewis 193
Brigadas Internacionais 102, 104
Brothers, Caroline 70
Brotons Jorda, Mario 68-70
Brown, Georgia 115
Buchwald, Art 278
Budapeste 22-31, 235, 254-5
Burke, Don 112
Burrows, Larry 302n
Butler, E. K. 164

Capa, Cornell (irmão de RC) 30, 109, 280, 305
   emigra para Nova York 109
   fotógrafo 47-8, 277,304
   e o *Soldado Caído* 61, 63
Capa, Julia (mãe de RC) 27-30, 32, 36, 49, 111, 279, 302, 304
   emigra para Nova York 109
   funeral de Capa 303-9
Capa, Robert
   VIDA
     nascimento 23-4
     mudança de nome 50-1
     casamento 111-3
     Ingrid Bergman 199-218
     morte 300-1
   TRABALHO
     Norte da África 131-3

Alemanha 189-207
arquivo no FBI 282-5
Berlim 35-42
Budapeste 30-3
China 93-100
desembarques na Praia de Omaha 18-20, 156-169
Espanha 47, 55-93, 101-9
   Soldado caído, 59-71
   morte de Gerda 86-9
exposições 50
França 169-177
Hollywood 209-213
Inglaterra 121-9, 151-5
Israel 248-254, 257-260
Itália 141-6
Japão 291-2
Magnum 224, 262-3, 267-71
México 115
Paris 43-54, 177-191, 199-200
Sicília 140-2
URSS 219-221, 224-235
Vietnã 295-302
World Video 239-41, 243
Death in the Making 79
Diário Russo 226, 239, 238
Imagens da guerra 18, 20-1
Report on Israel 257
Slightly Out of Focus 64, 78, 121, 122n, 128, 183, 189, 234, 235n, 239
Capote, Truman 286
Cartier-Bresson, Henri 44-6, 48, 64, 263
   e Capa 44-6, 88, 185-6, 223n, 274n
   Magnum 192, 224, 225, 269-70, 306
Ce Soir 53, 79-80, 84, 282
Cerf, Ruth 46-9, 68, 77, 82n, 87-9
Chaplin, Sydney 279
Chardack, Willi 48

Cherburgo 170-6
Chiang Kai-shek, general 93-5, 98-9
Chiang Kai-shek, Sra. 94-6, 284
Chicago Tribune 136
China 93-102
Churchill, Pamela 125-6, 243, 276
Churchill, Randolph 125
Churchill, Winston 127, 221
Clavadetscher, Flury 288
Cockburn, Claud 82-4
Cogny, general René 295-7, 302
Cogny, Marie-Claude 296
Collier's 101, 121-3, 134, 137-8, 247
Collins, Larry 285
comunismo 32, 115, 240, 283-4
Conferência Internacional de Escritores 81
Cooper, Gary 209
Croce, Benedetto 144
Cunningham, Alan 247

Daily Express 66
Daily Herald 63n
Daily Mail 90
Daily Worker 83, 241n, 283
Davis, Floyd 184
Davis, Myron 122
de Rochemont, Richard 79-81
  Rehearsal for War 79-80
Delahaye, Luc 306
Delmer, Sefton 90
Dephot, agência 37, 101
Der Welt Spiegel 40
Descamps, Michel 294-6
Dia D, desembarques 155, 172
Dien Bien Phu 293-7, 302n
Dietrich, Marlene 200
Dior, Christian 242-3

Dollfuss, Engelbert 42
Dos Passos, John 81
Duhamel, Marcel 185
Duncan, David Douglas 271n

Ehrenburg, Ilya 82, 108
Einstein, Albert 41
Eisenhower, general 133, 145, 153, 157
Eisner, Maria 49, 53
  Magnum 223-4, 267
Eldans, David 250
Elisofon, Eliot 133
Ernst, Morris 282-3, 287
Erwitt, Elliot 262, 269
Espanha 47, 54

Fath, Jacques 242-4
Fernhout, John 93-9, 113
Fischer, Béla 186
Fischer, Suzy 43-4, 184
Fischer, Szeren 43-4, 184
Flanner, Janet 185, 274n
Fox, Jimmy, *O Soldado caído* 62-4
França 165-77
  crises políticas 45, 51
Franco, general 54, 73, 74, 92
Freiburg, Judy 238, 304
Freund, Gisèle 38, 64-5, 224, 267, 281
Friedmann, André *ver* Robert Capa
Friedmann, Angela (cunhada de RC) 237
Friedmann, Cornell (irmão de RC) *ver* Cornell Capa
Friedmann, Dezsö (pai de RC) 49
Friedmann, Julia (mãe de RC) *ver* Julia Capa
Friedmann, László (irmão de RC) 237

Gallagher, O'Dowd 66, 107
Garbo, Greta 286
Gassmann, Pierre 45, 88, 186, 192, 194
  Magnum 192, 223-4, 225
Gavin, general James M. 138
Gellhorn, Martha 55, 101, 125, 194, 217, 294
  e Hemingway 100, 116-7, 178n, 187-9, 209
  Till Death Do Us Part 102
Gilmore, Ed 227, 229
Gilot, Françoise 264
Glinn, Burt 262, 276-7
Goalen, Barbara 244
Goetz, William 210
Goldman, Paul 248-9
Goodwin, Carl 204
Gorin, Raymond 48
Gould, Beatrice e Bruce 240
Graffis, Bill 187
Graham, Sheila 213
Graziani, Bettina 243, 280
Grosvenor, Rita 69
Guernica 78
Guerra Civil Espanhola 55-95, 101-9
Guerra do Vietnã 293-302
Guerra Sino-Japonesa 92
Guler, Hans 274
Gunther, Thomas 53
Guttmann, Simon 37, 39, 46-7

Haas, Ernst 263-4
Halstead, Dirck 287, 305-6
Hamill, Peter 177
Hammond, Jemmy 261, 266, 268, 286, 288
Hammond, John 261, 266
Hammond, John Jr. 266, 268, 303, 303n
Harrison, Colette 280

Hawks, Howard 209, 211, 275
Hawks, Slim 209
Hayward, Leland 209
Hecht, Ben 207
Heim, Peter 25, 32
Hemingway, Ernest 82, 126, 177-81, 182, 284
  Adeus às armas 78
  O sol também se levanta 78
  e Capa 78, 153-4, 177-81
  e Gellhorn 101, 117-8, 178n, 221
  Guerra Civil Espanhola 90, 104-5
  Por quem os sinos dobram 80n, 117
  repórter da *Collier's* 154
  e Steinbeck 177, 183, 245
  Terra espanhola 90
Hemingway, Leicester 153-4, 184
Herald Tribune 227, 241, 247
Herrera, tenente-coronel Emilio 47
Hersey, John 23-4, 43, 50-3, 193
Hiroshima 23
Hetényi, Imre 32
Heute 263
Hicks, Wilson 109
Hitch, Peter 279
Hitchcock, Alfred 207-8
Hitler, Adolf 40, 92, 101
Holiday, revista 24, 258, 273-4, 278, 279, 283
Hollywood 209-11
Holocausto 237-8
Holt, Henry 234-5
Hopper, Hedda 210
Horthy, almirante 25, 28, 32, 40
Howard, Noel 254, 280, 282
Hughes, Howard 257
Hungria 26, 30, 256
Huston, John 143, 211, 275, 278, 286, 287

An Open Book 287n
Batalha de San Pietro, A 143
Huston, Ricki 286
Hyde, Henry 285

Illustrated 128, 216, 243, 249, 253
　campanha italiana 142, 148
　Hungria 256
　Israel 250, 252n, 257, 259
Illustrated London News 63n
International Center of Photography 306
Inglaterra 121-9, 151-6
Isherwood, Christopher 94
Israel 247-8, 257-60
Itália 141-50
Ivens, Joris 93-9, 284
　The Camera and I 94
Izvestia 108

Jacobs, Fenno 267
Japão 291-2
Jaramillo, Miguel Angel 69-70
Jarreau, Charles 161, 163
Jerusalém 249-53
Jeudy, Patrick 61-2, 169
judeus 29, 207, 238n, 247, 250n, 254
Justin, Elaine (Pinky) 129, 134, 137, 151-2, 154-5, 188, 197, 206, 278
Justin, John 129

Kandinsky, Wassily 41
Kantorowicz, Alfred 80, 84
Kavitkes, Georg 46
Kawazoe, Hiroshi 291
Keating, Jeffrey 149-50
Keleti, Eva 51
Kelly, Gene 275

Kerr, Deborah 279
Kertész, André 51
Kilner, Dr. Thomas Pomfret 124
Knightley, Phillip, *The First Casualty* 66
Koester, Peter 100
Koltsov, Michail 84
Korchein, Polly 113
Koyen, Ken 191

Lacapelle, tenente coronel Jean 297, 299, 301
Ladies' Home Journal 226, 240, 282
Lamarr, Hedy 277
Landry, Bob 155
Lang, Fritz 38
Lang, Will 139-42, 147
Lanham, coronel Charles "Buck" 178
Laurie, Annie 242
Leamer, Laurence 212-3
Lechenperg, Harald 39
Leica, câmeras 38
Leigh, Vivien 280
Lewinski, Jorge 66
L'Humanité 87, 108
Liebling, A. J. 140
　e Capa 111-2, 118, 292, 303-4
　China 94-100
　desembarques do Dia D 155-7, 162-5, 176-7
　Guerra Civil Espanhola 65, 77, 80, 87, 109
　invasão da Europa 167-9, 177, 192, 203
　Israel 248
　Itália 141-7
　México 115
　Moscou 235
Life, revista 145, 186, 223, 262, 291-2
Medalha Robert Capa 287

Sicília 137-9
sucursal em Londres 136, 156-9
sucursal em Los Angeles 213
sucursal em Nova York 137
Vietnã 293-9, 305
Lindstrom, Petter 199, 209, 211, 218
List, Herbert 267
Lister, general Enrique 105
Litvak, Anatole 211
Llewellyn, tenente Richard 123-4
Como era verde o meu vale 123
Lorant, Stefan 95, 106
Lubitsch, Ernst 38
Lucas, Jim 297
Luce, Henry 79, 81n, 94-5, 97, 111
Lukacz, general 74
Luttwitz, general de brigada Heinrich von 190

McAuliffe, general Anthony C. 190
McCombs, Holland 115
McCullin, Donald 306
Madri 74-7
Magee, comodoro 123
Magnum 224-5, 253, 261-2, 267-72, 287, 303, 307
  Capa presidente 267, 280-1
  clientes 273
  fundação 145, 192, 274n
  sucursal de Paris 269
Mainichi Press 49, 288, 291
Malraux, André 57n
Man, Felix 37-8
Mann, Thomas 41
Marcus, David Michael 249-52
Markos, György 26, 88, 100
Marquis, Suzy 36, 100, 186, 260, 270, 271, 277, 289
Martinez, Romeo 225

Matisse, Henri 264
Matthews, Herbert 90-2, 104-5, 107-8, 139, 144
Mauldin, Bill 149, 189n
Mayne, Richard 255
Mayo, Gael Elton 268
Mecklin, John 297-302
Medalha Robert Capa 287, 302n, 305-6
Melgar, Manuel 70
México 115
Mieth, Hansel 63, 88, 113-4
Mieth, Otto 64, 113-5
Miles, Blossom 128
Miles, Frederick 128
Milestone, Lewis 214
Mili, Gijon 229, 265
Miller, Henry 44
Miller, Russell 271n
Miravitlles, Jaume 56
Morath, Inge 262-3, 275, 281, 288-9
Morris, John 154, 179-83, 185, 303-4
  Ladies' Home Journal 224, 238, 280
  Life 112, 144, 162-5
  Magnum 240, 280-6, 292
  Moscou 228-9, 234-5
  Müncher Illustrierte Presse 37
Murrow, Edward R. 125, 194

Namuth, Hans 73
Nance, tenente Ray 20, 160
Nápoles 141-3, 147
Natchwey, Jim 306
Naudet, Jean-Jacques 248
Navarre, tenente-coronel Jacques 301-2
nazistas 39-41
Neruda, Pablo 82
New York Herald Tribune 104, 136, 277
New York Times 90, 104, 118, 139, 158, 234, 239

New York World-Telegram 62, 65
New Yorker 140, 257
Newsweek 276, 285
Nin, Anaïs 44
Norte da África 131
North, Sterling 239

Observer 69
O'Hara, John 245
Operação Suserano 156
Orchard, Tom 80
Orkin, Ruth 244
Orwell, George 57n, 58, 90
Overseas Press Club 305

Page, Homer 267
Palestina 247
Paris 43-54, 199-200
    Café du Dôme 44, 47, 50
    liberação 176-7, 183-5
Paris-Match 294
Paris-Soir 65
Parks, Gordon 118
Patrick, Ted 273, 279
Patton, general George 132-4, 190
Pearson, Bill 275
Philadelphia Inquirer 235
Photo Notes 235
Picasso, Pablo 185-6, 264
Picture Post 95, 106-7, 110, 273, 286
Piscator, Erwin 38
Pohorylles, Gerda *ver* Gerda Taro
Poltoratski, camarada 231, 233, 239
Praia de Omaha, desembarques 37-41, 191
Prescott, Orville 239
Puttnies, professor Hans 64, 65
Pyle, Ernie 132, 140, 148-50, 152-3, 170, 172-6, 196

Regan, Edward K. 167
Regards 44, 55, 65, 79, 283
Regler, Gustav 56, 74
Reinhardt, Max 38
Reis, Irving 152, 209
Reuter, Walter 84
Reynolds, Quentin 123-6, 247
Riboud, Marc 262, 287
Rich, capitão Oscar 157
Ridgway, general de exército Matthew 137, 140
Rock, Bobby 112
Rodger, George 144-5, 153, 185, 194
    Magnum 145, 223-4, 225, 307
Rodger, Jinx 144-5, 270, 287, 291
Rommel, general 156
Ronis, Willy 89
Rooney, Andy 191
Roosevelt, Franklin D. 117
Roosevelt, general Teddy 134, 139
Rossellini, Roberto 214

Salter, James 265
Saroyan, William 152-3, 185, 209
Schaber, Irme 63
Scherman, David 164
Scherschel, Frank 155, 248-9
Schlieben, general von 175
Schmeling, Max 47
Schneider, Agnes 285
"Scripps-Howard" 140, 175, 297
Serrano, Carlos 67
Seymour, David "Chim" 44, 224, 306
    Guerra Civil Espanhola 66, 102
    Holocausto 238
    Magnum 192, 223-4, 225, 267, 307
    Regards 44
Shaw, Irwin 216, 279, 280
    e Bergman 199-201, 205

e Capa 111-2, 152, 176, 254, 265-6, 276, 278, 281, 288
casa na praia de Malibu 208, 213
Evening in Byzantium 266
Report on Israel 257
Shaw, Marion 265
Sheean, Dinah 118, 128
   The Battle of Waterloo Road 118
Sheean, Vincent 78, 104, 109, 118, 128
Sherekh, Yuriy, "What Did You Not Want To See, Mr Steinbeck?" 232
Shipley, Sra 285
Shirer, William 185
Shnayerson, Michael 265
Shockley, Orion 173-4
Sicília 137-9
Smedley, Agnes 98
Snow, Edgar 98
Sochurek, Howard 291-2, 305-6
Soldado Caído, O 59-71
Sorel, Toni 113-5
Soria, Georges 68, 94, 108
Spiegel, Irene 86
Spooner, Len 128
Spoto, Donald 202
Stanton, Arthur 276
Steele, Joe 211-3
Steichen, Edward 305
Steinbeck, John 136, 140, 177, 185
   e Capa 135, 303, 307
   Diário Russo, Um 222, 228, 232, 238-40
   e Hemingway 176, 184, 244-6
   na Rússia 219-21, 226-33, 283
   World Video 241-3, 246
Stevens, George 152-3, 209
Stevens, sargento Roy 17-20, 158, 171
Stilwell, "Vinegar Joe" 99
Stokowski 286
Stuart, Jozefa 249, 261, 266, 278

Taro, Gerda 46, 48-9, 305
   morte 83-6
   la Paquena Rubena 79
   na Espanha 55
Terra espanhola (Spanish earth) 90
Thompson, Edward 111-3, 115, 284, 291-4, 296
Thorne, Judy 274, 276
Tilton, Martha 202
Time 276
Time and Life 140, 170
Time-Life 79, 115, 210
Tobin, James 194
Toller, Ernst 38
Trabant, Warren 151, 263, 267-9, 285
Trotski, Leon 39-40, 116

Umbehrs, Otto 37
URSS 219-21, 226-93
US Camera, revista 124
Uzcudun, Paolino 47

Vachon, John 235
Vandivert, Bill, Magnum 224
Vandivert, Rita, Magnum 224
Viertel, Peter 178n, 209, 244, 264, 268, 279-86
Vogel, Lucien 52-3, 55-6, 65-6
Vu, revista 47, 51, 65-7, 70

Walters, general 84
Washington Post 276
Weber, Eugen, *The Hollow Years: France in the 1930's* 45
Weizmann, Chaim 257
Welsh, Mary 125, 136-7, 185, 188
Wertenbaker, Charles 158, 160-1, 169-71, 173, 176, 180-1, 183-5

Whelan, Richard 61, 237
White, Harry S. 242
White, Theodore 255-6
Whitehead, Don 157
Wild, Hans 164-5
Wilder, Billy 278
Wilkie, Wendell 117
Wilson, Don 294-5
Winocour, Jack 247, 250-2

Wolff, Milton 103
World Illustrated 76
World Video 241-3, 245
Yank 125, 148

Zachary, Frank 273-4
Zalka, Mate 74
Zuckmayer, Karl 38

Este livro foi composto na tipologia Adobe
Garamond Pro Regular, em corpo 11,5/15,5, e
impresso em papel off-white no Sistema Cameron da
Divisão Gráfica da Distribuidora Record.